21世纪高职高专规划教材

体育与健康教程

主　编　熊志超
副主编　王桂英　龙大华

TIYU YU
JIANKANG
JIAOCHENG

湖南大学出版社·长沙

内容简介

本书全面地阐述了体育与健康基本理论知识和体育运动技能。基本理论知识包括体育与健康概述、体育锻炼与生理健康、体育锻炼与心理健康、体育锻炼的原则及方法、运动医务监督和运动保健等;运动技能部分对田径运动、球类运动、塑形健身运动、中华武术和搏击、游泳、休闲体育等项目的练习方法和技能做了详细介绍。

本书适合作为高等院校公共体育课教材。

图书在版编目(CIP)数据

体育与健康教程/熊志超主编. — 长沙:湖南大学出版社,2021.8
 ISBN 978-7-5667-2304-8

Ⅰ.①体… Ⅱ.①熊… Ⅲ.①体育-高等学校-教材②健康教育-高等学校-教材 Ⅳ.①G807.4②G647.9

中国版本图书馆 CIP 数据核字(2021)第 174293 号

体育与健康教程

TIYU YU JIANKANG JIAOCHENG

主　　编:	熊志超
责任编辑:	张建平
印　　装:	北京俊林印刷有限公司
开　　本:	787 mm×1092 mm　1/16　印张:20　字数:499 千字
版　　次:	2021 年 8 月第 1 版　印次:2021 年 8 月第 1 次印刷
书　　号:	ISBN 978-7-5667-2304-8
定　　价:	48.90 元

出版 人:李文邦
出版发行:湖南大学出版社
社　　址:湖南·长沙·岳麓山　邮　编:410082
电　　话:0731-88822559(营销部),88820006(编辑室),88821006(出版部)
传　　真:0731-88822264(总编室)
网　　址:http://www.hnupress.com
电子邮箱:574587@qq.com

版权所有,盗版必究
图书凡有印装差错,请与营销部联系

前　言

为了促进学生的健康发展，中共中央国务院颁布了《中共中央国务院关于深化教育改革，全面推进素质教育的决定》、教育部和体育总局出台了《关于深化体教融合 促进青少年健康发展的意见》，教育部制定了《国家学生体质健康标准》。为了促进学生积极参加体育锻炼，养成经常锻炼身体的习惯，提高自我保健能力和体质健康水平，促进青少年健康成长，实现培养德智体美劳全面发展的社会主义建设者和接班人的学校体育目标，院校体育工作要面向全体学生，开齐开足体育课，帮助学生在体育锻炼中享受乐趣、增强体质、健全人格、锤炼意志。

为了适应教育发展的需要，我们组织编写了《体育与健康教程》。本教材全面地阐述了体育运动与健康的基本理论知识，内容包括体育与健康概述、体育锻炼与生理健康、体育锻炼与心理健康、体育锻炼的原则及方法、运动医务监督和运动保健等；在体育运动技能部分，对于不同的体育项目，根据其动作特点，安排了一些简便而实用的练习方法，教师在教学过程中可根据需要选择。

本教材具有以下几个方面的特点：

把"健全人格，健康第一"的指导思想作为确定课程内容的基本出发点，突出了健康理论的地位，坚持健康与体育的有机结合。在介绍运动技能时，不论是介绍与健康有关的运动项目，还是介绍与竞技和健康都有关的运动项目，均把出发点和落脚点放在增强体质、增进健康上。

突出健康体育兼顾竞技体育。在突出介绍与健康有关的运动项目的同时，对一些竞技运动项目也作了适当介绍。

坚持"三个突出""三个面向"。即突出教材"学"的特色，在处理"教"与"学"的关系上面向学生；突出公共教材的特色，在适用对象上面向全体学生；突出需求兼容性特色，在运动项目的选择上面向大多数学生。

全书体现理论的系统性、技能的实用性和形式的活泼性。在介绍基础理论时，按照其内在的逻辑关系，进行由浅入深、由此及彼、由表及里的分析与阐述，形成了完整的理论体系；在语言上力求通俗易懂；形式上图文并茂，设置了"知识窗"栏目，以增强教材的知识性、娱乐性和趣味性。

在编写过程中参考了许多同行的研究成果和文献资料，在此一并向有关人员致以诚挚的谢意！由于水平有限，不妥之处在所难免，恳请读者批评指正。

编　者
2021 年 5 月

目录 CONTENTS

体育与健康基本理论知识编

第一章 体育与健康概述 ... 2
- 第一节 体育运动概述 ... 2
- 第二节 高校体育 ... 5
- 第三节 健康概述 ... 6
- 第四节 体质健康测试 ... 8

第二章 体育锻炼与生理健康 ... 18
- 第一节 体育锻炼对运动系统的影响 ... 18
- 第二节 体育锻炼对呼吸系统的影响 ... 20
- 第三节 体育锻炼对心血管系统的影响 ... 21
- 第四节 体育锻炼对神经系统的影响 ... 23
- 第五节 体育锻炼对消化系统的影响 ... 24

第三章 体育锻炼与心理健康 ... 26
- 第一节 心理健康概述 ... 26
- 第二节 体育锻炼的心理健康效应 ... 27
- 第三节 体育锻炼的心理治疗效应 ... 29

第四章 体育锻炼的原则及方法 ... 32
- 第一节 体育锻炼的原则 ... 32
- 第二节 体育锻炼的方法 ... 34
- 第三节 运动处方的制订 ... 38
- 第四节 发展身体素质的方法 ... 42

第五章 运动医务监督和运动保健 ... 65
- 第一节 体育锻炼中的自我医务监督 ... 65
- 第二节 运动对疾病的预防 ... 68
- 第三节 运动损伤的预防和应急处理 ... 70

体育运动技能实践编

第六章 田径运动 ... 78
- 第一节 田径运动概述 ... 78
- 第二节 短跑 ... 79

— 1 —

第三节	中长跑	84
第四节	跳高	87
第五节	跳远	91
第六节	推铅球	94

第七章　大球运动　100

第一节	足球	100
第二节	篮球	110
第三节	排球	121

第八章　小球运动　132

第一节	网球	132
第二节	乒乓球	142
第三节	羽毛球	151

第九章　塑形健身运动　162

第一节	体操	162
第二节	健美运动	168
第三节	健美操	175
第四节	艺术体操	184
第五节	瑜伽	202

第十章　中华武术和搏击　209

第一节	中华武术简述	209
第二节	初级长拳	211
第三节	简化二十四式太极拳	234
第四节	散打	251
第五节	跆拳道	260

第十一章　游泳　275

第一节	游泳基本知识	275
第二节	游泳常用技术	279
第三节	水上救护与安全	288

第十二章　休闲体育　290

第一节	休闲体育简介	290
第二节	体育舞蹈	291
第三节	户外运动	300
第四节	毽球运动	310

参考文献　314

体育与健康基本理论知识编

第一章 体育与健康概述

学习提要
- 体育的概念、组成及功能
- 高校体育的目的及任务
- 健康的概念
- 体质测试的意义和方法

第一节 体育运动概述

一、体育的概念

"体育"一词最初由法国人于17世纪60年代起用，其含义是"身体的教育"。随着社会的发展，特别是体育运动本身的发展，体育运动的内涵及外延不断扩大。根据当今体育运动发展的特征，可以将体育概念从广义和狭义两个层面来阐述。

广义的体育表述为：以身体练习为基本手段，以增强体质、促进人的全面发展、丰富社会文化生活和促进精神文明建设为目的的一种有意识、有组织的社会活动。它是社会总文化的一部分，其发展受一定的社会政治和经济制约，也为一定的社会政治和经济服务。

狭义的体育表述为：通过身体活动，增强体质，传授锻炼身体的知识、技能、技术，培养道德和意志品质，而且有计划的教育过程。它是教育的组成部分，是培养人全面发展的一个重要手段。

二、体育运动的组成

根据现代体育运动的概念和我国的实际情况，我国体育运动包括以下三个部分。

（一）学校体育

学校体育亦称体育教育，是学校教育的重要组成部分，是国家体育运动的基础。学校体育是学习和掌握体育知识与技能，提高身体素质，增强体质的教育活动，是对人体进行培养和塑造的过程，对受教育者的生长发育、心理健康、体力与智力的发展，以及良好品德的培养都具有积极的促进作用。学校体育的实施内容按照不同层次和不同的教育阶段纳入学校总体教育计划，通过体育教学、课外体育训练和课外体育活动，围绕增强学生体质这个主要任务来实现，它与学校其他教育环节共同构成一个完整的教育过程。

（二）竞技体育

竞技体育亦称竞技运动，是在全面发展身体素质的基础上，最大限度地发挥和提高人体在体格体能、心理和运动技能方面的潜力，以取得优异的运动成绩而进行的科学系统的训练和竞赛。竞技体育具有竞争性强、技艺高超、极易吸引观众等特点，现已成为一种极富感染力又容易传播的精神力量。

（三）社会体育

社会体育亦称群众体育，是为了休闲、娱乐，以及发展兴趣爱好、培养审美能力、防病治病、增强体质而进行的身体活动。社会体育有助于增强身体、情绪、精神和社会的健康，使人在身体和精神上获得休息和放松，给劳动后的生活和紧张的情绪提供"缓解剂"。这种活动一般是自愿参加，其组织形式多样，讲究自我教学和锻炼效果。

三、体育运动的功能

（一）体育的本质功能

1. 教育功能

一是从教育的发展过程看，人类早期教育正是为了将前人在漫长的、极其恶劣的条件下生息、繁衍、渔猎、劳动以及与自然界、生物界、人类自身等搏击经验和技能一代代地传授下去，这一人类的早期教育雏形，究其内容和手段，往往多是进行身体训练和劳动技能的培育，其中也包括了一些部落间的斗争手段和方法，从某种意义上看，人类早期教育正是在体育教育的根基上发展起来的。二是从学校的体育教育看，由幼儿教育至大学的成人教育，体育教育贯穿于整个过程中，由于这一时期为身心发育的重要时期，因此，通过体育教育，使学生增强体质，增长心智，掌握体育知识、技能，促进身心的全面发展，提高运动技术水平，是体育教育的重要功能。现代的体育教育，已不仅仅是促进身体发育，增强体质和掌握运动技术水平，而是要着眼于培养人们终身体育观念、兴趣和习惯，传授运动卫生与健康的科学知识，引导人们去自觉遵守社会行为规范，发展人际交往，促进人的个性社会化，培养良好的社会适应能力以提高人类生活质量和适应现代社会能力的需要。

2. 健身功能

不同的体育项目和运动方法，对人体的不同部位，不同器官、组织、系统都能起到积极有效的促进、改善、增强、调节和提高作用。科学的体育锻炼能促进人的生长发育，健美体型，强健体魄，改善和调节各内脏器官、内分泌系统、代谢水平及功能，预防心血管系统疾病，祛病强体，延缓衰老，提高对环境的适应能力，促进心理发育，调节心理状态。体育的健身功能还体现在提高人的力量、速度、耐力、灵敏、柔韧等运动素质方面。

3. 娱乐功能

现代社会的高速发展，生活节奏加快，工作压力加大，人们需要一种既能舒展身体，又能愉悦身心的活动。另一方面，双休日及余暇时间的增多，人们对余暇时间活动内容的质量要求在提高，丰富多彩的内容和个性张扬的特点表现突出，现代体育刚好能满足人们的这种需要。

（二）体育的非本质功能

1. 经济功能

一是体育锻炼可以增进健康，提高工作效率和生产效率，从而为单位创造出好的效益。二是重大体育活动和体育赛事都可带来直接和间接的巨大经济效益。直接的经济效益如：比赛的门票收入；出售电视转播权；广告费收益；比赛吉祥物和纪念品销售；体育彩票、足球彩票的成功发行等。间接的经济效益表现为：一场大型体育比赛，对一个国家或地区的文化、娱乐、饮食、交通、旅游、电视、报纸与杂志、网络与通讯、物流与贸易等都有较大的影响。随着人们对体育需求的不断增长，体育产业和体育商品经济已成为一个新型产业部门和商品领域。

2. 文化功能

体育作为一种社会文化现象，本身就蕴涵着丰富的文化内涵。体育随着社会历史的发展而发展，体育文化有着浓厚的历史渊源。古代人们举行的各种祭祀礼仪活动大多以体育的方式来表达人们的思想、精神和观念，于是就产生了古代奥林匹克运动会。体育的文化特征体现在鲜明的象征性、浓郁的艺术性和丰富的内涵性上。奥运会的五环标志，象征着五大洲的友谊与团结，奥运圣火，象征着文明之光，表达着生命、热情和朝气，奥运会的会徽与吉祥物，有着丰富的寓意。运动会的开幕式和闭幕式上大型活动与体育表演，以及运动会期间举办的各种形式的文化活动，构成了运动会不可缺少的组成部分，体现了多民族文化的共融性。体育已不仅仅是人的身体运动，也是人的精神、智慧、艺术的良好展示。丰富的体育人体文化在对人体解剖结构、生理机能形态进行积极的生物学改造的同时，还给人类劳动本身以极大的美学启迪和熏陶。气势宏伟的体育建筑、品种多样的体育器材设施、绚丽多彩的运动服装器具既是人类劳动的产物，也是人类物质文化的结晶。体育运动作为一种文化形态，还作用于人的精神、思想和意识等方面，体育运动中的顽强拼搏、勇于进取的精神、公平竞争精神、团结友爱精神、爱国主义和国际主义精神，都是体育文化在人们精神领域里的高度体现。

3. 科技功能

体育运动的发展正是得益于人类科学的发展与进步，从而逐渐形成了一个庞大的体育科学体系。体育科学技术的发展，运动水平的提高，正是因为有了人体解剖学、运动医学、运动保健学、运动生物力学、运动生物化学等自然科学的研究成果才得以实现。体育的行为和精神之所以得到社会的认同，正是有了社会体育学、体育管理学、体育经济学、体育统计学、运动心理学、体育文史学、体育行为学等社会科学的论证，才得以弘扬光大。体育得益于科学技术，反过来又为科学技术的发展提供更加广阔的实验场和市场。各种新技术、新材料，特别是生物技术、电子技术、计算机技术、网络通信信息技术等在体育领域的广泛应用，使得体育的器材、设施、训练、营养以及运动后的恢复手段与方法都更加科学，更加合理；使竞技体育的记录一次次被打破，成绩一次次提高，人类的极限一次次受到挑战。

第二节　高校体育

一、学校体育在高等教育中的地位与作用

（一）学校体育在高等教育中的地位

《中共中央关于教育体制改革的决定》中指出："高校担负着培养高级专门人才和发展科学技术文化的重大任务。无论是培养高级专门人才，还是发展科学技术文化，都集中反映在对人才的要求，必须是德、智、体全面发展，而不是片面发展。"因此，高校应在中小学教育的基础上正确认识德、智、体的辩证关系，确立体育在高校教育中的地位，纠正忽视体育的种种倾向。

党和国家十分重视大学体育工作，先后颁布了《学校体育工作条例》《国家体育锻炼标准》《大学生体育合格标准》及《国家学生体质健康标准》，并多次修订《全国普通高等学校体育课程教学指导纲要》，这些都说明了大学体育在高等教育中的重要地位。

（二）体育的本质

体育的本质是以身体锻炼为手段，让学生通过体育课程教学，发展学生的身体素质、提升学生体质水平。

体育包含竞争、勇于挑战、直面挫折、团队意识等丰富的文化内涵，对现代人重塑健康体魄，培养团队协作意识，增强沟通、创新、决策能力，培养吃苦耐劳精神具有独特作用。

体育在坚持学校体育"健康第一"的指导思想基础上，认为体育教育除了传授体育运动技能、培养终身体育意识外，也应根据总体培养目标和定位，结合学生专业特点和未来职业工作特征，以发展学生职业综合能力、促进学生职业适应性为根本任务，从而实现体育课程以职业工作岗位能力需求设置课程体系的改革理念，体现"强健体魄、满足兴趣、提升素养、服务专业"新的体育课程定位。

二、体育的目的与任务

（一）体育的目的

根据我国社会主义现代化建设事业对当代大学生身心发展的要求，以及大学生的生理、心理特征及体育功能的要求，大学体育的目的是：有效地锻炼身体，促进学生正常地发育，完善学生的形态和机能，培养学生的体育意识，增强体育能力，形成自觉锻炼身体的习惯；与学校各方面的教育互相配合，促进学生身心全面发展，使学生在校时能顺利地完成学习任务；毕业后能胜任社会主义建设工作，过健康快乐的生活。

（二）体育的任务

1. 增强学生体质，促进学生身体的全面发展

全面发展身体，增强体质和体能，是学校体育的重要任务，也是学校体育自产生以来的第一宗旨。要使学生的身体得到全面发展，就必须进行全面的体育锻炼，这对于处于身体发

育后期的大学生而言，具有非常重要的作用。

2. 增强健康意识，养成终身体育锻炼的习惯

高等教育是学生在校接受教育的最后阶段，因此在对学生进行体育与健康教育时，应大力培育他们的健康观念和健康意识，使其养成良好的卫生习惯和锻炼习惯，为终身健康打下基础。

现代社会的发展，科技的进步，生活节奏的加快，学生学习和就业的压力越来越大，没有健康的身体就难以适应社会发展的需要。同时，社会文明的发展与进步，也对当代大学生的心理教育提出了更高的要求，体育锻炼又是实现心理教育、心理锻炼的最好方式和方法。

3. 掌握基本的体育理论知识、技术、技能和科学锻炼身体的方法

由于我国高等学校的学生在中小学时对体育理论知识、技术、技能学习的缺乏或不系统，对如何进行科学锻炼身体的方法也不太了解，大多数学生只是通过媒体或上体育课才略知一点。所以，高等学校体育必须使学生掌握基本的体育理论知识、技术、技能和科学锻炼身体的方法。没有体育理论知识就无法指导科学的体育锻炼，没有基本的技术、技能就无法完成体育锻炼，也难以产生从事体育锻炼的兴趣，更谈不上养成终身体育锻炼的习惯。不了解科学锻炼身体的方法就会使体育锻炼产生盲目性，达不到目的，收不到效果，失去科学性，甚至会在锻炼中受伤，反而危害健康。

4. 提高高等学校运动队的体育运动水平

目前，我国竞技运动的改革，国家、省市运动队的培养与训练已经转向许多高等学校和体育院校，许多俱乐部开始把后备人才的培养向高等学校转移。高等学校体育运动队的运动成绩通过各种大赛已显示出实力，不少项目已达国际或国内领先水平。全国大学生篮球联赛（CUBA）、全国大学生足球联赛以及全国大学生运动会等一批高水平赛事已向人们证实，高等学校已是体育运动高水平人才成长的摇篮，已成为国家、省市、俱乐部培养优秀体育运动人才的基地。因此，高等学校体育必须把提高运动队水平的任务放到重要位置，为国家、省市、俱乐部培养优秀的体育人才作出贡献。

5. 培养良好的道德、意志品质，树立高尚的体育风尚

根据大学生的生理和心理特点，在大学时期，不仅是身心发育的旺盛时期，而且也是人生观和世界观逐步形成的关键时期。因此，高等学校的体育工作应充分发挥体育教育的功能，把培养共产主义思想、道德和意志品质，树立良好的体育风尚贯穿于高校体育之中，使之成为德、智、体、美等多方面全面发展的社会优秀人才。

第三节　健康概述

一、健康三维观

在人类的发展历程中，经常受外界环境或自身因素的影响，躯体会发生疾病，并因此导致贫困和灾难，所以人们普遍认为无病即是福，无病即健康。早在古希腊时代，医生就相信健康是身体的完全平衡。传统的观念将健康单纯理解为"无病、无残、无伤"。生物医学模

式的健康观念是建立在完好的躯体基础之上的,我国的传统观念往往认为"健康就是没有病",即"人体各器官系统发育良好,功能正常,体质健壮,精力充沛,并且具有良好的劳动效能"。现在随着社会的发展和科学技术的进步,人们突破了原先的思维模式,对健康的概念有了新的认识。

世界卫生组织对健康提出了一个明确和全面的定义:"健康是指在身体、心理和社会各方面都完美的状态,而不仅是没有疾病和虚弱。"这个定义使对健康的评价不仅基于医学和生物学的范畴,而且扩大到心理和社会学的领域。由此可见,一个人只有在身体和心理上保持健康状况,并具有良好的社会适应能力,才算得上真正的健康。

人在身体和心理上的健康状况以及良好的社会适应能力三个方面的有机结合,构成人的生命质量。在人的生命这个三维立体中,身体、心理和社会三种属性的面积越大,则生命立方体的体积越大,在自然和社会中所占的位置也越高,与社会的接触面也越大,显示出该个体的生命质量也越高。反之,如果这三种属性的面积过小,则个体与社会的接触面也越小,生命质量就越低。许多健康者的经验告诉我们,生命体的质量越高,则健康长寿的可能性就越大。相反,个体如果心理压抑和自我封闭,则极易产生疾病,缩短寿命。这也说明,一个人只有从生物、心理和社会三个方面着手,才能有效地保证其健康幸福的生活,并提高生命质量。

美国学者奥林斯提出了一种三维健康模式,强调从生物、心理和社会三个方面来评价人的生命状态,每个方面均包含着健康和疾病两极,由此得出关于人的健康状况的三维表象。根据这种表象所确定的方案,可以大致区分出普通人的 8 种健康模型(表 1-3-1)。

表 1-3-1 8 种健康模型

类型	标志	身体方面	心理方面	社会方面
1	正常健康	健康	健康	健康
2	悲观	健康	不健康	健康
3	社会方面不健康	健康	健康	不健康
4	患疑难病症	健康	不健康	不健康
5	身体不健康	不健康	健康	健康
6	长期受疾病折磨	不健康	不健康	健康
7	乐观	不健康	健康	不健康
8	严重疾病	不健康	不健康	健康

二、健康五要素说

美国学者劳森(Lawson)提出了一个与健康三维观相似的健康定义,即个体只有在身体、情绪、智力、精神和社交等五个方面都健康(也称健康五要素),才称得上真正的健康,或称之为完美状态(图 1-3-1)。目前,也常用"完美"一词来替代健康。

（一）身体健康

身体健康不仅指无病，而且还包括体能，后者是一种满足生活需要和有足够的能量完成各种活动任务的能力。具备这种能力，可以预防疾病，增进健康，提高生活质量。

（二）情绪健康

情绪健康的主要标志是情绪的稳定性。所谓情绪的稳定性，是指个体应对日常生活中人际关系和环境压力的能力。当然，生活中偶尔情绪高涨或情绪低落均属正常，关键是在生活的大部分时间里要保持情绪稳定。

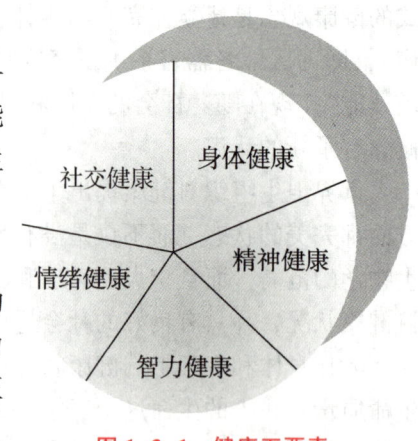

图 1-3-1　健康五要素

（三）智力健康

智力健康指在长期的学习和生活中，大脑始终保持活跃状态。有许多方法可以使大脑活跃敏捷，如听课、与朋友讨论问题和阅读报刊书籍等等。努力学习和勤于思考能够提高人的智力，并使人有一种成就感和满足感。

（四）精神健康

精神健康对于不同宗教、文化和国籍的人意味着不同的内容，主要包括理解生活基本目的的能力，以及关心尊重所有生命体的能力。

（五）社交健康

社交健康指形成与保持和谐人际关系的能力，此能力将使你在交往中有自信感和安全感。与人友好相处，也会使你少生烦恼，心情舒畅。

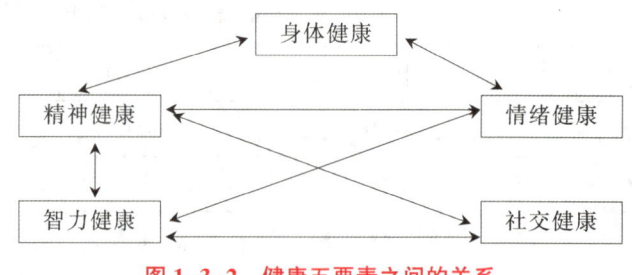

图 1-3-2　健康五要素之间的关系

健康的五个要素相互联系、相互影响（图1-3-2）。例如，身体不健康会导致情绪不稳定；缺乏精神上的健康会引起身体、情绪和智力的不健康等。

在人的生命长河的不同时期，健康的某一要素可能会比另一些要素起更重要的作用，但长久地忽视某一要素就可能存在健康的潜在危险。只有每一健康要素均衡地协调发展，人才称得上处于完美状态，才能真正享受健康和幸福的生活，享受美好人生。

第四节　体质健康测试

一、《国家学生体质健康标准》的说明

《国家学生体质健康标准》从身体形态、身体机能和身体素质等方面综合评定学生的体

质健康水平，是促进学生体质健康发展、激励学生积极进行身体锻炼的教育手段，是国家学生发展核心素养体系和学业质量标准的重要组成部分，是学生体质健康的个体评价标准。

本标准将适用对象中高校部分分为：大学一、二年级为一组，三、四年级为一组。

大学各组别的测试指标均为必测指标。其中，身体形态类中的身高、体重，身体机能类中的肺活量，以及身体素质类中的 50 米跑、坐位体前屈为各年级学生共性指标。

本标准的学年总分由标准分与附加分之和构成，满分为 120 分。标准分由各单项指标得分与权重乘积之和组成，满分为 100 分。附加分根据实测成绩确定，即对成绩超过 100 分的加分指标进行加分，满分为 20 分；大学的加分指标为男生引体向上和 1000 米跑，女生 1 分钟仰卧起坐和 800 米跑，各指标加分幅度均为 10 分。

根据学生学年总分评定等级：90.0 分及以上为优秀，80.0~89.9 分为良好，60.0~79.9 分为及格，59.9 分及以下为不及格。

每个学生每学年评定一次，记入《〈国家学生体质健康标准〉登记卡》（表 1-4-9）。特殊学制的学校，在填写登记卡时可以按规定和需求相应地增减栏目。学生毕业时的成绩和等级，按毕业当年学年总分的 50% 与其他学年总分平均得分的 50% 之和进行评定。

学生测试成绩评定达到良好及以上者，方可参加评优与评奖；成绩达到优秀者，方可获体育奖学分。测试成绩评定不及格者，在本学年度准予补测一次，补测仍不及格，则学年成绩评定为不及格。普通高中、中等职业学校和普通高等学校学生毕业时，《标准》测试的成绩达不到 50 分者按结业或肄业处理。

学生因病或残疾可向学校提交暂缓或免予执行《标准》的申请，经医疗单位证明，体育教学部门核准，可暂缓或免予执行《标准》，并填写《免予执行〈国家学生体质健康标准〉申请表》》（表 1-4-10），存入学生档案。确实丧失运动能力、被免予执行《标准》的残疾学生，仍可参加评优与评奖，毕业时《标准》成绩需注明免测。

二、单项指标与权重（表 1-4-1）

表 1-4-1 测试指标与权重

测试对象	单项指标	权重（%）
大学各年级	体重指数（BM1）	15
	肺活量	15
	50 米跑	20
	坐位体前屈	10
	立定跳远	10
	引体向上（男）/1 分钟仰卧起坐（女）	10
	1000 米跑（男）/800 米跑（女）	20

注：体重指数（BM1）= 体重（千克）/身高^2（米^2）。

三、《国家学生体质健康标准》的测试方法

（一）1分钟仰卧起坐（女）

受试者仰卧于垫上，两腿稍分开，屈膝呈90度角左右，两手指交叉贴于脑后。另一同伴压住其踝关节，以固定下肢。受试者坐起时两肘触及或超过双膝为完成一次（图1-4-1）。

图1-4-1 仰卧起坐测试示意图

仰卧时两肩肘必须触垫。测试人员发出"开始"口令的同时开表计时，记录1分钟内完成次数。1分钟到时，受试者虽已坐起但肘关节未达到双膝者不计该次数。记录精确到个位。

（二）引体向上（男）

受试者跳起双手正握杠，两手与肩同宽成直臂悬垂。静止后，两臂同时用力引体（身体不能有附加动作），上拉到下颌超过横杠上缘为完成一次。记录引体次数。

（三）立定跳远

受试者两脚自然分开站立，站在起跳线后，脚尖不得踩线（最好用线绳做起跳线）。两脚原地同时起跳，不得有垫步或连跳动作。丈量起跳线后缘至最近着地点后的垂直距离，以厘米为单位，不计小数。

（四）坐位体前屈

受试者两腿伸直，两脚平蹬测试纵板坐在平地上，两脚分开10~15厘米，上体前屈，两臂伸直，用两手中指尖逐渐向前推动游标，直到不能前推为止（图1-4-2）。测试计的脚蹬纵板内沿平面为0点，向内为负值，向前为正值。记录以厘米为单位，保留一位小数。测试两次，取最好成绩。

图1-4-2 坐位体前屈测试示意图

（五）800米（女）、1000米（男）跑

受试者至少两人一组进行测试，站立式起跑。当听到"跑"的口令后开始起跑。计时员看到旗动开表计时，当受试者的躯干部到达终点线垂直面时停表。以分、秒为单位记录测试成绩，不计小数。

（六）50米跑

受试者至少两人一组测试。站立起跑，受试者听到"跑"的口令后开始起跑。发令员在发出口令同时要摆动发令旗。计时员视旗动开表计时，受试者躯干部到达终点线的垂直面

停表。以秒为单位记录测试成绩，精确到小数点后一位，小数点后第二位数按非 0 进 1 原则进位，如 10.11 秒读成 10.2 秒并记录之。

（七）肺活量

房间通风良好；使用干燥的一次性口嘴（非一次性口嘴，则每换测试对象需消毒一次，每测一人时将口嘴朝下倒出唾液并注意消毒后必须使其干燥）。肺活量计主机放置在平稳桌面上，检查电源线及接口是否牢固，按工作键液晶屏显示"0"即表示机器进入工作状态，预热 5 分钟后测试为佳。

首先告知受试者不必紧张，并且要尽全力，以中等速度和力度吹气效果最好。令被测试者面对肺活量计站立，手持吹气口嘴，测试过程口嘴或鼻处不能漏气，如漏气应调整口嘴和用鼻夹（或自己捏鼻孔）；学会深吸气（避免耸肩提气，应该像闻花似的慢吸气）。受试者进行一两次较平日深一些的呼吸动作后，更深地吸一口气，屏住气向口嘴处慢慢呼出至不能再呼为止，防止此时从口嘴处吸气。测试中不得中途二次吸气。吹气完毕后，液晶屏上最终显示的数字即为肺活量毫升值。以毫升为单位，不保留小数。

（八）体重

测试时，杠杆秤应放在平坦地面上，调整 0 点至刻度尺水平位。受试者赤足，男性受试者身着短裤；女性受试者身着短裤、短袖衫，站在秤台中央（图 1-4-3）。测试人员放置适当砝码并移动游标至刻度尺平衡。读数以千克为单位，精确到小数点后一位。记录员复诵后将读数记录。测试误差不超过 0.1 千克。

（九）身高

受试者赤足，立正姿势站在身高计的底板上（上肢自然下垂，足跟并拢，足尖分开成 60 度角）。足跟、骶骨部及两肩肘区与立柱相接触，躯干自然挺直，头部正直，耳屏上缘与眼眶下缘呈水平位（图 1-4-4）。测试人员站在受试者右侧，将水平压板轻轻沿立柱下滑，轻压于受试者头顶。测试人员读数时双眼应与压板水平面等高进行读数，记录员复述后进行记录。以厘米为单位，精确到小数点后一位。测试误差不得超过 0.5 厘米。

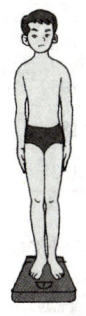
图 1-4-3　体重测试示意图

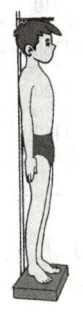
图 1-4-4　身高测试示意图

表 1-4-2 体重指数（BMI）单项评分表　　　　（单位：千克/米²）

等级	单项得分	大学男生	大学女生
正常	100	17.9~23.9	17.2~23.9
低体重	80	≤17.8	≤17.1
超重		24.0~27.9	24.0~27.9
肥胖	60	≥28.0	≥28.0

表 1-4-3 大学男生各测试项目评分表（大一、大二适用）

等级	单项得分	肺活量	50米跑（秒）	坐位体前屈（厘米）	立定跳远（厘米）	引体向上（次）	耐力跑1000米（分·秒）
优秀	100	5040	6.7	24.9	273	19	3′17″
	95	4920	6.8	23.1	268	18	3′22″
	90	4800	6.9	21.3	263	17	3′27″
良好	85	4550	7.0	19.5	256	16	3′34″
	80	4300	7.1	17.7	248	15	3′42″
及格	78	4180	7.3	16.3	244		3′47″
	76	4060	7.5	14.9	240	14	3′52″
	74	3940	7.7	13.5	236		3′57″
	72	3820	7.9	12.1	232	13	4′02″
	70	3700	8.1	10.7	228		4′07″
	68	3580	8.3	9.3	224	12	4′12″
	66	3460	8.5	7.9	220		4′17″
	64	3340	8.7	6.5	216	11	4′22″
	62	3220	8.9	5.1	212		4′27″
	60	3100	9.1	3.7	208	10	4′32″
不及格	50	2940	9.3	2.7	203	9	4′52″
	40	2780	9.5	1.7	198	8	5′12″
	30	2620	9.7	0.7	193	7	5′32″
	20	2460	9.9	-0.3	188	6	5′52″
	10	2300	10.1	-1.3	183	5	6′12″

表 1-4-4 大学男生各测试项目评分表（大三、大四适用）

等级	单项得分	肺活量	50米跑（米）	坐位体前屈（厘米）	立定跳远（厘米）	引体向上（次）	耐力跑1000米（分·秒）
优秀	100	5140	6.6	25.1	275	20	3′15″
	95	5020	6.7	23.3	270	19	3′20″
	90	4900	6.8	21.5	265	18	3′25″

续表

等级	单项得分	肺活量	50米跑（米）	坐位体前屈（厘米）	立定跳远（厘米）	引体向上（次）	耐力跑1000米（分·秒）
良好	85	4650	6.9	19.9	258	17	3′32″
	80	4400	7.0	18.2	250	16	3′40″
及格	78	4280	7.2	16.8	246		3′45″
	76	4160	7.4	15.4	242	15	3′50″
	74	4040	7.6	14.0	238		3′55″
	72	3920	7.8	12.6	234	14	4′00″
	70	3800	8.0	11.2	230		4′05″
	68	3680	8.2	9.8	226	13	4′10″
	66	3560	8.4	8.4	222		4′15″
	64	3440	8.6	7.0	218	12	4′20″
	62	3320	8.8	5.6	214		4′25″
	60	3200	9.0	4.2	210	11	4′30″
不及格	50	3030	9.2	3.2	205	10	4′50″
	40	2860	9.4	2.2	200	9	5′10″
	30	2690	9.6	1.2	195	8	5′30″
	20	2520	9.8	0.2	190	7	5′50″
	10	2350	10.0	-0.8	185	6	6′10″

表1-4-5 大学女生各测试项目评分表（大一、大二适用）

等级	单项得分	肺活量	50米跑（米）	坐位体前屈（厘米）	立定跳远（厘米）	1分钟仰卧起坐（次）	耐力跑800米（分·秒）
优秀	100	3400	7.5	25.8	207	56	3′18″
	95	3350	7.6	24.0	201	54	3′24″
	90	3300	7.7	22.2	195	52	3′30″
良好	85	3150	8.0	20.6	188	49	3′37″
	80	3000	8.3	19.0	181	46	3′44″
及格	78	2900	8.5	17.7	178	44	3′49″
	76	2800	8.7	16.4	175	42	3′54″
	74	2700	8.9	15.1	172	40	3′59″
	72	2600	9.1	13.8	169	38	4′04″
	70	2500	9.3	12.5	166	36	4′09″
	68	2400	9.5	11.2	163	34	4′14″
	66	2300	9.7	9.9	160	32	4′19″
	64	2200	9.9	8.6	157	30	4′24″
	62	2100	10.1	7.3	154	28	4′29″
	60	2000	10.3	6.0	151	26	4′34″

续表

等级	单项得分	肺活量	50米跑（米）	坐位体前屈（厘米）	立定跳远（厘米）	1分钟仰卧起坐（次）	耐力跑800米（分·秒）
不及格	50	1960	10.5	5.2	146	24	4′44″
	40	1920	10.7	4.4	141	22	4′54″
	30	1880	10.9	3.6	136	20	5′04″
	20	1840	11.1	2.8	131	18	5′14″
	10	1800	11.3	2.0	126	16	5′24″

表1-4-6 大学女生各测试项目评分表（大三、大四适用）

等级	单项得分	肺活量	50米跑（米）	坐位体前屈（厘米）	立定跳远（厘米）	1分钟仰卧起坐（次）	耐力跑800米（分·秒）
优秀	100	3450	7.4	26.3	208	57	3′16″
	95	3400	7.5	24.4	202	55	3′22″
	90	3350	7.6	22.4	196	53	3′28″
良好	85	3200	7.9	21.0	189	50	3′35″
	80	3050	8.2	19.5	182	47	3′42″
及格	78	2950	8.4	18.2	179	45	3′47″
	76	2850	8.6	16.9	176	43	3′52″
	74	2750	8.8	15.6	173	41	3′57″
	72	2650	9.0	14.3	170	39	4′02″
	70	2550	9.2	13.0	167	37	4′07″
	68	2450	9.4	11.7	164	35	4′12″
	66	2350	9.6	10.4	161	33	4′17″
	64	2250	9.8	9.1	158	31	4′22″
	62	2150	10.0	7.8	155	29	4′27″
	60	2050	10.2	6.5	152	27	4′32″
不及格	50	2010	10.4	5.7	147	25	4′42″
	40	1970	10.6	4.9	142	23	4′52″
	30	1930	10.8	4.1	137	21	5′02″
	20	1890	11.0	3.3	132	19	5′12″
	10	1850	11.2	2.5	127	17	5′22″

第一章 体育与健康概述

表 1-4-7　大学生加分指标测试项目评分表一　　　　　　（单位：次）

加　分	引体向上（男）		1 分钟仰卧起坐（女）	
	大一、大二	大三、大四	大一、大二	大三、大四
10	10	10	13	13
9	9	9	12	12
8	8	8	11	11
7	7	7	10	10
6	6	6	9	9
5	5	5	8	8
4	4	4	7	7
3	3	3	6	6
2	2	2	4	4
1	1	1	2	2

注：引体向上（男）、1 分钟仰卧起坐（女），均为高优指标，学生成绩超过单项评分 100 分后，以超过的次数所对应的分数进行加分。

表 1-4-8　大学生加分指标测试项目评分表二　　　　　　（单位：分·秒）

加　分	1000 米跑（男）		800 米跑（女）	
	大一、大二	大三、大四	大一、大二	大三、大四
10	-35″	-35″	-50″	-50″
9	-32″	-32″	-45″	-45″
8	-29″	-29″	-40″	-40″
7	-26″	-26″	-35″	-35″
6	-23″	-23″	-30″	-30″
5	-20″	-20″	-25″	-25″
4	-16″	-16″	-20″	-20″
3	-12″	-12″	-15″	-15″
2	-8″	-8″	-10″	-10″
1	-4″	-4″	-5″	-5″

注：1000 米跑（男）、800 米跑（女）均为低优指标，学生成绩低于单项评分 100 分后，以减少的秒数所对应的分数进行加分。

表 1-4-9　《国家学生体质健康标准》登记卡　　　　　　　（大学样表）

学　校_____

姓　名		性　别			学　号		
院（系）		民　族			出生日期		

单项指标	大一			大二			大三			大四			毕业成绩	
	成绩	得分	等级	成绩	得分	等级	成绩	得分	等级	成绩	得分	等级	得分	等级
体重指数（BMI）（千克/米²）														
肺活量（毫升）														
50米跑（秒）														
坐位体前屈（厘米）														
立定跳远（厘米）														
引体向上（男）/1分钟仰卧起坐（女）（次）														
1000米跑（男）/800米跑（女）（分·秒）														
标准分														
加分指标	成绩	附加分		成绩	附加分		成绩	附加分		成绩	附加分			
引体向上（男）/1分钟仰卧起坐（女）（次）														
1000米跑（男）/800米跑（女）（分·秒）														
学年总分														
等级评定														
体育教师签字														
辅导员签字														

注：高等职业学校、高等专科学校参照本样表执行。

学校签章：

年　月　日

表 1-4-10　免予执行《国家学生体质健康标准》申请表（样表）

姓　　名		性　别		学　号	
班级/院（系）		民　族		出生日期	
原因	申请人： 　　　　　　　　　　　年　月　日				
体育教师签字			家长签字		
学校体育部门意见	学校签章： 　　　　　　　　　　　年　月　日				

注：中等职业学校及普通高等学校的学生，"家长签字"由学生本人签字。

第二章 体育锻炼与生理健康

学习提要

- 各生理系统的组成和功能
- 体育锻炼对各生理系统的影响

第一节 体育锻炼对运动系统的影响

一、运动系统的组成和功能

人体的运动是由运动系统实现的。运动系统是由骨、骨连结和肌肉三部分组成。骨与骨连结构成人体的骨架，肌肉附着在骨架上。神经系统支配肌肉的收缩或舒张，牵动骨骼产生各种运动。这种运动是以骨为杠杆、关节为枢纽、肌肉为动力来实现的。

（一）骨和骨连结

1. 骨

人的骨骼共有 206 块，包括中轴骨和四肢骨两大部分。颅骨、椎骨、肋骨和胸骨为中轴骨。上肢骨和下肢骨为四肢骨。骨主要由骨质、骨髓、骨膜构成。

骨质。即骨组织，又分骨密质和骨松质。

骨髓。充填于骨髓腔和松质腔隙内。又分黄骨髓和红骨髓，红骨髓能造血。成人骼骨、胸骨、椎骨内终生保留红骨髓。

骨膜。由致密结缔组织构成，位于骨的最外边，含有丰富的血管、神经和成骨细胞。

2. 骨连结

根据骨连结的结构形式，可分为直接连结和间接连结。直接连结包括膜性连结、软骨性连结、骨性连结；间接连结即关节。关节的结构各不相同，但基本构造都一样。基本构造包括关节面、关节囊、关节腔。辅助结构包括韧带和关节内软骨等。关节的运动包括围绕冠状轴运动的屈伸运动、围绕矢状轴运动的内收和外展运动、围绕垂直轴运动的旋内和旋外运动，以及近侧端不动、远侧端做圆周运动的环转运动等。

（二）肌肉

人体中的肌肉分骨骼肌、平滑肌和心肌三类。其中，骨骼肌的数量最大，平均约占体重的 40%～45%，躯体运动就是由它实现的。内脏器官的运动，则是由平滑肌（如胃肠道运动）和心肌（心脏的泵血活动）实现的。肌肉的基本组织有肌组织（由肌纤维组成）、结缔组织、神经组织。此外，肌肉还分布有丰富的血管网。组成肌肉的基本单位是肌纤维，它是肌肉中的收缩成分，其功能是通过收缩而产生张力和长度的变化。肌肉中有丰富的毛细血管网及神经纤维，保证肌肉的养分供应及神经调节。肌肉中的结缔组织是肌肉的弹性成分，与肌肉中的收缩成分并联或串联，当收缩成分缩短时，弹性成分被拉长，并将前者释放的能量部分吸收储存起来，然后再以弹性反作用力的形式发挥出来，以促使肌肉产生更强大的力量和更快的运动速度。

1. 影响肌肉力量的因素

（1）肌肉生理横断面。

肌肉的生理横断面是指横切一块肌肉所有肌纤维所获得的横断面的总和。一块肌肉的力量是这块肌肉内全部肌纤维收缩的总和。因而，肌肉的生理横断面越大，肌力就越大。

（2）肌群的协调能力。

人体即使在进行最大用力时，神经系统也不可能募集 100% 的肌纤维都同时参加活动。运动时，参与活动的肌纤维数量越多，则肌肉收缩时产生的力量越大。一个不经常参加体育锻炼的人，最大用力时大约只能动员 60% 的肌纤维参加活动，而训练有素的运动员，则可动员 90% 以上的肌纤维参加活动，募集到那些不易激活的肌纤维。

（3）肌肉收缩前的初长度。

肌肉收缩时的力量大小与肌肉收缩前的初长度有关。在一定范围内，肌肉收缩前的初长度越长，肌肉收缩的力量就越大。我们经常会在运动项目中运用这个原理，如踢足球时前腿的后摆就是为了取得最佳的初长度。

2. 骨骼肌的收缩形式

身体的运动是内力和外力相互作用的结果，人体的各种运动的完成和姿势的保持是通过肌肉兴奋时，其长度和张力发生变化而完成的。根据肌肉在完成各种动作时，整块肌肉长度的变化，可将肌肉的收缩分为多种形式。这里仅简单介绍缩短收缩、等长收缩和拉长收缩三种形式。

（1）缩短收缩。

缩短收缩是指肌肉收缩时产生的张力大于所要克服的阻力，肌肉缩短牵拉它附着的骨杠杆做向心运动，故又称向心收缩。由于收缩时产生了位移，也被称为动力性工作。向心收缩是肌肉长度发生缩短的收缩形式，在力量练习中属于最普通的一种，例如利用哑铃、沙袋、杠铃、拉力器等锻炼肌肉均属于此类。动力性工作和静力性工作常常共同起作用，协调动作的产生，完成人体各种各样的动作和活动。

（2）等长收缩。

等长收缩是指当肌肉收缩产生的张力等于外力时，肌肉虽然积极收缩，产生很大的张力，但肌肉的总长度不变。肌肉处于等长收缩时，从整块肌肉外观看，肌肉长度不变，但实际上肌肉的收缩成分（肌纤维）正处在收缩中，而弹性成分被拉长，从而整块肌肉长度保持不变。等长收缩时，由于没有位移的产生，故也称为静力性工作。在实现人体运动中，等长收缩起着支持、固定和保持某一姿势的作用，如站立、悬垂、支撑等。

（3）拉长收缩。

拉长收缩是指当肌肉收缩产生的张力小于外力时，肌肉虽然积极收缩但仍然被拉长了。在肌肉做拉长收缩时，环节是背着肌肉的拉力方向运动的，但运动速度缓慢，肌肉变长、变细、变硬，这种收缩形式又称为离心收缩。

二、体育锻炼对运动系统的影响

体育锻炼时，骨的血液供给得到改善，骨的形态结构和性能都发生良好的变化，骨密质增厚使骨变粗，骨小梁的排列更加整齐而有规律，骨骼表面肌肉附着的突起更加明显，这些变化使骨变得更加粗壮和坚固，从而提高了骨的抗折、抗弯、抗压缩和抗扭转等方面的能力。体育锻炼既可增强关节的稳固性，又可提高关节的灵活性。关节稳固性的加大，主要是增强了关节周围肌肉力量的结果，同时与关节和韧带的增厚也有密切的关系。关节灵活性的提高，主要是关节囊韧带和关节周围肌肉伸展性加大的结果。

体育锻炼可使肌纤维变粗，肌肉体积增大，因而肌肉显得发达、结实、健壮、匀称而有力。

体育锻炼可使肌肉组织的化学成分发生变化，如肌肉中的肌糖原、肌球蛋白、肌动蛋白和肌红蛋白等含量都有所增加，则肌肉内的氧储备量也增加，有利于肌肉在氧供应不足的情况下继续工作。

体育锻炼有助于增强肌肉的耐力。因为体育锻炼可使肌纤维内线粒体的大小和数量成倍增加，同时在锻炼时还使肌肉中的毛细血管大量开放，肌肉的毛细血管形态结构发生变化，出现囊泡状，增加了肌肉的血液供应量。

体育锻炼能保持肌肉张力，减小肌萎缩和肌肉退行性变化，保持韧带的弹性和关节的灵活性，减少和防止骨骼、肌肉、韧带、关节等器官的损伤和退化。

第二节　体育锻炼对呼吸系统的影响

一、呼吸系统的组成和功能

呼吸系统包括呼吸道和肺两大部分。呼吸道是输送气体的管道，分上呼吸道和下呼吸道两部分。上呼吸道由鼻、咽、喉组成，下呼吸道由气管及其分支的各级支气管组成。

肺位于胸腔内，左右各一。肺是实质性器官，由主支气管进入肺后经过多级分支形成支气管树及支气管树的末端（构成肺泡）。肺泡数量很多，成人约有3亿~4亿个，总面积约为70~100平方米。肺泡壁由单层上皮细胞构成。肺泡上皮含两型细胞：一型为扁平细胞，很薄，便于气体弥散；另一型为分泌细胞，对肺泡损伤有修复作用。气体交换主要在肺泡中进行，胸腔的节律性扩大和缩小称为呼吸运动，它是通过呼吸肌的舒缩活动而实现的。人体在生命活动中不断地消耗能量，细胞在代谢时，不断地消耗氧并产生二氧化碳。氧的吸入，二氧化碳的排出，必须依靠呼吸系统来完成。

人体与外界环境之间通过呼吸系统进行气体交换以获取氧的过程称为呼吸。包括肺通气和肺换气。

（一）肺通气

肺通气是指肺与外界环境之间气体交换的过程。肺通气时的动力因素与阻力因素会影响肺通气的量。肺通气的阻力分为弹性阻力和非弹性阻力两种，弹性阻力来自于肺和胸廓，如果肺和胸廓在外力作用下容易扩张，就表示其顺应性大，弹性阻力小。呼吸系统的气道阻力和组织的黏滞性阻力构成了非弹性阻力。而呼吸肌的收缩与舒张可以引起胸廓节律性地扩大与缩小，引起肺内压与大气压之间出现压力差，推动气体进出肺，因此是肺通气的重要动力。

（二）肺换气

肺泡与肺泡毛细血管血液之间的气体交换称肺换气。新鲜空气经呼吸道进入肺泡后，与肺泡毛细血管内的血液进行氧气和二氧化碳的交换。肺换气时，肺泡中的氧气扩散到肺泡毛细血管内的血液中，同时，肺泡毛细血管内的血液中的二氧化碳扩散到肺泡内；在体内，血液与组织（如骨骼肌）之间发生气体交换，毛细血管血液中的氧气扩散进入组织和细胞，以供组织利用，组织中的代谢产物二氧化碳扩散进入血液，通过呼吸活动排出体外，这一过程称为组织换气。

二、体育锻炼对呼吸系统的影响

运动对呼吸机能的作用是复杂的，除能最大限度地改善人体的吸氧能力，降低呼吸中枢对乳酸与二氧化碳的兴奋性，并增强人体对缺氧的耐受力外，还能促使呼吸机能出现"节省化"。

体育锻炼对提高呼吸机能的作用，主要表现为有效地增加毛细血管的数量和密度，改善生理无效腔，使呼吸肌发达，收缩力增强，最大通气量和肺活量增大，呼吸差加大。

此外，由于长期坚持锻炼，负氧债量大，对缺氧耐受力强，氧的吸收利用率也较高，调节呼吸的节奏和形式的能力也较强。

第三节 体育锻炼对心血管系统的影响

一、心血管系统的组成和功能

心血管系统由心脏和各类血管组成。血管包括动脉、静脉和毛细血管。在神经系统调节下，心脏有规律地收缩，推动血液不断地在血管内循环。

人体内的血管可分为动脉、静脉和毛细血管。不同类型的血管因其功能不同，其管壁结构也不同，大动脉的管壁厚而有弹性，含有丰富的弹性纤维，称为弹性血管，它可以保持血压的基本稳定。小动脉管壁富有平滑肌，平滑肌的收缩可以通过改变血管的口径改变血流阻力，又称阻力血管。静脉血管的口径大，易扩张，因此体内多数血液存在于静脉系统中，被称为容量血管。毛细血管口径小，管壁薄，数量大，是血液与组织液的交换场所，又被称为交换血管。

（一）血液循环

血液循环可分为相互连续的两部分，即体循环和肺循环。

1. 体循环

动脉血由左心室搏出，流经主动脉及各级分支到达全身的毛细血管（毛细血管是连于动脉与静脉之间的微细血管），由于动脉血中的氧分压大于组织中的氧分压，因此，氧由血液向组织扩散；因为动脉血中的二氧化碳分压低于组织中的二氧化碳分压，二氧化碳由组织向血液扩散，使动脉性血变为静脉性血。静脉性血由毛细血管流入各级静脉。静脉连接于毛细血管，由小静脉逐渐汇合成大静脉，把血液运回到右心房。血液就是这样从心脏射出，经动脉、毛细血管和静脉返回心脏，循环不止。

2. 肺循环

静脉性血由右心室搏出，流经肺动脉及各级分支，最后到达肺泡壁上的毛细血管网。静脉性血在毛细血管网中进行气体交换，肺泡气中的氧扩散到毛细血管中，毛细血管中的二氧化碳扩散到肺泡中。气体交换后，毛细血管中的静脉性血变成动脉性血，经肺静脉返回左心房。

（二）心率

心脏每收缩和舒张一次，称为一个心动周期。在心动周期的舒张期，血液由静脉回流入心脏，在心动周期的收缩期，心肌的主动收缩将血液由心脏射入动脉。心脏每分钟跳动的次数用心率来表示。健康成年人每分钟心跳在 60~100 次之间，平均约 75 次。成年人如果在安静时心率低于每分钟 60 次，即为心动过缓，高于每分钟 100 次，即为心动过速。心率有较大的个体差异，不同年龄、不同性别、不同生理状态下，心率有所不同。青少年的新陈代谢比较旺盛，但心脏结构与功能尚未发育完全，神经系统对心脏和血管的调节不够完善，因此心率较快，以后，随着年龄的增长，心率会逐渐减慢，青春期时接近成年人水平，成年女性心率略高于成年男性。体育活动、情绪激动和体温升高时，心率明显增加。

过快的心率，是生命过早终结的信号。科学家曾做过动物心跳与寿命之间关系的实验，认为 8 亿次心跳是动物生命的极限，心跳越快，寿命越短，心跳越慢，则寿命越长。例如：老鼠每分钟心跳 900 次，2 年左右就会死亡；猫每分钟心跳 240 次，但寿命只有区区的几年，海龟每分钟心跳不足 10 次，寿命却能达到 500 年。因此，研究生命科学的专家告诉我们：要进行适宜的体育运动，珍惜我们的每次心跳！

（三）每搏输出量

每搏输出量是指心脏在每次收缩时，由左心室射入主动脉的血量，心脏每搏动一次大约向血管射血 70 毫升。因此，正常人安静时的每搏输出量为 70 毫升。心脏每分钟由左心室射入主动脉的血液量为每分钟输出量，我们常用心输出量来代表每分钟输出量，每搏输出量与心率的乘积就是心输出量，成人安静时心输出量为 3~5 升。

（四）血压

血液在血管内流动时对血管壁的侧压力就是血压。各类血管均有不同的血压。一般情况下，我们所说的血压多指动脉血压。动脉血压以肱动脉压为标准，分为收缩压和舒张压，成年人正常血压为：收缩压小于17.3千帕，舒张压小于11.3千帕。血压可随年龄、性别和体内生理状况的变化而有所变动。

二、体育锻炼对心血管系统的影响

研究表明，适宜的体育锻炼对心血管的形态结构和机能都会产生不同程度的积极影响，对预防和治疗心血管疾病有重要作用。

心脏的效率：体育锻炼改善了心脏肌肉的收缩能力，心脏每次跳动泵出的血液增多，使心脏能以较低心率来满足锻炼的需要。脉搏频率的减少能使心脏收缩后有较长的休息时间，为心脏功能提供了储备力量，这样当人体进行激烈运动时，心脏就能承受大运动量的负荷。

心脏大小：长期体育锻炼可使心肌纤维增粗、心壁增厚、心脏增大，并以左心室增大为多见，而且训练水平越高，这种变化越显著。这样，不但使心脏具有更大的收缩力，而且还能增加心脏的容量，从而使心脏的每次搏动输出量和每分钟输出量增加。

对血管结构的影响：体育锻炼影响血管的结构，改变血管在器官内的分布，体育锻炼可使动脉血管壁的中膜增厚，平滑肌细胞和弹力纤维增加，体育锻炼能使骨骼肌的毛细血管分布数量增加，分支吻合、丰富。这些变化都有利于改善器官供血，增强物质与能量的交换。研究还证明，体育锻炼能够反射性地引起冠状动脉扩张，使冠状动脉口径增粗，改善冠状动脉循环，心肌的毛细血管数量增加，心肌中肌红蛋白含量也增高，可以增强心脏在缺氧条件下的工作能力，对预防冠心病有着重要的意义。

第四节　体育锻炼对神经系统的影响

一、神经系统的组成和功能

人体是一个复杂的有机体，各器官、系统之间的功能相互联系、相互协调、相互制约；同时，人体生活在经常变化的环境中，环境的变化随时影响着体内各器官系统的各种功能。这就需要对体内各器官系统的功能不断做出迅速而完善的调节，使机体适应内外环境的变化。实现这一调节功能的就是神经系统。

神经系统分为中枢神经系统和周围神经系统两部分。中枢神经系统包括脑和脊髓。周围神经系统是脑和脊髓以外的神经成分，其一端同脑和脊髓相连，另一端通过各种末梢结构与身体其他器官、系统相联系。神经元是神经系统结构与功能的基本单位，具有感受刺激、传导神经冲动的功能，神经元之间通过突触进行神经联系。神经系统活动的基本方式是反射，反射是指神经系统对内、外环境的刺激做出适宜反应的调节过程。反射活动的结构基础为反射弧，反射弧由感受器、传入神经、神经中枢、传出神经与效应器等5个结构部分组成。反射包括非条件反射和条件反射两类：非条件反射是指人体与生俱来的简单反射，对人体及种族的生存具有重要意义；而条件反射是个体在后天学习中获得的，是复杂的高级反射活动，通过各级神经中枢进行多级整合才能够建立，它的建立使机体对环境条件的变化具有更强、更精确的适应性。

二、体育锻炼对神经系统的影响

运动是在神经系统控制下进行的，人在进行运动时，在中枢神经系统的统一支配下，必须动员人的其他系统和有关器官的参与。长期体育锻炼可以改善和提高中枢神经系统的工作能力，使中枢神经及大脑皮层的兴奋性增强，抑制加深，使得兴奋和抑制更加集中，从而改善神经系统的均衡性和灵活性，提高大脑分析和综合的能力，增强机体适应变化能力和工作能力。另外，体育锻炼时体内分泌的一种激素——内啡肽具有强烈的镇痛作用，因此经常参加跑步锻炼，可以提高神经系统的兴奋性，抑制低落情绪，减少痛苦感，使人在运动之后精神状态良好，周身轻松、精力充沛。

第五节 体育锻炼对消化系统的影响

一、消化系统的组成和功能

消化系统包括消化管和消化腺两部分。消化管为中空性器官，包括口腔、咽、食管、胃、小肠和大肠等器官。消化腺包括突出到管壁外的大消化腺和消化管壁上的小消化腺，大消化腺包括肝、胰和唾液腺。消化系统的主要功能是：从外界摄取营养物质进行消化和吸收，以满足机体新陈代谢和其他活动的需要。

消化：是指一些大分子的有机物（如糖、蛋白质、脂肪）在胃肠道内的消化液的作用下，分解成小分子的物质的过程。消化是从口腔开始的，胃和小肠是食物消化的主要场所。人的大肠没有重要的消化活动，食物残渣进入大肠后，通过大肠的机械运动被排出体外。

吸收：矿物质、维生素和水通过消化道黏膜上皮细胞进入血液和淋巴液，一些大分子的有机物（如糖、蛋白质、脂肪）在胃肠道内的消化液的作用下，分解成小分子的物质，也通过消化道黏膜上皮细胞进入血液和淋巴液。这些过程就是吸收：食物在口腔和消化道内不被吸收；胃只能吸收酒精和水分；小肠是吸收的主要部位，蛋白质、脂肪和糖的大部分消化产物在十二指肠和空肠被吸收；盐类物质和剩余的水分主要在大肠被吸收。

二、体育锻炼对消化系统的影响

体育锻炼会增强体内营养物质的消耗，这就需要更多能量来补充，长此以往使整个机体的代谢增强。另外体育锻炼对消化器官的机能有良好的作用，它能使胃肠的蠕动加强，消化液的分泌增多，改善肝脏、胰腺的功能，因而使消化和吸收的能力提高，为人的健康和长寿提供了良好的物质保证。在进行体育锻炼时，不要进食后立即进行比较剧烈的运动，更不要在比较剧烈的运动后立即进食。因为在激烈运动时，大脑皮质运动中枢兴奋占优势，以致减弱和抑制了其他部位的活动，使消化中枢处于抑制状态，因而减弱了胃肠的蠕动，并减少了消化液的分泌，这样对消化系统有不良影响。

思考题

1. 简述各生理系统的组成及功能。
2. 论述体育锻炼对各生理系统的影响。

第三章 体育锻炼与心理健康

学习提要
- 心理健康的定义和标准
- 体育锻炼产生良好心理效应的因素
- 体育锻炼对心理疾病的治疗

第一节 心理健康概述

一、心理健康的概念

心理健康是指个人能够充分发挥自己的最大潜能,以及妥善处理和适应人与人之间、人与社会环境之间的关系。具体地说,心理健康至少包括两层含义:其一是无心理疾病;其二是具有一种积极发展的心理状态。无心理疾病是心理健康的最基本要求,心理疾病包括各种心理异常和行为异常;具有积极发展的心理状态则是从积极的、预防的角度提出的要求,目的是要保持和促进心理健康,消除一切不健康的心理倾向,使心理处于最佳发展状态。

二、心理健康是适应社会的基本条件

每一个人都是社会的一个成员,一个人只有适应社会,才能生存、发展,并对社会有利。心理健康的人,具有良好的社会适应能力,能够根据周围环境的变化随时调节自己的心理活动,减少心理机能紊乱,以充沛的精力从事社会实践活动;相反,心理不健康的人,社会适应能力被削弱甚至遭到破坏,无法调节内心世界的矛盾冲突和人际关系,甚至无法适应正常的家庭和社会生活,给本人和他人造成痛苦,也给社会带来危害。

三、心理健康对生理健康产生直接影响

心理健康与生理健康有着密切的关系。生理健康是心理健康的基础,而心理健康又对生理健康产生直接影响。大量的研究已发现,在许多疾病的发生、发展和演变过程中,心理因

素扮演着重要的角色。心理长期处于不健康的状态，必然会导致生理上的异常或病变。现在把这类疾病称为身心疾病，如心血管病、胃肠病、癌病以及哮喘病、糖尿病等均与心理因素有关。

四、心理健康关系一个人事业的成败

随着社会的发展，心理健康越来越受到人们的重视。美国教育学家戴尔·卡耐基在调查了各界许多名人之后判断，一个人事业上的成功仅有15%是由于他的学识和专业技术上具有的优势，而85%是靠良好的心理素质和善于处理人际关系。詹纳是1976年奥运会十项全能金牌获得者，他从体育比赛的角度也作了类似的表述。他说："奥林匹克水平的比赛，对运动员来说，20%是身体方面的竞技，80%是心理上的挑战。"可见，心理健康对一个人的事业成败有着多么重要的作用。

五、了解自己，追求幸福

心理健康者有能够了解自我的现状和特点，能接受和正确认识自己的优点和不足；能有意识地驾驭自己的生活，控制自己的行为，把握自己的命运；不受无意识力量的支配，也不盲目接受他人的支配；有独立和自主的需要，能专注于工作和事业；有良好的人际关系。心理健康者注重现在的体验，不陷于过去的不幸或创伤，也不沉迷于所渴望的未来。

六、关心他人

心理健康者不仅关心自己，同时还非常注意关心别人，乐于帮助他人，有给予爱和接受爱的能力。

第二节　体育锻炼的心理健康效应

一、体育锻炼可促进心理健康

体育锻炼对心理健康的积极影响主要表现在以下几个方面。

（一）改善情绪状态

情绪状态是衡量体育锻炼对心理健康影响的最主要的指标。一个人生活在错综复杂的社会中，经常会产生忧愁、紧张、压抑等情绪反应，体育锻炼则可以转移个体不愉快的意识、情绪和行为，使自己从烦恼和摆脱出来。大学生常因名目繁多的考试、相互间的竞争以及对未来工作分配的担忧而产生持续的焦虑反应，经常参与体育锻炼可使自己的焦虑反应降低。

（二）提高智力

经常参加体育锻炼可以提高自己的智力，不仅使锻炼者的注意、记忆、反应、思维和想象等能力得到提高，还可以使其情绪稳定、性格开朗、疲劳感下降等，这些非智力成分对人的智力具有促进作用。

(三)确立良好的自我概念

自我概念是个体主观上对自己的身体、思想和情感等的整体评价,它是由许许多多的自我认识所组成的,包括"我是什么人""我主张什么""我喜欢什么""我不喜欢什么"等。由于坚持体育锻炼可使体格强健、精力充沛,因而,体育锻炼对于改善人的身体表象和身体自尊至关重要。

身体表象是指头脑中形成的身体图像。身体表象障碍在正常人群中是普遍存在的,据报告,54%的大学生对他们的体重不甚满意。与男性相比,女性倾向于高估她们的身高和低估她们的体重,而且,身体肥胖的个体更可能有身体表现和身体自尊方面的障碍。身体表现和自身自尊与整体自我概念有关(图3-2-1)。无论男性还是女性,对身体表象的不满意会使个体自尊变低(自尊指自我概念的积极程度),并产生不安全感和抑郁症状。有研究表明,肌肉力量与身体自尊、情绪稳定性、外向性格和自信心成正比例关系,并且加强力量训练会使个体的自我概念显著增强。

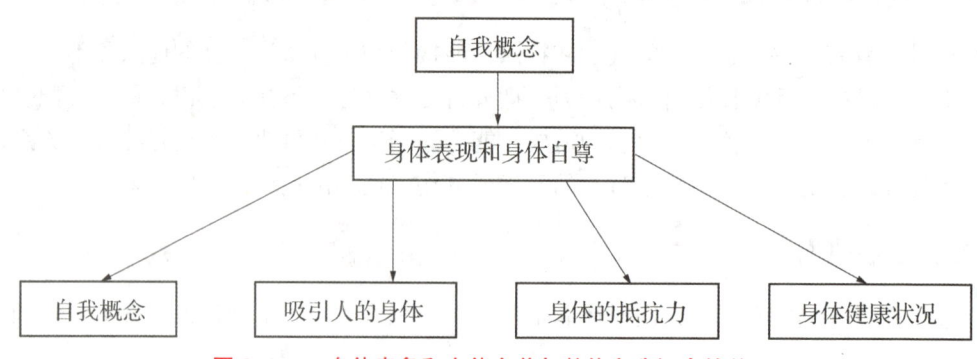

图3-2-1 身体表象和身体自尊与整体自我概念的关系

(四)培养坚强的意志品质

意志品质指一个人的果断性、坚韧性、自制力以及勇敢顽强和主动自立等精神状态。意志品质既要在克服困难的过程中表现出来,又是在克服困难的过程中培养起来的。在体育锻炼中要不断克服客观困难(如气候条件的变化、动作的难度或意外的障碍等)和主观困难(如胆怯和畏惧心理、疲劳和运动损伤等)。锻炼者越能努力克服主、客观方面的困难,也就越能培养良好的意志品质。从锻炼中培养起来的坚强意志品质能够迁移到日常的学习、生活和工作中去。

(五)消除疲劳

疲劳是一种综合性症状,与人的心理和心理因素有关,当一个人在情绪消极,或任务超出个人的能力时,生理上和心理上都会很快地产生疲劳。大学生持续紧张的学习压力极易造成身心疲劳和神经衰弱,保持良好的情绪状态和参加中等强度的体育锻炼则可以使他们身心得到放松。

(六)治疗心理疾病

体育锻炼被公认为是一种心理治疗方法。美国的一项调查显示,1750名心理医生中,80%的人认为体育锻炼是治疗抑郁症的有效手段之一,60%的人认为应将体育锻炼作为一种治疗方法来消除焦虑症。在大学生中，有不少人由于学习和其他方面的挫折而引起焦虑症和抑郁症，通过体育锻炼可以减缓或消除这心理疾病。

二、体育锻炼产生良好心理效应的因素

决定体育锻炼产生良好心理效应的因素很多，主要有以下几个方面。

（一）喜爱体育锻炼并从中获得乐趣

这是体育锻炼产生良好心理效应的最重要因素，如果不喜爱或者不能从中获得乐趣，就不可能产生满足感和良好的情绪体验。

（二）体育锻炼应以有氧活动为主，避免激烈运动

有氧活动包括散步、跑步、游泳、骑自行车、跳绳、健美操等。当然，对于年轻人或大学生来说，从事自己所喜欢的球类运动也是很有益的。

（三）运动负荷应适当

研究表明，在体育锻炼过程中，心率最好控制在最大心率的60%~80%之间，每次活动时间不少于20~30分钟，每周3次或3次以上，这样才有利于心理健康。

（四）持之以恒地进行体育锻炼

体育锻炼对心理健康的积极效应只有在有规律的锻炼的基础上才能显示出来。随着身体锻炼总时间的增加，体育锻炼所产生的良好心理效应就会随之得到增强。

第三节　体育锻炼的心理治疗效应

近几年，生物免疫学科和医学病理学科的许多研究实验发现人患心理疾病会影响免疫系统的功能，导致生理水平和免疫能力的下降，引发许多生理疾病。运动作为一种刺激，导致人体释放具有免疫调节作用的内啡肽、脑啡肽和其他神经肽，因此进行适宜、科学的体育活动，能有效地帮助提高人的免疫力，预防一些生理疾病的发生。运动还能影响大脑分泌一种心理"愉快"素——β—内啡肽，这是大脑分泌的36余种肽类物质中生物活性最强的一种物质，它能使人体保持一种很好的心理状态，预防和改善躯体疾病和心理疾病。

最近一项研究显示，不论是短暂的或长期的运动，都会产生显著的心理效果。常运动的人看起来精神比较好，不容易生气、沮丧，也较不容易觉得有压力；不运动的人则容易感到疲劳及情绪低落。这项结果对上了年纪的人特别有参考价值，因为多项医学研究指出，年龄与沮丧有密切的关系。年纪越长，身体状况越差，人的心情越容易沮丧。但是若能有规律地运动，保持身体与心理的活力，自然会减轻沮丧的程度。可见体育运动对心理的调试和治疗均有良好的效果。

一、抑郁症

抑郁症（Depression）是躁狂抑郁症的一种发作形式。以情感低落、思维迟缓、言语动作减少、迟缓为典型症状。抑郁症严重困扰患者的生活和工作，给家庭和社会带来沉重的负

担，约15%的抑郁症患者死于自杀。世界卫生组织、世界银行和哈佛大学的一项联合研究表明，抑郁症已经成为中国疾病负担的第二大疾病。

不同的运动形式可以帮助人们减少压力，放松心情，减轻抑郁情绪，使你精力充沛，增加平衡性及柔韧性。从总体功能上来讲，运动疗法安全、有效而且简单易行，但进行新的运动项目之前，一定要同你的医生商议。

曾有研究者调查了两种身体锻炼方式对于医治严重抑郁症患者的效果，一种锻炼方式是散步和慢跑，另一种锻炼方式是踢足球、打排球或练习体操结合放松练习。慢跑或散步者每次连续练习30分钟，每周3次，共8周；混合组患者一周两次锻炼，每次40分钟，也是8周，在每周的第三天，混合组患者进行放松练习。结果显示，慢跑或散步组患者，抑郁感觉和身体症状显著减轻，并自尊增强，身体状态明显好转。相反，混合组患者未显示任何生理或心理上的变化。

二、焦虑症

焦虑症又称焦虑性神经症，是以广泛性焦虑症（慢性焦虑症）和发作性惊恐状态（急性焦虑症）为主要临床表现，常伴有头晕、胸闷、心悸、呼吸困难、口干、尿频、尿急、出汗、震颤和运动性不安等症，其焦虑并非由实际威胁所引起，或其紧张惊恐程度与现实情况很不相称。

焦虑症是一种普遍的心理障碍，在女性中的发病率比男性要高。流行病学研究表明城市人口中大约有4.1%~6.6%在他们的一生中会得焦虑症。焦虑症的主要症状是，病人充满了过度的、长久的、模糊的焦虑和担心，这些担心和焦虑却没有一个明确的原因。虽然，这些担心、焦虑与正常的、由现实危机引起的担心、焦虑很相像。例如，他们会成天为家里的经济情况而担忧，即使他们的银行账户上的存款远远超过了六位数；或者他们会成天为自己孩子的安全担心，生怕他在学校里出了什么事；更多的时候他们自己也不知道为了什么，就是感到极度的焦虑。

许多学者的研究均说明身体锻炼对治疗焦虑症有一定的作用。例如，Long（1993）要求一些焦虑症患者参加散步或慢跑锻炼，另一些患者参加应激灌输训练。结果显示，接受其中任何一种训练方法的患者要比控制组患者处理应激情景的能力强。但有些研究者也注意到身体锻炼可能导致有恐慌疾病史的焦虑患者恐慌病的发作。然而，有一点学者们的观点是比较一致的，即紧接着身体锻炼后，病人的焦虑状态反应明显降低。

三、神经衰弱症

神经衰弱症容易出现性格不开朗、心胸狭窄、敏感多疑、主观急躁、自制力差、情绪易波动、易受外界刺激、思虑过多等。而那些能引起神经活动过度紧张，并伴有不良情绪的情形均是神经衰弱的致病因素，常见的有：长期紧张、繁忙地工作、学习而得不到松弛，亲人死亡，婚姻不和，事业挫折，人际关系冲突及生活中各种紧张刺激等。

预防神经衰弱症的关键是针对主要病因合理安排作息制度，结合体育运动，做到劳逸结合。每日总学习时间小学不超过6小时，初中8小时，高中9小时，特别要避免连续开夜车的习惯。每天坚持一小时的身体锻炼，尽量在户外进行，同时合理地安排饮食和睡眠。

第三章 体育锻炼与心理健康

四、网络综合征

网络综合征是人们由于沉迷于网络而引发的各种生理、心理障碍的总称。这是新近出现的疾病之一，目前各国正开展对它的研究。

现在研究焦点在成瘾性（依赖性）、人际关系（包括网友、网恋、现实生活中的人际障碍等）、创造毁灭欲和与此有关的抑郁症、躁狂症等，而对于由于辐射、荧屏闪烁、久坐、注视疲劳等造成的生理和心理疾病则因时间精力有限不予追踪。

国内中学生的确存在网络成瘾或沉迷现象。被判定为成瘾的学生，每周平均上网时数在二十小时以上，比未上瘾者多很多时间上网，而且每周上网时间越长，网络沉迷的倾向越高。沉迷于网络的学生经常无法有效控制管理上网时间与金钱，也容易与父母、师长等关系破裂，甚至因为上网太长而赔上健康。就是说，上网时间愈来愈长，就会情不自禁想再上网，一旦不上网便十分痛苦；而每周上网时间愈多，所出现的人际关系问题也会更加严重。这项研究中的成瘾高危险群，平均每周上网时数为 19.6 小时，与 1996 年以来国外研究所得的数值相去不远。

研究表明，体育锻炼配合饮食和心理辅导能有效地治疗网络综合征，体育锻炼能有效改善因为长时间上网而带来的身体不适，能发泄郁闷等不良的情绪。同时体育锻炼占用了练习者部分的业余休闲时间，减少了和网络的接触。随着体育锻炼的持续，能有效缓解网络综合征患者离开网络的不适感。

五、酒精和其他物质的滥用

有一些学者研究了身体锻炼与酒精和其他物质滥用之间的关系。同样，大多数这方面的研究也是病例报告或采用了非控制性的研究方法。一些研究结果显示，身体锻炼可以帮助这些患者改善情绪和增强自我概念；另一些研究结果则说明，身体锻炼可以提高患者的节制能力。

人的心理是人脑的活动。心理健康发展，必须以正常健康的身体，尤其是以正常健康发展的神经系统和大脑为物质基础。体育锻炼能促使学生身体正常、健康地发展，为心理发展提供坚实的物质基础。这是心理发展的重要条件。总之，体育锻炼不仅可改善情绪，增强自我概念，协调人际关系，而且能消除疲劳，降低应激反应，减轻或消除心理疾病，达到真正健身的目的。在锻炼中应持之以恒，循序渐进，保持中等或稍大的负荷量为宜。

思考题

1. 简述心理健康的定义和标准。
2. 体育锻炼所产生的良好心理因素有哪些？

第四章 体育锻炼的原则及方法

学习提要

- 体育锻炼的原则
- 体育锻炼的方法
- 制定运动处方的方法
- 提高身体素质的方法

第一节 体育锻炼的原则

一、自觉积极性原则

自觉积极性原则指体育锻炼者要有明确的健身目标，充分认识体育锻炼的价值，自觉积极地从事体育锻炼活动。体育锻炼的积极性是锻炼者进行自主锻炼的重要前提，是由被动锻炼转为主动锻炼的"催化剂"，是推动自我体育锻炼不断深入的内在动力。

如何提高体育锻炼的自觉积极性？

（1）明确"生命在于运动"的科学道理，树立正确的锻炼目标，把体育锻炼当作日常学习和生活的需要，调动锻炼的积极性。

（2）丰富业余生活，培养体育兴趣。兴趣是人们认识事物和从事活动的开始，当一个人对一项体育活动产生兴趣时，就会对这项体育活动表现出极大的热情，做到身心融为一体。

（3）克服自身惰性，战胜各种困难，安排相应的作息制度，把体育锻炼当作生活中不可缺少的一部分，才能保证体育锻炼的自觉积极性。

二、实效性原则

实效性原则是指体育锻炼时应根据锻炼者的年龄、性别、健康状况、运动基础、职业特点等实际情况，合理地选择锻炼内容、方法和安排运动负荷，科学地进行体育锻炼，以取得最佳的锻炼效果。

第四章 体育锻炼的原则及方法

如何在体育锻炼中讲求实效？

（1）根据个人的实际情况，制订一套实用可行的锻炼计划，注意作阶段性调整，尽量严格执行该计划。

（2）选择运动项目时应注重运动项目自身的锻炼价值，不要过于追求单个技术动作的难度及完美性。没有运动基础的锻炼者，应选择简便易行、锻炼价值大、效果好的身体练习形式作为身体锻炼的主要内容，如跳绳、健步走、慢跑等。

（3）安排运动负荷时，应以锻炼者所能承受的心理负荷为准。一般情况下，锻炼者应自我感觉比较舒适，并且锻炼不会影响正常的学习、工作和生活。

三、经常性原则

经常性原则是指应长期地、不间断地、持之以恒地进行体育锻炼。长期的体育锻炼能使人体结构和机能产生适应性变化，增强体质，提高机体免疫力。短时间的体育锻炼能对身体产生一定的影响，但体育锻炼一旦停止，这种良性影响会很快消失。因此，体育锻炼贵在坚持，不能期望在短时间内取得显著效果，要想保持旺盛的体力和精力，就必须长期坚持体育锻炼。

如何保持体育锻炼的经常性？

（1）根据个人能力的高低确立一个能够实现的体育锻炼目标（不宜太高），制订一个切实可行的锻炼计划（以能长期坚持为宜）。

（2）一旦开始体育锻炼，就应自觉地坚持下去，活动的内容和项目可以更换，但锻炼不能停止，这样才能对身体产生良好的影响。

（3）强化锻炼意识，定期保证一定的体育锻炼时间，并逐步养成习惯，使体育锻炼成为日常生活中的重要组成部分。

（4）因气候条件不能在室外锻炼时，可改在室内进行，即使暂时变换了锻炼的内容，对效果也不会有太大的影响。因工作繁忙而不能按原计划进行体育锻炼时，可充分利用闲散时间进行体育活动，一天进行几次短时间的体育活动同样能取得较好的锻炼效果。

四、循序渐进原则

循序渐进原则是指体育锻炼必须遵循人体自然发展、逐步适应的基本规律，从实际出发，合理安排运动负荷，渐进提高锻炼的水平。在体育锻炼过程中，运动技能的学习应由易到难、由简到繁，运动量的安排应由小到大、逐渐提高。运动负荷的大小因人、因时而异。运动负荷是否适宜，对锻炼效果的好坏起很大的作用。即便是同一个人，在不同的机能状态下、不同的时间段，对负荷的承受能力也不尽相同。因此，进行体育锻炼时应循序渐进，随时调整运动负荷，逐步提高自己的锻炼水平。

如何贯彻循序渐进原则？

（1）体育锻炼力戒急于求成，必须根据锻炼者自身的实际情况来确定运动负荷的大小，做到量力而行，尤其要注意锻炼后疲劳感适度。

（2）缺乏运动基础或中断体育锻炼过久的人在恢复体育锻炼时，强度宜小，时间宜短，密度应当适中，不宜参加紧张激烈的竞赛活动。

（3）注意提高机体已经适应的运动负荷，使体能保持不断增强的发展趋势。

五、全面性原则

全面性原则是指体育锻炼必须追求身心的全面和谐发展，使身体形态、机能、身体素质及心理素质等方面得到全面协调的发展。人体是由各局部构成的一个整体，各局部均按"用进废退"的规律发展，体育锻炼能促进机体的新陈代谢，使各系统、组织、器官和谐地发展，达到身心均衡发展的完美状态。

怎样才能做到全面锻炼？

（1）身心的全面发展要从适应环境，提高抵御疾病的能力，改善机体形态结构，提高机体的生理机能，陶冶情操、丰富业余文化生活等方面开始。

（2）体育锻炼项目的选择要丰富多样。不同的体育锻炼项目，对身体机能的影响不同，选择多样化的锻炼项目，将有利于身体机能的全面提高。

（3）体育锻炼应注重发展身体的不同部位，提高各种身体素质，不可限于身体的局部的锻炼或某项素质的发展。

（4）在全面锻炼的基础上，有目的、有意识地加强专业实用性体育锻炼。

六、安全性原则

从事任何形式的体育锻炼都要注意安全，如果体育锻炼安排得不合理，违背了科学规律，就可能引起伤害事故的发生。安全性原则要求锻炼者在体育锻炼的过程中始终注意保护自己，做到安全第一。

如何保证体育锻炼的安全性？

（1）体育锻炼前做好充分的准备活动，以克服内脏器官的生理惰性，预防运动损伤的发生。

（2）体育锻炼要全身心地投入，锻炼过程中不要开玩笑，这对于青少年尤为重要，有时稍不注意，就可能造成运动损伤。

（3）在进行跑步、健美操等体育锻炼时，最好不要在沥青马路和水泥地面上进行，以防出现各种劳损症状。

（4）不要盲目地进行体育锻炼，请体育教师或运动学专家根据你自身的健康状况设计合理的运动处方，指导自己有目的、有计划地进行安全、科学的锻炼。

（5）每次锻炼后，要注意做好整理放松活动。这样有利于促进疲劳的恢复，以便迅速投入到学习与生活中去。

上述几项应遵循的体育锻炼原则是互相联系、互相制约的。只有科学全面地贯彻这些原则，才能不断增强体质，取得预期的健身效果。

第二节 体育锻炼的方法

一、体育锻炼的一般方法

（一）重复锻炼法

重复锻炼法是指按一定的负荷标准重复进行某项练习的方法。重复锻炼的次数和时间是决定健身效果的关键。确定和调节重复的次数和时间时，应考虑项目的特点和锻炼者的身体状况。

采用重复锻炼法时应注意：

（1）合理确定重复练习的要素。其中包括：重复练习的总次数，每次重复练习的距离或时间，每次重复练习的强度，如速度或重量等，每次重复练习之间的间歇时间等。

（2）切实保证每次重复练习的质量。不能因重复次数多而降低动作要求，也不能因为疲劳的出现而减少锻炼计划中规定的练习数量。

（3）克服厌倦情绪，防止机械呆板。在采用这一方法时，一方面要加强意志力锻炼，克服由于重复练习造成的枯燥感；另一方面可安排调整措施，如在练习前后穿插轻松活泼的辅助性练习等。

（二）间歇锻炼法

间歇锻炼法是指进行重复锻炼时上下两次练习之间的合理休整，它是提高锻炼效果的一种常用的锻炼方法。间歇锻炼的间歇时间的长短，主要以运动负荷价值阈为准。一般来说，负荷超过上限时，间歇时间应长些，以防止负荷继续上升，引起过多地消耗体力；负荷在下限时，间歇时间应短些，密度应大些。后次锻炼应在前次锻炼的效果未减退时进行，倘若间歇时间过长，在前次锻炼的效果消失后再进行下次锻炼，就失去了间歇的意义。

体育锻炼有效价值范围的心率在120~140次/分钟之间，运动中此心率至少应持续5分钟以上才能达到健身效果。

采用间歇锻炼法时应注意：

（1）正确确定间歇时间。间歇时间的长短要根据个人的身体状况和锻炼水平来决定。锻炼水平较差，承担的生理负荷较大，则间歇时间应长些。反之，间歇时间应短些。

（2）要在间歇时安排轻微活动。在间歇期应该进行积极性休息和放松，如进行慢跑、按摩肌肉和做深呼吸运动等，以此来促进静脉血流回心脏，保证机体的氧气供给。

（3）间歇锻炼法对机体承担负荷的能力要求较高，要加强对负荷承担情况的监测，如有不适，可及时调整锻炼方案。

（三）变换锻炼法

变换锻炼法是指在体育锻炼过程中，采用变换条件、变换环境、变换要求等来提高锻炼效果的一种锻炼方法。采用变换锻炼法可以有效地调节生理负荷，提高锻炼情绪，强化锻炼意志，克服疲劳和厌倦情绪。运用变换锻炼法时，常采用各种辅助性、诱导性和转移性练习，配合乐曲，利用日光、空气和水等外界条件。

采用变换锻炼法时应注意：

（1）要以锻炼的实际需要为前提。运用变换法时容易打破原有的锻炼习惯和行为定势，机体对此要有一个适应的过程。要根据长远计划的安排采用变换锻炼法。

（2）要灵活掌握变换锻炼的计划，注意积累有关材料和反馈信息。变换锻炼法由于改变常规的锻炼方式，具有尝试性。因此，必须加强锻炼过程的自我监督，视身体反应随时加以调整。要对新的锻炼方式及时观察和总结，为制订新的锻炼计划提供依据。

（3）在采用变换锻炼法时，要把注意力集中到所要解决的任务上。

（四）循环锻炼法

循环锻炼法是指把各种类型的动作和具有不同练习效果的手段组成一组锻炼项目，按照一定的顺序循环往复地进行锻炼的方法。

采用循环锻炼法时应注意：

（1）循环锻炼法所布置的各个练习点，内容搭配要选用已经掌握的简单易行的动作，同时要规定好练习的次数、规格和要求。

（2）初次锻炼者或体弱者，练习的时间不宜过长。

（3）根据自己在练习中的体力状态和身体反应，及时调整运动强度和练习方式，以防止运动损伤和过度疲劳。

（4）强调每组动作的质量，防止片面追求运动密度和数量的倾向。

（五）综合锻炼法

综合锻炼法是指在进行身体锻炼的过程中，为促进身体的全面发展，把能对身体各个部位起到不同健身效果的几个或更多的运动项目联系起来，形成一个可影响身体数个部位乃至全身所有部位的运动方法，如慢走—跳绳—立卧撑—引体向上—立定跳远等综合锻炼法。

采用综合锻炼法时应注意：

（1）根据身体锻炼的任务，选定练习组合的各项内容，使之相互配合，取长补短。

（2）合理确定各项练习的数量和次序。采用综合锻炼法时，既可将各个练习平均分配，求得均衡发展；也可确定一个中心项目，其余项目围绕此项作出适当安排。

（3）合理掌握练习间歇。综合锻炼法有两种间歇：练习间间歇和组合间间歇。练习间间歇时间较短，既是上一项练习后的休息和体力恢复，又是为下一项练习做准备；而组合间间歇则可稍长，以保证机体能得到较充分的休息。

二、利用自然力锻炼身体的方法

自然力锻炼是利用阳光、空气和水等自然因素的作用来改善机体的调节功能，提高人体对外界环境变化的适应能力，增强人体对疾病的抵抗能力。自然力锻炼常见的有日光浴、空气浴和水浴。

（一）日光浴

日光是物得以维持生命活动的刺激物。太阳射出的紫外线、红外线和可见光对人体所产是的作用各不相同：紫外线能刺激人体中枢神经系统，加强血液与淋巴循环，促进物质代谢，提高人体免疫系统的功能；红外线能透过人体皮肤到深层组织被身体吸收转变为热能，使局部和全身温度升高，血管扩张，血液循环加快，心脏搏出量与肺活量增加，呼吸加深，新陈代谢加强。经常进行日光浴，可提高体温调节能力和对高温的耐受力。另外，可见光可振奋人心，使人心情舒畅。

日光中的紫外线、红外线和可见光，对人体有良好的影响，但过量的紫外线会伤害人体。因此，日光浴应适当进行，并且要选择在没有尘埃、干燥、污染的环境中进行。

1. 日光浴锻炼方法

（1）姿势：卧位、坐位均可，但不宜头部照射，应用浴巾、草帽或伞遮挡头面，戴上墨镜更好。

（2）时间：日光浴的时间应选择一天中光热合适的时候。刚开始时持续时间应短些，如果身体反应良好，可逐渐增加1~2小时。具体情况可依地区、季节的不同而灵活掌握。

2. 注意事项

（1）日光浴宜从天气转暖时开始，夏季应坚持下去。夏季因阳光强烈，锻炼时需谨慎掌握时间和光照强度，防止过量紫外线对人体产生不良影响，如皮肤灼伤、中暑等。

（2）日光浴禁忌症：发高烧等急症、有出血倾向的疾病、皮肤有炎症、心脏功能不全、日光过敏，以及妇女经期和分娩后一个月内等。

（3）在空腹、饱腹、身体过度疲劳、情绪不佳时均不宜进行日光浴。

（二）空气浴

空气浴应在空气新鲜的户外进行，衣着宜宽松、单薄，尽量增加皮肤与空气的直接接触。空气浴利用空气的温度、湿度、气流、气压、散射的日光等物理因素对人体的作用，提高神经系统的机能和适应外界气候变化的能力，从而达到强身健体的目的。由于新鲜空气中含有丰富的氧气和高浓度的负离子，能增强中枢神经系统、血液循环和呼吸系统的机能，促进新陈代谢，有助于提高人体的抵抗力和预防各种呼吸系统疾病。空气浴对身体作用的程度主要取决于气温，同时也要考虑空气的流速（风）、湿度、气压及空气中的化学成分等。

1. 空气浴锻炼方法

空气浴按热感不同可分为三种：20~30摄氏度为热空气浴，15~20摄氏度为凉空气浴，5~15摄氏度为冷空气浴。空气浴应从温暖季节开始，逐步向寒冷季节过渡。天气越冷，每次锻炼的时间越短，以不出现寒噤为度。行浴前应做些热身活动，使身体发热，但不要出汗。

2. 注意事项

（1）一天之中进行空气浴最好的时间是清晨。

（2）空气浴最好在树木繁茂、长满植物的地方或江河湖畔进行，人口稠密的公共场所不适合空气浴。

（3）大风、大雾、大雨天气不宜进行空气浴。

（4）饭后一小时内，大汗或身体过度疲劳时都不宜进行空气浴。

（三）冷水浴

冷水浴是一种用冷水进行锻炼或防治慢性病的方法，主要是利用水的温度、机械和化学作用来锻炼身体的方法。因为水的传热性是空气传热性的28倍，所以冷水对人体的刺激较强，对各器官系统功能的影响也更大。冷水浴能改善中枢神经系统的功能。冷水刺激可提高神经系统的兴奋性，缩短或消除大脑皮质的抑制过程，改善心血管系统的功能。冷水浴锻炼可使呼吸加深，胃肠蠕动增强，体内新陈代谢的速率加快，改善皮肤的营养供给，使皮肤清洁、红润、富有弹性，并减少皱纹。此外，水的机械作用（水的压力与流动性）还能对身体起到按摩作用。

1. 冷水浴锻炼方法

（1）冷水擦浴。此方法适宜初级阶段采用。先从上肢开始，依次用冷水擦颈部、胸部、腹部、背部及下肢，然后用毛巾擦干，并按血液回心方向擦摩皮肤直到皮肤发红，时间不超过 5 分钟。

（2）冷水淋浴或冲浴。开始淋浴时，水温以 30~35 摄氏度为宜，沐浴时间不超过 1 分钟。以后水温逐渐降低到 15 摄氏度或更低，时间也可增加到 2 分钟。淋浴后一定要用毛巾擦摩身体。

（3）冷水浴（又称冷水澡）。行浴时，空气、水、日光给机体以综合作用。一般应从夏季和秋季开始，以早上和晚上为宜。水浴的主要因素是水温，而不是时间的长短。每次持续时间要因人而异，以不出现寒噤和口唇青紫为度。浸浴后擦干身体，穿好衣服跑跑步或做做操，使身体发热。

（4）冬泳。冬泳一般是在天然水域中进行，机体同时受到日光、空气和水的综合作用，是冷水浴锻炼的最好形式。下水后不能停止活动，可以进行一定强度的游泳活动，然后在水中擦摩全身。冬泳的时间应根据个人基础而定，以不出现寒噤为度。由于冬泳能量消耗大，每天进行锻炼的时间不宜过长，并适当控制运动量。出水后应迅速擦干、擦热全身，并立即穿衣。

2. 注意事项

（1）冷水浴前，要做好准备活动，使身体发热后再进行冷水浴锻炼。冷水浴结束后，要擦干身体，穿好衣服，注意保暖。

（2）冷水浴虽然对某些慢性病有治疗作用，但选用此方法锻炼前必须征求医生的意见。患有严重高血压、冠心病、急性肝炎、空洞性肺结核、活动性风湿病及高烧的病人均不宜进行冷水浴锻炼。

（3）饭前饭后一小时内不宜进行冷水浴锻炼，否则会影响胃肠内食物的消化。

（4）剧烈运动和劳动后，体温较高，不宜立刻进行冷水浴锻炼。

第三节　运动处方的制订

一、运动处方的概念及构成要素

运动处方是指医师针对个人的身体状况，采用处方的形式规定健身者锻炼的内容和运动量的方法。其特点是因人而异，对"症"下药，它是运动促进健康的理想方式，也是运动促进健康科学性的集中体现。20 世纪 50 年代，美国生理学家卡波维奇提出了运动处方的概念，1960 年，日本的猪饲道夫教授首先使用了运动处方术语，1969 年世界卫生组织也使用了运动处方术语，并在国际上得到了确认。前西德 Holl-mann 研究所从 1954 年起对运动处方的理论和实践进行研究，制订出适合健康人、中老年人、运动员、肥胖病人等各类运动处方，社会效果显著。

运动处方由四个要素构成：合理的运动项目——选择什么运动项目最适合？合理的运动强度——运动的激烈程度应有多大？合理的运动时间——每次运动应持续多长时间？合理的运动频率——一周应锻炼几天？

第四章 体育锻炼的原则及方法

二、制订运动处方的基本原则

（一）运动处方的个体化原则

由于每个人的身体条件千差万别，所以不可能有通用的处方。因此，必须根据每个人的具体情况而定，做到因人而异，个别对待。

（二）运动处方的有效原则

运动处方的制订和实施应使参加锻炼者或病人的功能状态有所改善。在制订运动处方时，要科学、合理地安排各项内容；在运动处方的实施过程中，要按质、按量认真完成训练。

（三）运动处方的全面原则

运动处方应遵循全面身心健康的原则，在运动处方的制订和实施中，应注意维持人体生理和心理的平衡，以达到"全面身心健康"的目的。

（四）运动处方的全面原则

为了提高全身耐力水平，运动必须达到改善心血管和呼吸功能的有效强度，这就是靶心率范围（通过有氧运动提高人体心血管系统耐力的有效而安全的运动心率范围）。如果运动超过这个上限，就可能有危险性，此运动强度或运动量界限被称为安全界限，而达到这个最低效果的下限被称为有效界限。安全界限和有效界限之间，就是运动处方安全而有效的范围。

三、运动处方的组成

（一）健康检查

了解锻炼者的一般身体发育、伤病情况和健康状况，以确定是否是健身运动的适应者，有无禁忌症等。

（二）运动负荷测定

检测和评定锻炼者对运动负荷的承受能力。以心肺功能为主，进行安静和运动状态下的生理功能检测，主要有心率、血压和肺活量等指标。

（三）体能测定

进行力量、耐力、速度和灵敏的身体素质检测，从中判定锻炼者的运动能力和生理机能的状况。

（四）运动处方的制订

1. 运动目的

由于个人的情况千差万别，运动处方的目的也多种多样，这其中有健身、娱乐、减肥和治疗等多种类型。

2. 运动项目

在运动处方中，为锻炼者提供最合适的运动项目关系到锻炼的有效性和持久性。选择运动项目，要考虑运动的目的，如是健身还是治疗等；运动的条件，如场地器材、余暇时间、气候等；还要结合体育兴趣、爱好等（表4-3-1）。

表4-3-1 运动处方的内容

	作用	方法	项目
健身运动	能促进身体的正常发育，使身体各部位协调发展，增强机体各器官、系统的机能，发展身体素质，提高人体的运动能力。	一般采用能增强心肺功能的锻炼项目进行锻炼。	走、跑、健身操、游泳、划船、骑自行车等。
健美运动	可以使形体健美。	一般采用使肌肉发达、增强肌肉力量的锻炼项目进行锻炼。	俯卧撑、仰卧起坐、原地纵跳、跑步等。
娱乐性体育	调节精神，丰富文化生活。	一般采用能使身心得到愉快的体育项目。	游戏、体育舞蹈、保龄球、台球、钓鱼等。
格斗性体育	可以提高人的积极进取、不畏困难的精神，以达到强身健体和自卫的目的。	一般采用以身体接触为主的锻炼项目进行锻炼。	擒拿、散打、跆拳道、拳击等。
医疗和康复体育	预防和治疗疾病。	一般在医生或专门教师的指导下，采用一些保健体育的方法进行锻炼。	太极拳、广播操、气功、散步等。

3. 运动强度

运动强度是指运动时的剧烈程度。它可用每分钟的心率来表示。一般认为大学生心率120次/分钟以下为小强度，120~150次/分钟为中强度，150~180次/分钟或180次/分钟以上为大强度。测量运动强度的简单办法是，测量运动后10秒钟内的脉搏数×6，就是1分钟的运动强度。

> **心率130——安全运动的信号**
>
> "心率130"是西方国家为提高大众体质而提出来的口号。它为人们提供了一种简便易行的掌握、监控运动量的科学方法。
>
> 运动医学认为，如果运动达不到一定的量，改善心脏功能的锻炼就不会有明显的效果。运动时心率每分钟低于100次，就几乎没有健身效果。身体健康的青年人和中年人，每分钟心率分别达到120~170次和110~140次为宜；而老年人每分钟的心率控制在100~130次为宜。可见，每分钟心率130是三个年龄组都适宜的运动量。

适宜运动强度范围可用靶心率来控制，即以本人最高心率的70%~85%的强度作为标准。靶心率为：（220-年龄）×（70%~85%）。如20岁的靶心率是140~170次/分钟。

最适宜运动心率为：心率储备×75%+安静时心率。其中，心率储备=最大心率-安静时心率；最大心率=220-年龄

4. 运动时间

运动时间指一次锻炼的持续时间。它与运动强度紧密相关，强度大，时间应稍短，强度小，时间应稍长。有氧锻炼一般在 30 分钟左右就可以达到较好的效果。

5. 运动频度

运动频度指每周的锻炼次数。关于运动频度，日本的池上晴夫研究表明，1 周运动 1 次，肌肉酸痛和疲劳每次发生，运动后 1~3 天身体不适，效果不蓄积；1 周运动 2 次，酸痛和疲劳减轻，效果有点蓄积，不明显；1 周运动 3 次，无酸痛和疲劳，效果蓄积明显；1 周运动 4~5 次，效果更加明显。可见，1 周运动 3 次以上，健身效果才明显。

（五）运动处方的实施

确定了运动处方的构成要素后，可以对以下三个运动阶段进行设计：

第一阶段，热身运动。每次运动前都应有一段热身准备，时间一般为 5~6 分钟。热身使体内温度升高，血流量和肺呼吸量增加，全身肌肉充分伸展，以便使身体适应即将开始的激烈运动，防止运动损伤和肌肉酸痛现象的发生。

第二阶段，主要运动。确定运动的负荷强度和运动持续时间是关键。

第三阶段，整理活动。整理阶段与运动阶段实际上是连贯的，即在激烈运动后以强度较低的方式继续活动一段时间。如跑步后转入步行，做一些伸展练习等。该阶段约需 10 分钟，使人体有大于安静状态时的摄氧量，以补充运动时体内消耗的氧，使呼吸和心跳逐渐恢复正常，使积累在四肢的血液加快回流到心脏，以免因大脑缺血而出现头昏、晕厥。

（六）运动处方实施的检查监督

检查监督不可缺少，它事关运动处方的落实，也关系运动处方的修改与调整。由于每个人的情况千差万别，在实施过程中，可能会有不合适的地方，应在实践中及时检查和修正，以保证锻炼的效果。

四、运动处方示例

姓名：×××　　性别：女　　年龄：20 岁　　职业：学生

体育爱好：乒乓球　病史：无

健康检查：良好，身高 1.53 米，体重 60 千克，体脂中度超重。

运动负荷测定：台阶试验，安静脉搏 80 次/分钟，血压 75/115 毫米汞柱，肺活量 2800 毫升。体能测定：力量，仰卧起坐 25 个/分钟；耐力，800 米跑 6 分 35 秒。

体质评定：健康状况一般，体重过重，心肺功能差。运动目的：减肥和健身。

运动项目：乒乓球、健身跑、健美操等。

运动强度：由小逐渐加大，心率在靶心率范围，即 140~170 次/分钟。运动时间：12 周（减少体重 3~5 千克），每次 30~60 分钟。

运动频度：4~5 次/周。

注意事项：适当控制饮食，减少糖、油脂的摄入，可吃一定的蔬菜和水果。

第四节　发展身体素质的方法

一、发展心肺耐力的方法

（一）心肺耐力体适能概述

1. 影响心肺耐力体适能的因素

心肺耐力体适能除与遗传因素有关外，其与年龄呈负相关。另外，凡影响氧气、营养物质的吸收、运输和利用的因素，均会不同程度地影响心肺耐力体适能。

（1）最大摄氧量是有氧代谢的基础。人体摄氧能力愈强，心肺耐力愈高。体内的氧气供应主要与呼吸、循环和组织细胞代谢水平有关，一般人最大摄氧量为2~3升/分钟，而经常性耐力锻炼者可达4~6升/分钟。

（2）血液对氧的运输主要是通过血液中的血红蛋白完成的，其与氧的结合受氧分压的影响。在肺组织中氧分压较高，血红蛋白与氧结合，而在肌肉等组织细胞中氧分压较低，氧气解离供细胞利用产生能量。由于血红蛋白与氧的最大结合量是相对不变的，所以欲使细胞获得更多的氧，须通过耐力锻炼提高血液中的血红蛋白含量。

（3）血流量是反映心肺耐力的重要指标。流经组织器官的血流量，主要取决于心脏的射血功能，而其衡量标准是心输出量。心输出量是以每分钟心脏的射血量为单位，所以它受心率和每搏输出量的影响。有氧耐力运动可提高心容量和心肌收缩力，使心脏每搏输出量增加。

（4）动、静脉氧差反映了组织细胞的代谢水平，氧差愈高证明组织细胞消耗氧愈多，利用氧的能力愈强。耐力运动过程中肌肉的代谢水平明显增加，表现为有氧代谢酶的活性和利用氧能力的提高。如果将心输出量作为决定影响最大摄氧量的中枢机制，那么组织利用氧的能力就是决定最大摄氧量的外围机制。

2. 心肺适能的评价

心肺适能是心肺功能对运动的适应能力，是健康体适能最重要的指标之一。一般采用台阶试验、12分钟跑、肺活量等测试方法对大学生的心肺适能进行评价。

（1）12分钟跑测试。

美国运动生理学家库珀提出的12分钟跑测试（表4-4-1）既是一种有氧耐力的锻炼方法，也是评定心肺功能的指标，是目前国内外评价心肺功能适应能力最简单的方法之一。12分钟跑是指在12分钟内能跑完多少米。运动生理学的研究表明，在12分钟内心肺功能适应能力强的人比适应能力弱的人跑的距离更长。

测试最好是在400米的跑道上进行。测试前要充分做好准备活动，在跑的过程中尽量快跑，如感到呼吸困难，应减慢速度，及时调整呼吸。但在开始和结束时，应避免全速跑和冲刺跑。

表 4-4-1　12分钟跑测试评价心肺功能适应能力的参考性标准（千米）

适应能力等级	年龄（岁）					
	13~19	20~39	30~39	40~49	50~59	60+
男						
很差	<2.08	<1.95	<1.89	<1.82	<1.65	<1.39
较差	2.08~2.18	1.95~2.10	1.89~3.08	1.83~1.99	1.65~1.86	1.39~1.63
一般	3.19~3.49	3.11~3.39	3.09~3.33	3.00~3.33	1.87~2.08	1.64~1.92
较好	2.50~2.75	2.40~3.63	3.33~3.50	3.33~3.45	3.09~3.30	1.93~3.11
良好	3.76~3.97	3.63~3.83	3.51~3.70	3.46~2.64	2.31~2.53	2.12~2.49
优秀	>2.98	>2.83	>2.71	>2.65	>2.54	>2.50
女						
很差	<1.60	<1.54	<1.50	<1.41	<1.34	<1.25
较差	1.60~1.89	1.54~1.78	1.50~1.68	1.41~1.57	1.34~1.49	1.35~1.38
一般	1.90~3.06	1.79~1.95	1.69~1.89	1.59~1.78	1.50~1.68	1.39~1.57
较好	3.07~3.39	1.96~3.14	1.90~3.06	1.79~1.98	1.69~1.89	1.59~1.74
良好	3.30~3.41	3.15~3.33	3.07~2.22	1.99~2.14	1.90~2.08	1.75~1.89
优秀	>3.43	>3.33	>3.33	>3.15	>3.09	>1.90

资料来源：刘纪清等. 实用运动处方. 哈尔滨：黑龙江科学技术出版社, 1993.

（2）台阶实验。

台阶实验是男生用高40厘米的台阶（或凳子），女生用高35厘米的台阶（或凳子）做踏台上、下运动。测试前测定安静时的脉搏，目的是让受试者在比较安静的状态下进行测试。然后受试者做轻度的准备活动，主要是活动下肢关节。受试者按节拍器完成每分钟上、下台阶30次的负荷，持续3分钟，节拍器的节律为120次1分（每上、下一次是四动）。

受试者从预备姿势开始，①受试者一只脚踏在台阶上；②踏台腿伸直成台上站立；③先踏台的脚先下地；④还原成预备姿势。做完后，立刻坐在椅子上测量运动结束后的1分钟至1分半钟、2分钟至2分半钟、3分钟至3分半钟的3个恢复期脉搏数。并用下列公式求得评定指数，计算结果包含有小数的，对小数点后的1位进行四舍五入取整数进行评分。

评定指数=踏台上、下运动持续时间（秒）×100/2×（恢复期3次测定脉搏的和）

注意事项

①有心脏病的不能测试。

②按2秒上、下一次的节奏进行。当受试者跟不上节奏时应及时提醒，如果三次跟不上节奏应停止测试（并记下当时的时间，然后测试受试者结束后1分钟至1分半钟、2分钟至2分半钟、3分钟至3分半钟的脉搏并进行评价。评价指数的公式同上，只是时间由3分钟变为实测时间），以免发生伤害事故。

③上、下台阶时，膝、髋关节都应伸直。

④受试者自己不能测量脉搏。

（3）肺活量。

让受试者面对仪器站立、手持吹气口嘴，面对肺活量计站立试吹1至2次，首先看仪表有无反应，还要试口嘴或鼻处是否漏气，调整口嘴和用鼻夹（或自己捏鼻孔）；学会深吸气。受试者进行一两次较平日深一些的呼吸动作后，更深地吸一口气，屏住气向口嘴处慢慢呼出至不能再呼为止，防止此时从口嘴处吸气，测试中不得中途二次吸气。吹气完毕后，液晶屏上最终显示的数字即为肺活量毫升值。每位受试者测三次，每次间隔15秒，记录三次数值，选取最大值作为测试结果。以毫升为单位，不保留小数。

（4）心肺适能和生活方式。

此种测试方法运用的测量用具主要是心肺机能得分计算表，如表4-4-2。

表4-4-2　心肺机能得分计算表

项目	5分	4分	3分	2分	1分
运动强度	持续剧烈运动	间断剧烈运动	有点剧烈的运动	适度活动	轻度活动
持续时间	超过30分钟	20~30分钟	10~20分钟	10分钟以下	
运动频率	几乎每天	每周三至五次	每周一至二次	一个月几次	一个月少于一次
心肺机能得分			分数＝强度×持续时间×频率		

①测量方法。在心肺机能得分表的项目中逐一找到符合自己情况的描述，记录下对应分数；最后将3个项目的得分按表中公式进行计算。例如，运动强度为"适度活动"，则得2分；持续时间为"超过30分钟"，则得5分；运动频率为"几乎每天"，得5分；计算结果心肺机能得分＝2×5×5＝50分。

②评价方法。按所得心肺评价分值，在表4-4-3中查出相应等级。如在上述例子得分为50分，查表可知其等级为"普通"类别，评价为"可接受但可以再好些"。

表4-4-3　心肺机能评价

分数	评价	类别
100以上	非常活跃之生活方式	非常好
80~100	活跃和健康	好
40~80	可接受但可以再好些	普通
20~40	运动量不足	不好
20以下	静态（坐式）生活方式	非常不好

（二）心肺耐力运动处方

1. 锻炼目标

增强心肺功能、预防心血管疾病等。

2. 运动内容

主要运用有氧锻炼的方法。锻炼时应遵循节律的、持续的、近似全身性运动的原则。如走、慢跑、骑自行车、游泳等。

3. 运动强度

运动强度除用靶心率表示以外，多采用最大吸氧量的百分比表示。一般说来，40%~50% VO_2max 为锻炼的有效界限，70% VO_2max 为安全界限，超过80% VO_2max 则容易产生意外。

几种常用运动强度指标之间的关系和运动强度的自我感觉标准（表4-4-4、表4-4-5），心肺耐力运动处方示例见表4-4-6。

第四章 体育锻炼的原则及方法

表 4-4-4 常用运动强度指标之间的关系

强度	占最大摄氧量的百分比（%）	MET	心率（次/分）				
			20~29 岁	30~39 岁	40~49 岁	50~59 岁	60 岁以上
较大	80	10	165	160	150	145	135
	70	7	150	145	140	135	125
中等	60	6.5	135	135	130	125	120
	50	5.5	125	125	115	110	110

表 4-4-5 运动强度的感觉和衡量标准

RPE 点数	VO₂max（%）	主观感觉	每分钟心率数					其他感觉
			60 岁组	50 岁组	40 岁组	30 岁组	20 岁组	
-19	100	最累	155	165	175	185	190	全身痛苦
-18 -17	90	非常累	145	155	165	170	175	勉强，和 100% 时感觉差不多，喘不过气
-16	80	累	135	145	150	160	165	不愿继续，想停止，嗓子干
-15 -14	70	稍累	125	135	140	145	150	对坚持下去感到缺乏信心，汗湿透
-13 -12 -11	60	稍稍轻松	120	125	130	135	135	可坚持到任何时候，有充实感，出汗
-10 -9	50	轻松	110	110	115	120	125	出汗或不出汗
-8 -7 -6	40	非常轻松	100	100	105	110	110	轻松愉快，感到运动量不够
-5 -4	30	最轻松	90	90	90	90	90	活动才舒服，感到运动量很不够
-3 -2 -1	20		80	80	75	75	75	

4. 持续时间

强度和时间共同决定一次训练的运动量和热量消耗。一般持续的运行时间在 20 分钟至 90 分钟之间，其中 THR 保持在 20 分钟以上。

5. 运动频率

一般每周活动 3~5 次，除保证每周 3 次有氧运动以外，还可进行 1~2 次其他项目的锻炼。

6. 热量消耗

一般每天运动热量的消耗在 838~2092 焦之间，消耗热量过多说明运动强度太大，对身体健康不利。

— 45 —

7. 注意事项

为保证安全，可按健身者的个人特点，提出相应的注意事项：

（1）提出禁忌的运动项目和某些易发生危险的动作。

（2）提出运动中自我观察指标及出现指标异常时停止运动的标准。

（3）每次锻炼前后都要做好充分的准备活动和整理活动。

表 4-4-6　心肺耐力运动处方示例

心肺耐力运动处方示例
姓名：性别：年龄：
一、运动负荷试验结果
试验中达到的最高心率为 _____ 次/分，血压 _____ 毫米汞柱，心脏功能（F.C.）_____ METs。运动强度（EC）_____ MET，靶心率（THR）次/分。
二、心率监护
活动时每 5~10 分钟在桡动脉或颈动脉处测定一次脉搏，及时调整强度，使其维持在低限和高限之间。
低限：_____ 次/10 秒　　高限：_____ 次/10 秒
三、活动安排
准备活动：5~10 分钟，使心率逐渐进入 THR（具体内容略）。
基本部分：20~40 分钟，主要为有氧耐力练习，心率须保持在 THR 之内，不能持续完成时，中间可稍事休息（具体内容略）。
整理活动：5~10 分钟，以放松跑和整理体操为主，以预防重力性休克。
四、每周活动次数
3~4 次或根据情况调整。
五、注意事项和建议
1. 做某些活动时应小心谨慎（具体内容略）。
2. 避免下列情况出现（具体内容略）。
日期：_____

（三）心肺耐力锻炼方法

1. 步行

对于体质差，或体重较重者来说，走路是比较理想的运动。跑步接触地面时，重力相当于身体重力的 3~4 倍，而步行触地时只有身体的 1~1.5 倍。与跑步相比，步行可免受更多的伤害。另外，步行时运动量小且宜于控制，运动风险小。开始走路时，每次以步行中可与同伴交谈的运动强度为准走 30 分钟。过一段时期后，可考虑在一个小时内，使自己走的距离按"10%原则"递增，以求增加运动强度。

2. 跑步

跑步运动时应以最大心率的 60%~80% 的运动强度进行，跑时自我感觉有点累，但还可以和同伴交谈。每次跑步时间以超过 20 分钟为佳，随着心肺功能的增强，可以愈跑愈远，愈跑愈快。跑步时，切忌一开始就太多太快，也不能用脚尖着地的方式跑动，应以脚跟或全脚掌着地方式进行跑动。

3. 骑自行车

骑车时，速度大约控制在跑步速度的两倍，此时的心率接近最大心率的 60%~80%，以

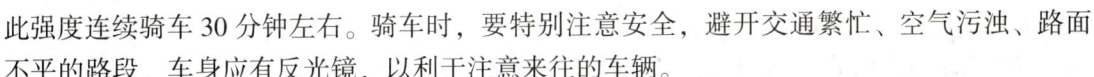

第四章 体育锻炼的原则及方法

此强度连续骑车 30 分钟左右。骑车时，要特别注意安全，避开交通繁忙、空气污浊、路面不平的路段，车身应有反光镜，以利于注意来往的车辆。

4. 游泳

刚开始进行游泳活动时，可以在水深及腰的游泳池内，利用游一段、走一段的方式，慢慢适应。等游泳技巧进步后，可以尝试一次性游动较长的距离，然后休息或更换泳姿，以缓解身体疲劳。游泳时，尽量使自己的心率达到最大心率的 60%~80%，时间尽量达到 30 分钟左右，最后实现入水持续游 1000 米的目标。

心肺耐力训练处方示例见表 4-4-7。

表 4-4-7 心肺耐力训练处方示例

部位	项目	请加强（0~20%）	普通（21%~80%）	优良（81%~99%）
水中	动作形式	水中竞走 在水中以快速来回的方式急走	打水 以漂浮打水的方式进行	游泳 自行选择动作
	运动时间与强度	20 分钟 50% 最大心率	30 分钟 50% 最大心率	20 分钟 60% 最大心率
	运动频率	2~3 天/周	2~3 天/周	2~3 天/周
走跑	动作形式	100 米跑+100 米走	150 米跑+250 米走	250 米跑+150 米走
	运动时间与强度	20 分钟 50%最大心率	30 分钟 50%最大心率	20 分钟 60%最大心率
	运动频率	2~3 天/周	2~3 天/周	2~3 天/周
楼梯	动作形式	走上走下（30 阶）	跑上走下（30 阶）	跑上跑下（30 阶）
	运动时间与强度	20 分钟 50%最大心率	30 分钟	20 分钟 60%最大心率
	运动频率	2~3 天/周	50%最大心率	2~3 天/周

资料来源：摘自台湾体适能网站。

注：（1）请量力而为、注意安全，衡量自己的身体状况后再做适当的动作，如有不舒服的情况请停止动作。

（2）心肺耐力训练可每天进行，或一周有一天的休息，每天的项目可依个人喜好、需求而有所调整。

（3）心肺耐力训练中，心率为重要指标，必须将心跳维持在目标心率的 ±10 次/分钟之间。

二、提高肌肉力量与肌肉耐力的方法

（一）肌肉力量和肌肉耐力概述

人的日常生活、生产劳动和体育运动等，都是在神经系统支配下所进行的不同形式的肌肉活动。这些活动的基本能力取决于很多方面，如肌肉力量的大小、肌肉耐力的强弱、肌肉收缩速度的快慢等等。肌肉力量是绝大多数运动形式的基础，是指肌肉做最大收缩时所能产生的张力，通常用肌肉收缩时所能克服的最大阻力负荷来表示。肌肉耐力是指肌肉长时间收缩的能力，通常用肌肉克服某一固定负荷的最多次数（动力性运动）或最长时间（静力性运动）来表示。

1. 影响肌肉力量和耐力的因素

（1）肌肉生理横断面对肌肉力量的影响。

肌纤维横截面积的增加，肌纤维的增粗，肌凝蛋白质的增加，以及肌肉毛细血管网的增多，结缔组织的增厚，肌糖原的增加等，都有助于增大肌肉的收缩力量。

（2）肌纤维的类型对肌肉力量和耐力的影响。

肌纤维的类型直接影响到肌肉力量。在数量相同的前提下，快肌纤维比慢肌纤维的收缩力大，因为快肌纤维内含有更多的肌原纤维，无氧功能酶的活性高，供能速率快，单位时间内可完成更多的机械功。而慢肌纤维中的线粒体体积大且数量多，线粒体中有氧代谢酶的活性较高，肌红蛋白的含量比较丰富，毛细血管网比较发达，有氧代谢潜力较大，因此更有助于肌肉耐力的增长。

（3）神经支配调节能力的改善对肌肉力量的影响。

①经常参加力量训练，神经系统可动员更多的肌纤维参与运动。

②改善主动肌与协调肌、对抗肌间的相互协调关系。对抗肌的协调放松能力是影响肌肉力量的重要因素。

③大脑皮层神经过程的强度和灵活性的改善，可以显著提高肌肉力量。中枢神经系统机能状态的改进，表现在各神经中枢之间、每块肌肉运动单位之间、植物性机能与运动性机能之间协调关系的改善。协调性的改善，是由于神经过程在空间和时间上的集中，因此，提高了肌肉工作的爆发性和技巧性，从而显著地提高了肌肉收缩的力学效果。此外，中枢神经系统兴奋性的提高，会导致肾上腺素、乙酰胆碱等生理物质的大量释放，这也是影响力量大小的重要因素。肾上腺素分泌大量的增加，可使肌肉的应激性大大提高。

（4）肌纤维收缩时的初长度对肌肉力量的影响。

肌纤维收缩时的初长度极大影响着肌肉的最大力量。肌肉在收缩前会先做离心收缩将肌肉拉长，然后再做向心收缩，即通常所说的超等长收缩。研究表明，肌纤维处于一定长度时，粗肌丝肌球蛋白横桥与细肌丝肌动蛋白结合的数目最多，从而使肌纤维的收缩力增加，肌肉收缩时肌纤维所处的这种长度叫作最适初长，此时肌小节长度为 2.0~2.2 微米。肌小节过短或过长将导致粗肌丝肌球蛋白横桥与细肌丝肌动蛋白结合的数目减少，从而使肌肉力量下降。此外，肌肉被拉长后立即收缩所产生的力量远大于肌肉先被拉长，间隔一段时间后所产生的力量再收缩。除上面所述肌肉最适初长外，快速收缩使肌肉出现的牵张反射，也可提高肌肉力量。

（5）肌肉收缩时动员肌纤维的数量对肌肉力量和耐力的影响。

组成肌肉各运动单位的运动神经元的兴奋性各不相同，通常慢肌运动单位神经元的兴奋性较高，快肌运动单位神经元的兴奋性较低。阻力负荷较小时，运动动作主要由兴奋性较高的慢肌运动单位兴奋收缩完成，此时机体动员参与运动肌纤维较少；随着阻力负荷增加，运动中枢传出的兴奋信号也随之增强，兴奋性较低的运动单位亦被逐渐动员，参加收缩的肌纤维数量也就随之增多。所以在进行肌肉锻炼时，负荷量的大小决定着发展的是肌肉力量还是肌肉耐力。

（6）骨杠杆的机械效率对肌肉力量的影响。

在肌肉收缩和人体运动的过程中，骨杠杆的机械效率对肌肉力量有着直接影响。骨杠杆的机械效率主要是通过身体某部分运动环节位置的改变而引起肌肉的牵拉角度和骨杠杆的阻

第四章 体育锻炼的原则及方法

力臂与力臂的相对长度比率的变化而实现的。这与运动动作的技术因素有很大关系。骨杠杆沿直角牵拉时产生的机械效率最大，偏离直角的角度越大，拉力则越小。

（7）年龄和性别对肌肉力量的影响。

肌肉力量从出生后随着年龄的增加而自然增长，通常在20~30岁时达到最大，以后逐渐下降。如果不进行力量锻炼，肌肉力量会同其他器官系统功能一样逐渐减弱。如果进行超负荷锻炼，可使肌肉力量显著增大。

2. 制订运动处方的依据

制订力量运动处方之前，应先了解健身者的力量素质的原有水平，其中包括躯干、上下肢等肌群的力量水平。此外还应了解其性别、年龄、运动史、生活习惯及健康状况等方面的情况。最好是先取得心肺耐力运动效果后再进行力量练习。

3. 锻炼目标

应根据肌肉功能测试后的具体情况，确定需要锻炼的肌群。普通人应以发展对健康有益的一般性的肌力和肌耐力为锻炼目标。

（二）提高肌肉力量和肌肉耐力的运动处方

1. 锻炼内容

根据练习者身体各部位的力量测试结果来选择要发展的部位。通常情况下采用等张练习，在练习过程中先选择大肌肉群进行练习，再选择小肌肉群进行练习。例如，在练习上肢力量时，先选择卧推，再选择弯举、腕屈伸等练习。

2. 锻炼强度

练习负荷的大小是影响肌肉力量提高的首要因素。戴勒姆等人提出了关于等张练习负荷量的概念。他们认为练习负荷量的大小可用"最高重复次数"——RM（RepetitionMaximum）来表示。RM是指某一肌肉或肌群在疲劳前能举起某一指定次数的最大负荷。例如，卧推练习时，某人在疲劳前重复举起某一重量8次，那么这个重量就是最高重复8次的负荷，就是这人卧推8RM的负荷。RM只代表能最多连续重复的重量，而不能反映负荷重量的绝对值。因此每个练习者可根据自己的实际情况找出各大肌群的最大负荷1RM的值，只有这样才能达到最大限度地发展不同肌群的目的，取得最佳的锻炼效果。一般认为5RM以内的负荷能使肌纤维增粗，肌肉体积增大，对提高肌肉力量效果显著；6~10RM的负荷也可以达到同样的效果，并更适合初级练习者练习 10~30RM的负荷能使肌肉毛细血管增多，有关氧代谢酶的活性提高，因此，可有效地增加肌肉耐力。

3. 练习的组数和重复的次数

一般采用3~6组、2~10RM的负荷组成的等长力量练习，可使肌肉力量明显提高。采用6组以上、15~30RM的负荷组成的等长力量练习，可使肌肉耐力明显提高。

4. 练习频率

一般每周进行3次练习，可使肌肉力量和耐力明显增加而不至于产生慢性疲劳。要求每次练习之间要有充分的恢复时间（隔天1次），而且每组之间也应使肌肉得到充分的恢复，力量练习每组练习之间休息1~3分钟，耐力练习每组之间休息1分钟。

5. 注意事项

练习者应根据自己身体的实际情况，在练习前做好准备活动。练习时必须遵循循序渐进

— 49 —

的原则。使用器械时应注意安全，在使用5RM以下重量进行练习时，必须有人保护。建议在力量练习时，最好两人一组，互相保护，以免伤害事故的发生。

（三）肌肉力量的练习方法

1. 肩部肌群的锻炼方法

（1）哑铃推举。

重点锻炼部位：三角肌、斜方肌、上胸肌、肱三头肌和上背肌群。

开始位置：双手对持哑铃于头部两侧。

动作过程：两手在垂直方向上把哑铃推起至两臂伸直。然后再慢慢放下至起始位置。

锻炼要点：哑铃的握法比杠铃有更大的自由度，可锻炼更多不同部位的肌肉。

（2）俯姿侧平举。

重点锻炼部位：三角肌后束和上背肌群。

开始位置：两脚分开站立与肩同宽，两手掌心相对持哑铃，上体向前屈体至与地面平行，两腿稍屈，使下背部没有拉紧感。

动作过程：两手持铃向两侧举起，直至上臂与背部平行（或略微超过），稍停顿后，放下哑铃还原。

锻炼要点：如果在持铃向两侧举起时，使肘和腕部稍微弯屈，就会感到此动作能使三角肌群获得更好的收缩。在整个动作过程中，思想要集中在收缩的肌肉群上。

（3）耸肩。

重点锻炼部位：肩侧斜方肌、颈肌和上背肌群。

开始位置：自然站立，两手手背向前，持杠铃或哑铃，下垂于腿前。

动作过程：两肩同时向上耸起，使肩峰尽量触及耳朵，然后在顶点位置慢慢地使两肩向后转，再慢慢由后向下转至两臂下垂的原位。在耸肩的过程中，不要屈肘。

锻炼要点：如果做动作时使手腕稍屈，并使两肘尖向外转，可对肩侧斜方肌的收缩练习更有效。

（4）哑铃前平举。

重点锻炼部位：上胸部和三角肌前束。

开始位置：自然站立，双手持哑铃或杠铃下垂于腿前。

动作过程：把哑铃或杠铃向前上方举起（肘部稍屈），直至举到与视线相平的高度，然后，慢慢放下还原。

锻炼要点：如果采用哑铃时，以拳眼向前，持哑铃于体前上举。这种方法可单独集中锻炼三角肌前束。

2. 手臂肌群的锻炼方法

（1）坐姿斜托弯举。

重点锻炼部位：肱二头肌等屈肘肌群。

开始位置：身体骑坐在固定的凳上，上体稍前倾，两臂伸直放在斜板上，使腋窝卡在斜板的上沿，拳心向前，双手反握哑铃或杠铃与肩同宽。

动作过程：吸气，两臂以肘关节为轴用力弯举使哑铃或杠铃接近锁骨，稍停，然后呼气，两臂放松还原。

第四章 体育锻炼的原则及方法

锻炼要点：屈臂上举时上臂保持不动，伸臂时要缓慢且充分伸直。做此动作时因受斜板的限制，不可能借用身体其他部位的力量，所以对肱二头肌的训练效果显著。

（2）窄握卧推。

重点锻炼部位：胸大肌的内侧部位、三角肌前束和肱三头肌。

开始位置：仰卧在长凳上，两脚平踏在地上，以维持身体平衡。两手握住横杠中间，间距15~20厘米，两臂伸直持铃支撑在两肩上方。

动作过程：两臂慢慢弯屈落下至横杠触及胸部，然后向上推起至开始位置。

锻炼要点：两手握距一定要低于肩宽。

（3）三头下压。

重点锻炼部位：肱三头肌和肘肌。

开始位置：面对臂力训练机两脚分开站立，身体呈挺胸收腹紧腰状，肘关节紧贴体侧，屈臂，双手紧握阻力杠两端把柄，两手间距小于肩宽。

动作过程：吸气，小臂用力向下压撑阻力杠，使臂伸直，稍停2~3秒，然后呼气，缓慢还原。

锻炼要点：动作要舒展，同时肘关节紧贴体侧，防止猛压或压到中途未能完成动作。身体一定不要前伸后仰借力。

3. 背部肌群的锻炼方法

（1）颈后引体向上。

重点锻炼部位：背阔肌和肩部肌群。

开始位置：两臂悬垂在单杠上，两手采用宽握距，正手握紧横杠，使腰背以下部位放松，背阔肌充分伸长，两小腿弯曲抬起。

动作过程：吸气，集中背阔肌的收缩力，屈臂引体上升至颈后，使之接近或触及单杠，稍停，然后呼气，以背阔肌的收缩力量控制动作，使身体慢慢下降还原。

锻炼要点：动作过程中身体不要前后摆动，利用惯性给予助力，全身下垂时，肩部要放松，使背阔肌充分伸长。

（2）坐姿颈后下拉。

重点锻炼部位：三角肌后束、斜方肌、上背肌和上臂肌。

开始位置：坐在拉背练习机的固定座位上，两手分别握住上方横杠两端的把柄。

动作过程：吸气，从头上方位置垂直下拉横杠至颈后与肩齐平，稍停2~3秒。然后呼气，沿原路缓慢还原。

锻炼要点：注意完成动作时两臂应均衡用力，防止猛拉或无控制地突然还原。采用宽握距的方式抓握把柄。

（3）坐姿颈前下拉。

重点锻炼部位：三角肌前束、斜方肌、上背肌和上臂肌。

开始位置：坐在拉背练习机的固定座位上，两手分别握住上方横杠两端的把柄。

动作过程：吸气，从头上方位置垂直下拉横杠至胸前，稍停2~3秒，然后呼气，沿原路缓慢还原。

锻炼要点：完成动作时两臂应均匀用力，防止猛拉或无控制地突然还原。采用宽握距方式抓握把柄。

4. 胸部肌群的锻炼方法

（1）哑铃卧推。

重点锻炼部位：胸大肌、三角肌和肱三头肌。

开始位置：仰卧在平放的卧推凳上，两脚平踏在地上，两手掌向上伸直握住哑铃。

动作过程：使两臂向两侧张开，两臂慢慢弯曲，哑铃垂直落下，下降至最低处时，向上推起哑铃至开始位置，即做上推动作，上推时呼气。

锻炼要点：不要把背和臀部拱起或憋气，这样会使肌肉失去控制，增加动作的危险性。

（2）平卧哑铃飞鸟。

重点锻炼部位：胸大肌和三角肌。

开始位置：仰卧在平放的卧推凳上，两手各持一个哑铃，掌心相对，推起哑铃至两臂伸直，支撑在胸部上方。

动作过程：两手持哑铃平行地向两侧落下，手肘稍微弯曲，哑铃落下至感到胸部两侧肌肉有充分的拉伸感，并使上臂低于肩部水平线，当哑铃落下时，要深深吸气。持铃循原路举起回原位时呼气。

锻炼要点：如果哑铃向两侧落下时，两臂呈伸直状态，胸部肌肉便很难有拉伸和收缩的感觉。

（3）上斜杠铃卧推。

重点锻炼部位：胸大肌上部，其次是三角肌前束和肱三头肌。开始位置：仰卧在上斜角度为35度~45度的卧推凳上。

动作过程：两手间距稍比肩宽，两臂伸直，位于肩的上部支撑住杠铃。将杠铃放下至胸部上方（接近锁骨处）时吸气。当横杠一接触胸部时，即做上推动作，上推时呼气。

锻炼要点：一般都采用较宽的握距，并将杠铃放下至锁骨处，这种方法可使胸部肌肉更用得上力。

（4）双杠双臂屈伸。

重点锻炼部位：主要是胸大肌下部，其次是肱三头肌和三角肌。

开始位置：双杠间距最好宽于肩，双手握杠成直臂支撑、挺胸、收腹，两腿伸直并拢放松呈下垂状。

动作过程：呼气，屈肘弯臂，身体下降，直至两臂弯曲降低到最低位置时，头部向前引，两肘外展，使胸大肌充分拉长伸展。随即吸气，以胸大肌突然收缩力撑两臂，使身体上升直至两臂完全伸直；当上臂超过杆的水平位置时，臀部稍向后缩，躯干呈"低头含胸"的姿势。两臂伸直时，胸大肌处于彻底收紧状态。重复练习。

锻炼要点：动作要缓慢进行，不要借身体的振摆助力完成动作；撑起时速度要快，挺胸、抬头、收腹、不耸肩；为加大练习强度可在腰间增加负重进行练习。

5. 腹部肌群的锻炼方法

（1）仰卧起坐。

重点锻炼部位：发展腹部肌群力量，尤其是腹直肌。

开始位置：仰卧在仰卧起坐架上，两脚勾住阻挡，使下肢固定，双手抱头部或胸前抱一杠铃片，两膝微屈。

动作过程：收缩腹部肌肉，使身体向前屈体，肘或头触膝关节后，慢慢将上体回复原位。

锻炼要点：动作速度应均匀、缓慢。如果同时扭转上体，可以发展腹侧肌群力量。

（2）收腹举腿。

重点锻炼部位：发展腹部肌群力量。

开始位置：在收腹练习架上，手握把手，上体靠近背垫，前臂平行用力支撑，使双脚离地。

动作过程：收腹举腿，使大、小腿向上抬起，控制大、小腿回落速度，回到开始位置。

锻炼要点：动作速度应均匀、缓慢。尤其在回落时，动作不要太快。

（3）躯体扭转。

重点锻炼部位：腹内斜肌和腹外斜肌。

开始位置：坐在腹内斜肌、腹外斜肌练习器上，选择适宜的负荷阻力，调节阻挡角度，使身体形成一定的扭转姿势。

动作过程：腹部开始收缩发力，肩顶住阻挡，尽量使其向另一侧转动。身体扭转至极限后，肩部顶住阻挡，慢慢回到开始位置。

锻炼要点：身体由扭转姿势开始用力时一定要快，当扭转到对侧起始姿势时，肩部仍要用力，尽量控制阻挡的回落速度，使其慢慢回到开始位置。

6. 腿部肌群的锻炼方法

（1）斜蹬腿举训练。

重点锻炼部位：股四头肌和臀大肌群。

开始位置：身体斜躺在"腿举架"的背板上，两腿向斜上方举起，屈膝，两脚掌蹬在阻力板上。

动作过程：吸气，两腿用力向斜上方蹬阻力板，直至两腿完全伸直，同时尽力收缩股四头肌群，稍停顿3~4秒后呼气，慢慢屈膝让阻力板下降到预先卡定的高度。重复练习。

锻炼要点："腿举架"上阻力板的下降高度要合适。蹬板时要让整个脚底平贴住阻力板。屈膝时应控制阻力板的下降速度。

（2）腿弯举。

重点锻炼部位：股二头肌。

开始位置：俯卧在伸腿架的卧凳上，使膝盖正好抵住凳端，两腿伸直使脚跟紧贴在上托垫棍的下缘。两手握住凳前端两侧。

动作过程：集中以股二头肌的收缩力使小腿向上弯起至股二头肌彻底收紧，保持静止1~2秒，然后，循原路慢慢回到起点。

锻炼要点：你可以坐在伸腿机上，用一条腿单独练习，也可以使两脚背绷直进行练习，还可以把脚跟转向内侧或转向外侧进行练习。

（3）坐姿提踵。

重点锻炼部位：小腿肌群。

开始位置：正坐在凳上，两前脚掌放在垫木上，在两膝盖上负重物或杠铃，以两手托住重物使其固定。

动作过程：吸气，以小腿三头肌的收缩力量，使脚跟抬起到最高位置，小腿肌肉群完全收紧，稍停2~3秒钟后再呼气，慢慢放下脚跟还原。

锻炼要点：两脚放在垫木上，两脚跟要露在垫木外。

下面我们介绍几个肌力练习的运动处方示例，见表4-4-8、表4-4-9和表4-4-10。

表4-4-8　肌肉力量和耐力运动处方示例

肌肉力量和耐力运动处方示例
姓名：_____　　性别：_____　　年龄：_____
一、各部位肌肉力量测试结果
上肢力量：如卧推、弯举等1RM的负荷重量：_____千克，下肢力量：如半蹲、深蹲等1RM的负荷重量：_____千克
二、根据测试结果RM制订锻炼肌肉力量和耐力计划
三、练习安排
（1）准备活动：10分钟，使身体机能适应力量练习的需要（具体内容略）。
（2）基本部分：30~40分钟，针对身体不同部位按处方进行发展肌肉力量和耐力（具体内容略）。
（3）整理活动：5~10分钟，以肌肉放松为主，韧带拉伸为辅助练习。
四、每周活动次数：3次或根据情况调整
五、参照运动处方的注意事项
日期：_____

表4-4-9　肌力训练处方一

部位	项目	请加强（0~20%）	普通（21%~80%）	优良（81%~99%）
腿部	动作形式	垂直跳 由平地以双脚全力跳起，并用手摸一个比身高高30厘米的目标物	双脚跳阶 由平地以双脚跳起至一个高约30厘米的平台上	单脚跳阶 由平地以单脚跳起至一个高约30厘米的平台上
	重复次数	(1-8)次×(1~3)组	(1-12)次×(1~3)组	(1-8)次×(1~3)组
	运动频率	2~3天/周	2~3天/周	2~3天/周
肩部	动作形式	手臂平举1~3千克	肩部推举1~3千克	手臂侧举1~3千克
	反复次数	(1~12)次×(1~3)组	(1~8)次×(1~3)组	(1~5)次×(1~3)组
	运动频率	2~3天/周	2~3天/周	2~3天/周
胸部	动作形式	改良式伏地挺身 膝盖着地，并置双手于高约20厘米的平台上	标准式伏地挺身 膝盖着地，并置双膝于平地	加强式伏地挺身 膝盖着地，并置双膝于高约30厘米的平台
	重复次数	(1-12)次×(1~3)组	(1~8)次×(1~3)组	(1~5)次×(1~3)组
	运动频率	2~3天/周	2~3天/周	2~3天/周

资料来源：摘自台湾体适能网站。

注：(1) 依据体适能检测结果，我们设定以上三种等级的肌力训练处方。

(2) 请量力而为、注意安全，衡量自己的身体况状再做适当的动作，如有不舒服的情况请停止动作。

(3) 普通级可在每周一、三、五都做腿、胸、背部三个部位的训练。

(4) 不好级可在每周一、三、五做胸、背部的训练，二、四、六做腿部的训练。

(5) 很不好级可在每周一、四做胸部的训练，二、五做背部的训练，三、六做腿部的训练。

第四章 体育锻炼的原则及方法

表 4-4-10 肌耐力训练处方二

部位	项目	请加强（0~20%）	普通（21%~80%）	优良（81%~99%）
腿部	动作形式	负重半蹲	负重登阶 由平地以高 20 厘米的平台，拿 3 千克的重物作腿部运动	跳绳 以每分钟 90 次的频率跳绳
	重复次数	(1~30) 次×(1~7) 组	(1~30) 次×(1~4) 组 单脚	(1~40) 次×(1~5) 组
	运动频率	2~3 天/周	2~3 天/周	2~3 天/周
背部	动作形式	单侧俯卧举腿 身体俯卧在长板凳上，手抱板凳，将腰部以下悬于板凳外，单脚举起	俯卧举腿 身体俯卧在长板凳上，手抱板凳，将腰部以下悬于板凳外，双脚举起	俯卧举体 身体俯卧并将上身仰起
	重复次数	(1~20) 次×(1~4) 组 单脚	(1~20) 次×(1~7) 组	(1~20) 次×(1~4) 组
	运动频率	2~3 天/周	2~3 天/周	2~3 天/周
腹部	动作形式	改良式仰卧起坐 将小腿置于板凳上，做仰卧起坐	仰卧举腿 身体仰卧在长板凳上，将腰部以下悬于板凳外，双脚举起	仰卧起坐 屈膝仰卧起坐
	重复次数	(1~20) 次×(1~7) 组	(1~20) 次×(1~7) 组	(1~20) 次×(1~4) 组
	运动频率	2~3 天/周	2~3 天/周	2~3 天/周

资料来源：摘自台湾体适能网站。

注：(1) 依据体适能检测结果，我们设定三种等级的肌耐力训练处方。
(2) 请量力而为，注意安全，衡量自己的身体况状后再做适当的动作，如有不舒服的情况请停止动作。
(3) 普通级可在每周二、四、六都做腿、腹、背部三个部位的训练。
(4) 不好级可在每周一、三、五做腹、背部的训练，二、四、六做腿部的训练。
(5) 很不好级可在每周一、四做腹部的训练，二、五做背部的训练，三、六做腿部的训练。

三、提高柔韧性的方法

（一）柔韧性概述

柔韧性体适能是健康体适能的重要组成部分，合理的锻炼可提高关节的韧带、肌腱和肌肉等组织的伸展性，加大关节的活动幅度。具备较好的柔韧性体适能可减少活动中受伤的几率，减轻下背疼痛。本节重点介绍提高柔韧性的运动处方和锻炼方法，特别是对提高柔韧性行之有效的 PNF 法进行了详细介绍，供读者练习参考。

（二）影响柔韧性的因素

每个关节都有一定的因素直接影响其柔韧性。因此，了解这些因素，有助于我们正确运用发展柔韧性的练习方法，并防止受伤。

1. 关节结构及其周围组织

骨关节结构是依据人体的生理生长规律而形成的，这种结构是被限定的，它决定了关节活动的幅度，关节不能强行伸展到其结构所不允许的范围。关节的活动范围是由关节头和关节窝的两个关节面的差所决定的，差值越大，关节活动幅度也就越大。人体各关节的活动幅度是有区别的，肩与髋的活动范围大，而腕与踝的活动范围小。骨关节结构因人而异，如有些人肘关节的鹰嘴突长，会使肘关节不能完全伸展；而有些人肘关节的鹰嘴突短，则会使肘关节过分伸展而出现弯曲，这通常分别被称为"紧关节"和"松关节"。人体这种骨关节结构是天生的，通过锻炼难以改变，但我们可以通过锻炼使各关节达到它最大的活动范围。

关节的加固主要靠韧带和肌腱，肌肉则从关节的外部补充加固关节，控制关节的活动幅度，它们共同作用，限制关节在一定范围内活动，从而保护关节不致超出生理解剖结构允许的限度而受伤。当具体发展某一关节的柔韧性时，主要是发展控制关节运动的屈、伸肌的伸展性及其协调能力，牵拉限制关节活动幅度的对抗肌，逐渐增加它们的伸展度。

关节周围的肌肉块过大或脂肪过多，会影响关节柔韧性的提高。如肱二头肌过大，则可影响肘关节的弯曲程度。若人体的皮下脂肪过多，肌肉收缩力量就会相对变弱，脂肪占据了一定的空间体积，从而影响人体的柔韧性。

皮肤也会影响关节的活动幅度。若一个人身上有伤口或手术时留下较深的切口，尤其在关节上的皮肤有永久的伤疤，那么这些伤疤组织将因不能随关节活动一同伸展而影响关节的活动幅度。表4-4-11列出了不同软组织对关节柔韧性的影响程度。

表4-4-11 不同软组织对关节柔韧性的影响程度

组织结构	柔韧性障碍（%）
韧带	47
肌肉	41
肌腱	10
皮肤	2

2. 年龄和性别

根据人体的生长规律，初生婴儿的柔性最好，之后随着年龄的增大，骨的骨化和肌肉的增长，韧性逐渐增强。柔韧性在10岁以前是自然发展的，10岁以后柔韧性会相对下降。16~20岁身体发育趋向成熟，可加大柔韧性训练的负荷和难度，在已有的基础上提高柔韧性。

根据生理解剖结构特点，女性的柔韧性通常比男性好。男性的肌纤维稍粗、横断面积大、收缩力较强，3/4的肌纤维强而有力；女性的肌纤维细长、横断面积小、伸展性好，1/2的肌纤维强而有力。因此女性关节的灵活性要好于男性。

3. 温度

肌肉温度升高时，新陈代谢加强，供血增多，肌肉的黏滞性减少，从而柔韧性得以提高。包括外界环境温度和体内温度都会影响身体的柔韧性，体内温度的调节用于补偿机体对外界环境产生的不适。当外界温度低时，必须做好充分的准备活动，提高肌肉温度，从而增加柔韧性；当外界温度高时，应排除汗液降低温度，以免肌肉过早疲劳而降低关节的柔韧性。

4. 其他因素

（1）神经过程转换。

神经系统兴奋与抑制过程转换的灵活性高，支配肌肉收缩与放松的能力则会很强，反之则差。

（2）活动水平。

不爱活动的人比经常活动的人柔韧性差。同样是经常参加锻炼的人，由于锻炼的方法、手段和强度不同，柔韧性也有差异。

（3）心理因素。

心理紧张度过强、时间过长会使神经过程由兴奋转为抑制，影响肌肉的协调能力，从而降低柔韧性。

（4）疲劳程度。

当肌肉由于长时间工作而产生疲劳时，其弹性、伸展性和兴奋性均会降低，造成肌肉收缩与放松的不完善以及各肌群不能协调工作从而导致关节柔韧性的降低。

（5）时间。

一天内随着人体机能状态的不同，柔韧性也会有所变化。

（6）遗传。

有的人天生关节柔韧性好，有的人则较差，这与人的遗传因素有关。

（三）提高柔韧性运动处方

1. 锻炼的目标

在人的一生中应当不间断地进行柔韧性练习，这不仅能保持肌肉的放松和柔韧、加大关节的活动幅度、提高关节的灵活性、增强机体的运动能力，还能防止关节僵硬、消除受伤后的疼痛、减少运动后肌肉酸痛的可能性，使人拥有积极、健康、有质量的生活。要保持关节的柔韧性，需要不间断地进行有规律的伸展练习。同其他的体适能锻炼一样，科学、合理地制订出短期和长期的柔韧性锻炼计划，对提高柔韧性十分重要。因此，合理地制订出每周3~5次的柔韧性锻炼计划，按所制订的练习时间表锻炼，并记录下每次的练习情况及取得的进步（表4-4-12），就能促使你养成坚持锻炼的习惯，并终身受益。

表4-4-12 柔韧性锻炼进程

锻炼部位 \ 强度 \ 日期	组数/持续时间	组数/持续时间	组数/持续时间	组数/持续时间
肩关节				
下肢				
踝关节				
腰腹部				

注：（1）按锻炼部位，记录下日期、组数和持续时间。

（2）如2/20的意思是2组，每组持续20秒。

2. 锻炼的内容

发展柔韧性的目的是为了提高胯部关节的肌肉、肌腱、韧带等软组织的伸展能力。伸展能力的提高主要是由于"力"的拉伸作用的结果，这种"力"表现在动作上可分为两种，即主动动作和被动动作。肌肉伸展的方法有三种：即主动或被动的静态伸展法、主动或被动的弹性伸展法、本体感受神经肌肉伸展法（PNF法）。

（1）主动或被动的静态伸展法。

主动或被动的静态伸展法是一种行之有效且比较流行的伸展肌肉的方法，它是缓慢地将肌肉、肌腱、韧带拉伸到有一定酸、胀和痛感觉的位置，并维持此姿势一段时间的方法。关于在酸、胀、痛的位置停留的最佳时间，目前的研究尚未定论，一般认为10~30秒应该是一个理想的时间，每块肌肉的伸展应连续重复4~6次为最好。

这种肌肉伸展方法可以较好地控制使用的力量，比较安全，尤其适合于活动少和未经训练的人。它可减少或消除超过关节伸展能力的练习的危险性，避免拉伤，而且由于拉伸缓慢而不会引起牵张反射。

（2）主动或被动的弹性伸展法。

主动或被动的弹性伸展法是指有节奏的、速度较快的、幅度逐渐加大的多次重复一个动作的拉伸方法。主动的弹性伸展是靠自己的力量拉伸肌肉，被动的弹性伸展是靠同伴的帮助或负重、借助外力的拉伸。

利用主动动作或被动动作所产生的动量来伸展肌肉，所用的力量应与被拉伸关节的可能伸展能力相适应，如果大于肌肉组织的可伸展能力，肌肉就会拉伤。在运用该方法时用力不宜过猛，幅度一定要由小到大，先做几次小幅度的预备拉伸，再逐渐加大幅度，从而避免拉伤。

（3）本体感受神经肌肉伸展法（PNF法）。

本体感受神经肌肉伸展法原来用于各种神经肌肉瘫痪病人的治疗，直到近年来才被当作正常人改善肌肉柔韧性的伸展方法来使用。现在流行许多不同的本体感受神经肌肉伸展法（PNF法），包括慢速伸展—保持—放松法、收缩—放松法和保持—放松法三种。

以伸展股后肌群为例，慢速伸展—保持—放松法有以下几个步骤：首先仰卧，膝关节伸直，脚踝成90度，同伴帮助推压腿部，至髋关节有轻微酸痛感，此时开始收缩股后肌群以抵抗同伴的推力，持续10秒以后，放松股后肌群而收缩股四头肌（收缩肌），同时同伴再加力帮助其伸展股后肌群（拮抗肌），放松过程持续10秒，此时从这个关节的新的角度开始，再一次对抗同伴的推力，这样的过程至少重复3次。

收缩—放松法和保持—放松法是慢速伸展—保持—放松方法的变形。在收缩—放松法中，股后肌群作等张力地收缩，因此，事实上腿在被推的过程中朝推力的反方向移动；而在保持—放松法中，股后肌群作等轴收缩。在放松阶段中，这两种方法都包括股后肌群和股四头肌的放松。

这三种伸展方法都可有效地改善身体柔韧性，但弹性伸展法容易引起肌肉酸痛，也存在着肌肉被拉伤的危险，所以很少使用。然而，实际上我们在体育锻炼中都要做弹性伸展，并通过它来提高动作练习效果，弹性伸展法适合经常锻炼的人或运动员。静态伸展法是最广泛使用的方法，它简单、有效、安全，甚至不需要同伴的帮助，通过一段时间锻炼可有效地改善关节柔韧性。PNF法在一次伸展过程中可以大大提高关节活动幅度，比静态伸展法效果更加明显，不易导致肌肉酸痛或损伤，因此，越来越多的人选择此方法来改善肌肉、关节的柔韧性，该方法的主要缺点是练习时需要同伴的帮助。

3. 锻炼的强度

柔韧性练习应采用缓慢、放松、有节制和无疼痛的练习方式，只有努力练习才会提高。肌肉的伸展会有酸胀的感觉，但不应过分伸展而引起不适，拉伸的强度随关节的活动范围的增加而改变。随着柔韧性在锻炼过程中的提高，练习强度应逐渐加大，做到"酸加、痛减、麻停"。

4. 练习的时间和次数

柔韧性练习的时间由采用的伸展方式决定，它主要取决于重复的次数和伸展位置上停留的时间。每个姿势持续的时间和次数是逐渐增加的，姿势的持续时间应从最初的10秒，经过一段时间的练习后增加至30秒，重复次数在3次以上。如果是平时体育锻炼时的柔韧性练习，5~10分钟的时间就足够了；如果是专门为了提高柔韧性的练习或运动员的训练，则必须要有15~30分钟的时间安排（表4-4-13）。

表4-4-13 柔韧性练习的时间、次数安排详例

周次	阶段	肌肉伸展持续时间（秒）	每种练习重复次数（次）	每周练习次数（次）
1	起始	15	1	1
2	逐渐进步	20	2	2
3		25	3	3
4		30	4	3
5		30	4	3~4
6		30	4	4~5
7周以上	保持	25	4	4~5

5. 锻炼频度

柔韧性练习最好每天锻炼1次，若时间不允许可隔天1次，否则不能收到和保持锻炼效果。

6. 注意事项

（1）柔韧性练习前应注意做准备活动，开始前先慢跑5~8分钟，直至出汗，而错误地拉伸未经活动的肌肉群，或未经伸展肌肉而直接进行剧烈运动，是很危险的。

（2）在身体锻炼结束后应进行整理活动，以减少锻炼肌肉的酸疼感。

（3）在进行柔韧性练习时应避免用力过大，以防拉伤。

（4）注意场地器材的安全性，并避免由于地板过滑使动作幅度突然加大而引起损伤。

（四）柔韧性的锻炼方法

1. 肩关节柔韧性练习

（1）压肩。

①正压肩。

伸展的肌肉：胸大肌、背阔肌。

方法：手扶一定高度的物体或两人手扶对方肩下压。

②反压肩。

伸展的肌肉：胸大肌、三角肌前束。

方法：反手扶一定高度的物体，下蹲直臂压肩。

（2）吊肩。

伸展的肌肉：胸大肌、背阔肌等肩带周围肌群。

方法：单杠各种握法（正、反、反正、翻等握法）的悬垂；或单杠悬垂后，两腿从两手间穿过下翻成反吊。

（3）转肩。

伸展的肌肉：肩带周围肌群。

方法：用木棍、绳、毛巾等器械作直臂或屈臂的向前、向后的转肩动作，握距应逐渐缩小。

2. 下肢柔韧性练习

（1）弓箭步压腿。

伸展的肌肉：大腿屈肌、股四头肌。

方法：前跨一大步成弓箭步，后脚跟提起，膝关节略屈，向前顶髋。

（2）后拉腿。

伸展的肌肉：大腿屈肌、股四头肌。

方法：一手扶一定高度的物体，另一手抓异侧的脚背，向后拉腿。

（3）正压腿。

伸展的肌肉：股后肌群、小腿三头肌。

方法：单脚支撑，一腿搁于一定高度的物体上，两膝伸直，身体前倾下压。

（4）侧压腿。

伸展的肌肉：大腿内侧肌群、股后肌群、小腿三头肌。

方法：侧立单脚支撑，一腿搁于一定高度的物体上，两膝伸直，身体侧屈下压。

3. 踝关节柔韧性练习

（1）跪压。

伸展的肌肉：小腿前群肌、股四头肌。

方法：跪于平面上，脚背伸直，臀部坐在脚跟上。

（2）倾压。

伸展的肌肉：小腿后群肌。

方法：手扶墙面站于一定高度的物体上，先提踵，后脚跟下踩，身体略前倾。

4. 腰腹部柔韧性练习

（1）体前屈。

伸展的肌肉：腰背及股后肌群。

方法：两腿并步或开立，膝关节伸直，身体前倾下压。

（2）体侧屈。

伸展的肌肉：体侧肌群。

方法：两腿开立，一只手臂上举，上臂贴耳，身体侧屈下压。

（3）转体。

伸展的肌肉：躯干和臀转肌。

方法：把一条腿放于另一腿的外侧，向弯曲腿的方向扭转身体。

（五）柔韧性的运动处方示例（表4-4-14）

表4-4-14　柔韧性的运动处方

部位	项目	请加强（0~20%）	普通（21%~80%）	优良（81%~99%）
腿后	动作形式	坐姿体前弯：直腿，将身体前压使手触摸小腿 改良式坐姿体前弯：抱腿屈膝，胸、腿相碰，将身体前压使腿尽量伸直 单侧坐姿体前弯：一条腿屈膝侧放，另一条腿直腿，将身体前压使手触摸小腿		
	时间强度	15秒×10次	20秒×7次	30秒×5次
	训练频率	3回1天	2回1天	1回1天
腿前	动作形式	跪式：双膝跪地，小腿贴地，上身后仰 单边跪式：单膝跪地，小腿贴地，另一腿伸直，上身后仰		
	时间强度	15秒×10次	20秒×7次	30秒×5次
	训练频率	3回1天	2回1天	1回1天
小腿	动作形式	弓箭步式：一脚在前，另一脚在后膝盖打直，重心放在后脚上立姿；双脚踩在高5厘米的台上，脚跟着地，身体向前倾		
	时间强度	15秒×10次	20秒×7次	30秒×5次
	训练频率	3回1天	2回1天	1回1天
腰部	动作形式	体前弯：双脚脚掌相对，将身体前压 转腰：坐姿，一脚跨过另一脚，屈膝腿的对侧手扳着屈膝腿的脚部，身体转向屈膝腿		
	时间强度	15秒×10次	20秒×7次	30秒×5次
	训练频率	3回/天	2回/天	1回/天

资料来源：摘自台湾体适能网站。

注：（1）请量力而为、注意安全，衡量自己的身体状况后再做适当的动作，如有不舒服的情况请停止动作。
（2）柔软度训练可每天进行，每天的项目会依个人肌肉状态而有所调整，请将动作维持在肌肉有紧绷感的位置上。

四、改善身体成分的方法

（一）运动改善身体成分的机理

1. 运动可促进脂肪分解

运动时肌肉对血液游离脂肪酸和葡萄糖的摄取和利用增多，促使脂肪细胞释放大量的游离脂肪酸。另一方面，运动同时使得血糖也大量消耗，使其不能合成脂肪。

2. 运动可降低血脂

经常性的有氧耐力运动，可提高脂蛋白酶的活性，加速脂肪的分解供能，降低血脂成分，并在此过程中提升了高密度脂蛋白（HD1）的含量。

3. 运动后降低食欲

有关研究证实，运动并不能使进食和能量消耗按比例地增加，当运动使能量消耗大于不运动的10%和25%时，瘦人进食增加，而胖人却没有显著的增加。这说明中小强度的运动不会显著影响食欲和热量的吸收。这就是说，既参加运动又不增加食量，对肥胖者则能起到控制体重的效果。

4. 运动增加能量代谢率

有氧运动加上15~30RM重量的抗阻运动，消耗了脂肪，增加了肌肉组织。有关资料表明，机体每增加0.5千克肌肉组织，一昼夜可额外增加代谢125~170焦的热量。

身体质量指数（BMI）判断法

BMI就是Body Mass Index的缩写，它是一种根据体重与身高平方的关系来判断人是否肥胖的一种简易的办法，它可以根据下面这个公式计算得到：

$$身体质量指数BMI = \frac{体重（千克）}{[身高（米）]^2}$$

BMI在亚洲与欧美的标准并不相同，欧美BMI在25~29.9视为过重，超过30视为肥胖；亚洲地区BMI在23~24.9视为过重，BMI超过25就视为肥胖。

（二）运动节食减肥的原则

（1）肥胖的预防重于治疗。经常监督自己的身体成分，改正不良的饮食习惯，不吃零食，每餐7分饱，尽量不在晚8：00以后进晚餐。

因为一般进食后3~5小时后血液中的脂肪酸最高，而凌晨两点正是熟睡期，胰岛素易将其输送至脂肪细胞，合成脂肪。

（2）坚持运动、节食和行为改变的计划。在节食的同时，参加有规律的体育运动，培养良好的行为习惯。

（3）有氧耐力加力量练习效果最佳。快走、快跑、爬楼梯、游泳、球类等有氧运动配合一些力量练习，既消耗了脂肪又能增加肌肉组织含量，是控制体重的理想运动。

（4）持续的原则。减肥之初，体重减轻很少或不会减轻，这很可能是由于脂肪减少而肌肉增加的原因，这属于正常良好的状况。应按每天练习的数量、强度和时间继续坚持锻炼活动，并留意和记录自己体重、心率、血压、血脂、胰岛素和尿酸等指标的变化。

（三）改善身体成分的运动处方

1. 健康诊断

在实施减肥处方之前，应先请医生对自己的身体进行检查，如有无肝炎、心肌炎、心率失常、糖尿病、精神病等症状，逐一排查。

2. 运动负荷试验

初步对身高、体重、体脂、BMI等指标进行测试。对最大摄氧量、心脏功能（F.C.）、运动能力（E.C.）、靶心率（THR）的测试参照心肺耐力运动处方制订方法。

3. 处方目标

通过有氧运动、节食的方法，改善身体成分，减少因肥胖患代谢疾病的几率。

4. 处方内容

如选择走、跑、游泳、骑自行车等有氧运动和通过采用可逐渐增加重量的哑铃力量练习，每月减少1千克体重，通过按设计的每天少摄入的热量，每月再减1千克体重等。

5. 运动强度即节食耗热量

减肥宜采用中小强度，可用测得的靶心率、每分钟跑的距离及 30%~50% $VO_2\,max$ 进行监测（参考心肺耐力运动处方）；每天节食的耗热量应在 1255~2090 焦之间；也可采用自觉运动强度感觉和衡量标准监测运动强度。

6. 持续时间

减肥运动的特点是低强度长时间，一般应在 30~90 分钟之间，开始阶段一天的运动量可分两次完成。

7. 运动频率

每周至少 3~5 次，每天活动效果更好。

8. 实施自己的节食计划

经常测试体重，应保持每次测试后的体重比前一次轻，这才能说明你的能量代谢处于负平衡，可照计划继续进行。

9. 注意事项

（1）注意运动前、后做准备活动和整理活动。

（2）节食不是禁食，应在节食期间调整饮食结构，摄入必需的营养素。

（3）一次运动量不宜过大，一般不超过 90 分钟，热量消耗不超过 2090 焦，否则身体会产生更多的自由基，降低机体的抗氧化能力。

（四）减肥的锻炼方法

1. 在水中快走

美国运动心理学专家玛丽·桑德斯给这种运动起了一个有趣的名字，叫作"在泥泞中冲浪"。这个方法听起来很容易做到，但尝试之后就会发现，要完成这项运动，付出的艰辛远远多于通常的那些健身方法，因为人体在水中受到的阻力是在空气中时的 12~15 倍。因此，在做这个运动的时候，尽最大的努力在水中快走能让身体消耗更多的热量。以一个体重为 62.5 千克左右的妇女为例，做这项运动时，她的身体每分钟可消耗 72 焦热量，而这样的效果是她以每小时 18.8 千米的速度快走同等时间后，身体消耗热量的 2 倍。

2. 迅速热身

在进行运动前，热身过程不可忽视，而且一定要做得又快又好。美国新泽西大学的研究人员发现，自行车运动员在短时间的热身之后，身体在比赛的前半段中处于高度紧张状态，而后半段经过 10 分钟休息后，身体进入竞技状态的速度变迟缓，而在前半段时间里消耗的热量比在运动后半段时间里消耗的热量，多出了 10%。在运动前迅速热身，能最大限度调动身体积极性，同时也调动了身体里积蓄的脂肪，使其在随后进行的运动过程中能充分燃烧。同时，新泽西大学的研究人员认为，上述现象也同样出现在如散步、慢跑、游泳等有氧运动中。

3. 骑脚踏车

进行举重类锻炼之前，先骑脚踏车。这样能让身体的肌肉、筋腱、关节充分活动，避免在随后进行的举重运动中造成不必要的伤害。美国运动健身理事会的发言人凯莉·卡拉布莱斯说："骑脚踏车的时间不必太长，5~10 分钟即可，运动完后心跳加快，微微出汗，简单就能做到。我们通过实验证明，在进行举重类锻炼之前，做做这样的运动，确实能让身体在举重运动中，燃烧更多脂肪。"

4. 跳街舞

美国得克萨斯大学的运动心理学专家狄西·史丹福斯认为，与传统的舞蹈动作相比，街舞的新奇动作，能让身体各部位的肌肉运动起来，强度更大，因此消耗的热量更多，且一般体质均能接受。那么，究竟多消耗了多少热量？研究人员发现，同样的锻炼时间，以一名体重为 65 千克的中年女性为例，她在街舞步法练习中消耗的热量为 30 焦，而以每小时 6.4 千米的速度步行，消耗的热量为 20 焦。

5. 在上午运动

有人担心，上午运动会引起午后困倦。运动方面的研究者们却认为，在上午运动，能让身体一天的新陈代谢处于较高的水平，精神状态和生理状态都相对活跃，因此也能帮助身体燃烧更多的脂肪。研究发现，在上午参加运动，是调整人体的生理周期的好方式，它可以让疲倦来袭的脚步变得更加缓慢。

6. 运动前补充能量

不要空腹做运动，可以在进行运动前吃一根香蕉。凯莉·卡拉布莱斯说："补充能量能保证你的运动强度和运动时间，吃些低热量的食物即可，如 1 杯酸奶酪、1 个低糖水果或者半根能量棒。"

7. 调整运动频率

不必运动很长时间，就能消耗到更多热量，达到这个效果的关键是：运动频率。运动频率的调整因人而异，并不是说任何人都要运动到心跳剧烈、大量出汗、气喘吁吁，才会有好的运动效果。你可以做的，只是在短时间内加快自己的运动频率，比平常快 15%，持续 3~5 分钟，然后放慢运动频率到平常的状态，重复几次这样的快慢结合，能使身体消耗掉更多的热量。

8. 不偷懒

运动的时候可千万别发懒，无论是举重、跑步、游泳还是练空手道，你应该明确运动的目的，首要是减肥，所以每次运动过程都不能马虎对待，认真严格地完成每一个步骤，能在有限的时间内达到最大限度的运动效果。

9. 集中注意力

运动的时候，应集中注意力。如果锻炼到身体的某部分肌肉，那么全身的注意力和感觉也应该重点放在这个部位，这样，锻炼效果会更好。比如，如果进行腿部运动时，结合动作，将注意力重点放在腹肌、臀肌和四头肌，就能更好地促进这几部分肌肉的练习。

思考题

1. 体育锻炼的原则有哪些？
2. 体育锻炼的基本方法有哪些？
3. 简述运动处方的基本要素。
4. 发展身体素质的方法有哪些？

第五章　运动医务监督和运动保健

学习提要
- 运动卫生和运动的医务监督
- 运动对疾病的预防作用
- 运动过程的损伤预防和处理方法

第一节　体育锻炼中的自我医务监督

一、运动卫生

（一）体育锻炼的卫生

体育锻炼是以身体练习为主的锻炼过程，因此要有合理的卫生措施，才能达到锻炼的目的。

1. 准备活动

准备活动是体育锻炼、运动训练和比赛前有目的地进行的各种身体练习。充分做好准备活动，对机体加速进入各种状态、预防运动性创伤、调整心理因素有着重要的意义。归纳起来，做准备活动具有以下意义：

（1）准备活动可以提高和调节中枢神经系统的兴奋性，使之达到适宜的兴奋水平，有利于中枢神经系统调节好有关器官系统之间的联系，加强各器官系统的活动，缩短机体进入工作状态的时间，尽快地达到最佳活动水平，使锻炼或比赛顺利进行。

（2）通过准备活动，可以提高各器官、各系统的机能活动水平，克服有机体机能活动的生理惰性，避免或减缓暂时性内脏器官活动落后于运动系统的需要而发生的胸闷、呼吸困难、腹痛、心率骤增等现象，减轻"极点"等不适感觉，为正式锻炼或比赛做好充分的生理准备。

（3）做准备活动可以使体温升高，肌肉血流量增加，提高体内酶的活性，使肌肉得到充足的养料和氧气供应，减少肌肉活动的黏滞性，提高肌肉、肌腱、韧带、关节等组织的弹性和伸展性，能预防或减少运动损伤的发生。

（4）准备活动还能调节心理状态，减少外界环境对运动者的干扰，消除或减缓练习前或赛前的紧张状态，为正式练习或比赛做好心理上的准备。

准备活动分为一般性准备活动和专项准备活动。一般性准备活动有慢跑、徒手跑、轻器械体操、游戏等。专项准备活动是与各个运动锻炼的项目密切相关的专门性准备活动，如武术基本功、球类的基本技术、体操的熟悉器械的练习等。准备活动要根据运动项目的特点，从自身的实际出发，因地、因时制宜。准备活动要有一定的强度和量，一般说应该控制在前额微微出汗，心率在110~140次/分钟之间。准备活动结束与正式锻炼或比赛之间的间隔时间不宜过长。

2. 整理活动

整理活动是指在锻炼或比赛结束后所进行的较轻松的身体练习。整理活动的目的是使身体由紧张的运动状态逐步过渡到相对安静状态，促进体力恢复。整理活动的作用主要体现在以下几个方面：

（1）整理活动可以偿还氧债，消除疲劳，避免发生"重力休克"现象。

（2）整理活动可使人体由紧张剧烈的肌肉活动状态逐步过渡到相对安静状态，是加速消除疲劳、促进体力恢复的良好措施。

（3）整理活动可以调整神经系统的兴奋和心理状态，使神经系统的兴奋性和心理状态逐步过渡到相对平静的状态。

整理活动应根据运动项目的特点，有针对性地选择慢跑、徒手放松、轻音乐放松操或运动量较小的游戏等，活动量逐渐减小，使身心过渡到相对安静的状态。

（二）女子体育锻炼与经期卫生

1. 女子的体育卫生

女子进行体育锻炼不但可增进健康，而且有其特殊的意义。体育锻炼对保持女子子宫的正常位置的分娩有较大作用，对下一代的健康有直接影响，因此女子在体育锻炼时需要注意以下四点：

（1）女子进入青春发育期后，由于身体形态、机能、素质、心理、生殖系统等方面发生很大变化，其体育锻炼项目的选择、运动负荷量的安排应当区别于男子，并符合女子的生理和心理特点。

（2）女子心血管系统、呼吸系统、运动器官系统的机能均不及男子，绝不能与男子等同对待，体育锻炼时必须男女有别。

（3）女子肩带窄，肌肉力量差，有氧与无氧代谢能力较差，因此，不宜做单一支撑、悬垂摆动等练习。

（4）女子肌肉的薄弱环节是肩带肌、腰背肌、骨盆后肌和骨盆底肌，在体育锻炼时要加强这些部位肌肉力量的发展，以利于子宫正常位置的维持。

2. 女子月经的体育卫生

月经期的体育锻炼适当与否，会影响女子健康。月经期既不能什么活动都不参加，也不能蛮干。身体健康，平时有锻炼习惯，月经正常，经期无不舒服之感觉，月经期也可适当参加体育活动，但运动负荷量要小；若平时无体育锻炼习惯，月经期进行体育锻炼应特别注意，以免引起不良反应。月经初潮后 1~2 年的少女，由于其腺性分泌周期未稳定，经期往往不准，故在体育锻炼时只可做一些缓和而轻松的活动。为此，月经期应当做到以下四点：

（1）不做有剧烈振动的跑、跳动作和静力性的憋气动作，如中长跑、快速跑、跳高、跳远、举重、负重蹲起、排球的扣球、篮球的跳投等。

（2）月经期有痛经、腰背酸痛、下腹痛、经血过多或过少、经期延长或缩短、盆腔炎症等，均应停止一切体育活动。

（3）女子月经期间一般应停止游泳，以免引起子宫颈挛缩、影响行经或细菌侵入发生炎症。

（4）女子月经期一般不宜参加体育竞赛活动。若平时有参加训练和竞赛习惯者，也可以参加，但应特别注意自我监督。

二、自我监督

（一）主观感觉

1. 一般感觉

正常感觉时，运动后机能恢复快，精神饱满，体力充沛，渴望运动。例如，有不良感觉时表现出全身乏力、心情不佳、厌烦运动等。在自我监督表中写明感觉"良好""不好"的具体记载。

2. 运动心情

包括在参加体育运动前、运动中、运动后的心理状态。正常时，表现出心情愉快，渴望训练，运动过程中无不适感觉。如健康状况不佳或发现了过度训练，就会出现一些特殊的心情，比如，游泳运动员"怕水"、田径运动员"怕跑道"，球类运动员"怕球"等。在自我监督表中，可选填渴望训练、不想训练、厌烦训练、害怕训练。

3. 睡眠

睡眠状况如何往往能反映训练或比赛的强度和运动负荷以及赛前状态。良好的睡眠状态是入睡快，睡得深，不做梦，醒后精力充沛。相反，不良的反应则是入睡慢，夜间多梦，易醒、失眠，醒后仍感到疲劳。在自我监督表中，可填写"良好""一般"或入睡迟、夜间易醒、失眠等。

4. 食欲

参加体育运动时，能量消耗大，正常情况下运动后食欲良好，想进食，进食量大。如果运动后不想进食，食量减少，并在一定时期内不能恢复食欲，表明胃肠消化和吸收机能下降。可能与运动负荷安排不合适，或运动员身体机能和健康状况不佳有关。但运动后马上进食和过多吃零食，也会影响食欲，应区别对待。在自我监督表中可填写"食欲良好""食量大""食欲一般"或"不佳"等。

5. 排汗量

运动时排汗量的多少与运动负荷大小、训练程度、饮水量、气温、气候、衣着厚薄以及神经系统状况有密切关系。在外界条件相同情况下，未经训练者的排汗量多，随着训练程度的增长，排汗量可减少。如果在相同的情况下，排汗量比过去明显增多，特别在夜间睡眠中出现大量冷汗，表明身体极度疲劳，也可能是内脏器官患病的征兆，应特别注意。在自我监

督表中，可填写排汗量一般、较多或明显增多、夜间出冷汗等。

（二）客观指标

1. 脉搏

脉搏可以代表心脏跳动的频率，是心脏节律性收缩舒张引起大动脉对四肢血管压力变化的一种搏动现象，故也称心率。它是反映运动者的身体状况和机能水平比较灵敏的简易指标。在测量脉搏时除应注意搏动的频率外，还应注意节律。

晨脉的测量应在早晨起床前进行，通常以30秒的脉搏数再乘以2，即每分钟的脉搏数。在自我监督表中检查脉率变化还须注意年龄、性别的差异和体温状况。我国大学生男生的心率为75.6±8.78次/分钟，女生为77.3±8.38次/分钟。成年人安静时平均每分钟为75次，变动范围为60~100次，低于每分钟60次称"心动过缓"，高于100次称"心动过速"。年龄越小，心率越快。

一般经常从事运动训练和运动水平较高的人，表现为心脏面积和自重增大，每搏输出量增加，心率下降，其安静心率在50次/分钟左右。在训练期间，若每分钟晨脉比过去减少或无明显改变，节律齐，表明运动员身体机能反应良好，有潜力。若比过去多12次/分钟以上，表明机能反应不良，可能与疲劳未消除或身体有病有关。如果晨脉数比过去增加明显，且长期不能恢复到原数，可能是早期过度训练的表现，应深入检查。

2. 体重

在一般情况下，人的体重不会有很大变化。儿童少年时期，随着年龄增大而增加体重，这是正常现象。在体育锻炼的过程中，体重出现小的波动是由于体内储存的脂肪和多余的水分被消耗而使体重下降。一般出现在体育锻炼的初期，在这一阶段，体重一般下降 2~3 千克，对较胖的人或没有系统参加过锻炼的人，体重下降的幅度更大些。经过一段时间的锻炼，由于锻炼的作用，肌肉发达了，体重也有所增加，直到保持在一定的水平上。如果体重出现"进行性下降"，并感觉到有其他异常征象时，可能是过度疲劳或患有其他慢性消耗性疾病。

3. 运动成绩

运动成绩长期不提高或下降，可能是身体机能状况不良的反映，也可能是早期过度训练的表现。

在客观指标中，除上述几种外，还可根据设备条件和专项特点，定期测握力、肺活量、呼吸频率以及其他的生理指标。

第二节 运动对疾病的预防

一、运动对糖尿病的预防

合理的运动不仅能降低血糖、改善肥胖和胰岛素抵抗性，对代谢紊乱综合征发挥治疗和预防作用，更重要的是运动能协调机体的整体机能，提高生活质量。

1. 调节糖代谢，降低血糖，减少尿糖

运动可以减轻外周组织对胰岛素的抵抗，提高肌肉组织对葡萄糖的利用率，调节糖代谢，促进骨骼肌对血液中葡萄糖的直接摄取，使血糖降低；持续运动时消耗肌糖原与肝糖原，使高血糖状态缓解，运动后血糖又转变成糖原储存，以致血糖持续下降。

2. 增强胰岛素敏感性

Ⅱ型糖尿病患者大多超重或肥胖，往往有胰岛素抵抗和高胰岛素血症。运动可使身体质量减轻，肥胖者在运动时胰岛素分泌减少，胰岛素与受体结合率升高，而且与受体结合后的代谢反应增快，因而提高了胰岛素的敏感性，降低了胰岛素的抵抗，从而改善糖代谢；运动还可增加肌细胞膜上胰岛素受体的数量，导致肌细胞对胰岛素的敏感性增加。

3. 提高体力，促进健康，预防和控制感染或其他并发症的发生

运动时循环和呼吸功能加强，血流加快，毛细血管扩张，血管张力降低，氧供应量增加，对糖尿病心肺并发症的发生有一定的预防作用；运动能降低血压，增加血管的弹性，对轻、中度高血压亦有一定的防治作用；较高强度的有氧运动能显著降低糖尿病患者的心血管病及总体死亡率；运动也可以通过提高抗凝因子的活性，改善血液的高凝状态及减小血小板体积，从而延缓血栓的形成。

4. 控制肥胖，降低血脂

运动时能量消耗增加，促进脂肪组织分解，以减去体内多余脂肪，调节体重；运动可以改善异常的高血脂症，纠正脂肪代谢紊乱，降低三酰甘油、胆固醇和低密度脂蛋白等容易引起冠心病的有害成分，同时又能使具有保护作用的高密度脂蛋白升高。

5. 提高机体适应性

运动能使毛细血管与肌纤维数值比例增加，从而增强体力；同时从运动中所获得的心理状态的改善，可提高患者对日常生活的信心，消除紧张情绪，改变不良生活方式，增强社会适应能力。

二、运动对高血压的预防

大量研究表明，适宜的运动有助于高血压的治疗，可使安静时血压稳定或下降，使定量负荷运动时的血压和心率增加幅度减小，同时，运动可提高药物的降压疗效，使用药剂量减小。其主要作用体现在以下诸多方面：

（1）调节大脑皮质的兴奋与抑制过程，调整植物神经系统功能，改善各系统器官的神经调节。

（2）降低毛细血管和小动脉的张力，缓解小动脉痉挛，减小外周血管阻力。

（3）扩张骨骼肌血管，降低血液黏稠度，调节血液循环，改善微循环。

（4）降低机体对外界刺激的应激反应，稳定情绪，抑制紧张心理，消除焦虑状态，去除使血压升高的危险因素。

（5）全面提高身体素质，增进健康，充分发挥机体的代偿功能，降低血压，改善症状，促进康复。

三、运动对冠心病的预防

（1）运动可以增加组织细胞的氧利用率，降低血液胆固醇容量，降低血脂，使血脂代

谢平衡稳定。

（2）增加血管弹性，提高血管调节能力，改善微循环，延缓和阻止冠脉粥样斑块形成，积极促进动脉硬化的转归，使潜在动脉粥样硬化消退。

（3）运动可增加氧的摄取与供应，改善心肌供血供氧，增加心肌营养，以加速冠脉侧枝循环的建立，提高心脏功能，逆转冠心病的发展。

（4）运动后体重与血压下降，心率减慢，减轻了心脏负荷与耗氧量。

（5）周身循环改善，免疫力提高，感染性疾病发生率明显减少，有利于改善心功能。

（6）运动可以消除不良情绪，使情绪稳定，并从有效的运动疗法中获得良好的精神状态和健康的心理，增强恢复正常生活和工作的信心，减少对药物的依赖性，而这种心理因素的改善对冠心病的康复是十分必要的。

四、运动对近视的预防

近年来青少年中近视的人数越来越多，近视的程度越来越高，这其中有遗传因素的影响，也有后天人为因素的影响。父母近视较重者，其子女的发病率较高；在日常生活中长期营养不良、过度劳累、熬睡不眠、生活无规律以及长期不注意用眼卫生，长时间近距离看书、写字、看电视或在不适合的光线下长时间用眼，使眼睛经常处于高度紧张状态。久而久之，睫状肌长期紧张发生痉挛，以致晶状体的凸度增大，屈折力过强，使远处物体和影像落在视网膜前面，产生视远物模糊，视近物清晰的现象。

运动能有效缓解睫状肌的紧张，缓解眼部的疲劳，加速眼部血液的循环，增加眼球的湿润感，从而达到预防近视的目的。

第三节　运动损伤的预防和应急处理

一、运动损伤的预防

（一）预防运动损伤的意义

无论是以健身为目的的群众体育锻炼还是以取得冠军为目的的竞技体育运动，虽然它们的内容、形式、运动量有很大的不同，但它们都是人体的运动，在运动中都有可能发生运动损伤。减少损伤的发生，关键在于预防。要提高体育工作者、体育教师、教练员和运动员的体育保健学知识水平，懂得怎样进行医务监督，合理地安排教学、训练和比赛，使运动损伤的发生率减少到最低程度。各种体育项目的常见运动损伤见表5-3-1。

表5-3-1　各种体育项目的常见运动损伤表

项目	易发生的损伤
篮球	髌骨劳损、踝关节扭伤、手指挫伤、膝侧副韧带损伤、创伤性滑膜炎
排球	肩袖损伤、手指挫伤、髌骨劳损、腰肌劳损、踝关节扭伤
足球	足球踝、踝关节扭伤、膝附韧带损伤、股后肌群拉伤、膝创伤性滑膜炎

续表

项目	易发生的损伤
羽毛球	肩袖操作、腕三角软骨盘损伤、肌换伤、膝关节脂肪垫炎
棒垒球	肩袖损伤、骨骶炎、腕关节扭伤、腰肌劳损、肘关节损伤、腱鞘炎
游泳	肩袖损伤、腰肌劳损、颈椎病
跳水	腿外伤、视网膜剥离、腰背肌肉拉伤
举重	腰肌劳损、肩袖损伤、腕关节损伤、膝脂肪垫炎、腱鞘炎、肘扭伤
中长跑和马拉松	胫腓骨疲劳性骨膜炎、膝外侧疼痛症候群、跟腱腱围炎
短跑	股二头肌拉伤、跟腱断裂、肌换伤
跳跃	髌骨劳损、跟骨骨膜炎、胫腓骨骨膜炎、踝关节扭伤、腰肌劳损
投掷	髌骨劳损、肘膝关节挫伤、腕关节扭伤
自行车	腕关节损伤、腰肌劳损、颈肩肌肉劳损
滑水	踝关节扭伤、髌骨劳损、肌肉劳损
滑雪	踝关节扭伤、膝关节创伤性骨膜炎

（二）运动损伤的预防重点

对于长年系统训练的专业队来说，由于有良好的训练条件和设备，训练中意外的急性损伤发生率不是很高，但各专项负荷较重的身体某些部位的劳损发生率却很高。所以运动损伤的预防重点应放在科学地制订训练计划，减少全身和局部的过度疲劳的发生，注意体能的恢复，注意身体的全面发展，积极地预防伤病。大学体育课和课外体育活动中，运动损伤以急性损伤为主，在这些急性损伤中又以关节扭伤、肌肉拉伤、挫伤、擦伤为多见。由于学校的体育场地、设施、教师人数等条件的制约，以及教师在教学、训练安排方面的不足，大学体育活动中运动损伤的发生率很高，许多损伤会给学生带来不良影响。运动损伤的预防应放在改善体育场地、设施和提高体育教师的教学水平上来，合理、有序地组织好教学、训练和比赛。

二、运动损伤的处理

（一）开放性软组织损伤的处理

1. 擦伤

在体育运动中，发生擦伤的机会很多。开放性损伤的处理要点是及时地止血，处理创口，防止感染。皮肤受到外界物体的摩擦而发生擦伤，皮肤组织被擦破出血有组织液的渗出，创面可先用生理盐水清洗或双氧水冲洗，创口中如有煤渣或异物，在清洗创面时用干净毛刷将异物清除。创口周围可用75%酒精棉球消毒，创面小而浅者可擦以红汞或紫药水，不用包扎，让其自干为好。关节周围的擦伤可用消炎软膏擦抹，并用无菌敷料覆盖包扎。创面大而污染严重者，创面清理后，可洒上消炎粉或用雷夫奴尔纱条覆盖创口。伤口较深者，应注射破伤风抗毒血清，并给以抗菌素治疗。

2. 撕裂伤

体育运动中的撕裂伤以对抗性项目中的双方队员碰撞所引起为多见。如篮球运动中，眉弓被对方肘部碰撞而引起眉际皮肤撕裂。若撕裂的创口较小，经消炎处理后，用粘膏或创可贴粘合即可。撕裂创口较大，则须止血，缝合创口。如伤口深且污染严重，应注射破伤风抗毒血清和给以抗菌素治疗。

3. 其他开放性损伤

在体育运动中还可能发生许多开放性损伤，如被钉鞋扎伤、被标枪刺伤、被冰鞋冰刀切伤、被物体打击伤等等，处理方法与上面相同。

（二）闭合性软组织损伤处理

1. 急性损伤

（1）早期，指伤后 24~48 小时内。处理原则是止血、消炎、防肿、镇痛。处理方法为：损伤发生后即刻使用冰块、凉水、冷气雾镇痛剂等进行冷敷，达到使患处血管收缩的目的。冷敷后用棉花加压包扎于伤部，或用创伤药敷于伤处再包扎，达到止血、消炎、消肿、止痛的目的。伤痛剧烈者，可口服三七片等伤药。

（2）中期，指伤后 24~48 小时以后。处理原则是改善局部的血液循环和淋巴循环，促进组织的新陈代谢，加速淤血和渗出液的吸收及坏死组织的清除，促进再生修复，防止粘连形成。

治疗方法有：理疗、按摩、针灸、中药外敷、封闭、水针等。

（3）晚期，指患处肿胀和压痛已消失，但仍有粘连或瘢痕形成，功能尚未恢复。处理原则是加强患处营养，改善血液循环，松解粘连，软化结节，促进功能恢复。

治疗方法有：按摩、理疗、功能锻炼。

2. 慢性损伤

主要是改善患处的血液循环，促进组织的新陈代谢，合理地安排局部的负担量，加强功能锻炼。治疗方法与急性损伤的中后期相同。久伤必有寒，注意采用一些祛风寒的中药外敷或熏洗。

（三）运动损伤的急救

1. 出血和止血

人体总血量可达 4000~5000 毫升。当急性大出血血量达全身血量的 20% 时，即可出现乏力、头晕、口渴、面色苍白等一系列急性缺血的症状；出血量超过全身血量的 30%，将会危及生命。因此，对一切有外出血的伤员，尤其是大动脉出血，都必须立即给予止血。

止血的方法：①止血药止血：对于小创面的出血，可以将云南白药等止血药洒于伤口，然后用无菌敷料敷盖并包扎。②绷带加压包扎：对于小静脉、小动脉的出血可以用数层无菌敷料覆盖创面，用绷带加压包扎，以压住创伤部位的血管达到止血的效果。③指压法：对于较严重的出血，最方便有效的止血方法是指压法。其方法是用手指压迫出血点近心端的动脉，以阻断血液的来源而达到止血的目的。但指压法的时间维持不长久，在指压法的同时，应尽快采取其他方法止血。在动脉中最容易压迫住的部位称为压迫点。

2. 人工呼吸和胸外心脏按压

呼吸和心跳的骤然停止，在各种严重的损伤中时有发生。这时如不及时抢救，伤员就会很快死亡，甚至马上送医院也来不及。只有在现场立即进行人工呼吸和胸外心脏按压，才可

第五章 运动医务监督和运动保健

能挽救生命。

（1）人工呼吸。人工呼吸法是用人工的力量帮助患者进行肺的活动，以唤起病人自主呼吸的方法。人工呼吸的方法很多，如俯卧压背法、仰卧压胸法、仰卧牵臂法以及跷板式人工呼吸法等。在这些方法中，以口对口人工呼吸法效果为好，而且可以同时进行胸外心肺挤压。在施人工呼吸之前，要将患者移至就近的空气新鲜、通风良好的环境中，将伤员领口、裤带和胸腹部衣服松开，清除口腔内的异物，并注意保暖。口对口人工呼吸的方法是让伤员仰卧，头部尽量后仰，把口打开并盖上一块纱布，急救者一手托起他的下颌，掌根轻压环状软骨，使软骨压迫食管，防止空气入胃；另一手捏住他的鼻孔，以免漏气。然后深吸一口气，对准他的口部吹入。吹完后松开捏鼻孔的手，让气体从伤员的肺部排出。如此反复进行，每分钟吹气 16~18 次（儿童 20~24 次）。

（2）胸外心脏按压。呼吸和心跳可单独发生，也可同时发生，在时间上二者有先有后，但由于它们互为因果，如不及时抢救，终究二者很快都会停止的。对心跳停止但呼吸尚未停止的病人，应立即进行现场心脏复苏术。其方法是让伤员仰卧，急救者以一手掌根部按住伤员胸骨下半段，另一手压在该手的手背上，肘关节伸直，借助体重和肩部肌肉的力量适度用力，有节奏地带有冲击性向下压迫胸骨下段，使胸骨下段及其相连的肋骨下陷 3~4 厘米，间接压迫心脏。每次压后随即很快将手放松，让胸骨恢复原位。成人每分钟挤压 60~80 次（儿童 80~100 次）。挤压胸骨可间接地压迫心脏，使心脏内血液排空。

三、常见运动损伤

（一）挫伤

挫伤是钝性暴力直接打击到身体某部而引起的闭合性损伤。

对抗性运动时的互相冲撞，或人体倒地以及身体某部碰撞到器械上，都可使身体的某部位发生挫伤。挫伤可发生在身体的任何部位，如股四头肌、小腿前部、各关节部位以及头部等。

一般性挫伤可使伤部出现疼痛、肿胀、皮下淤血、功能障碍等。严重挫伤可合并伤处其他器官和组织严重损伤。如头部损伤可合并脑震荡或颅脑损伤，胸腹部挫伤可合并内脏器官损伤，关节挫伤可引起关节附韧带、软骨盘的撕裂等。

一般单纯性挫伤的处理与闭合性组织损伤的处理相同。如果是股四头肌挫伤，中后期应注意肌肉的功能锻炼，随着损伤的恢复，逐渐增加伸膝抗阻的力量练习，如肌肉深层已形成硬块，一定要用电针或手法按摩使之软化、散结。

（二）肌肉拉伤

肌肉拉伤在体育运动中发生率较高，无论是学校基层体育运动还是系统训练的专业运动员，都有可能发生。

无论是由于准备活动不充分，肌肉的温度、弹性、黏滞性还没有达到剧烈运动时的要求，还是由于在剧烈运动中，肌肉的收缩过猛，负荷过重时，都有可能造成肌肉拉伤。它分为主动拉伤和被动拉伤两种。当肌肉猛烈地主动收缩，超过了它的负担能力而造成拉伤，这在表现爆发力的项目中经常出现，如短跑、跳跃、投掷等项目。当肌肉被动拉长，超过了它的伸展性，也会发生拉伤，如跨栏、劈叉、压腿等动作。肌肉拉伤可发生在肌肉的起止点、肌腹或肌腹与肌腱交界处。有细微损伤、部分肌纤维断裂和完全断裂几种不同程度的损伤。劳损型是微细损伤积累的结果，常见的有坐骨结节腱止点的末端病。

较轻的细微损伤，如几根肌纤维断裂，不易察觉，伤后第二天才有疼感，仅在重复受伤动作时有些疼痛，没有肿胀。较重的拉伤有部分或几束肌纤维断裂，且伤处有一凹陷，更严重者肌肉完全断裂。从肌腹处断裂者，伤处呈双驼峰状。一端完全断裂者，用力时，肌肉收缩呈球形。严重的肌肉拉伤可合并肌肉、筋膜和腱鞘的损伤。如肌肉或肌腱断裂时，受伤瞬间可听到断裂声响，犹如甩响鞭样清脆。较重的急性损伤，伤部肿胀，压痛，肌肉痉挛，触之发硬并形成包块物，出现功能障碍。劳损型多在重复受伤动作时或被牵拉时疼痛，受凉时也疼痛。

对肌肉拉伤的处理方法很多。急性损伤：冷敷、电针、创伤药加压包扎，抬高伤肢；中期可采用理疗、电针、按摩、敷以旧伤药等；后期可采用电针、活血药酒按摩，软化粘连、松解瘢疤；完全断裂者，尽早手术缝合。劳损型：可采用理疗、按摩、封闭等。伤后功能锻炼要循序渐进，以防再伤。

（三）疲劳性骨膜炎

疲劳性骨膜炎多发于初参加运动训练的青少年，也常发生在系统训练的运动员身上。本病的发生率很高，许多人可在训练中不断适应运动负荷，而自行愈合。也有一些人由于对运动负荷的不适应而反复发作，使损伤加重。

在较硬地面上跑跳过多，没有遵循循序渐进的训练原则，一时运动量过大等是引起胫腓骨和跖骨疲劳性骨膜炎的直接原因。体操、自行车运动中的支撑过多是产生桡尺骨疲劳性骨膜炎的直接原因。无论是上支撑还是下支撑，由于过度的负荷，使屈肌群反复收缩，引起附着处骨膜长期受到牵扯、损伤，使该部骨膜和骨的正常联系遭到破坏。再加上支撑中的反作用力，反复作用于桡尺骨或胫腓骨上，使该部骨组织内部产生的应力受到改变或破坏。这种超出骨组织适应能力的负荷不断加剧，可引起骨膜松弛或分离、骨膜充血、肿胀、骨膜下出血，甚至出现局部骨质脱钙或断裂，引起一系列的病理性改变。若能及时调整训练计划，减少负荷，骨组织可以在这种变化中不断提高适应能力。

1. 征象

（1）一般均无明显的外伤史。

（2）疼痛。疼痛是本病的典型症状。轻者在训练中作支撑用力的动作时疼痛加重，重者运动时或非运动时都感到疼痛。有人夜晚伤处变得温暖时疼痛加剧，疼痛多为隐痛、牵扯痛；严重者为刺痛。

（3）压痛。在胫骨内侧缘中1/3或下1/3处，和腓骨的下1/3处外侧端，以及桡尺骨的下端有明显的锐敏压痛。

（4）支撑痛。下肢在做后蹬动作时，上肢在做支撑动作时感到伤处疼痛加剧。

（5）局部凹陷性水肿。常发生在胫腓骨骨膜炎，用手指按压患处，局部有凹陷。

（6）局部灼热。触摸患处，有灼热感，可见局部皮肤发红，有的患者在夜间有灼热感。

（7）硬性突起。骨膜炎晚期可在患部摸到豌豆大小硬结2~3个，这是变性骨膜增生所致。

（8）X片检查。骨膜炎早期X片上无明显改变；晚期可见增生的骨质。疲劳性骨折、早期常被忽视，晚期可见骨折线以及自行愈后所形成的骨痂和不清晰的骨折线。

2. 主要治疗方法

（1）早期可外敷新伤药，用弹力绷带包扎患处，减少运动负荷，经2～3周，症状可自行消失。

（2）症状严重不能自愈者要停止训练，可进行理疗、白酒按摩、刮痧、针灸等治疗。

（3）后期可外敷旧伤药，中药熏洗。

（4）晚期如硬块形成，用药以陈醋调敷患处，再用红外线照射。

（5）疲劳性骨折，可用短夹板固定。

（四）脑震荡

脑震荡是头部受到硬物打击，或与硬物相撞所引起的暂时意识和机能障碍。它是闭合性颅脑损伤中最轻的一种，无明显的解剖病理学改变。

运动员在训练或比赛中，无论是头部被硬物撞击、重物打击还是双方队员头部相撞以及摔倒时臀部着地，反作用力传到头部均会发生脑震荡。

发生脑震荡的运动员会立即发生一过性意识障碍，短暂有几秒钟，最多不应超过30分钟。如昏迷时间过长，则考虑是否是颅脑损伤。清醒后患者不能回忆起受伤时的情况及伤后的经过，同时还伴有恶心呕吐、耳鸣、心悸、多汗、失眠等症状。脑震荡的处理方法：

（1）急救。让伤员平卧，安静休息，头部冷敷，身上保暖。若有昏迷可指掐人中、内关、足三里等穴促其苏醒。有呼吸障碍者，要实施人工呼吸。

（2）急需送医院的征象是，伤员昏迷超过4分钟，两侧瞳孔大小不对称，耳、鼻、口内有出血或混有脑脊液，清醒后头痛剧烈，呕吐或再度昏迷者。上述各征象都说明颅脑损伤严重。

（3）无严重征象者，也应卧床休息至头痛、头晕症状消失。减少脑力劳动，不要过早参加体育训练（尤其是对抗性运动项目）。休养期间，可口服维生素C、谷维素、脑复康，也可注射胞二磷脂碱，以恢复脑力。最后以"闭目举臂单腿站立平衡试验"来检查神经系统的平衡能力恢复情况，决定是否可以开始参加体育运动。

（五）急性腰扭伤

急性腰扭伤包括腰背的筋膜、肌肉、韧带和椎间关节等软组织的损伤，是体育运动中的常见损伤，也好发于其他劳动者。临床上急性腰扭伤的病理变化有以下几种：

（1）扭伤。指肌肉、韧带受到一定的牵拉造成的损伤，无解剖病理改变。

（2）拉伤。又叫撕裂伤，由于肌肉、筋膜、韧带等组织受到暴力的牵拉，解剖上出现了组织病理的改变；有肌纤维的部分断裂，有筋膜的撕裂以及肌腱、韧带的换伤。

（3）挫伤。肌肉、筋膜、韧带等软组织受到钝性暴力打击而致伤。

急性腰扭伤的处理方法主要有：

（1）针刺。急性腰扭伤即刻用针刺疗法效果很好。穴位有：扭伤、后溪、悬钟、太溪透昆仑。患者取站位，扎针后，带针活动腰部20分钟，针刺用泻法。取针后患者取俯卧位，再针刺阿是穴、委中等穴。一日一次。

（2）如疑有腰部小关节错位，可取俯卧位对腰部进行牵引；取坐位，对患者进行转腰复位，或侧扳法，再进行理筋等手法按摩。

（3）中药外敷。新伤药外敷3~5天，旧伤药外敷5~7天。

（4）扭伤的中后期可用理疗、按摩、刮痧等手法。扭伤早期可内服三七片、七厘散等。

（5）功能锻炼。扭伤的中后期，可根据伤情开始轻微的腰部活动，有利于粘连的松解和软组织功能的恢复。

（六）踝关节扭伤

踝关节韧带扭伤是运动损伤中发病较高的损伤，在多数体育运动项目中都有可能发生，其中以外侧韧带损伤为多见，尤以距腓前韧带损伤更为常见。

1. 发生原因

从解剖角度来讲，距骨体前宽后窄，当足屈时，较窄的距骨体后部进入踝穴位，使踝关节的侧向运动和内翻运动幅度增大，所以足屈位是踝关节最不稳定的角度。再还有外踝比内踝长1厘米，内侧韧带比外侧韧带坚强，当运动员跑步时，足离开地面就自动处于足屈内翻位，如落地时踩在凹凸不平的地面，或踩在球上以及别人的脚，身体失去平衡，都可使踝关节韧带发生扭伤。根据损伤的程度可分为部分韧带撕裂、韧带完全断裂和半脱位及脱位。

2. 处理方法

踝关节扭伤的处理方法主要有：

（1）急性期。伤后立即进行冷敷、加压、包扎，或在伤处喷冷气雾镇痛剂，外敷新伤药2~3天。休息时抬高伤肢。

（2）中后期。伤后2~3天后，可做理疗、针灸并外敷活血生新的中药。3~5天后，可做局部按摩、刮痧、理疗、外敷旧伤药。

（3）韧带完全断裂者，需固定4~6周，解除固定后配合按摩、理疗、中药熏洗和功能锻炼。

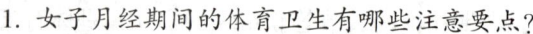

1. 女子月经期间的体育卫生有哪些注意要点？
2. 运用客观指标方法，监督自己参加体育锻炼的身体状况。
3. 常见运动损伤的基本原因有哪些？

体育运动技能
实践编

第六章 田径运动

- 田径运动的起源与发展
- 田径运动项目的基本技术

第一节 田径运动概述

一、田径运动的起源与发展

田径运动起源于人类长期的生活和生产实践。为了生存和获得生活物资，人类在与大自然以及飞禽走兽的斗争中，需要具备快速奔跑、敏捷跳跃和准确投掷等本领。为了提高和大自然作斗争的能力，人们有意识地进行走、跑、跳、掷的练习，逐渐形成了这些项目的比赛形式。据记载，最早的田径比赛是公元前776年在希腊奥林匹克村举行的第一届古代奥运会上进行的，比赛项目只有短距离跑一项，跑道为一条直道，长为192.27米。到公元前648年，又增添了跳跃、投标枪、掷铁饼等项目。1896年，在古代奥林匹克运动会的发源地——希腊首都雅典正式举行了第一届现代奥林匹克运动会。到目前为止，田径运动成为现代竞技运动中规模最大、奖牌最多的比赛项目。

当前，我国田径运动水平，在亚洲已名列榜首。中华人民共和国成立后，我国男女跳高、女子竞走、女子中长跑、女子铅球、女子马拉松都曾在世界田径锦标赛、奥运会、世界马拉松赛等国际大赛中荣登过冠军宝座，打破过世界纪录。在2004年的雅典奥运会110米栏比赛中，刘翔的表现更是一鸣惊人，震动了世界田坛，为中国田径事业作出了突出贡献。但是，我们也应该看到，我国田径运动的普及程度和竞技成绩与世界体育强国还有很大差距，尤其是大学生田径运动水平，还有待进一步提高。

二、田径运动的锻炼价值

田径运动是各项体育运动的基础，有"运动之母"的美称。田径运动可以有效地锻炼和提高走、跑、跳、投等基本活动能力。田径练习，能够全面发展力量、速度、耐力、柔韧、灵敏等身体素质，能为各项体育运动的技术发展和成绩提高起到积极的作用。对健身者来说，由于田径运动主要是在户外进行，因此能提高人体对外界环境变化的适应能力。

第二节 短 跑

一、短跑运动的发展概况

1896年，现代第一届奥运会设男子100米和400米比赛。第二届奥运会增设200米比赛项目。女子100米、200米和400米比赛项目是在1928年、1948年和1964年奥运会上依次设立的。

20世纪60年代末期塑胶跑道的使用，使短跑技术和运动成绩产生了飞跃。1968年在墨西哥城举行了第19届奥运会，美国运动员海因斯以9.9秒的成绩打破了原联邦德国运动员阿明·哈里创造并保持8年之久的100米10.0秒的世界纪录。现在男子100米世界纪录9秒58和200米世界记录19秒19的保持者是均为牙买加运动员博尔特，是其于2009年8月21日在柏林田径锦标赛上创造的。在第11届奥运会以前，短跑运动员不使用起跑器，一直是在起点跑道上挖穴起跑的。20世纪80年代初，《田径规则》严格规定，短跑运动员在比赛中一律采用"蹲踞式"的起跑姿势，在"预备"口令发出后运动员的四肢必须支撑地面。这种起跑姿势一直沿用至今。

近100年来，短跑的发展大致可分四个阶段：

第一阶段（1896~1928年）：这个阶段的特点，主要是靠人的天赋，凭运动员的天生素质能力，创造当时的短跑纪录。

第二阶段，即20世纪30年代至40年代末（1932~1948年）：开始进入了有计划地安排全年训练，即科学训练的初级阶段。把全年训练划分为三个主要训练阶段——准备期、竞赛期和过渡期，在训练实践中列出了"一般身体训练和专项身体训练"，是短跑走向科学系统训练的开始。

第三阶段，即20世纪50年代至60年代末（1952~1968年）：这一阶段是大运动量训练阶段，短跑训练理论和方法有了新的创新与发展，具有划时代意义。

第四阶段，自20世纪70年代初至今：是从"经验型"训练向全面科学化训练的发展阶段，是短跑成绩迅速提高的阶段。在这一阶段形成了科学的系统的短跑训练理论和方法，发展了科学选材理论，多学科的科学研究成果和科学手段在短跑运动的训练与比赛中得到了广泛运用。

二、短跑的基本技术

短跑技术是由起跑、起跑后的加速跑、途中跑和终点冲刺跑四个不可分割的阶段所组成的。影响短跑成绩的主要因素是步频和步长。

（一）起跑技术

起跑的主要任务是获得向前的冲力，使身体摆脱静止状态，为起跑加速创造有利的条件。根据《田径竞赛规则》，400米以下的项目（包括400米、4×100米和4×400米接力的第一棒）必须使用起跑器，并采用蹲踞式起跑。

1. 起跑器的安装

使用起跑器的目的在于能形成良好的预备姿势，便于获得较快的起跑速度。一般采用普通式起跑器，其安装方法（图6-2-1）即前起跑器距起跑线约一脚半长，后起跑器距起跑线三脚长，前起跑器抵足板角度约45度，后抵足板角度约75度，两起跑器间隔约为15厘米。

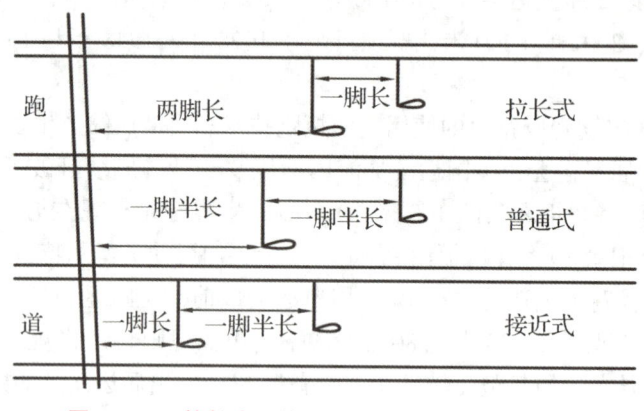

图6-2-1 拉长式、普通式和接近式起跑器的安装

2. 起跑

蹲踞式起跑技术由"各就位""预备"和"鸣枪"（或启动经批准的发令器材）三个环节组成（图6-2-2）。

图6-2-2 起跑技术

（1）各就位。

当发令员喊"各就位"口令时，做1~2次深呼吸，平静和稳定一下自己的紧张情绪，轻快地站到起跑器前，两脚依次踏在前后起跑器的抵足板上（把有力脚放在前面），两手和一个膝盖应触地，两臂伸直，两手间距离稍比肩宽，四指并拢与大拇指成八字形，肩与起跑线齐平，身体重量均衡地落在两手、前脚和后膝关节之间，注意听"预备"口令。

（2）预备。

当听到"预备"口令时，慢慢地抬起臀部并稍高于肩，同时重心前移，主要落在两臂和前腿上，前腿膝角约90~100度，后腿膝角约110~130度，两脚掌紧贴抵足板。

(3)鸣枪。

当听到"枪声"或"跑"的口令后,两手迅速离开地面,屈肘并有力地前后摆动,同时两腿迅速蹬起跑器,以膝领先向前摆出,前腿快速有力地依次蹬伸,把身体向前上方送出。

(二)起跑后的加速跑技术

起跑后要做到三个"逐渐",即逐渐加速,逐渐抬体,逐渐加大步长。两臂屈肘积极而有力地前后摆动,两腿依次用力蹬地,直到发挥最快速度转入途中跑,加速跑的距离一般约为30米(图6-2-3)。

图6-2-3 起跑后的加速跑技术

(三)途中跑技术

途中跑是短跑中距离最长,且能发挥最高速度的阶段。其任务是继续发挥和保持高速度跑。按跑的周期划分,包括后蹬与前摆、腾空、着地、垂直缓冲等动作阶段(图6-2-4)。

图6-2-4 途中跑技术

1. 后蹬与前摆阶段

当身体重心移过支撑点垂直面时，就进入蹬地腿的后蹬与摆动腿的前摆阶段。摆动腿的大小腿折叠并带动同侧髋向前上方摆出，支撑腿迅速伸展髋、膝、踝三个关节。两臂配合两腿有力地前后摆动。

2. 腾空阶段

支撑腿蹬离地面后，则进入腾空阶段。此时支撑腿小腿利用蹬地后的惯性和大腿的摆动迅速向大腿靠拢折叠；同时，摆动腿以髋关节为轴，大腿积极下压，膝关节放松，小腿随大腿下压向前下方摆出，准备着地。

3. 垂直缓冲阶段

在摆动腿的前脚掌着地的瞬间即开始进入着地缓冲阶段，支撑腿快速屈膝缓冲。途中跑时上体保持适当的前倾，两眼平视前方，手成半握拳或自然伸掌。两臂屈肘，大小臂夹角约90度，以肩为轴前后用力摆动。

（四）终点冲刺技术

在离终点线15~20米处时，应尽可能地保持途中跑的高速度并加快两臂摆动的速度和力量。在距离终点线最后一步时，以胸部或肩部撞线并不减速地跑过终点。

（五）弯道跑技术

200米和400米有一半以上的距离是在弯道上进行的，在跑弯道时，起跑器应安装在跑道的右侧，正对弯道左侧分道线的切点方向，左手撑在起跑线后沿约5~10厘米处。弯道途中跑时，以左脚前脚掌外侧和右脚前脚掌内侧着地，右臂摆幅大于左臂，身体稍向左侧倾斜（图6-2-5）。

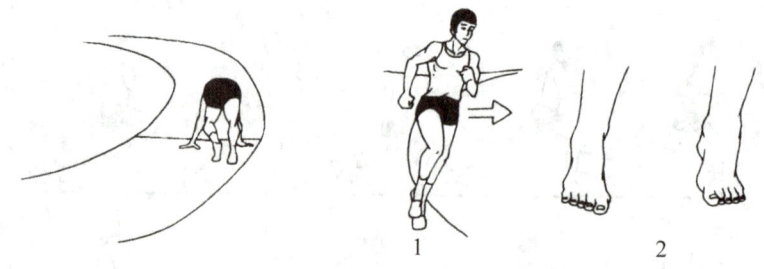

图6-2-5 弯道跑技术

三、短跑的练习方法

短跑技术教学的重点是专项跨距式起跑与途中跑。

（一）速度练习

主要有短距离的加速跑、行进间跑、反复跑、斜坡跑、让距追逐跑、让距接力跑等。

> **速度是最难开发的潜能**
>
> 速度受天赋的影响很大,特别是它的核心——爆发力,仅通过一般训练几乎很少有提高的可能。但人体仍有许多远高于我们想象的潜能可以开发。关键在于要找到正确的方式方法。据报道,有一位游泳运动员在海边训练,突然遭到鲨鱼的袭击。他在生命受到威胁的情况下,奋力回游的速度竟然可以与世界冠军相媲美。这表明,人在绝境或遇险时产生的爆发力,是人们所难以想象的,这恐怕也是"置之死地而后生"的道理。根据以上规律,无论在运动或生活的竞技场上,每个人都存在着尚未被开发的力量潜能。你是否对开发速度潜力已经有了自己可行的办法?

(二)力量练习

各种跳跃练习,如立定跳、立定三级跳、立定十级跳、单足跳、蛙跳、杠铃挺举、抓举、半蹲和深蹲、负重沙袋跑或跳等。

(三)专门练习

1. 小步跑

上体稍前倾,膝关节放松,大腿抬起并下压,小腿顺惯性前伸,前脚掌积极着地,脚趾完成最后"扒地"动作,步幅小,频率快,两臂配合两腿前后摆动。其练习方法有:

(1)原地做两脚交替提后踵动作。
(2)原地并逐步过渡到行进间小步跑。
(3)行进间小步跑逐步过渡到加速跑。

2. 高抬腿跑

上体正直或稍前倾,提高身体重心,然后膝关节积极下压,小腿自然伸开用前脚掌着地,支撑腿踝、膝、髋三个关节充分伸展,两臂配合两腿前后摆动。其练习方法有:

(1)原地支撑(如手斜扶栏杆)做高抬腿练习。
(2)行进间做高抬腿练习。
(3)行进间高抬腿逐渐过渡到加速跑。

3. 后蹬跑

上体稍前倾,摆动腿屈膝前摆送髋,大腿积极下压,用前脚掌着地,支撑腿踝、膝、髋充分蹬直,两臂配合两腿前后用力摆动。其练习方法有:

(1)原地支撑做后蹬跑。
(2)行进间做后蹬跑。
(3)行进间后蹬跑逐渐过渡到加速跑。

四、短跑的主要比赛规则

(1)400米及400米以下各项目,运动员必须使用起跑器进行蹲踞式起跑。
(2)下达"各就位"口令后,运动员不得用声音或其他方式干扰该项目比赛中的其他运动员，否则以犯规论处。

（3）运动员在做好最后预备姿势之后和鸣枪之前开始起跑动作，应判为起跑犯规。

（4）对第一次起跑犯规的运动员应给予警告，之后的每次起跑犯规的运动员均应被取消该项目的比赛资格。

（5）弯道跑中，运动员的脚不得触及左侧分道线，不得阻碍其他运动员在其自己道内的正常跑进。

第三节　中长跑

一、中长跑运动发展的概况

中长跑起源于英国。早在18世纪，英国就举行了各种距离跑的比赛，其中就包括相当于现代中长跑的比赛项目。中长跑的发展大体可分为三个阶段。

第一阶段：20世纪30年代中期（1936年）以前。

首先在英国形成了中长跑的训练体系，许多国家也相继开展起来。第一届奥运会上设立了男子800米和1500米跑。男子5000米和10000米在第五届奥运会上被列为正式比赛项目。

20世纪20年代以前，中长跑训练的基本方法是长时间的匀速跑，30年代开始增加了大量的节奏跑。女子800米在第九届奥运会上才被列为比赛项目。

第二阶段：20世纪30年代中期到70年代初（1936～1971年）。

在这三十多年里，出现了许多训练方法，中长跑的水平得到了大幅提高。1936～1948年，瑞典教练员在研究芬兰等国训练方法的基础上，创立了"法特莱克"训练方法，同期出现了"间歇训练法"。20世纪50年代，中长跑运动员广泛采用了"间歇训练法"，世界纪录大幅度提高。60年代，澳大利亚和新西兰涌现出一大批优秀运动员，他们采用了当时被认为先进的马拉松训练法。其特点是增大训练负荷，在各种地形和公路上进行长时间跑，跑后进行力量训练。

第三阶段：20世纪70年代初至今。

1972年，第二十届奥运会把女子1500米列为正式比赛项目，女子3000米和10000米分别在第二十三届和第二十四届奥运会（1988年）上被列为比赛项目。

在这几十年当中，虽然没有出现新的训练方法，但许多国家的教练员和运动员都研究上述几种训练方法，吸取其他国家的训练经验，结合本国运动员的特点，发展自己的训练方法，使之更加科学。

我国的中长跑训练经过多年的研究和实践，已形成了自己的训练方法，特别是我国女子中长跑运动水平提高非常快，取得了举世瞩目的成绩。教练马俊仁在训练中勇于突破、敢于创新，采取增大运动负荷的训练方法，并十分重视运动员的恢复和营养，培养出了一批世界水平的优秀运动员。

二、中长跑的基本技术

1. 起跑和起跑后加速跑技术

其主要任务是快速摆脱静止状态，发挥较快速度，占据有利或适合自己需要的战术位置。起跑时，一般都采用站立式起跑，按"各就位""鸣枪"两个口令进行。"各就位"时，两脚前后开立，有力的脚放在前，上体前倾，两膝弯曲，身体保持稳定姿势，然后静听枪声（或"跑"），当听到鸣枪（或"跑"）后，两腿用力蹬地且后腿快速前摆，前腿用力蹬伸，两臂配合腿部动作，快速有力向前摆动，使身体向前冲出。

以半蹲式起跑为例，动作基本同站立式，但前腿的异侧臂的拇指和其他四指成人字形支撑在起跑线后，形成三点（两脚及一手）支撑。加速跑时，要求上体前倾较大，腿臂蹬摆动作积极有力，逐渐加大步长和加快速度，然后进入有节奏的途中跑（图6-3-1）。

图 6-3-1　起跑和起跑后的加速跑技术

2. 途中跑技术

技术结构基本和短跑技术相同，所不同之处是中长跑步频慢，步幅小，上体前倾角度和两臂的摆幅均小，同时中长跑还有呼吸调节问题。一般采用口鼻同时呼吸的方法，其节奏一般采用两步一呼、两步一吸（也可采用三步一呼一吸或一步一吸一呼）。在跑的途中，由于氧气的供应落后于肌肉活动的需要，跑到一定距离时，会出现呼吸困难、胸闷、四肢无力，有不想再继续跑的感觉，这种现象叫作"极点"。极点出现时，同时加强呼吸（尤其是呼气），不久"极点"就会消失，恢复到正常的状态（图6-3-2）。

图 6-3-2　途中跑技术

3. 终点冲刺跑技术

跑的技术基本上与短跑一样，冲刺跑的时机（即在何时可以冲刺）应因人而异，要依据训练水平、战术要求和临场情况等而定，主要应加快摆臂的速度和加大摆幅来获取最后一段距离的加速度。

三、中长跑的练习方法

练习方法主要以途中跑为主，可采用变速跑、加速跑、反复跑、匀速跑、间歇跑、定时跑和越野跑等方式。

中长跑技术教学，必须把掌握技术和提高学生心肺功能及发展耐力素质结合起来，要在一系列跑的练习中掌握中长跑技术和提高耐久能力。在教学过程中，应注意采用多种教学手段，变换跑的形式，避免枯燥、单调，以调动学生学习的积极性。

（一）站立式起跑及途中跑的练习方法

1. 站立式起跑的练习方法

（1）原地站立，身体前倾顺势跑出 20~30 米。

要求：身体前倾不要太猛，不屈髋，跑出时积极蹬地。

（2）以组为单位，在起跑线后做站立式"各就位"口令的起跑预备姿势练习。

要求：两脚位置正确，身体保持稳定。

（3）以组为单位，在起跑线后站好，听口令后做站立式起跑练习（跑出 3~5 米）。

要求：腿、臂蹬摆积极。

2. 途中跑的练习方法

（1）原地摆臂练习：两脚前后开立，前腿稍弯曲，上体稍前倾，两臂弯曲 90 度左右前后摆动。

要求：以肩为轴，肩带放松，摆动方向正确，摆幅适当。

（2）中速、放松匀速跑 60~80 米，体会摆臂动作。

要求：跑得自然放松，跑的姿势正确。

（3）轻松、自然地加速跑 30~60 米。

要求：由慢到快，均匀加速，姿势正确，积极抬腿送髋和用力后蹬。

（4）加速跑 30 米后，慢跑 20 米。

要求：加速明显，慢跑放松，均匀减速。

（5）走跑交替：200 米中速跑+100 米走+200 米中速跑+100 米走。

要求：跑的动作放松协调，走跑交替过渡自然。

（6）定时跑：以均匀的速度跑完一定的时间。

要求：每隔一定的时间报一次时，以便学生根据时间分配体力与掌握跑的速度。

（二）弯道跑的练习方法

（1）弯道上站立式起跑和起跑后加速跑 30~60 米。

要求："各就位"时身体保持稳定，加速后两臂积极摆动，右臂摆幅大于左臂，两腿积极蹬摆，左脚前掌外侧、右脚前脚掌内侧着地，身体内倾。

> **怎样计算最大步幅**
>
> 　　步幅是指跑时每一步的大小。如果未加任何训练因素，步幅大小通常取决于身高和腿长，特别是与腿长有关。可通过以下公式粗略进行计算：
> 　　最大步幅=身高×1.3，或最大步幅=腿长×2.35。

　　(2) 弯道中速、放松地匀速跑40~60米。
　　要求：身体内倾，跑得自然放松，姿势正确。
　　(3) 弯道加速跑30~60米。
　　要求：由慢到快，左脚掌外侧、右脚掌内侧蹬地。
　　(4) 弯道加速跑40米，惯性跑20米，匀速跑50米，直道放松跑。
　　要求：加速明显，注意弯道技术，跑得放松，过渡自然。
　　(5) 弯道变速跑（20米快+30米慢+20米快+30米慢或30米快+30米慢+50米快+50米慢），直道放松跑，反复进行练习。
　　要求：变速明显，快跑段和慢跑段的距离可以相等，也可以不等，视学生情况而定。

四、中长跑的主要比赛规则

　　(1) 起跑时，只有两个口令："各就位"和"鸣枪"。
　　(2) 对第一次起跑犯规的运动员应给予警告，之后的每次首先起跑犯规的运动员均将被取消该项目的比赛资格。
　　(3) 在比赛中，运动员挤、撞、踩或阻挡其他运动员跑，应取消其比赛资格。
　　(4) 800米跑先分道后不分道，对未通过抢道标志线就切入里道跑进者，应取消其比赛资格。

第四节　跳　高

一、跳高运动的发展概况

　　跳高作为一项竞技运动项目，至今已有一百多年的历史。男女跳高分别于第一届和第九届奥运会被列为现代奥运会正式比赛项目。
　　在长达一个多世纪的时间里，人们把创新跳高方法作为发展跳高运动水平的主要途径。首先是跨越式跳高方式的出现，之后又有了剪式跳法、滚式跳法，直到俯卧式跳法。这阶段运动员跳跃能力的提高并不明显，其运动成绩的增长主要靠跳高方法的变革，更确切地说是通过提高过杆的效率、缩小身体重心与横杆之间的距离来实现的。
　　20世纪50年代至今，世界跳高运动水平的提高是通过增大起跳功率、加大腾起高度实现的。跳高技术这一发展趋势，在背越式跳高出现以后更加明显。目前，男女跳高世界纪录分别为2.45米和2.09米，是由古巴运动员索托马约尔和保加利亚运动员斯塔迪诺娃采用背越式跳高技术创造的。

跳高是克服垂直障碍的跳跃项目。它由助跑、起跳、过杆和落地四个部分组成。过杆姿势有跨越式、剪式、滚式、俯卧式和背越式等方式。目前，在国内外大型的比赛和普通高校体育教学中，一般都采用背越式跳高，下面重点介绍背越式跳高技术。

我国跳高运动员曾五创世界纪录

1957年，郑凤荣以1.77米的成绩，打破了由美国运动员迈克丹尔保持的1.76米女子世界跳高纪录。

1970年，倪志钦以2.29米的成绩打破了由前苏联运动员布鲁梅尔保持的2.28米男子跳高世界纪录。

1983年6月，朱建华以2.37米的成绩，打破了由德国运动员韦希格保持的2.36米男子跳高世界纪录。

1983年9月，朱建华以2.38米的成绩打破了由他本人保持的2.37米男子跳高世界纪录。

1984年6月10日，朱建华以2.39米的成绩在德国埃伯斯塔特国际跳高比赛中，打破了由他本人保持的男子跳高世界纪录。

二、背越式跳高的基本技术

背越式跳高的优点是能充分地利用水平速度，使身体向上腾越，并能合理地利用人体腾起的高度成弧形依次过杆，动作简单，易掌握，是一种目前最先进的跳高方法。

1. 助跑技术

助跑的任务是使人体获得向前的水平速度和合理的身体姿势，为起跳和过横杆创造有利条件。其前段是直线助跑，后段是弧线助跑，全程步数跑8~10步（弧线跑4步）。直线助跑技术近似普通加速跑，但要求重心高而平稳，后蹬充分有力。进入弧线助跑时，身体逐渐向内倾斜，加大外侧臂和摆动腿的摆动幅度，近似普通的弯道跑。总之，助跑应富有弹性、节奏明显。

弧线助跑一般采用走步测量法，即先确定起跳点，然后沿横杆的平稳方向自然走5步，接着再向转成直角方向自然走6步，确定一个标记点，再继续向前走7步，即起跑点。把起跑点与起跳点用弧线连接即为助跑弧线，弧线半径约5米（图6-4-1）。

2. 起跳技术

起跳脚顺弧线的切线方向踏上起跳点，要求保持身体的内倾姿势并向前送髋。由脚跟先触地迅速前滚到全脚掌着地，摆动腿迅速以髋关节带动大腿向前上

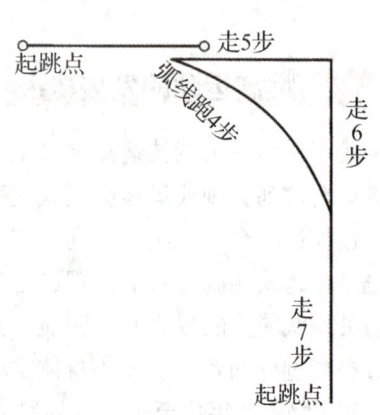

图6-4-1 助跑点的走步测量法

方摆出。上体积极前移,当身体重心移至支持点上方时,身体由内倾转为垂直,摆动腿和双臂快速有力地向上摆起,同时迅速有力地蹬直起跳腿的髋、膝、踝三个关节。由臂引肩,迅速有力向前上方摆起,完成起跳动作（图6-4-2）。

3. 过杆和落地技术

当身体腾空后,继续绕纵轴转动,然后逐渐转为背对横杆的姿势,摆动腿放松自然下放。肩后引,头和肩先过杆,接着挺髋,身体形成"弓"形姿势。当髋部过杆后,及时低头收腹,两小腿积极向上踢,过杆后用肩背先落于海绵包上（图6-4-2）。

图6-4-2　背越式跳高技术

三、背越式跳高的练习方法

（一）了解背越式跳高的技术特点

（1）利用录像、技术图片等直观方法,建立暂时的感观印象。

（2）做完整的背越式跳高动作体会练习。

（二）练习背越式跳高技术

1. 练习起跳技术

（1）原地起跳模仿练习。起跳腿在前,摆动腿在后,摆动腿积极蹬地,以髋带腿,大小腿折叠,屈腿向上摆动,同时两臂由后向前向上摆起。摆腿结束时,带出同侧髋,提起身体重心；摆臂结束时,提起两肩,使摆动腿一侧肩高于起跳腿一侧肩,躯干伸直,起跳腿充分蹬直,整个身体成起跳结束姿势。

（2）上一步起跳练习。摆动腿在前,起跳腿向前跳上起跳点时,摆动腿积极蹬离地面起摆,然后完成起跳动作。

（3）三步助跑起跳练习。

2. 学习助跑与起跳结合技术

（1）沿圆圈跑的练习（圆圈直径15米左右）。

（2）由直线进入圆圈跑的练习。

（3）沿圆圈做3步或5步的起跳练习。

提示：跑时控制身体向内倾斜,注意后两步加快节奏,做好起跳动作,积极向上跳起。

（4）3~5步助跑起跳跳上海绵垫。

提示：在海绵垫前选好起跳点，用白粉画上弧线，在弧线上进行练习。

3. 练习过杆技术

（1）仰卧在垫上或两脚跟放在高物上，做髋部向上顶动作。

（2）背对垫子站立，提踵、挺髋、仰头和挺胸，肩向后倒落在垫上。

（3）背对垫子，做原地起跳倒肩挺髋模仿练习（图6-4-3）。

（4）3~5步助跑起跳背卧上较高的海绵垫，成杆上背弓姿势，两小腿在垫子下方。

提示：起跳积极向上跳起，起跳腾起后，随身体转向背对海绵垫，依次完成仰头、倒肩、展体、挺髋成背弓动作。

图6-4-3　原地起跳倒肩挺髋模仿练习

（5）背对垫子，原地跳起挺髋后做向上向后甩腿练习。

（6）3~5步助跑，借助于起跳板起跳做过杆练习。

4. 练习背越式跳高完整技术

（1）全程节奏跑练习。

用走步测量法，测量全程助跑点，通过反复全程节奏跑练习，检查助跑点的准确性。

（2）全程助跑起跳上高海绵垫练习。

（3）全程助跑过杆练习。

提示：逐渐加快助跑速度和提高练习强度。

四、跳高的主要比赛规则

（1）运动员必须用单脚起跳。

（2）在任何高度，运动员三次试跳失败，即失去继续比赛的资格（成绩相等而进行第一名决名次的试跳除外）。

（3）在越过横杆之前，身体任何部分触及立柱之间、横杆延长线垂直面以外的地面或落地区，均应判为犯规。

（4）在试跳后，由于运动员在试跳时的动作，致使横杆掉落，应判为犯规。

（5）运动员在某一高度上请求免跳后，不准在该高度上恢复试跳，除非出现第一名成绩相等的情况。

（6）允许运动员在某一高度上第一次或第二次试跳失败后，在其第二次或第三次试跳时请求免跳，并在后继的高度上继续试跳。

（7）测量时，需使测量尺与地面垂直，从地面与横杆上沿最低点计算高度，以1厘米作为最小测量单位，不足1厘米不计。

第五节 跳 远

一、跳远运动的发展概况

跳远被列为正式比赛项目，是在1896年的第一届现代奥运会上。目前男子跳远的世界纪录为8.95米，是由美国人鲍威尔创造的。女子跳远在1948年伦敦第十届奥运会上才被正式列为比赛项目。现在的世界纪录是7.52米，由俄国人奇斯蒂娅科娃保持。

跳远成绩不断提高与跳远技术的发展有密切关系。现在，世界大多数男子优秀运动员均采用三步半的走步式技术。

目前世界女子跳远纪录保持者奇斯蒂娅科娃（7.52米）、第三届世界田径锦标赛女子跳远第一名乔伊娜（7.32米）均采用挺身式跳远技术。还有运动员采用挺身式和走步式相结合的技术。

现代跳远技术的发展过程，大体经历了"力量型"和"速度型"两个不同类型的发展阶段。

20世纪60年代前，形成了以前苏联及东欧为代表的"力量型"技术发展阶段。这一阶段，注重和强调对运动员进行大力量训练。

20世纪60年代后期，跳远的速度越来越被人们重视。因此以"速度型"为主的现代技术也随之发展起来。

"五项竞技"中的跳远

据历史记载，"五项竞技"是古希腊最崇尚的体育运动，于公元前708年被列为第十八届古代奥运会比赛项目。它是古奥运会最具典型性的综合性竞技运动，包括赛跑、跳远、掷标枪、掷铁饼和摔跤，而跳远是其中唯一的跳跃类远度项目，当时分立定跳和助跑跳两种。后来立定跳远又被纳入现代奥运会，美国人尤利曾连续四届获得该项目的冠军。1962年，挪威田径运动员埃范特·约翰，还以3.65米创造过业余选手立定跳远的世界纪录。

二、跳远的基本技术

跳远的技术包括助跑、起跳、空中动作、落地四个连续完成动作的技术。决定跳远成绩的主要因素是助跑速度（即水平速度）和起跳高度（即垂直速度）。

1. 助跑技术

助跑是根据个人的训练水平和特点，采用一定的步数、距离和节奏的加速跑。其目的是为了在起跳前获得较高的水平速度，并为准确的踏板和起跳创造良好的条件。助跑时采用一定的步数、距离和节奏，一般男子助跑距离是35~45米，助跑步数是18~24步；女子助跑距离是 30~35 米，助跑步数是 16~18 步。一般采用站立式、半蹲式或行进间起跑。站立式或半蹲式起动姿势，第一步的幅度和速度变化小，有利于提高助跑的准确性；行进间助跑起动，先走几步，后慢跑或垫步，再加速助跑。

全程跑的技术，开始几步上体适当前倾，两腿的蹬摆和两臂的摆动积极有力，然后上体逐渐抬起接近垂直，上下肢的摆动幅度加大，蹬摆配合协调有力；最后几步身体重心平稳地前移，保持稳定的快速节奏；最后一步由于加快起跳腿的换脚动作，步长比倒数第二步稍短（短 20~40 厘米），以便快速有力地起跳。总之，助跑动作要轻松、自然、连贯，节奏积极稳定。

全程助跑距离的测量方法：用适合个人特点的加速跑方法，从起跳板开始向助跑方向跑进，反复跑 30~45 米，从中找出能充分发挥助跑和起跳动作的助跑距离和步数，反复练习，经过调整最后确定全程助跑的实际距离和步数。

2. 起跳技术

起跳动作主要包括起跳脚着板、有关部位关节弯曲和起跳腿蹬伸起跳的动作过程。起跳脚上板着地后，因受助跑惯性力和水平速度等因素影响，使起跳腿髋、膝、踝关节被动弯曲缓冲，且迅速过渡到全脚掌支撑，使身体迅速前移至起跳腿支撑点上方，然后起跳腿及时蹬伸，充分伸展髋、膝、踝三关节，上体向上方抬起，摆动腿屈膝快速向前上方摆动。起跳腿同侧臂屈肘向前上方摆动，异侧臂屈肘经体侧向侧后方摆动，完成起跳动作。

3. 空中动作

腾空的作用是保持身体的平稳，推迟着地时间，并为落地创造有利条件。起跳腾空后上体应正直，起跳腿自然向后伸展，摆动腿屈膝前摆，大腿高抬保持水平姿势，臂向前上方、向后摆动至侧后上方，形成腾空阶段。跳远的腾空姿势有蹲踞式、挺身式和走步式三种，以下重点介绍挺身式跳远。

挺身式：起跳腾空后，摆动腿伸展膝关节，小腿向前、向下、向后弧形摆动，并后摆与起跳腿靠拢，挺胸展髋成展体挺身姿势，两臂经前向下、向后摆动，收腹举大腿，然后前伸小腿，两臂向上、向前摆动准备落地（图 6-5-1）。

图 6-5-1 挺身式跳远技术

4. 落地技术

当脚跟接触沙面后，两腿屈膝缓冲，髋前移，两臂继续积极前摆，使身体重心迅速移过支持点，身体保持向前移动，上体前倾，完成落地动作。

三、跳远的练习方法

（一）练习快速助跑与正确起跳相结合的技术

（1）原地模仿起跳动作。以摆动腿支撑，膝微屈，随着身体重心的前移，起跳腿屈膝前摆，然后从上向下做"扒地"动作。同时摆动腿前摆，两臂前后摆动体会蹬与摆、上下肢的协调配合。要求起跳脚快落、摆动腿向前上方摆出，随着加大摆动的速度和幅度，由不离地起跳模仿过渡到起跳蹬离地面跳起。

（2）在20~30米距离行走中连续完成起跳技术模仿练习。注意力集中在上、下肢的配合和蹬摆动作的配合上。

（3）短距离助跑的"腾空步"练习。利用俯角斜板完成此练习，有利于完成快速的起跳和体会起跳中的向前用力。

（4）在快跑过程中，听口令立即完成一次起跳。注意起跳前不破坏跑的速度，保持放松的动作和落地的弹性。

（5）在40~50米距离内连续三步助跑起跳成腾空步练习。重点提示：

①向前上方起跳，上体保持正直。

②起跳时要加速助跑，快速起跳。

③随着加大摆动速度、幅度和力量，相应加大腾空步的高度和远度。

（二）学习和掌握空中动作与落地动作

1. 学习挺身式空中动作和落地动作

（1）原地的挺身式跳远模仿练习。此练习可分三部分：①模仿起跳结束时的姿势；②放下摆动腿，同时送髋挺胸，两臂向下、向后摆动；③模仿落地前的收腹举腿。

（2）行进间挺身式空中动作模仿练习。

（3）从高处跳下，完成挺身式空中动作，落到松软的沙坑或海绵包上。

（4）原地起跳，空中抱膝。

（5）短距离助跑，挺身式完整跳远练习。重点提示：空中动作注意摆动腿的下放，挺胸展髋，下肢放松，防止仰头挺腹。

2. 学习走步式跳远空中动作和落地动作两步半走步

（1）原地跳起模仿走步式空中"换步"动作。

（2）行进间模仿走步式空中"换步"动作。

（3）从高处跳下，完成走步式的空中"换步"动作。落地时起跳腿在前，摆动腿在后。

（4）短距离助跑，利用弹跳板，做较大幅度的换步动作。

（5）短、中距离助跑的完整走步式跳远练习。重点提示：①起跳腾空后，摆动腿大腿要积极后摆；②换步时，上体要保持正直，不能前倾；③做换步动作时，注意力集中在摆动腿上。掌握动作后，再考虑上肢动作的配合。

四、跳远的主要比赛规则

（1）若比赛时运动员超过8人，每人可试跳3次，前8名可再跳3次。如果只有8名运动员或不足 8 名时，每人均可试跳 6 次。

（2）测量成绩时，从运动员身体任何部位触地的最近点量至起跳线或起跳线的延长线，测量线应与起跳线或其延长线垂直。

（3）若有下列情况之一，则应判为试跳失败：采用任何空翻姿势；完成试跳后，向后走出落地区；在落地过程中触及落地区以外地面，而落地区外的触地点较落地区内的最近触点更靠近起跳线；从起跳板两端之外的起跳线的延长线前面或后面起跳。

第六节 推铅球

一、推铅球运动的发展概况

推铅球是一项古老的投掷项目。早在中世纪，人们推掷与火炮炮弹形状、重量相同的石头，这是最初的推"铅球"比赛形式，以后逐渐演变并形成一项运动。男子推铅球是1896年第一届奥运会的正式比赛项目，冠军成绩为 11.22 米；女子推铅球在 1948 年第十四届奥运会上被列为正式比赛项目，成绩是 13.75 米。截至 2007 年 12 月 31 日，男子推铅球世界纪录是由美国运动员巴恩斯于 1990 年创造的 23.12 米；女子推铅球世界纪录是 22.63 米，由前苏联选手利索夫斯卡娅在 1987 年创造。

推铅球技术形成与发展的漫长历程，大致可分为以下 5 个阶段。

（一）原地推铅球、上步推铅球阶段（1896 年前）

在这一阶段，先后出现了正面原地推铅球、侧向原地推铅球、上步推铅球和垫步推铅球等技术。这些技术比较原始，运动成绩较差。

（二）侧向滑步推铅球阶段（1896 年~20 世纪 20 年代末）

采用这种技术，增加了最后用力前的水平速度，提高了铅球出手初速度。美国运动员罗斯采用这种技术在 1909 年创造了 15.54 米的世界纪录，并保持了 19 年之久。

（三）半背向滑步推铅球阶段（20 世纪 20 年代末~50 年代初）

与侧向滑步推铅球技术相比，这种技术形成了良好的准备用力姿势，加大了最后用力工作距离和有关肌群的预先拉长程度，较充分地发挥了腰部力量。美国运动员福克斯是这种技术的典型代表，他于 1950 年创造了 17.95 米的世界纪录。

（四）背向滑步推铅球阶段（20 世纪 50 年代初~70 年代初）

这种技术与半背向滑步推铅球技术相比，滑步动作更加完善合理，加速距离长，有利于发挥腿部和躯干的力量，提高铅球出手初速度。1953 年，美国运动员奥布莱恩首创背向滑步推铅球技术，在之后的 6 年中，他先后 10 次刷新世界纪录，把原纪录从 17.95 米提高到 19.30 米，成为铅球运动史上最杰出的运动员之一。

（五）背向滑步与旋转推铅球多种技术并存阶段（20 世纪 70 年代初至今）

在这一阶段，推铅球技术呈现多极发展趋势，多种技术类型犹如百花齐放，争奇斗艳，对提高推铅球技术和成绩产生了深远的影响。美国运动员费尔巴哈率先采用背向滑步转体推铅球技术，创造了 21.82 米的世界纪录，为身材相对矮小、速度快、协调性好的运动员树立了榜样。前民主德国选手蒂默曼成功地采用背向滑步短长步推铅球技术，创造了 23.06 米的世界纪录，为身材高大、躯干力量强的运动员提供了一种实用的方法。旋转推铅球技术的先驱是前苏联运动员巴雷什尼科夫，他曾创造了 22.00 米的世界纪录；而这种技术的杰出典范当数美国运动员巴恩斯，他将世界纪录提高到 23.12 米，并一直保持至今。

我国开展推铅球项目较早，在民国时期第一届全运会和第四届全运会上，分别把男子、女子推铅球列为正式比赛项目，但推铅球技术和运动成绩发展缓慢，最高成绩分别是 13.26 米和 10.97 米。新中国成立后，我国铅球运动水平得到了较快的发展，尤其在 20 世纪 80 年代后期和 90 年代初期，我国女子铅球运动水平达到了高峰，在世界大赛中多次获得荣誉，为我国铅球运动史写下了辉煌的篇章。截至目前，男子铅球全国纪录是 20.15 米，由山西选手张奇于 2005 年 10 月 20 日在南京举行的全国运动会田径赛上创造；女子铅球全国纪录是 21.76 米，由河北选手李梅素于 1988 年 4 月 23 日在石家庄举行的石家庄田径精英赛上创造。

二、背向滑步推铅球技术

完整的背向滑步推球技术可分为握球持球、滑步、转换、最后用力和维持身体平衡五个部分（图 6-6-1）。

图 6-6-1　推铅球的基本技术

（一）握球持球技术

以右手投掷为例，五指自然分开，将球放在食指、中指、无名指的指根处，拇指和小指附在球的两侧，以保持球的稳定。握好球后，将球放到锁骨内端上方，贴紧颈部，头部略向右转，掌心向内，右肘抬起，右上臂与躯干约呈90度角，躯干保持正直。

（二）滑步技术

滑步技术包括预备姿势、团身、滑步三个环节。滑步的主要任务是使身体和铅球摆脱静止状态，获得一定的向投掷方向运动的速度，为顺利完成后续动作做好准备。研究测定，右脚滑步结束时铅球运行的速度可达2~2.5米/秒，约为出手速度的15%。

（1）预备姿势：背对投掷方向，持球贴近投掷圈的后沿站立，身体重心落在右脚掌上，左脚置于右脚跟后方20~30厘米处，以脚尖触地，维持身体平衡。上身保持正直，两眼平视，两肩与地面平行。这种预备姿势较为自然，有助于集中精力开始滑步。

（2）团身动作：运动员站稳后，从容地向前屈体，待上体屈至接近与地面平行时，屈膝下蹲，同时头部和左腿向右腿靠拢，完成团身动作。下蹲时，右膝弯曲的程度，应视运动员的个人情况而定，但必须有利于完整动作合理加速节奏的形成。左膝回收靠近右膝时，右脚有一个提踵动作，这一动作有助于滑步的起动。

（3）滑步动作：滑步是由臀部主动后移，然后积极后摆左腿，充分利用"移、摆"产生的动力开始的。这样既可保证铅球和身体重心获得必要的速度，又可减轻右腿的负担，有利于右腿完成后续动作。最后再通过蹬伸右腿、回收右脚来完成滑步动作（图6-6-1①-⑩）。在滑步过程中，要注意以下几个问题：

①两腿动作顺序：即蹬摆左腿在先，蹬伸右腿在后，最后是回收右小腿。这一顺序可以避免身体重心起伏过大，并可保证迅速进入转换阶段。

②左腿蹬摆后应保持与躯干成一直线，直至最后用力开始（图6-6-1⑧-⑩）。

③当右腿蹬伸完成时，铅球约处在右小腿的1/2处外侧的垂直面上。当右腿回收后，铅球约处在右膝上方外侧。

④团身结束时，右大腿与躯干的夹角约为50~60度，右腿滑动结束时约为80~90度。

（三）转换（过渡）技术

转换技术是指从运动员回收右小腿结束到左脚落地（图6-6-1⑩~⑱）的技术。它的主要任务是保持或适当增加铅球在滑步中获得的水平速度，并为最后用力形成合理的身体姿势做准备。当运动员右脚落地后（以前脚掌着地），右腿膝关节不要蹬伸，右膝要积极内扣。与此同时左腿外旋插向抵趾板，以前脚掌内侧着地。上体保持适当后倾，左臂内扣，头部不要主动左转。右脚着地时，体重大部分落在右腿上。左脚着地时，身体重心移至两腿之间偏右腿的位置。

（四）最后用力技术

最后用力阶段是从左脚落地到铅球出手，它是铅球技术中最重要的阶段，铅球出手速度的80%左右将在这个阶段获得。这一阶段又可分为两个部分，即最后用力加速准备部分和最后用力加速部分。

（1）最后用力加速准备部分：它是指从最后用力开始到投掷臂给铅球加速之前。其主要任务是保持铅球已有的速度，为投掷臂的加速用力做好最后的准备。在这一过程中，投掷臂尚未给铅球加速，仅是依靠右膝的内压、右腿的侧蹬推动骨盆侧移。由于上体不主动抬起，头颈不主动扭转，而使身体左侧的有关肌群形成预先拉长状态，为最后的爆发用力创造了有利条件（图6-6-1⑮~㉓）。在这短暂的过程中，铅球运行的距离约为10.20厘米，时间约为0.01~0.03秒。

（2）最后用力加速部分：它是指从投掷臂加速推球到铅球出手的阶段。其主要任务是加快铅球的运行速度，并达到最大限度，以适宜的角度将铅球推出。在躯干形成侧弓和左腿有力的支撑下，充分利用下肢蹬伸力量转髋转体，然后右胸前挺，使铅球积极加速，在躯干正对投掷方向后再利用手臂顺势转肩推球，完成整个投掷动作。在最后用力过程中，左腿的支撑作用十分重要，它不仅可以提高铅球的出手高度，更重要的是可以提高转体推球的速度。在最后用力中，左臂通过向上、左、下方位的摆动，可以加大胸大肌的横向引展，协助完成左侧支撑，提高转体推球的速度和力量。要注意出手前推球加速能力的培养，因为优秀与非优秀运动员推铅球出手速度的差异主要是在最后用力中形成的（图6-6-1⑲~㉔）。

在最后用力过程中，铅球运行的距离、速度、出手角度和高度都是很重要的。研究表明，在这一过程中，铅球运行的距离男子约为1.50~1.80米，女子约为1.40~1.65米；铅球运行时间约为0.20~0.23秒。铅球出手角度对投掷速度有较大影响。最佳出手角度不是不变的，在一定范围内，它会随着出手速度的变化而变化。统计表明，世界优秀运动员的出手角度一般在34~38度之间。铅球出手高度对每名运动员都具有相对稳定性，它主要取决于运动员的身高、臂长及专项技术水平，其影响也不可忽视。

（五）维持身体平衡技术

铅球出手后，运动员通常采用两腿交换并降低身体重心来减缓向前冲力，以维持身体平衡，防止犯规。

当今世界优秀铅球运动员运用的背向滑步推铅球技术是不尽相同的，主要有以下几个特点：

（1）预备姿势站立不同。在预备姿势站立中有立姿和蹲姿。立姿，也称高姿势，其优越性在于滑步开始时，可以利用身体重心由上而下的势能，有利于自然、协调地进入滑步。蹲姿，也称低姿势，其优越性在于减少身体重心和铅球的起伏，保证身体平稳地进入滑步，但它对运动员腿部力量要求较高。

（2）步长分配不同。有短长步点型（滑步距离较短而最后用力的站距较长）和均匀型（两步的距离较为平均）。短长型技术表现为右腿滑步距离约为0.6~0.8米，最后用力两脚的站距约为1.2~1.3米。这种技术较简单、易学，有利于滑步和最后用力动作的衔接，但对运动员躯干的力量要求较高。

（3）在最后用力中右腿用力的方式不同。一种是侧蹬在先，转蹬在后，这种技术更多的是发挥身体侧弓反振功能；另一种是转蹬结合，转动在先，这种技术有利于发挥身体正弓反振功能。两种技术各有利弊，前者较后者更简单、实用，但对运动员腰部力量要求很高，因此，优秀运动员采用较多。

三、背向滑步推铅球的练习方法

（一）练习背向滑步技术

1. 练习内容

（1）徒手的团身模仿练习。从站立姿势开始，反复做身体前屈、下蹲、团身练习，动作要连贯协调。

（2）徒手的背向滑步练习。经过团身，臀部后移，及时向后伸摆左腿，接着以蹬伸右腿、回收右小腿等一系列活动完成滑步练习。

（3）徒手背向滑步成最后用力姿势。随着右脚滑动的结束，左脚迅速有力地支撑着地，完成滑步向最后用力的转换。

（4）持胶球或小实心球背向滑步练习。

2. 练习提示

（1）学习滑步技术时，要注意控制身体重心起伏，滑步后上体不要抬起。

（2）滑步距离要短一些，动作要轻快一些，不要过分强调超越器械动作。

（3）应强调左腿蹬摆动作和牵引方向。

（二）练习背向滑步推铅球完整技术

1. 练习内容

（1）背向滑步推铅球徒手模仿练习。

（2）背向滑步推胶球或轻铅球练习。

（3）圈内背向滑步推轻铅球或标准铅球练习。

（4）学习两腿交换维持身体平衡动作。

2. 练习提示

（1）在学习背向滑步推铅球初期，就要重视滑步与最后用力的衔接。

（2）注意培养完成动作的加速节奏。

为什么投掷角度不是45度

根据斜抛运动的原理，抛投点与落地点在同一水平面上，即投掷角为45度时的射程最远（不计空气阻力）。但在田径运动中，投掷任何器械的出手点都比落地点要高，由于这两点连线与水平线之间又形成一个地斜角，加上受空气阻力和运动员不同身高等因素的影响，铁饼、铅球或标枪的出手角度都会有不同的变化。通常认为：用 45度$-\beta$（地斜角）/2 的出手角度进行投掷，就可以获得最大的远度。

四、推铅球的主要比赛规则

（1）投掷落地区标志线的内沿延长线的角度为34.92度。

（2）应从静止姿势开始试投掷，并在投掷圈内将球推出。

（3）推铅球时不允许使用手套。

（4）推铅球时，身体的任何部分不得触及抵趾板上沿。

（5）铅球必须落在落地区角度线内沿以内，试掷方为有效。

（6）铅球必须从肩部单手推出，不应将铅球移至肩下或肩后抛掷，不得将铅球置于肩轴线后方。

（7）每个运动员在所有试掷中的最好成绩为比赛的正式成绩。

（8）每次有效投掷后立即进行成绩测量：从铅球球体落地痕迹的最近点取直线量至投掷圈抵掷板内沿，测量线应通过投掷圈圆心。

思考题

1. 简述田径运动的起源与发展。
2. 任选一项田径运动项目，介绍其基本技术。
3. 结合实际谈谈如何运用田径运动的项目进行体育锻炼。

第七章　大球运动

学习提要

- 篮球、排球、足球运动的发展历史
- 篮球运动的技战术与竞赛规则
- 排球运动的技战术与竞赛规则
- 足球运动的技战术与竞赛规则

第一节　足　球

一、足球运动概述

（一）现代足球运动的起源与发展

古代足球运动起源于中国，现代足球运动的发源地则在英国。1863 年 10 月 26 日，英国成立了世界上第一个足球协会——英格兰足球协会，人们把这一天作为现代足球的诞生日载入史册。1912 年第 5 届奥运会开始，足球被列为奥运会的正式比赛项目。1904 年在法国巴黎成立了"国际足球联合会"，总部设在瑞士的苏黎世。1930 年举办了第 1 届世界足球锦标赛。经过 100 多年的发展，足球运动成为人们喜爱的体育项目，被誉为"世界第一运动"。

世界足球比赛主要有世界杯男子足球赛、奥运会足球赛、世界青年足球锦标赛、世界 17 岁以下少年足球赛、5 人制足球赛以及世界女子足球锦标赛。

（二）现代足球运动特点

现代足球竞争激烈、对抗性强；比赛参加人数多、运动量大、时间长；技术动作多，战术种类和变化多；比赛的场面壮观，激动人心，吸引着无数的球迷，一些重要的比赛常常是万人空巷，成为世界上拥有球迷最多的体育项目。

（三）比赛的基本方法

世界杯决赛阶段的比赛场地为长 105 米、宽 68 米；比赛时间为 90 分钟，分上下两个半场各 45 分钟；双方队员均为 11 人，其中 1 人为守门员；除守门员外，其他运动员只允许用手臂以外的身体部位触球，守门员在禁区中可以用手接球和挡球，但不能用手接和挡同伴的故意回传球。比赛胜负以双方射入对方球门的数量来决定，进球多者为胜；如 90 分钟战平，根据比赛需要，可进行 30 分钟的加时赛决出胜负，如加时赛再战平，则进行点球大战。

（四）锻炼价值

经常参加足球运动能有效地发展身体素质，增强体质，提高人体各器官系统的功能。同时足球运动还能培养运动参与者勇敢顽强、机智果断、坚韧不拔、勇于克服困难和遵守纪律、团结协作的精神。

二、足球入门

（一）踢球（图 7-1-1）

1. 助跑

助跑是指踢球前的几步跑动，它的作用在于调整人与球的方向和距离，使支撑脚处于所需的正确位置，从而增加击球的力量。助跑最后一步要大一些。

2. 支撑脚站位

脚内侧和正脚背踢球需要踏在球的侧方，一般距离球 10~15 厘米；脚背内侧踢球需要踏在球的侧后方，一般距离球 25~30 厘米；踢移动球时，要把踢球腿摆动的时间计算在内。支持脚选择适当位置很重要，以免造成身体后仰或出球偏高。

3. 踢球腿的摆动

以髋关节为轴，大腿带动小腿由后向前摆。

4. 脚触（击）球

用脚的某一部位击球后中部，出球平直能获得全部力量。击球后侧部，作用力没有通过球的中心，会使球产生旋转并沿着一定的弧线运行，这就是"香蕉球"。

支撑站位　　　　摆动　　　　击球（外脚背）

图 7-1-1

（二）停球（图 7-1-2）

缓冲是停球的关键，缓冲能使来球不反弹出去或反弹到一定距离的位置上，以便将下一个动作连接起来。停球前要快速移动，调整位置迎球；脚接球时，要随球一起向后引，达到降低来球速度的目的，注意动作要放松自然，不要踩球或抬得过高，以免球漏过；当来球力量大、速度快时，停球脚要加大后撤以缓冲来球的力量。

(1) 停地滚球：停球脚对准来球路线，在脚触球的一刹那后撤。

(2) 停反弹球：判断落点，停球脚对准球的反弹路线，触球的中上部。

(3) 停空中球：停球脚根据来球的高度抬起，在脚接触球前的一刹那后撤或下撤。

停地滚球　　　　　　停反弹球　　　　　　停空中球

图 7-1-2

(三) 运球

运球要用脚推拨球，而不是用力踢球或击球。推拨球力量要适当，使球在自己控制范围之内。在做运球动作的前后要抬头观察场上情况，这样可以根据临场情况采取措施。运球过人时，要抓准时机，动作要快，越过对手时一般要保持与对手一大步的距离。

(四) 掷界外球

面对出球方向，双手持球置于头后，上体后仰成背弓；掷球时，蹬地和收腹发力，两臂前摆甩腕将球掷出。要求动作连贯，身体必须面向出球方向掷球，不能侧身，球掷出前双脚均不得离地且不能过线。

球星贝利和贝肯鲍尔

贝利被世人称为"球王"，巴西运动员，身高1.73米。其球艺精湛，脚法细腻。14岁就入选巴西著名的桑托斯队，1958年至1970年四度作为巴西队主力参加"世界杯"足球赛，为巴西3次获得"世界杯"冠军作出了重大贡献。1977年正式退役时，贝利共参加了1364场比赛，进球1282个，被足球界誉为20世纪最佳运动员。

贝肯鲍尔被称誉"足球皇帝"，德国运动员，身高1.81米。其技术全面，控球技术轻巧优雅，传球准确，射门意识好。13岁加入巴伐利亚慕尼黑队，20岁入选国家队。参加国际比赛120多场。参加3届"世界杯"赛，为德国队1966年获世界杯亚军、1974年获世界杯冠军起到重要作用。1972年和1976年两次被选为欧洲最佳运动员，获"金球"奖。

三、技术与战术

（一）踢球技术（图 7-1-3）

（1）脚内侧踢球：踢球腿膝盖外转，脚掌与地面平行，用脚弓击球的后中部。
（2）脚背内侧踢球：斜线助跑，脚面绷直，脚尖外转以脚背内侧部位踢球的后中部。
（3）脚背正面踢球：直线助跑，脚背必须绷直，用脚背正面部位击球的后中部。
（4）脚背外侧踢球：膝和脚尖内转，脚面绷直，以脚背外侧部位踢球的后中部。

　　脚内侧踢球　　　脚背内侧踢球　　　脚背正面踢球　　　脚背外侧踢球

图 7-1-3

如何踢"香蕉球"（弧线球）

支持脚踏在球侧方（15~20 厘米处），身体向支持脚侧倾斜，用脚背外侧或内侧部位踢球的侧后部，便产生两种不同弧线的"香蕉球"。比赛中，尤其是在射门时，射出香蕉球，"绕过"对方防守城墙，使球从外"拐"入网内，常能收到奇效，使守门员望球兴叹。

（二）停球技术（图 7-1-4）

1. 脚底停球

支持脚站在球侧后方，停球腿向前提，脚尖翘起，以前脚掌触球的中上部。

2. 脚内侧停球

停球腿提膝外转并以脚弓前迎球，在脚触球的一刹那迅速后撤。

3. 胸部停球

（1）收胸停球：两臂张开，挺胸迎球。在球与胸接触前的一刹那，收胸收腹，缓冲球速。
（2）挺胸停球：挺胸面对来球，胸触球时上体后仰，用胸部轻托球的下部，使球微微弹起于胸前上方。

4. 脚背外侧停球

停球脚稍提起，膝和脚内转，脚背外侧对正来球；接触球的侧后方，把球停在停球脚一侧。

5. 脚背正面停球

提脚迎球，脚背正面对准下落的球，脚在接触球前一刹那下撤，以脚背正面接触球底部。

6. 大腿停球

当大腿中部与球接触一刹那撤大腿，使球落在需要的位置上。

脚底停球　　脚内侧停球　　挺胸停球　　脚背外侧停球　　脚背正面停球　　大腿停球

图 7-1-4

（三）运球及运球过人（图 7-1-5）

1. 脚内侧运球

支撑腿膝关节稍弯曲，上体前倾，用脚内侧连续推球的后中部。

2. 脚背正面运球

运球腿脚跟提起、脚尖向下，在迈步着地前，用脚背正面推送球。

3. 脚背外侧运球

运球腿脚跟提起、脚尖稍内转，在迈步前伸着地前，用脚背外侧推拨球。

4. 推拨球过人

以脚踝的抖拨动作，用脚背内侧和外侧触球。

5. 拉球过人

用脚底将球从前向后拖动。

6. 扣球过人

身体和脚踝同时急转压扣，以脚内侧或脚外侧部位触球。

运球过人方式还有：利用速度强行过人、利用穿裆球过人、利用假动作过人、利用变速运球过人以及利用身体的掩护强行过人等。

右脚假动作　　　　　　　　　　　　　　　　左脚运球

（右脚假动作，左脚运球过人）

图 7-1-5

(四)头顶球技术（图7-1-6）

顶球前，观察来球，预先选好位置。顶球时不要缩脖子，更不要闭眼，要敢于主动迎击球，摆体和甩头动作保持连贯。

图7-1-6

1. 前额正面顶球

上体后仰成弓形，颈部保持紧张。当球运行到身体垂直部位前的一刹那，两脚用力蹬地向前摆体、甩头，用前额正面部位顶球的后中部。

2. 额侧面顶球

上体和头部向出球方向的异侧稍转动，后脚用力蹬地，上体迅速向出球方向扭转，同时甩头。当球运行到出球方向同侧肩上方时，用额侧部位击球的后中部。

3. 跳起向前或向后顶球

当球运行到头顶上空时，跳起、收腹、挺胸、扬头，触球瞬间颈部做爆发性振摆，用额正面击球。

（五）抢截球

1. 跨步抢截球

当对方运球脚即将或刚着地时，支持脚蹬地，抢球脚以内侧对准球跨出抢截。抢球时要快速、果断，抢到球后迅速处理球。

2. 侧面合理冲撞抢球

与对手并肩跑动时，防守者重心稍下降，紧贴对手身体。当对方靠近自己一侧的脚离地时，用肘关节以上部位冲撞对方相应部位，使对方失去平衡，乘机将球抢截过来。冲撞时力量要适当，臂不能扩张形成推人，冲撞的时机要准，动作要快。在球门区内不能对守门员进行合理冲撞。

3. 铲球（图7-1-7）

（1）同侧脚铲球：当控球者拨球的一刹那，抢球人的同侧脚向外侧沿地面滑出，用脚尖、脚背捅球或踢球。

（2）异侧脚铲球：当控球者拨出球的一刹那，抢球者的异侧脚向内侧沿地面滑出，用脚底或脚尖捅球。

注意：铲球脚要沿地面铲出，不能抬得过高，而且不能在对方背后做铲人动作。

图 7-1-7

（六）假动作

1. 传球时假动作

骗取对方堵截一个方向的传球路线，然后突然改变方向进行传球；也可以变化为假传真运，突破对手。做假动作要逼真，变化也要快。

2. 停球时假动作

先假装向某一方向停球，然后突然改为向另一方向停球；也可以对来球做假传真停动作。做停球假动作要和下一个动作连接好。

3. 顶球时假动作

先做假顶球动作，然后突然改为胸部停球；也可假做胸部停球，诱使对方逼近抢球，然后突然改为头顶球。

4. 运球过人时假动作

（1）虚晃：对方迎面抢截时，采取身体或腿左右虚晃，使对方发生重心的偏移，然后迅速用另一脚背外侧向同侧拨球，从而越过对方。

（2）变速：对方从侧面抢截时可用变速运球方法。例如，先快速运球，诱使对方追赶，突然减速或停顿，当对方刚减速或停顿时，突然又快速起动甩掉对方。

（3）转身：当对方在后面抢截时，运球人可假做向前运球，用脚在球上迈过，吸引对方，然后突然转身运球晃过对方。

球星马拉多纳

马拉多纳是阿根廷运动员，身高1.68米，球艺精湛，突破能力强，射门刁，被足球界公认为当代足坛最佳前锋。1977年入选国家队。从1982年开始，4次代表国家队参加世界杯赛，为阿根廷夺得第13届世界杯冠军起着决定性作用。曾被称之为继"球王"贝利之后的世界头号足球巨星。

（七）守门员技术（图7-1-8）

1. 选位

通常情况下，守门员应站在两球门柱与射门时球所处位置所形成的角的平分线上。对方近射时，位置靠后些；球向中前场运动时，位置前移到球门区线附近。

2. 接球

接球前做好准备，接球时两手和双腿的距离原则上不能让球漏过。

（1）直腿式接球：上体前倾，两臂伸向前下方，手掌前迎，接球的后底部。

（2）单腿跪撑式接球：后腿跪立，膝盖接近地面靠近前脚，距离不能超过球的直径，手臂向前下方伸，手掌对正来球，接球的后底部。

（3）接平直球：屈肘前迎，两手掌心向上，手触球时，屈肘后引缓冲，将球抱于胸前。

（4）接高球：两臂上伸迎球，两手拇指相对成八字形，手掌对球。手触球后，屈肘回缩下引，翻掌将球抱于胸前。

（5）侧向倒地扑球：防守距离较远的地滚球时，两腿蹬地侧向倒地扑球。

（6）腾空扑球：防守距离较远的空中球时，两腿蹬地，身体腾空飞出扑球。

直腿式接球　　单腿跪撑式接球　　胸部以上接球手形

胸部以下接球手形　　接高球　　侧向倒地扑球　　腾空扑球

图7-1-8

（八）基本战术

1. 比赛阵形

（1）"433"阵形："433"阵形（变化后也有"4123"和"4213"）的中场3个队员有明确分工，根据情况可一个侧重防守，两个侧重进攻，或者相反。

（2）"442"阵形："442"阵形的中场4个队员基本上是一字形横向排开或菱形排列两种。其分工一名为进攻型前卫，一名为防守型前卫，另两名为边前卫。

（3）"532"阵形："532"阵形的后场由5个后卫组成，侧重防守，一般较适合打防守反击战术。进攻时，边后卫可插上助攻，增强攻击力，但必须迅速回位，如回位不及时，前卫和后卫线之间要相互协调，互相补位。

2. 进攻战术

（1）二人的局部进攻战术：场上局部地区二对一的局面往往转瞬而逝，进攻队员必须抓住这一战机以多打少,若稍一迟疑,防守队员就会回防到位,变成二对二的形势。常见的二人进攻配合主要有以下几种。

①创造二打一:比赛中,一般情况下防守队都是一个防守一个,进攻队员利用摆脱或运球过人的动作,在短时间内形成局部地区二对一的有利局面。

②踢墙式二过一的配合:要求插入的队员用突然、快速起动去接球,采取踢墙式二过一是最佳方案。运用回传反切配合时,要有一定的纵深距离,特别是在中间,更要估计到守门员或其他防守队员可能的阻截情况。

③交叉掩护配合:运球者用远离防守者的一只脚运球,运到靠近同伴时,不要再拨球,让同伴选择有利时机突然起动,接带球越过对手。

(2)边路进攻战术:在对方半场两侧地区发起以传中创造射门为目的的进攻称边路进攻。一般是快速下底传中或切底回扣传中,中间同伴包抄射门或跟进射门。

(3)前卫或后卫插上进攻战术:利用前、后卫的插上已为各球队广泛使用,一般是由边锋、中锋左右扯动或回撤,以牵制防守队员,把防守队员引开,造成防守局部空当,由前卫或后卫迅速插上到空当处,获得进攻战机。

边后卫插上进攻的注意事项

◎边后卫要做到"攻得上,回得来"。
◎前卫应注意对方反击时补插到后卫空缺的位置。
◎中卫需防备对方利用插上边后卫的空当进行的长传反击。
◎边后卫要权衡插上进攻的利弊,应明确边后卫主要的职责是防守。

(4)转移进攻战术:进攻者适时地把球从防守"坚固区"转移到"薄弱区",这种避实就虚的战术叫"转移进攻"。例如,从边上转移到中间为"边转中";从中间转移到边上为"中转边";从一边转移到另一边叫"边转边";由于距离长,故又叫"大转移"。

(5)中路进攻战术:在对方半场中间地带发动的进攻称中路进攻,应用远射、运球突破和撞墙式配合突破中路防守是行之有效的战术。当然,边路进攻和中路进攻必须密切结合运用,才能更好地发挥进攻的威力。边路和中路的结合主要通过长、短传转移进攻方向来实现。

(6)反越位进攻战术:当发现对方有意识制造越位"陷阱"时,进攻的传球队员当机立断,突然变传球为快速运球突破,或把球传给从后面快速插上的队员,突破越位"陷阱"。

(7)快速反击战术:当对方全力进攻而疏于防守时,利用对方在进攻中失球后回防不及时、防守阵形不稳之机,采用快速传递或长距离直线传球,发动突然的攻击,快速插进对方后场薄弱之处,攻破球门。

(8)任意球进攻战术:比赛中主要有直接射门或一拨一射两种,如是间接任意球则可采取一拨一射的战术,或者是采取假射真传,主罚队员假装射门,在触球时改为传给其他位置、插上或切入的球员射门。

任意球战术要点:①传球次数不能多,经一两次传递即完成射门。②运用假动作迷惑对方，声东击西，避开"人墙"，争得射门机会。③传球要及时、准确，插入"人墙"后面的队员要避免越位。

盯人防守技巧

◎首先力争抢断传球，但不能盲目出击。
◎对手得球时，紧逼对手，不让其转过身来。
◎对手控球时，要防控球者传球和突破。有效的办法是不受假动作的诱骗而轻易失去自己身体的平衡。
◎把对手往边线上赶，即使进攻队员突破防守后，射门的角度也较小。同时，同伴也易补位。

3. 防守战术

防守战术的基本要领：丢球后迅速抢、封和堵；层层设防，保持队形；局部紧逼，相互保护和补位；重点盯住对方的组织者和攻击手；积极围抢；有意制造越位陷阱；尽量不要在禁区附近犯规。

（1）人盯人防守战术：盯人的目的在于阻止对手接球、过人和射门，常见的人盯人防守战术有半场盯人和后场盯人两种。半场盯人是当进攻方进入防守方半场时，队员各自盯住相应位置的对手，后场通常是在距本方球门30米左右的区域，在这个区域里采用对位人盯人的战术为后场人盯人战术。尤其是派专人把对手中的突出人物盯死，是人盯人防守战术的一种。

（2）区域防守战术：根据每个队员在场上的位置分布，在防守时各自负责一个区域，并相互协调补防。

（3）混合防守：就是既有区域防守，又有人盯人防守，把二者的长处结合起来使用。基本的打法是：对控球方队员及其同伴采取紧逼盯人；对逼近球门的进攻队员紧逼；对距球较远的对方队员采用区域防守。

（4）以少防多战术

①防传球：堵住对方切入和向前直传威胁球的路线，迫使对方减慢速度，争取时间让同伴回防。

②防中放边：首先防住对方从中间突破，迫使进攻队员把球传给靠近边线的队员，从而减小对球门的直接威胁。

③防射门：在有效射门距离内必须防住对手的射门。其他防守队员则采用区域站位，保护防射门的同伴和防守其他有射门威胁的对手，同时注意二人的配合。

四、了解规则

1. 点球大战

双方先进行5人对5人的交替罚点球；如未分出胜负，则进行1人对1人交替罚点球，一方罚进，而另一方未罚进，则比赛结束，否则继续按1人对1人交替罚点球，直至比赛结束。罚点球时，在裁判员鸣哨后，球被踢出前，守门员双脚必须站至球门线上并不得移动。

2. 罚球区的规定

罚球区是球门前的大区（包括球门在内），在该区域内有着较严格的规定。

（1）守门员在本方罚球区内可以用手触球，但本方队员故意用脚回传给守门员的，守门员用手接球则要判罚间接任意球。

（2）防守队员在罚球区内犯规被判罚"直接任意球"时应罚点球。

（3）在罚点球时，除守门员及主踢队员外，其他队员都不准进入罚球区内。

（4）在踢门球或守方在罚球区内罚任意球时必须把球直接踢出罚球区，比赛方为开始。

（5）在踢门球或守方在罚球区内罚任意球时，攻方队员必须自动退出此区外，并距球9.15米。

（6）在罚球区内，如果守门员用手控制球（接住球）后，又使球重新进入比赛状态，未经对方触及球不能再次用手触球。

3. 越位

当传球者触击（踢或顶等）球时，同队接球队员的位置处在球的前面，并且该队员与对方端线之间没有对方队员时（不包括对方守门员），即为越位。但该接球队员在本方半场或队员直接抢到门球、角球和界外掷球时则无越位。队员仅仅是处于越位位置，裁判员认为其没有干扰比赛、干扰对方或没有利用越位位置取得利益时也无越位。

4. 任意球

在比赛中队员出现犯规与不正当行为时，根据规则可判罚直接任意球、间接任意球两种。

（1）直接任意球：罚球队员直接将球踢进对方球门得分有效，防守队员在本方罚球区内犯规被判罚直接任意球时，则为点球。一般判定直接任意球的情况有：绊摔、拉、推、踢或企图踢对方队员；带有暴力和危险性冲撞对方队员；打或企图打对方队员；守门员外的其他队员用手触球；向对方队员吐唾沫；跳向对方队员等。

（2）间接任意球：罚球队员不能直接射门得分，俗称"两脚球"。一般判定间接任意球的情况有：动作带有危险性；队员不去踢球，故意阻挡对方者；阻挡对方守门员从其手中发球；守门员违例。

5. 黄牌警告

一场比赛中同一队员累计得到两张黄牌，则要被红牌判罚出场。

6. 红牌

得红牌者要离开比赛场地。

第二节　篮　球

一、篮球运动概述

（一）篮球的起源与发展

篮球运动起源于美国，1891年由美国马萨诸塞州斯普林菲尔德市基督教青年会训练学校的体育教师詹姆斯·奈史密斯发明，最初是将桃篮钉在健身房内看台的栏杆上，向桃篮投球的一种游戏。1932年国际业余篮球联合会在瑞士日内瓦成立，1936年男子篮球进入第11届奥运会，1976年女子篮球进入第21届奥运会。1992年国际篮联允许NBA职业队员参加第25届奥运会比赛。

篮球主要赛事有：奥运会篮球赛、世界篮球锦标赛和洲际比赛。

1896年篮球运动传入中国。1913年在华北运动会上被列为比赛项目；1956年举办了全国甲、乙、丙级篮球联赛，以后又被列为第1届全运会主要比赛项目。近10年来，中国男子篮球一直称雄亚洲，多次代表亚洲参加世界大赛，在2008年北京奥运会上进入8强，女子篮球在第29届奥运会上获第4名。但与世界强国相比，我国的篮球运动水平仍有较大的差距。

（二）现代篮球特点

现代篮球比赛对抗性强，技、战术变化多端，攻守双方更是短兵相接，高、快、准、变相结合的对抗成为比赛的主要特点。

（三）比赛的基本方法

篮球比赛由两队各5名队员参加；比赛分为4节，每节10分钟，第一节与第二节、第三节与第四节中间休息2分钟，第二节与第三节中间休息10或15分钟；投球进筐即得分，3分线内投中得2分，3分线外投中得3分，罚篮投中一次得1分；当第四节结束，双方最终得分相等时，比赛进入5分钟的决胜期，如比分还相等，则再进行下一个5分钟的决胜期，直到分出胜负为止。

（四）锻炼价值

经常参加篮球运动，通过跑、跳、投的锻炼，对促进人体的协调性、灵活性、应变能力，培养团队精神等素质的全面发展都会起到良好的作用。它是大学生课余锻炼中的重要运动项目。

二、篮球入门

（一）移动

1. 跑

篮球运动中的跑主要有：侧身跑、变向跑、变速跑和后退跑。

2. 急停

根据步法，急停可分为跨步急停和跳步急停。跑动中，最后两步采用跨步或跳步，身体稍后仰，屈膝降低重心，双脚用力蹬地，达到制动的目的。

3. 转身

重心移至中枢脚，以其为轴向前或向后转身。

4. 滑步

向滑动方向前脚跨出、后脚蹬地跟上的移动步法，根据滑动方向可分为侧滑步、前滑步和后滑步等。

> **打篮球时为什么要保持低重心的基本站立姿势**
>
> 这种姿势，使身体提前获得了一定的肌肉张力，便于起动随时地完成各种复杂的动作。如突然的移动、抢球、断球、变速、变向、摆脱、接球和投篮等。相反，如果直腿站立，重心高，要做动作就需要先屈膝降低重心，便会出现处处比对方慢半拍的现象。

（二）传、接球

1. 双手胸前传球、双手接球

双手胸前传球：双手用力快速前伸，外翻手腕，手指拨抖，将球传出（图7-2-1）。双手接球：双手伸出迎来球，拇指相对成八字形，接球后收臂缓冲来球。

2. 单手肩上传球、单手接球

（1）单手肩上传球：侧身，肩部对着接球者，单手肩上持球，蹬地挥臂传球，手腕前屈，用食指和中指拨球，将球传出（图7-2-2）。

（2）单手接球：伸臂放松迎球，五指自然张开，掌心正对来球，腕、指放松。接到球时顺势引球缓冲。

图7-2-1　　　　　　　　　　图7-2-2

（三）投篮

1. 原地单手肩上投篮

以右手为例，右手五指自然张开，持球的后下部，左手扶球左侧，上臂与前臂呈90度角，而手腕后伸也与前臂呈近90度角。用力时，两脚蹬地，伸右臂，右手掌向上方拨球，由拇指和小指控制方向，最后用食指和中指将球拨出。这样的投篮会使篮球产生后旋，碰到篮板或篮筐不会产生很大的反弹。

> **为什么用单手投篮**
>
> 单手投篮具有出手点高、灵活性大、变化多、便于用力、出手快、防守者难以防守的特点。现代篮球普遍采用单手投篮。

2. 行进间单手肩上投篮（图7-2-3）

第一步：跨步接球；第二步：持球踏跳；第三步：空中进行单手肩上投篮。由于惯性大，投篮时力量要小。

图7-2-3

怎样才能提高投篮命中率

◎选择良好的投篮时机，果断出手。
◎投空心篮时，瞄准点是篮圈的中心点；投碰板篮时，瞄准点是碰板点。
◎选择合适的投篮出手角度和球的飞行弧线。
◎投出后旋转球，以保持球的飞行方向和均匀速度。
◎要有强烈的投篮欲望和自信心。
◎规范投篮动作，加强投篮练习。

（四）运球

以肩关节为轴，手腕随球上下起伏，五指自然张开柔和地触球，利用反弹和缓冲控制运球方向。运球时手腕要放松，用向下按压动作拍球，而不是抽打动作。同时，运球时应该抬头，时刻观察场上情况。如果运球时只顾低头看球，很容易被对手断球，而且也看不到处于有利位置的队友，甚至自己处于容易投篮的位置也不知道。

（五）抢篮板球

抢篮板球关键是抢占有利位置，挡住对手，使其远离篮板，抢到球后护住球。

抢篮板球小技巧

进攻方要有强烈的冲抢篮板球意识，掌握绕过、闪躲对手冲抢篮板球的移动步法。作为防守人需养成"挡人抢球"的习惯，做到"一挡二抢"和"挡抢结合"。

三、技术与战术

（一）传球

1. 反弹传球

传出球击地落点在防守者身旁，这种传球的距离不宜过长。

2. 行进间传接球

侧身面对来球，第一步接稳球，第二步传出球，落点要有提前量，做到人球相遇，使同伴容易接球。

狡猾的传球

◎隐蔽传球意图，出球突然减少横传球和跳起传球。

◎将球传到远离防守者的一侧。传给移动的接球人时，要传出提前量；传给内线插上的队员时，传球高度和速度要适中，使其便于接球后马上投篮。

◎传给近距离迎面跑来接球的人时，传球时力量要小而柔和。

（二）投篮

1. 行进间单手低手投篮（图7-2-4）

以右手投篮为例。双手接球时右脚跨出一大步，左脚跟上快速踏地起跳，腾空后由下向上"伸（臂）""屈（腕）""拨（指）"将球投出。

图 7-2-4

2. 跳起单手肩上投篮

用力屈膝蹬地，跳起腾空后进行单手肩上投篮。跳到最高点出手，并防止身体前冲。

投篮的最佳时机

◎当移动到容易投篮得分的空位和自己习惯的投篮位置上接到球时。

◎当彻底摆脱防守时，或者防守者注意力分散时。

◎当利用同伴掩护、策应出现了良好的机会时。

◎当同伴占有抢篮板球的有利位置，或有抢篮板球的准备时。

◎当完成教练员布置的特定战术要求时，要当机立断，信心百倍地投篮。

（三）运球

1. 体前变向运球（图7-2-5）

拍球的外侧改变方向，转体倒肩，脚步迅速跟上，然后换手运球。

图 7-2-5

2. 运球转身（图 7-2-6）

一脚做中枢，运球手拉球转向另一脚方向，迅速转身，然后换手拍球。运球转身时，步子要稳，重心要低，切忌拉球动作过大，以免形成明显的翻腕和长时间携带球动作，造成运球违例。

图 7-2-6

（四）持球突破

持球突破是持球队员运用移动和运球技术快速超越对手的方法。

持球突破技术动作由哪几个环节组成

◎蹬跨：跨出的第一步要大，争取接近或超越对手。
◎转体探肩：在跨出第一步的同时，向前转体探肩，降低身体重心。
◎放球：以球领人，发挥速度。
◎加速：二次加速，彻底甩开对方。

---

1. 交叉步突破（图 7-2-7）

以中枢脚为轴，利用交叉步突然变向，突破对手。

2. 同侧步突破（图 7-2-8）

利用球和身体向异侧做假动作，然后从同侧突破。

注意：持球突破时，要把真、假动作相结合，真真假假，让对手摸不清自己的意图。

图 7-2-7　　　　　　　　　　　　　图 7-2-8

持球突破的最好时机

◎ 防守队员失去重心时。
◎ 防守队员注意力分散，或防守能力差时。
◎ 对方犯规较多，为了达到清除对方的有生力量或获得罚球得分的目的时。
◎ 为了吸引防守，给同伴创造良好的进攻机会时。

（五）防守技术

1. 防守无球队员

防守无球队员时，选位最重要，时刻注意人、球、篮筐的位置，根据球的转移随时调整防守位置，集中注意力，张开手臂，随时断球。球近时，防守要面向对手，球远时，防守要侧对对手。

2. 防守有球队员

防守有球队员时，要随时调整好防守位置和防守距离，对手接到球时，迅速到位防守，手脚紧密配合防守。防善于突破的对手时，平步站立、张开双臂扩大防守面积；防善于投球对手时，脚前后站立，一手上举另一手侧举。

防守无球队员与防守有球队员的区别

防守无球队员时，主要是集中精力控制对手活动，不让接球，对威胁较大的投篮队员或进攻区域能接到球的队员，要选择合理的位置紧逼防守。防持球队员时，对手有可能投篮、突破或传球，防守者要善于发现对方的动向，正确判断持球进攻者的意图，及时占据有利位置，积极主动防守。

3. 抢断球

抢断球的关键是判断准确和动作快捷，把握好时机，避免扑空或失误。例如，在防守持球者时，要紧逼，每个球员都有自己习惯的运球手，应紧逼其最习惯的一侧，迫使其背对防守者和篮筐。一旦其转身背对防守者，就应紧紧贴住他。同时，还应张开双臂、手掌，一旦有机会便可以出手断球。只要对手伺机传球，便可下手抢断球。需要注意的是，抢断球很容易犯规，因此，最好先将球捅掉，即使自己无法得到球，没准同伴会逮个正着。

（六）篮球基本战术

比赛中战术变化多端，只有熟练地掌握与运用战术基础配合，才能使全队战术更加灵活、更加有效地发挥战术效果。

1. 进攻战术基础配合

（1）传切配合：传切配合是进攻队员之间利用传球和切入技术组成的简单配合，传切配合包括一传一切和空切配合两种。

当防守者只注意球或因封断传球而失去防守位置的瞬间，乘机切入。当对方防守较紧时，要利用假动作或改变动作方向和速度来摆脱对手，快速切入篮下。持球队员则要做瞄篮、突破、运球或其他进攻假动作，以牵制对手，但当切入者摆脱对手并能接到球时，要及时地将球传出。

（2）突分配合：突分配合是持球队员突破后，利用传球与同伴配合的一种方法。持球突破队员的动作要结合真假动作进行突破，在突破过程中，既要做好传球准备，又要做好投篮准备，传球要及时，而其他进攻队员要掌握时机，及时跑到有利的进攻位置上去接球。

组织战术的主要因素

◎ 位置：每个队员按一定阵形落位。
◎ 路线：队员成球都按一定的计划有目的地移动，从而形成一定的路线。
◎ 任务：在完成战术配合中，每个队员必须完成不同的职责。
◎ 技术：以娴熟的技术来保证配合完成。
◎ 时间：必须根据战术的结构，严格地按一定时间程序去完成。

（3）掩护配合：这是掩护者用身体挡住同伴的防守者必经的移动路线，使其受阻，让同伴借以摆脱防守的配合方法。依据掩护的位置和方向，可分为前掩护、侧掩护和后掩护三种。比赛时，根据场上情况的变化，也可做反掩护、假掩护、定位掩护、行进间掩护、连续掩护和双掩护等等。掩护可以在无球队员之间进行，也可在无球与有球同伴之间进行。

配合要领：掩护队员给同伴做掩护时，面向或侧向同伴的防守者，两脚开立，站在同伴防守者的必经路上，距离约为半步。掩护动作完成后，应根据场上的情况，及时转身切向篮下或摆脱防守队员去接球。同伴在队友掩护之前，要以进攻的动作吸引住自己的对手，并借助队友的掩护突然摆脱防守。

（4）策应配合：策应配合为内线的队员背对或侧对球筐接球，由其做枢纽，与外线队员的空切相配合而形成的一种里应外合的进攻方法。

配合要领：策应队员策应前要注意及时抢占有利位置，接球后两脚开立，用臂和身体保护好球，并在策应过程中利用转身、跨步等脚步动作及时调整策应的方向和位置，增加策应的变化和威胁，在同伴摆脱防守后，及时将球传给同伴去进攻。

2. 防守战术基础配合

（1）挤过配合和穿过配合。

挤过和穿过配合是破坏掩护配合的积极有效的方法之一，是破坏对方掩护配合并及时防住自己对手的一种配合方法。

①挤过配合：发现掩护时，为了盯住进攻队员，挤过掩护者后，仍然盯住对手，挤过时要贴近进攻者。

②穿过配合：防守掩护的队员及时提醒同伴，并主动让路，让同伴从自己的位置上穿过，仍然盯住原对手。

（2）绕过和交换。

①绕过配合：当防守移动路线被堵死和穿过、挤过无济于事时，同伴主动贴前站，自己从后绕过去防住原对手。

②交换配合：防守队员及时地交换自己所防守的对手。

（3）夹击：攻击性较强，迫使对方传球失误或迫使持球者5秒违例。两个队员夹击防守持球者，两人站位距离小到使持球者不能通过，而手臂要随着球的移动而移动，破坏传球。

（4）关门：两人协同，进攻者可能突破和超越同伴时，及时向同伴靠拢"关门"，造成其带球走和撞人犯规。

（5）补防：当临近的同伴被对手突破时，主动放弃自己的对手，果断补防威胁最大的进攻者，被突破的防守队员则应快速回防或防守篮下。

3. 集体防守和进攻战术

（1）人盯人防守战术与进攻人盯人防守战术。人盯人防守战术是每个防守队员盯住一个进攻队员，并协同完成集体防守任务的全队防守战术。进攻人盯人防守战术是针对对方人盯人防守情况，运用掩护、策应、传切、突破等组织全队进攻的战术。

全场紧逼人盯人防守的运用时机

◎主动变化战术时。

◎有意识消耗对方体力，扩大战果或挽回败局时。

◎对付切入少而中投很准的球队时。

◎对付经验不足的球队时。

①人盯人防守战术。分为两种，一种是半场人盯人战术：由攻转守时，全队迅速退回后场，每个队员盯住自己的对手，此防守具有较强的针对性。另一种是全场紧逼人盯人防守：由攻转守时，防守队员在全场范围内各自分工紧逼自己的对手，此防守具有较强的攻击性。进行人盯人防守时要快速找人、抢位，掌握"人球兼顾，不让接球，前紧后松，放边堵中"的原则，并利用夹击、换防、补防等集体配合来破坏对方的进攻。

②进攻人盯人防守战术：进攻人盯人防守战术是一个篮球队必须掌握的基本进攻战术。首先要沉着，然后运用运球突破分球、快速传球、摆脱空切、拉开掩护和策应等基础配合来

破坏对方的人盯人防守。注意边角不要停球，避免遭夹击，也不要挤成一团。

（2）区域联防战术与进攻区域联防战术

①区域联防战术：这是防守进入指定区域的进攻队员，并与同伴协同防守，用一定的队形，把每个防守区域有机地联系起来而组成的区域联防战术。它要求5个队员必须协同一致，明确负责的防守区域，积极地随球移动，集中加强对有球一侧的防守，兼顾远侧，以防球为主，人球兼顾，并要协助同伴进行关门、夹击、补位等防守配合。区域联防战术的主要防守队形有"2-1-2""2-3""3-2""1-3-1"区域联防。

②进攻区域联防：要想攻破区域联防，最有效的办法是在对方防守立足未稳、防守队形还未形成时，发动快速反击。当对手区域联防阵形已经形成后，则采取迅速落位，快传球调动对方，再利用空切、穿插、遛底线等跑动制造以多打少的区域优势，攻破区域联防。

区域联防的运用时机

◎对方外围中远距离投篮不准，而内线威胁较大时。
◎对方频繁地采用穿插移动和运球突破，本队个人防守技术差，或犯规较多时。
◎有策略地改变防守战术时。
◎为了加强组织抢篮板球时。

四、了解规则

（一）违例

1. 掷界外球违例

5秒钟内未将球掷出；从裁判员指定地点沿边线移动超过正常的一步；掷界外球球离手后，在球触及场内队员之前掷球队员首先触及球；掷界外球在球触及场上队员前，球触及界线或界外等。

2. 3秒违例

当球进入前场、并且计时钟开启时，进攻队员在对方限制区内停留超过持续3秒钟时。

3. 5秒违例

掷界外球时，5秒钟内未将球掷出；持球队员被紧逼防守，在5秒钟内球未离手时；裁判员将球递交给罚球队员，在5秒钟内未将球投出时。

4. 8秒违例

进攻队在后场控制球未能在8秒钟内使球进入前场。

5. 24秒违例

进攻队未能在24秒内完成进攻；出现防守队员犯规重新计算24秒。

6. 球回后场违例

位于前场的进攻队队员，不得再控球回到后场。

7. 运球走步违例

持球队员在投、传、拍或滚球之前，移动了中枢脚。

8. 二次运球违例

持球队员运球开始后，该队员用双手同时触球或使球在手中停留的瞬间，运球即完毕，若再运球为违例。出现下列几种情况不判二次运球违例：同一人连续投篮，但投出的球必须触及球筐、篮板或其他队员；与其他队员抢球中用挑、拍等手法得到球后运球；抢断得球后运球。

9. 脚踢球违例

故意踢球或用脚的任何部分拦阻球。

10. 跳球时违例

跳球时出现以下几种情况应判跳球违例：当球在上升阶段时，跳球队员触及球；跳球队员未触及球时，其他队员进入中圈或移动位置；跳球队员直接接住球。

11. 干扰投篮违例

投篮的球在飞行中下落，并完全在篮圈水平面上时，防守队员触球即为违例，判给投篮得分。

（二）犯规

1. 侵人犯规

场上队员通过手、臂、肩、髋、膝、脚、弯曲身体成不正常姿势或使用粗野动作以拍、阻挡、拉、推、撞、绊等动作来阻碍对方队员，即为侵人犯规。

侵人犯规的罚则：

（1）如被侵犯的队员未做投篮动作，应由被侵犯的队员在犯规的最近点掷边线或端线球；如犯规队在一节内已累计达4次犯规，则判给被侵犯队员两次罚球。

（2）如被侵犯的队员正在做投篮动作，则投中有效，再判给一次罚球；如果未投中，应判给两次罚球，如果是三分投篮未成功，则应判给3次罚球。

（3）如进攻队员犯规，由对方队员在犯规的就近处掷边线或端线球。

2. 违反体育道德的犯规

裁判员认为队员蓄意地对对方队员造成侵人犯规，为违反体育道德的犯规。违反体育道德的犯规罚则：

登记犯规队员一次违反体育道德的犯规，判给对方两次罚球、再追加一次中场掷界外球权。如果被犯规队员正在做投篮动作，投中有效，再判给一次罚球和一次掷界外球权；如果投篮不中，则应判给罚球（投3分球时罚3次）和一次掷界外球权。罚球时双方队员都应站在罚球线的延长线之后，罚球结束后，掷中场界外球的队员必须两脚骑跨中线，可以将球传给场上任何位置上的队员。

3. 取消比赛资格的犯规

凡属十分恶劣的不道德行为，可判为取消比赛资格的犯规。

取消比赛资格的犯规罚则：

登记犯规队员一次取消比赛资格的犯规，并令其离开比赛场地，余下判罚同违反体育道德的犯规罚则。

4. 技术犯规

运动员出现场上骂人、不服从裁判判决、故意拖延比赛时间等现象要被判技术犯规。教练员技术犯规主要是指不服从裁判员、随意走出球队席区域或在场外干扰比赛正常进行等。

技术犯规罚则：

要进行登记，判给对方队员两次罚球和随后的掷界外球权，对方队长可以指定罚球队员。罚球时，双方队员都应站在罚球线延长线后。罚球后，由对方队员在中场处掷界外球，比赛正常开始。

若在比赛开始前或休息期间，判队员或教练员技术犯规，都应在比赛开始前由对方队员罚球两次后，再由跳球开始比赛。队员的该次技术犯规累计带入下一节全队的犯规累计之中。

第三节　排　球

一、排球运动概述

（一）排球的起源和发展

排球运动始于 1895 年，创始人是美国马萨诸塞州的霍利沃克城基督教青年会干事威廉·摩根，最初是用篮球胆在室内的网球网上拍来拍去使球不落地的一种游戏。排球运动问世后，由美国的传教士和驻外国的军官和士兵带到了世界各地。1847 年国际排球联合会成立后，排球运动就成为一项世界性的体育项目。目前，国际排联已有 200 多个会员国。1949 年举行了第 4 届世界男子排球锦标赛。排球运动世界大赛主要有奥运会排球赛、世界锦标赛、世界杯赛、世界沙滩排球锦标巡回赛、残疾人奥运会排球赛。中国女排曾夺得 2 次奥运冠军和 5 次世界冠军，她们的拼搏精神，对壮国威、振奋民族精神起到了极大的作用。

（二）现代排球特点

1. 形式的多样性和广泛的群众性

排球运动场地设备比较简单，室内外均可进行，形式多种多样，参加人数可多可少，运动负荷能大能小，适合不同年龄、性别、体质和不同训练程度的人在不同的环境下进行活动。

2. 技术的全面性和高度的技巧性

参加比赛的每个队员必须全面掌握各项技术，需使球不能落地，也不能连击、持球和 4 次击球。

3. 激烈的对抗性

各个比赛环节都是在激烈的对抗中进行的，对抗的焦点尤其集中在网上的扣、拦上。

4. 轻松的娱乐性和高雅的休闲性

排球运动不拘泥形式，可支网相斗，亦可围圈嬉戏，只要有一块空间、沙滩或草地，便可尽情享受击球的乐趣。排球比赛隔网进行，双方斗技，没有身体接触，安全、儒雅，是人们欢悦、休闲的理想方式。

（三）比赛的基本方法

正式比赛球网的高度为男子 2.43 米，女子 2.24 米，比赛场区为长 11 米、宽 8 米。比赛采用五局三胜制和每球得分制。比赛时双方各上场 6 人，分前后排站位，由获得发球权一方的后排 1 号位队员在端线后宽 9 米区域内发球。发球方胜一球后，由该队同一发球队员继续发球，接发球队胜一球后，按预先登记的发球顺序，换由下一名队员发球。前四局先得 25 分并同时超出对方 2 分的队胜一局。当比分 24∶24 时，比赛继续进行至某队领先 2 分为止，如 28∶26；第五局则为先得 15 分并同时超出对方 2 分的队获胜。当 14∶14 时，比赛继续进行至某队领先 2 分为止，比分无最高限制。局间进行交换场区，决胜局中某队先获得 8 分时，两队交换场区。第一至四局，每局有两次技术暂停，时间为 1 分钟。每当领先队达到 8 分或 16 分时自动执行，另外每局还有两次暂停的机会，时间为 30 秒，第五局无技术暂停，每队可在该局中请求两次 30 秒钟的暂停。同时，每队每局最多允许请求 6 人次换人。

（四）锻炼价值

排球运动量适合不同年龄、性别、体质和不同训练程度的人参加。参加排球运动能提高人们的身体素质和运动能力，改善身体机能状况，培养团结协作的团队精神和良好的作风。

二、排球入门

（一）准备姿势

上体自然前倾，可稍蹲、半蹲和低蹲，两臂自然放松置于腹前，重心稍靠前，全身肌肉适当放松。

（二）移动

常用的主要移动步法有并步、跨步、交叉步、滑步和跑步等。

要求：做好准备姿势，及时判断来球性质，快速移动，移动中身体重心不能起伏太大，以免影响移动速度。

（三）正面双手传球（图 7-3-1、图 7-3-2）

传球手形：两手自然张开成半球形。击球点：在额前上方约一球距离处。

用力：主要靠蹬地伸臂、伸腕和手指上的弹力把球传出去。

传球手形与触球部位

图 7-3-1

图 7-3-2

传球的错误动作

◎ 触球部位离身体太远。

◎ 伸手过早或过晚,判断不准。

◎ 大拇指朝前。

(四)正面双手垫球(图 7-3-3、图 7-3-4)

垫球基本手形:抱拳式、叠掌式和互靠式。

击球部位:利用腕关节以上 10 厘米左右处的桡骨内侧平面击球的后下部。

用力:两臂夹紧,前伸,插到球下,蹬地压腕抬臂击球。

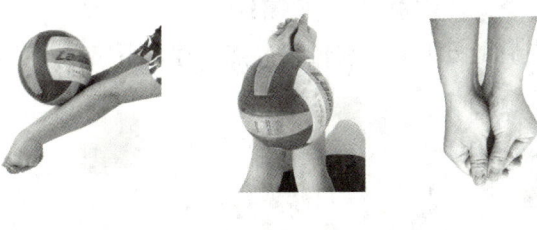

图 7-3-3

图 7-3-4

垫球错误动作

◎屈肘，两臂弯曲。
◎手臂用力突然。
◎只用手臂，重心不前移。

（五）正面下手发球和正面上手发球

1. 正面下手发球（图7-3-5）

抛球：平稳抛球。

击球部位：直臂掌根或全掌击球的后下部。

用力：以肩为轴挥臂，依靠蹬地和身体重心前移挥臂击球。

图7-3-5

2. 正面上手发球（图7-3-6）

抛球：垂直抛于右肩前上方。

击球部位：半握拳、全掌或掌根击球中下部。

用力：身体转动，在肩上方伸直手臂的最高点快速挥臂击球。

图7-3-6

（六）正面扣球（图7-3-7、图7-3-8）

1. 助跑起跳

步法：采用一步、两步、多步或原地垫步等。助跑前注意观察二传的传球方向和高度，据此寻找起跳时机和起跳点。

节奏：步幅由小到大，速度先慢后快，最后一步左脚及时并上，踏在右脚侧前方，制动身体，增加弹跳高度，同时避免前冲力过大而触网。

起跳：左脚跟上，两脚用力蹬地，踏跳，加强摆臂增加弹跳高度。

2. 空中击球

手形：五指张开呈勺形。

击球：全掌击球后中部，击球保持最高点，手掌包满球，用推裹动作击出前旋球。

用力：鞭甩挥臂，展腹腰发力。

扣球手形与推裹动作　　助跑　　起跳　　空中击球　　落地

图7-3-7　　　　　　　　　　　　图7-3-8

扣球技巧

◎准确判断二传球落点。

◎加大摆臂，增加高度。

◎挥臂放松，如鞭甩。

◎高点击球，手掌包满球。

（七）单人拦网技术（图7-3-9）

准备姿势：站在距球网30~40厘米处，两臂置于胸前并屈肘，手指张开。

移动起跳：采用移动步法，选好起跳点，重心降低，两膝弯曲，用力蹬地，垂直起跳。

空中击球：双臂尽力过网，向对方上空，两手自然张开，当手触球时，突然紧张，手腕用力下压盖住球的前上方。

注意：避免触网、脚过中线的犯规；避免起跳过早，否则身体下降时对方才会扣球；避免拦网时低头或闭眼睛，不看扣球动作和球，盲目阻拦。

拦网手形　　　　　　　　　　　单人拦网完整动作

图 7-3-9

（八）"中二传"进攻阵形（图 7-3-10）

由前排 3 号位队员担任二传，2 号位和 4 号位队员扣球的战术形式，称为"中二传"进攻阵形。

（九）"边二传"进攻阵形（图 7-3-11）

由前排 2 号位队员作二传、3 号位和 4 号位队员扣球的战术形式，称作"边二传"进攻阵形。战术变化多于"中二传"。

注意：二传队员应站在 2、3 号位之间，便于运用快攻战术。

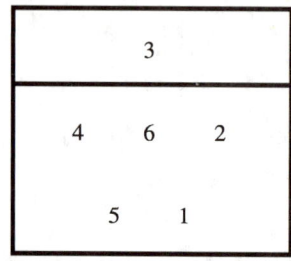 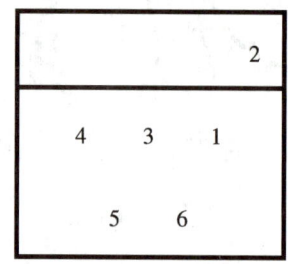

图 7-3-10　　　　　　　　　　图 7-3-11

（十）五人接发球站位阵形

除站在网前的 1 名二传队员或由后排"插上"的二传不接发球外，其余 5 名队员都按接发球的阵形站位。

1. "W"形站位（图 7-3-12）

前面 3 名队员接前场区的球，后排 2 名队员接后场区的球，也称"一三二"站位。

2. "M"形站位（图 7-3-13）

前面 2 名队员接前区球，中间队员负责接中区的球，后面 2 名队员接后区球，也称"一二一二"站位。

3. "一"字形站位（图 7-3-14）

5 名队员"一"字形排开，左右距离较近。

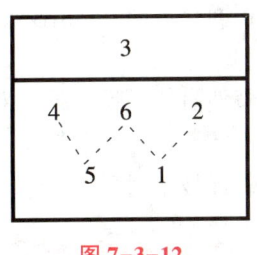 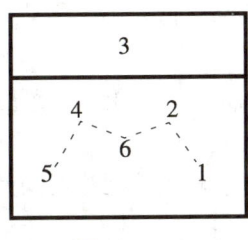 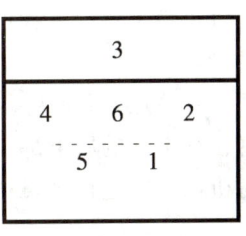

图 7-3-12　　　　　　图 7-3-13　　　　　　图 7-3-14

4. "边二传"站位换成"中二传"阵形

发球出手后，二传队员在 4 号位或 2 号位时，可以换位成"中二传"进攻。

5. "中二传"站位换成"边二传"阵形

发球出手后，二传队员换到 2 号位组成"边二传"进攻。

> **接发球技巧与配合**
>
> ◎注意力高度集中，对来球迅速做出正确的判断，及时移动取位对正来球。
>
> ◎接起来的球尽量送到二传队员的位置上。
>
> ◎站位时，以前排同伴为基准适当取位，不要前后重叠站位，遵循"远飘、轻飘分散站，平快、大力一条线"的规律取位。
>
> ◎接发球配合：接发球较好的队员接球范围可大一些，反之，范围小一些，后排队员接球范围可大一些，前排队员范围可小一些。

三、技术与战术

（一）传球技术

1. 顺网二传

当一传来球时，二传队员身体不宜正对来球方向，要适当转向传球方向，尽量保持正面传球。

2. 背传

上体比正传时稍直立，击球点保持在额上方，手腕适当后仰，掌心向上，手指击球的下部，依靠蹬腿、展腹、抬臂、伸肘向后翻腕及手指、手腕的弹力将球传向后上方。

3. 调整二传球

调整二传球以传高、远球为主，应充分利用蹬地、伸膝、伸臂及屈指、腕的全身协调力量将球平稳传出。

（二）垫球技术

1. 体侧垫球

侧垫时两臂夹紧向体侧伸出，同侧臂要高，保持好反弹角度，用力时转腰收腹，双臂截击来球，将球平稳垫起。

应用时机：当来球速度较快、落点较低来不及移动进行正面垫球时，采用体侧垫击。

2. 背垫球

快速移动到落点，背对垫球方向蹬地抬头挺胸，蹬腿展腹使身体呈反弓形，双臂夹紧向后上方摆臂，垫击球的后下部。

应用时机：背垫是在球飞行较远、较高，无法运用其他垫球技术时采用。

击球新技术——脚踢排球

1995年，规则允许身体任何部位均可触球，这样就出现了一种新的垫击技术——脚踢排球。脚踢排球的技术动作可以充分利用腿和脚离地面近的优势，减少了运动员起动和完成动作的时间，经常能收到意想不到的效果。

（三）接发球技术

接发球技术主要采用正面双手垫球技术。但在接大力发球时，不要抬臂用力，相反手臂还要稍后撤缓冲来球。接发球要有必能接好球的信心，注意配合，避免互相抢球或让球。

（四）接扣球技术

早判断快取位，下降重心，高球挡来低球垫，千方百计争取多起球。要防好扣球需有争抢险球的作风，不怕重球，防止重心后坐，根据对方扣球动作、特点和同伴拦网情况，预判取位。

中国排球为世界排球作出突出贡献的技术创新

男排：创造并掌握了"盖帽"拦网技术。

创新了"平拉开快球"扣球技术，成为我国传统的快攻特点。

名将汪嘉伟创造了"前飞""背飞"等进攻打法。

女排：创新了"快速反击"战术，在技战术打法上走在世界前列。

创造了"全攻全守""高快结合"的新型打法。

创新了单脚起跳背飞扣球、前快错位背飞等快攻战术。

（五）基本战术

1. 个人战术

（1）发球个人战术的运用：主要运用变换发球方法，变化发球力量、落点和飞行幅度；对方正处于进攻较弱的轮次时，应注意发球的稳定性；"找人"发球时，发给连续失误、信心不足、情绪急躁或刚上场的队员；得分困难或比分落后较多的情况下，采取攻击性强的发球战术等。

（2）扣球个人战术的应用：避强打弱、避重就轻。从对方身体矮、弹跳力差或拦网能力差的队员的拦网区域进行突破。扣球落点尽量找人、找点，向防守技术差的队员或对方空当扣球。

(3) 防守个人战术的运用：集中注意力观察对方进攻的意图和本方拦网的情况，在接球前作出正确的判断，选择有利位置。当判断出对方进行大力扣球而本方布置好拦网时，重点防守未拦到的线路或防打手出界的球；而对方扣球变吊球时，则要快速前压防守。

2. "插上"进攻战术（图 7-3-15）

后排二传队员分别从 1、6 或 5 位插上到网前，充分利用球网全长，组织三点攻，以突破对方的防线。

注意：发球时，二传必须在发出球后方可移动"插上"，否则要被判为越位犯规。同时，不要影响其他队员接球，"插上"队员传球后，应立即对进攻队员进行保护，防拦回球或后撤防守。

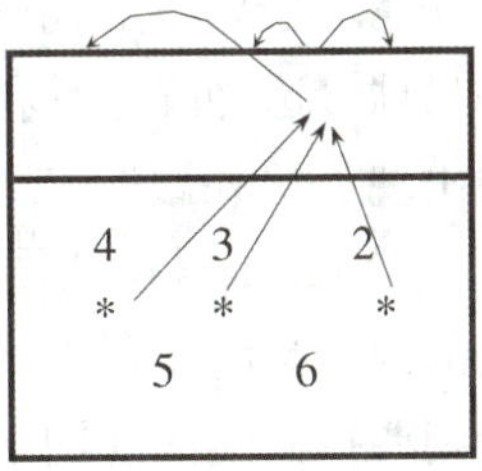

3. 进攻战术的各种打法

(1) 平快掩护：2、4 号位平拉开进攻，3 号中间短平快进攻的战术形式（图 7-3-16）。

(2) 交叉进攻：两名队员用交叉跑动路线换位进攻的形式，目的在于扰乱对方盯人拦网的布置（图 7-3-17）。

(3) 重叠进攻：两名队员几乎在同一点上进行不同时间的进攻成重叠之势，使拦网人难以判断真假（图 7-3-18）。

(4) "夹塞"进攻与"串平"进攻：短平快为掩护，另一进攻队员跑动"夹"在传球手与快攻手之间的进攻，称"夹塞"进攻。扣球队员在短平快掩护队员的背后打平拉开快球的进攻，称为"串平"进攻（图 7-3-19）。

(5) 双快一跑动进攻：两名队员进行快球进攻，第三名队员进行大范围跑动进攻（图 7-2-20）。

(6) 前后排互相掩护的进攻：也称立体进攻，这是近年来世界排球十分流行的战术，优点是可以形成进攻队员人数上的优势，进攻点多，扩大了进攻的纵深范围（图 7-3-21）。

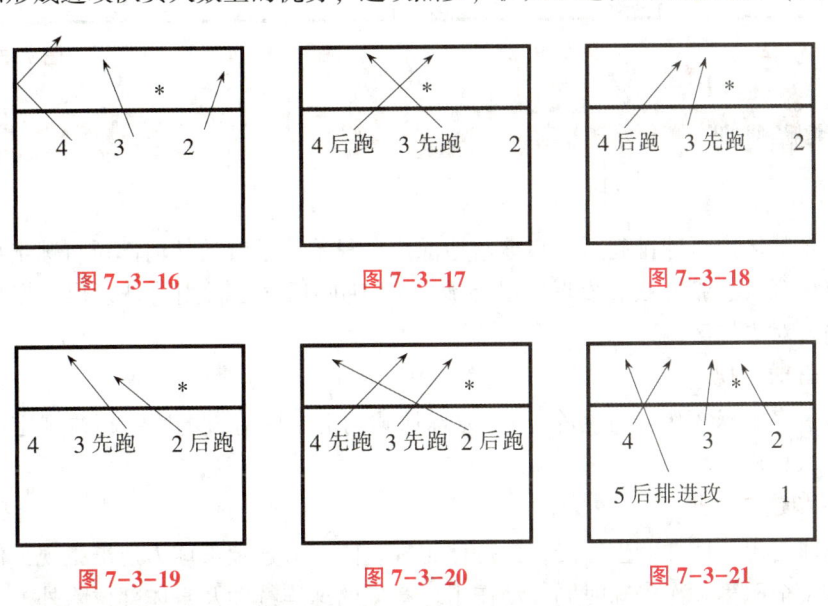

图 7-3-15

图 7-3-16　　　图 7-3-17　　　图 7-3-18

图 7-3-19　　　图 7-3-20　　　图 7-3-21

4. 防守战术

（1）单人拦网防守战术：这是最基础的防守配套形式，在水平高的比赛中也时常被迫采用。一般情况下，多采用拦对方相应位置的攻手，邻近的队员则后撤保护，也可以由本队一名拦网好的队员专门拦网，不拦网的队员则后撤保护。

（2）双人拦网防守战术：由前排2人拦网，其他队员组成防守阵形。

①"边跟进"防守阵形：防守队员取位呈半圆，"边"上1号位的队员重点防守心和边的吊球。这种阵形有利于防对方的大力扣杀，其弱点是在于防吊球，心的空当太大，为此，便出现了"死跟"和"活跟"的变化。

活跟：1号位队员根据判断来决定是"退守长线"还是"跟进防吊"的灵活布置，就是活跟。当前压跟进时，要求6号位队员及时补直线，4号、5号位队员积极侧应，前排拦网则要拦住中区（图7-3-22）。

死跟：对方进攻无论是否扣球还是吊球，1号或4号位防守直线的队员皆固定跟进防吊球，6号位固定防守直线，就是死跟，其在对方吊球多、对方直线进攻少时运用较多（图7-3-23）。

双卡：当对手攻击力不强、吊球多时，采取4号或2号位前排队员向内后撤，1号或5号位队员直线半跟，形成"双卡"防守阵式（图7-3-24）。

②"心跟进"防守阵形：在本方拦网好、对方运用吊球多的情况下采用，除心跟进队员外，其他队员扼守各自的位置。但因后场只有两人防守，后场中央和两腰容易造成空当，如对方进攻多变，突破点多时，则不宜采用这种防守阵形（图7-3-25）。

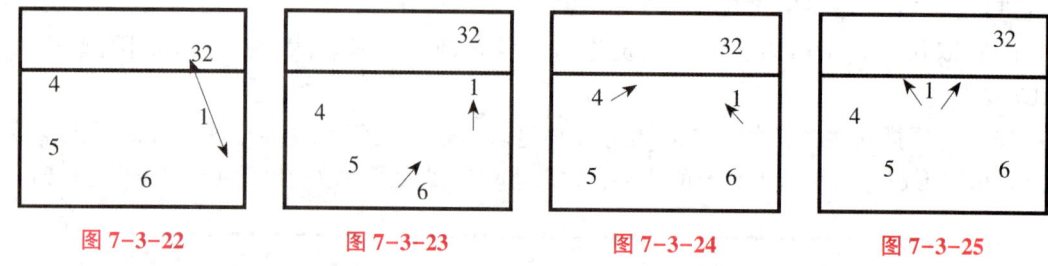

图7-3-22　　　图7-3-23　　　图7-3-24　　　图7-3-25

四、了解规则

1. 发球规则

必须在发球区内将球抛起后，在球落地前用一只手或手臂的任何部位将球击出，发球队员不得踏及场区（包括端线和发球区以外地面），鸣哨后在8秒内将球发出；发出的球必须由过网区进入对方场区内。

2. 4次击球犯规

每个队最多击球3次（拦网除外），将球从球网上击回对方场区，超过规定次数的击球判为4次击球犯规。

3. 持球和连击犯规

没有将球击出，使球产生停滞，为持球犯规。同一人连续击球为连击犯规，但拦网时的连续触球以及全队第一次击球时同一动作击球产生的球连续触及身体部位除外。

4. 过网击球犯规

在对方空间触击球为过网击球犯规，但在对方进攻性击球后拦网触球除外。

5. 过中线犯规

比赛进行中队员的一（两）只脚或一（两）只手部分超过中线触及对方场区，身体的其他任何部位越过中线接触对方场区，为过中线犯规。

6. 触网犯规

比赛进行中，队员触及 9 米以内的球网和标志杆、标志带为触网犯规。但队员未试图进行击球轻微触网和被动触网除外。

7. 拦网犯规

（1）从标志杆外进行拦网并触球。

（2）当对方队员击球前或击球的同时，在对方场区空间拦网触球。

（3）后排队员或后排自由防守队员完成拦网或参加了完成拦网的集体，包括球触及前排队员。

（4）拦对方发球。

（5）拦网出界。

8. 进攻性击球犯规

（1）后排进攻犯规：后排队员在前场区内或踏及进攻线及其延长线，将整体高于球网上沿的球击入对方场区。

（2）过网击球犯规：在对方场区空间内击球。

（3）扣击发球犯规：在前场扣对方发来的、整体高于球网上沿的发球完成进攻性击球。自由人进攻性击球犯规：队员在高于球网处对同队自由防守队员在前场区用上手传出的球完成进攻性击球，后排自由防守队员完成对高于球网上沿的球的进攻性击球，均为自由人进攻性击球犯规。

思考题

1. 从大球项目中任选一项，简述其特点和锻炼价值。
2. 篮球战术基础配合有哪些？
3. 排球接发球站位阵形有哪些？
4. 简述足球的停球技术。

第八章 小球运动

学习提要

- 乒乓球、羽毛球、网球运动的发展历史
- 乒乓球运动的技战术与竞赛规则
- 羽毛球运动的技战术与竞赛规则
- 网球运动的技战术与竞赛规则

第一节 网 球

一、网球运动概述

在古代埃及、波斯、希腊、罗马都曾流行过类似于近代网球的游戏。1873年，英国人温菲尔德改进早期网球打法。他在羽毛球运动的启示下，把古代网球和羽毛球结合起来设计出现代网球运动，并确定了场地、规则和器材。1877年7月，全英网球俱乐部在温布尔顿举办首届草地网球冠军赛，标志着近代网球运动的开始。1896年在希腊雅典举行的第1届奥运会上，网球被列为正式比赛项目。1913年国际网球联合会成立。因国际奥委会同国际网球联合会在"业余运动员"定义上以及参赛资格上发生严重分歧，从第9届奥运会起，取消了网球项目的比赛。在1984年洛杉矶奥运会上，网球作为表演项目重现赛场。在1988年第24届汉城奥运会上，网球又被列为正式比赛项目。

网球运动是在19世纪后期随着西方近代体育的传播而进入我国的。中华人民共和国成立以后，网球运动得到了进一步的发展。1953年成立了中国网球协会，并在天津市举办了中国的首次全国网球表演赛。中国网球运动的国际交往是从1956年开始的。1986年中国女子网球队在第10届亚运会的团体赛中夺冠，从此结束了中国在亚运会上无网球金牌的历史。2004年雅典奥运会上，李婷、孙甜甜经过奋勇拼搏，取得了中国体育史上第一个网球双打奥运会冠军，为我国网球运动的发展注入了新的动力；2006年1月27日，郑洁、晏紫在澳网女双决赛中，历史性地夺得女双冠军，成就了中国网球神话，为中国网球创造了另一个奇迹。

二、网球入门

（一）场地（图 8-1-1）

网球比赛场地分为单打场地和双打场地。若为单、双打共用场地，挂双打网。进行单打时，必须增加两根单打支柱（其直径不超过 7.5 厘米的圆形柱或边长不超过 7.5 厘米的方形柱）。

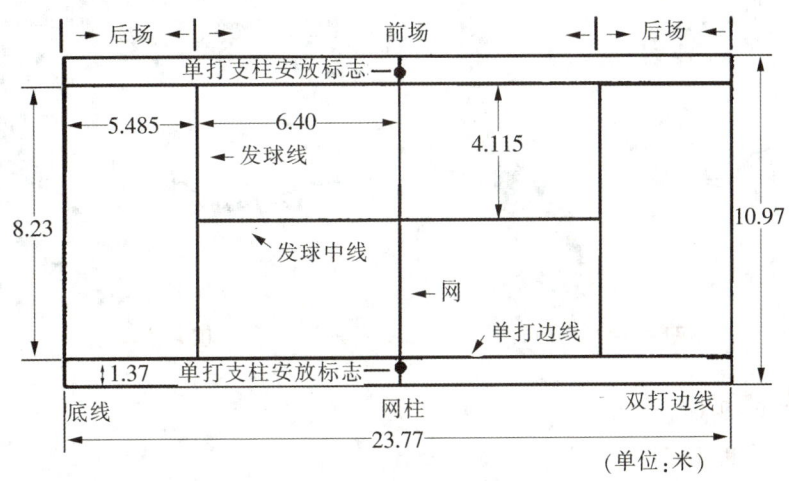

图 8-1-1

（二）球拍、球与握法

1. 球拍

现在一般选择碳素石墨材料制成的球拍，这种球拍手感较好。选择球拍要考虑以下几个因素：

（1）重量：球拍的重量分轻（L）、中（M）、重（T）三种。练习者应根据自己的力量选择，重量适中，能用得上力就可以。

（2）面积：分为小拍面（穿弦面积<85 平方英寸）、中拍面（穿弦面积为 86~95 平方英寸）、大拍面（穿弦面积为 995 平方英寸），初学者一般选用大拍面的球拍。

（3）硬度：球拍的硬度分为 10 个等级，1~5 极为软性球拍，6~10 级为硬性球拍。使用硬度较大的球拍容易造成肘关节受伤，即"网球肘"，因此初学者应选用中性偏软的球拍。

（4）拍柄：选择粗细适宜的球拍，过粗不易控制，过细握不住拍柄。

2. 网球

网球一般为黄绿色。球的弹性为：在 2.45 米的高度自由下落到混凝土地面的弹起高度为 1.35~1.47 米。

3. 握法

（1）东方式握拍法：东方式握拍法是目前比较流行的一种握拍法，尽管正手与反手需要变换握法，但它能妥善处理任何高度的球，用力方向灵活机动。

正手握法（图 8-1-2）：右手掌根与拍柄右上斜面紧贴，

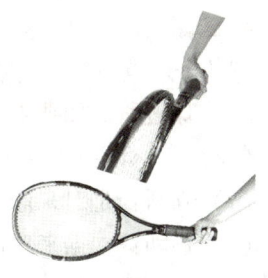

图 8-1-2

拇指垫握住拍柄的左垂直面，五指紧握拍柄，食指稍离中指，食指下关节压住拍柄右垂直面。由此，拇指和食指成"V"形，对准拍柄的右上斜面和左上斜面的上端中间。

（2）大陆式握拍法（图8-1-3）：正反手均采用同一种握拍法，不需要变换动作，适宜截击和发球。正确的握法是虎口握在拍柄的一面上，拇指直伸围住拍柄，食指下关节紧贴拍柄两面。

（3）西方式握拍法（图8-1-4）：正反手击球均用同一拍面，适宜打高球和齐腰高球，但对低球却不利。

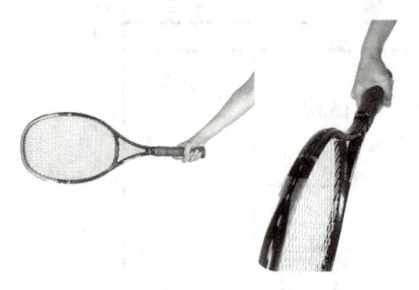

图 8-1-3

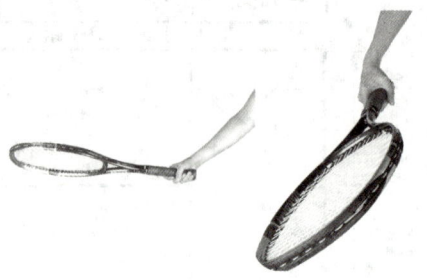

图 8-1-4

（三）基础知识

1. 站位（图8-1-5）

击球前，运动员所选的站立位置称为"站位"。底线击球一般采用四种站位方式。

2. 击球点

击球时，球拍与球接触瞬间的空间位置称为"击球点"。击球点的空间位置是相对击球者的身体而言，是从距身体前、后、左、右的四个方向和高低位置来确定的。最佳击球点在身体侧前方的腰部高度。

3. 击球时期

从对方击球瞬间到己方的球拍触球瞬间之前，球在空中的飞行时段称为"击球时期"。来球从过网点到落点的飞行阶段为空中段，落地后弹起至回落地面前击球前称为反弹段。

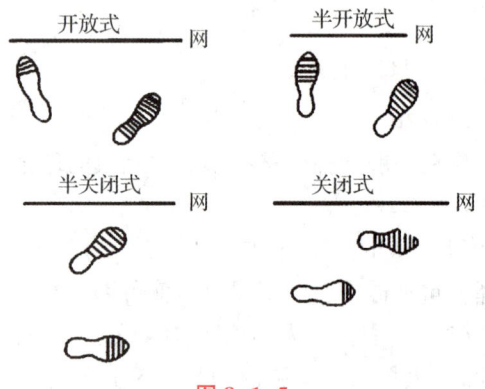

图 8-1-5

4. 击球线路

球从击球点飞行到落点间的线路成为击球线路，基本击球线路有直线和斜线两种。

5. 击球过程的四要点

判断—移动—击球—还原。

（1）判断：是对来球的方向、球的旋转性质、球的飞行速度和落点进行的综合分析。

（2）移动：根据来球的方向调整站位称为"移动"。移动是在击球之前抢占最佳击球位置。

（3）击球：击球是关键。在确定了对方的来球特点后，决定自己的回击方法，以达到最佳的击球效果。

（4）还原：是指在完成上述动作之后回到击球前的准备状态（基本姿势和基本位置）。

6. 击球技术的四要素

引拍—挥拍—击球—随挥。

（1）引拍：后摆引拍是击球质量和击球力量的先决条件。

（2）挥拍：挥拍的速度、方向直接影响回球的力量和球的飞行路线。

（3）击球：击球瞬间的击球点、击球时期、拍面的角度、击球部位直接决定回球质量。

（4）随挥：随挥动作是为了保证击球的完整性、协调性和稳定性，并影响着动作的还原。

三、技术与战术

（一）基本技术

1. 正手击球

（1）准备姿势（图8-1-6）：面向球网，两脚开立，略宽于肩，稍屈膝，上体稍前倾，重心置于前脚掌。球拍指向正前方，拍面几乎与地面垂直。右手握拍（以右手握拍为例，以下同），左手托着拍颈。眼睛始终盯着来球方向。

（2）移动转体引拍（图8-1-7）：当判断球朝正手方向飞来时，双脚迅速右转，肩右转90度角，同时转髋，左脚向右前方上步，重心移至右脚，右手自然向后引拍，将球拍引于身体右后方。引拍时肘部要自然弯曲下垂，手腕固定，左手前伸保持身体平衡。

（3）挥拍击球（图8-1-8）：将球拍迅速向前挥动，手腕要固定绷紧，握紧球拍，球拍从稍低于腰部开始，做弧线运动，逐步上升，向前挥动，要迎上去击球，击球时拍面基本垂直于地面，同时将身体重心从右脚移向左脚。击球时身体随之转动，腰部带动大臂击球。

（4）随球跟进（图8-1-9）：当球离开球拍后，击球动作不要停止，应使球拍随出球方向挥一段距离，握拍手臂向前伸展。肘关节向前上跟进，挥至左肩一侧，拍头指向天空。同时身体完全转过来，重新面向球网。在完成一次击球后，应立即回到准备姿势状态，为下一次击球做准备。

图8-1-6　　　　图8-1-7　　　　图8-1-8　　　　图8-1-9

正手击球动作要点

◎击球过程眼睛要看球。
◎在球落地之前做好向后引拍动作。
◎击球点在身体的右前方腰间位置。
◎击球时，紧绷手腕，握紧球拍，要利用蹬转的力量用拍面的中心将球击出。
◎球拍要平行击打，并按球的飞行轨迹随球前送，随挥动作向前上方伸展。

2. 反手击球（单手）

（1）准备姿势（图8-1-10）：向左转髋、转肩，右手持拍，左手托住拍颈，向左后方引拍，同时身体90度角转向左脚使右肩对准来球方向。

（2）前挥送拍（图8-1-11）：完成前挥动作时应保持手腕固定，通过下肢、髋、肩的发力将力量自下而上送上球拍。

（3）挥拍击球（图8-1-12）：击球时，拍面要垂直于地面，对准来球伸直肘部快速挥动，击球的中下部，手臂前挥，路线由低到高。

（4）随球跟进（图8-1-13）：击球后，手臂要保持击球时的动作继续前送，前移重心，充分上扬手臂。

图8-1-10　　　图8-1-11　　　图8-1-12　　　图8-1-13

3. 截击球

截击球是指击打过网后还未落地的空中球。一般在发球后或底线回球质量不高时使用。截击球通常采用大陆式握拍法，初学者可先采用东方式握法。

（1）正手截击

①准备姿势（图8-1-14）：正手截击时跨步、移动重心和后摆球拍几乎同时进行，拍头要始终高于手腕。

②挥拍击球（图8-1-15）：正手截击时要保持前臂伸直，手腕固定，发力短促、有力。截击球多采用切击，击球点在身体的右前方。

③随球跟进（图8-1-16）：截击球的随挥动作幅度较小，一般不超过中线。截击动作完成后迅速调整姿势，准备接下一个来球。

（2）反手截击

①准备姿势（图8-1-17）：进行反手截击时，身体略向左转，同时重心移至左脚，左

手扶住拍颈,向左前跨,右脚对准来球方向。

②随球跟进(图8-1-18):反手截击球的随挥动作很小,一般不超过身体中线,以便快速还原,准备进行下一个动作。

③反手击球的击球点(图8-1-19):反手击球的击球点要在身体的左前方,比正手更靠前。击球时手腕固定,肘部下拉,用肩和前臂的力量向下击球。

图8-1-14　　　图8-1-15　　　图8-1-16　　　图8-1-17　　　图8-1-18　　　图8-1-19

4. 挑高球

(1)准备姿势(图8-1-20):挑高球分正手和反手挑高球两种。其握拍方法与正、反手击球的握拍方法相同。引拍动作与正、反手击球的引拍基本相同。只是挑高球要求高而深,需要更充分的后摆动作。

(2)挥拍击球(图8-1-21):向前挥拍时,球拍击打球的下部,向前上方击球。在整个击球过程中,保持手腕绷紧,握紧球拍。挑高球要将球打得高而且深,但稍有偏差就容易出界,因此挑高球的落点应在场地的中间。

(3)随球跟进(图8-1-22):随挥动作是将球挑到足够高度的关键,因此应加长击球的时间,顺着球的飞行路线向上做随挥动作,球拍尽可能送远,动作在身体前面的高处结束。随挥动作结束后,应立即回到端线后面中间的有利位置。

图8-1-20　　　图8-1-21　　　图8-1-22

5. 反弹球

(1)准备姿势(图8-1-23):采用大陆式握拍法,击球前身体重心与其他击球方式的准备姿势类似,对正来球方向迅速降低拍面位置。

(2)挥拍(图8-1-24):击反弹球的后摆幅度要小于其他击球方式,底线位置后摆动作稍大一些,中、前场后摆幅度很小,几乎只是磕球过场。

(3)击球(图8-1-25):与其他击球动作相比,反弹球的击球位置更低,拍面更要保持垂直和平行。击球点尽量在身体的侧前方。

（4）随球跟进（图8-1-26）：随挥的技术要领与正反手击球基本相同，可根据来球速度、位置掌握运用。

图8-1-23　　　　图8-1-24　　　　图8-1-25　　　　图8-1-26

6. 高压球

高压球俗称扣球，是在头上方扣杀的一种击球技术，是有效的得分手段。

（1）准备姿势（图8-1-27）：看到对方挑高球时，应尽快地调整位置，用垫步或后退步、前进步移动到球落点后面，侧身对网，两脚前后开立，左手指向来球，眼睛注视来球。击球前将球拍提前举到头上，重心放在右脚。

（2）击球与随挥（图8-1-28）：击球时，注意腿部蹬伸、转腰、提重心、顶肘、挥拍、收腹、鞭打击球，同时重心前移，在最高点击球。随挥路线是从击球后至身体左下方止，重心完全移至前脚。

图8-1-27　　　　　　　　图8-1-28

7. 发球

发球是比赛得分的重要手段，也是运动员技术水平的重要标志。初学者应认真理解动作要领并认真进行练习。

（1）抛球（图8-1-29）：发球的技术动作要求在身体协调放松的状态下进行，左手伸直在身体的侧前方最高点抛球，保持球在头的前上方垂直下落，抛球后双臂保持反L形。

（2）挥臂（图8-1-30）：当球拍自然下垂到"搔背"状态时，开始向上挥小臂，直至手臂与身体充分伸展。

（3）击球（图8-1-31）：整个挥拍动作与高压球动作技术一样自下而上用力，手臂内旋扣腕击球左侧（初学者可采用击球左后上方的削击发球）。

（4）随球跟进（图8-1-32）：击球后，要继续保持球拍自然挥摆至身体的左下方，同时重心前移，使身体迅速调整位置回到准备状态。

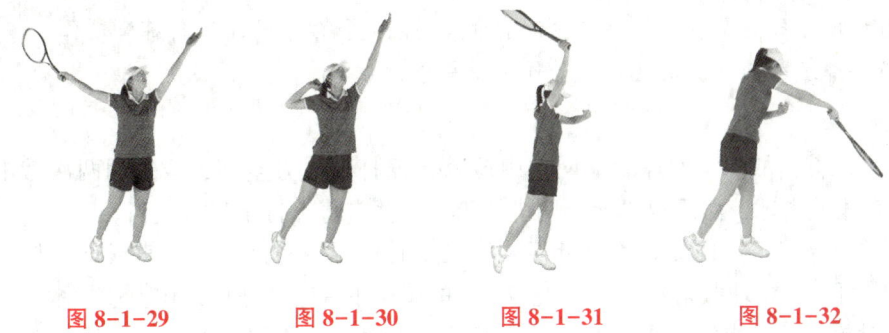

图8-1-29　　　　图8-1-30　　　　图8-1-31　　　　图8-1-32

8. 接发球技术

接发球技术在网球比赛中有着非常重要的作用，它是控制对手、争取主动的主要手段。接发球技术要求选手有精准的判断力和良好的控球技术。

（1）准备姿势（图8-1-33）：注意观察对方发球的站位和意图，身体重心比底线击球时更低一些，两眼紧盯对手发球。

（2）移动转身（图8-1-34）：在对方发球后立刻做出判断，迅速移动站好位置并确定回球方式，同时做好转身后摆动作。

（3）接球（图8-1-35）：初学者一般发球速度不快，可用对拉底线的击球方法。如果感到对方击球速度较快，应采用交叉上步或侧身击球的方式，来球角度较大可用削球接发。

（4）随球跟进（图8-1-36）：随球动作要充分，还原动作要快，然后迅速移动到中场位置。

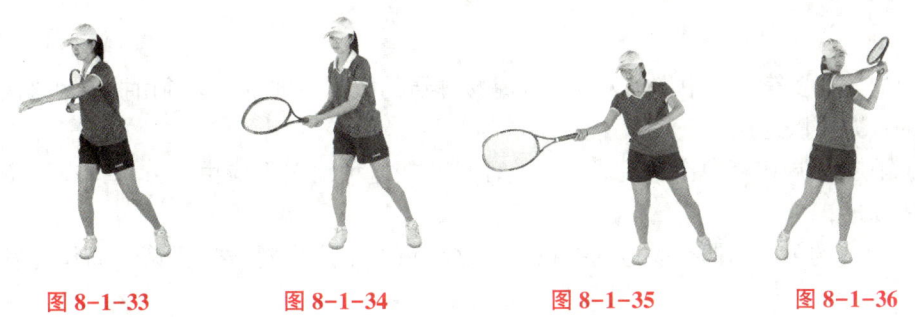

图8-1-33　　　　图8-1-34　　　　图8-1-35　　　　图8-1-36

（二）基本战术

1. 单打战术

战术的运用是给对手制造困难，使其回球质量降低，充分发挥自己的长处，加大攻击力度。因此，要了解和认识网球的基本战术。

（1）发球战术

①变换发球落点：在经常发出外角球的同时要考虑突然换发内角球。

②变换发球位置：不时地变换发球位置，增加对手的接球和对发球线路判断的难度。

> **发球要点**
> ◎ 发球前身体需放松。
> ◎ 抛球时位置是左手伸直在体侧前方最高点处，以肩为轴进行挥臂动作。
> ◎ 整个发球动作协调连贯，动作完成充分。

（2）发球截击战术：发球后上网空中截杀将球打至对方空当，或采用两次截击，先打出较深的直线截击球，然后再迅速上网进行第二次截击将球打至对方空当。

（3）接发球战术：在接对手力量不大的二发时，要控制好落点打直线球，趁对手回球质量不高时可上网将球截杀到对方空当。一发的球速不快时，亦可采用上述战术。

（4）对攻战术：当发球或接发球进攻都不奏效时，双方展开对攻，底线对攻的主要战术是加大击球深度和伺机变换落点。

（5）对付上网截击的战术：当对手采用发球上网的战术时，可根据对手的站位采用挑高球和打穿越球，这是对付上网的有效回击方法。

2. 双打战术

（1）发球：与单打发球的不同是要考虑一发的成功率，还要考虑增加对方接发球的难度，给同伴创造进攻机会。一般采用发对方反手或变换发球位置。

（2）接发球：利用直线球来使对方网前平移截击，将球回击到对方的中场，减少失误率和对方的截击成功率。

（3）截击：截击是双打比赛的重要得分手段。利用边角球限制对方上网，利用脚下球控制对方网前选手，利用快速截击攻击对方远点和防守空当，创造进攻和得分机会。

四、了解规则

1. 场地和发球的选择

场地的选择及第一局中作为发球员还是接球员的权利在准备活动前由掷硬币来决定。掷币获胜的一方可以选择：

（1）在第一局比赛中作为发球员或接球员，在这种情况下应由对方选择在比赛的第一局所处的场地；

（2）比赛的第一局拥有场地选择权，在这种情况下应由对方选择第一局作为发球员或接球员；

（3）要求对手做出上述中的一个选择。

2. 发球

发球员在马上开始发球动作前应双脚站在端线后（即远离球网的一侧）、中心标志的假定延长线和边线之内；接着发球员应用手将球抛向空中任何方向，并在球触地前用球拍将球击出；在球拍与球相接触或没击中球的那一时刻，发球动作即被认为已经结束。只能使用一只手臂的运动员，可以用球拍抛送球。

3. 交换发球

（1）每一发球局结束后，接发球员在下一局中成为发球员，而发球员则成为接发球员。

（2）在双打比赛中，每一盘的第一局先发球的那对选手应该决定哪一名运动员先发球。同样，对手也应该在第二局前作出由谁发球的决定。第一局先发球的运动员的队友在第三局发球；第二局发球的运动员的队友在第四局发球。在这一盘以后的比赛中都按照这样的顺序来发球。

4. 交换场地
（1）运动员应该在每一盘中的第一局、第三局以及后面的单数局结束后交换场地。
（2）运动员也应在每盘结束后双方所得局数之和为奇数时交换场地。如果一盘结束后双方局数相加之和为偶数，则在下一盘第一局结束后再交换场地。
（3）在平局的决胜局中，运动员应在每 6 分后交换场地。

5. 失分
发生下列任何一种情况，均判失分：
（1）在球第二次着地前，未能还击过网。
（2）还击的球触及对方场区界线外的地面、固定物或其他物件。
（3）还击空中球失败。
（4）故意用球拍触球超过一次。
（5）运动员的身体、球拍，在发球期间触及球网。
（6）过网击球。
（7）抛拍击球。

6. 压线球
落在线上的球算界内球。

7. 活球期
自球发出时起（除失误或重发外），至该球分胜负判定时止，为活球期。

8. 网球双打规则
单打规则均适用于双打，但双打规则也有自己的特殊的规定。
（1）发球次序
应在每盘开始之前决定发球次序，即每盘第一局开始时，由发球方决定由何人首先发球；对方则同样的在第二局开始时决定由何人首先发球。第三局时由第一局未发球方的球员发球，第四局由第二局未发球的球员发球。以下各局均按此次序轮换发球。
（2）接球次序
与发球次序一样，每盘比赛开始前要决定接球次序，即先接球的一方应在第一局开始时，决定由谁先接发球，并在这盘单数局继续先接发球。对方同样应在第二局开始时决定由谁先接发球，并在这盘双数局继续先接发球。他们的同伴应在每局中轮流接发球。
（3）发球次序错误与接球次序错误
发球次序错误应在发觉时立即纠正，但已得的分数或已产生的失误都有效。如发觉时全局已经终了，此后发球次序就以该局为准轮流发球。
接球次序错误发觉后仍按已错误的次序进行，等到下一接球局再行纠正。

第二节　乒乓球

一、乒乓球运动概述

乒乓球起源于英国，是从网球运动派生出来的，因此它的英文名字叫"tabletennis"（意为桌上网球，国际乒联一直采用这种叫法）。后来人们又用象声词叫它"乒乓球"，并一直延续至今。

20 世纪初，乒乓球运动在世界各地逐渐开展起来。1926 年 12 月，在英国伦敦举行的第 1 届欧洲乒乓球锦标赛期间，召开了第 1 次国际乒联全体代表大会。会议通过了正式成立国际乒乓球联合会的决议和国际乒联的章程，讨论了乒乓球规则，推选英国乒协的负责人 I·蒙塔古为国际乒联的第 1 任主席。

中华人民共和国成立后，中国乒乓球运动得到迅速的普及和发展。1952 年中国加入国际乒联。1959 年容国团在第 25 届世乒赛上夺得了中国史上的第 1 枚金牌，从此中国乒乓球队跻身于世界强队行列。从 1959 年至今，中国乒乓球队一直雄居世界乒坛前列，战绩辉煌，因此乒乓球也被视为我国的"国球"。

二、乒乓球入门

（一）球拍的选择与握法

1. 球拍的选择

初学者一般选择球拍底板弹性适中、没有震感、海绵胶皮厚度在 2~2.5 毫米的反胶拍面的球拍。可根据自己的习惯选择直拍或横拍。

2. 直拍标准握法（图 8-2-1）

用食指第二关节和拇指的第一关节扣住拍柄与拍面的结合部位；用中指第一关节顶在球拍背面，其余手指自然弯曲重叠于中指，形成支点。

3. 横拍标准握法（图 8-2-2）

虎口正对球拍拍肩，拇指与中指、无名指和小指自然握住拍柄，食指自然伸直贴在拍后。正手攻球时，食指稍向前移动；反手攻球时，拇指稍向前移动。

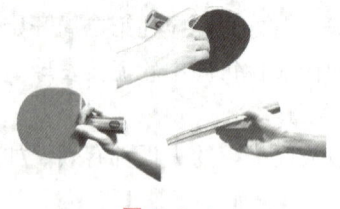

图 8-2-1

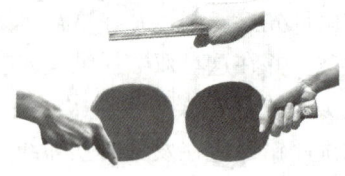

图 8-2-2

（二）基本步法

正确的步法移动是正常发挥乒乓球技术的有效保障。因此掌握基本的脚步移动方法是初学者的必修之课。乒乓球运动的常用步法有：单步、跨步、并步、跳步和交叉步等五种。

1. 单步（图8-2-3）

近距离击球时，以一只脚的脚掌为轴，另一只脚可向前、后、左、右移动，身体重心随之落到移动脚上，挥拍击球。

2. 跨步（图8-2-4）

范围较大的平行移动。当来球离身体较远时，来球方向的异侧脚蹬地，同侧脚横向跨一大步，重心随之移动，异侧脚迅速跟上。一般用于借力回击。

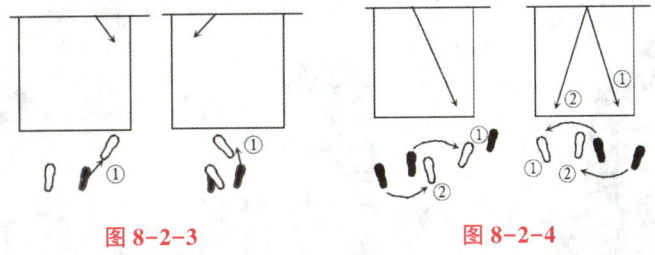

图8-2-3　　　　　　　　　图8-2-4

3. 并步（图8-2-5）

由来球方向的异侧脚向同侧脚并步，然后同侧脚再平行移动，迎击来球。

4. 跳步（图8-2-6）

以异侧脚为主，两脚同时蹬地腾空移动，异侧脚与同侧脚先后落地，随即挥拍击球。

5. 交叉步（图8-2-7）

来球方向的同侧脚发力，异侧脚迅速从体前做平行交叉横跨一大步，同侧脚迅速上跟落地还原，挥拍击球。

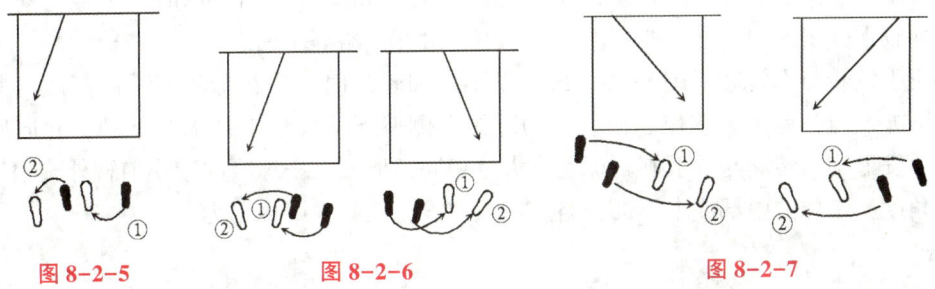

图8-2-5　　　　　图8-2-6　　　　　图8-2-7

三、技术与战术

（一）基本技术

1. 发球与接发球技术

（1）发球技术：是初学者必须掌握的基本技术之一，它可以最大限度地施展自己的战术意图，为主动进攻创造条件。通过发球还可以限制对手的技术发挥，破坏对方的战术运用。

①正手发平击球（图8-2-8）：发球前身体略向右转（以右手握拍为例，以下同），持球手将球抛起，同时右臂内旋，使球拍略有前倾，待球落至稍高于球网时，快速挥拍击球中

部偏上，击出的球第一落点应在对方球台中区。

②反手发平击球（图8-2-9）：身体略向左转，持球手将球向上抛起，同时右臂外旋，使拍面略有前倾，当球下落至稍高于球网时，击球中上部，击球后的第一落点要在对方球台中区。

③正手发左侧上旋球（图8-2-10）：身体略向右偏，持球手将球向上抛起，同时右臂外旋，直握拍手腕作伸，横握拍手腕外展，拍面方向略向左偏；当球落至球网高度时，前臂加速挥摆，手腕发力向左下方挥拍，直拍手腕作屈，横拍手腕作内收，击球中部向左上方摩擦。

图8-2-8　　　　　　　图8-2-9　　　　　　　图8-2-10

④正手发左侧下旋球：挥拍前的动作与发上旋球基本相同。挥拍击球时，手臂向左前下方挥摆，沉腕、拇指压拍，击球中下部向左侧下方摩擦。

⑤反手发右侧上旋球（图8-2-11）：身体略向左偏，向上抛球时，右臂稍向内旋，拍面角度近乎垂直，向左后方引拍，同时腰部略向左转；当球落至球网高时，身体各部协调配合前臂和手腕同时发力，直握拍手腕作伸，横握拍手腕内收，击球中部向右侧上方摩擦。

⑥反手发右侧下旋球：挥拍前的动作与发上旋球相似。挥拍击球时，手腕与前臂较平直，拍面较平，击球中下部，向右侧下方摩擦，触球点略高于网。

⑦正手发转与不转球（图8-2-12）：发下旋加转球时，要在球将至球网高度时前臂加速向左下方发力，持拍手腕作屈内收，用球拍左侧偏下的部位击球的中下部，并向底部摩擦。正手发下旋不转球与发下旋转球动作大致相同，但要在击球瞬间减小前臂外旋幅度和拍面后仰角度，击球的中部或中下部，略加一点前推力而减少摩擦用力。

图8-2-11　　　　　　　图8-2-12

⑧反手发下旋转与不转球：横拍选手运用较多。发转球时，拍面后仰，前臂和手腕发力，击球的中下部向底部摩擦。发不转球时，拍面稍立，击球中部稍加向前推力将球送出。

（2）接发球技术：随着发球技术的不断改进，接发球的技术变得越来越重要。接发球技术可分为三个部分。

①接发球的站位：要根据对手的发球位置和自己的打法特点选择站位。

②接发球的判断：首先要熟悉发球的基本动作，注意发球方的挥臂动作、手腕动作、触球部位和拍的移位方向，以此判断球的速度、飞行弧线、落点和旋转强度。

③接球的方法：现代接球的基本方法为：点、拨、带、拉、攻、推、削、搓、摆短、撇侧等，要根据对来球的判断采用不同的接球方法。

发球与接发球的要求

◎发球：发球后应立即还原；要注意使用不同的发球技术，增加球路、落点、速度和旋转的变化。

◎接发球：记住对手球拍不同性能的拍面颜色和发球的旋转变化。

2. 进攻性技术

进攻性技术包括攻球技术和弧圈球技术两大类；攻球技术又分为正手攻球、反手攻球、侧身攻球和台内攻球等；弧圈球技术分为前冲弧圈球、加转弧圈球和侧旋弧圈球等。

（1）攻球技术。

①正手快攻（图8-2-13）：站位近台偏左，前臂后引，拍面略前倾，前臂发力为主，来球至上升期时触球中上部向前上方发力，将球击出。击球后手臂顺势挥动，并快速还原。

②反手快攻（图8-2-14）：身体离台约50厘米，击球前身体略向左转，上臂、肘关节自然靠近身体，前臂外旋使拍面前倾。击球时，肘关节内收，前臂外旋快速向右前方上挥，在上升期击打来球的中上部。

③侧身正手攻球（图8-2-15）：击球前迅速移步成侧身位，左脚在前，重心落在右脚。击球时要注意蹬地、转体、收腹、挥拍的用力顺序，并调整好挥臂角度和手腕动作。

④台内攻球（图8-2-16）：在台内击打对方来球，一般采用挑打的方法。

横拍正手挑打：击球前，不必后引，直接将拍伸向台内，拍面稍立，手腕略外展。在球的高点期击球，击球时以手腕发力为主。

直拍正手挑打：站位靠近右前台，向外侧引拍，拍面直立，向球前下方挥拍，击球时再向上挥动，手腕发力挑打来球。

图8-2-13　　　　图8-2-14　　　　图8-2-15　　　　图8-2-16

⑤攻球各项技术的比较见表 8-2-1。

表 8-2-1　攻球技术比较

名称	击球前	击球时间	击球部位	发力（方法、方向）
正手攻球	手臂自然弯曲并作内旋，前臂向后引拍	击球高点前期	中上部	前臂快速向左上方挥动，手腕外展
反手攻球	前臂外旋使拍面略前倾，上臂肘关节靠近身体	击球上升期	中上部	肘关节内收，前臂加速向右前方发力并外旋
侧身正手攻球	移位转体，身体侧对球台	击球高点前期	中上部	运用下肢和腰腹力量，控制好挥臂方向和击球角度
台内攻球	直接将拍伸入台内	击球高点期	中上部	以手腕发力为主，向左前方挥拍挑打

（2）弧圈球技术。

①正手前冲弧圈球（图 8-2-17）：两脚站立比肩宽，球拍向后下方引，拍面略有前倾，挥拍时重心前移，在来球的高点或高点前期击球的后中部，以手臂向前并向上发力摩擦球，使球产生强烈上旋。

②反手前冲弧圈球（图 8-2-18）：右脚稍前，重心落在左脚，收腹含胸，右臂自然弯曲，肘部靠近身体。击球时，球拍向前上方挥动，击球点在腹前方，前臂以肘关节为轴快速发力带动手腕发力，摩擦球的中下部，使球强烈上旋。

③正手加转弧圈球（图 8-2-19）：站位时重心较低，收腹含胸。引拍时，身体随之右转，右肩下沉。击球时，上臂带动前臂向上并向右前方发力击球，在下降期加力摩擦球的中部或中上部。

图 8-2-17　　　　　图 8-2-18　　　　　图 8-2-19

④反手加转弧圈球（图 8-2-20）：重心放在两脚间，以肘关节为力点带动前臂发力，转腕动作要充分，在下降期摩擦球的中部或中上部。

⑤侧旋弧圈球（图 8-2-21）：两脚开立比肩宽，向身后引拍时，身体前倾，拍面略有内扣。击球时，蹬转身体从外侧向前加力挥拍，在下降期摩擦球的中外侧。

⑥弧圈球各项技术的比较见表 8-2-2。

第八章 小球运动

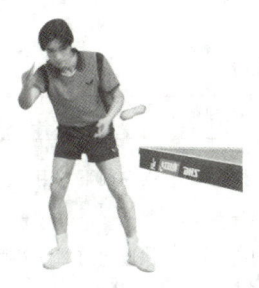

图 8-2-20

图 8-2-21

表 8-2-2 弧圈球技术比较

名称	击球前	击球时间	击球部位	发力（方法、方向）
前冲弧圈球	降低重心，向后转腰，向后下方引拍	高点或高点前期	中上部	手臂、手腕协调发力，向前上方挥拍
加转弧圈球	降低重心，右肩下沉，向后引拍	下降期	中部或中上部	上臂带动前臂向上偏前挥拍，发力摩擦击球
侧旋弧圈球	身体前倾，向后侧方引拍，球拍稍内扣	下降期	中外侧部	从外侧向前上方挥拍，使球拍划一横向半弧形

3. 控制性技术

（1）搓球技术：包括正手搓球、反手搓球、摆短球、搓侧旋球和搓不转球，是还击下旋球的一项基本技术。搓球站位近，回球路线短，会给对手造成回球的困难。使用搓球技术是为了控球，利用搓球的落点和旋转变化作为过渡，为自己创造进攻机会。

①正手搓球（图 8-2-22）：拍面角度稍后仰，球拍向后上方稍引。向前下方挥动球拍，快搓时在上升期，慢搓时在下降期，用球拍的下半部摩擦球的中下部，击球时前臂和手腕适当加力。

②正手搓左侧旋球（图 8-2-23）：拍面角度稍后仰，前臂向身体右侧上提，当球进入下降期时，手腕用力，向左加速摩擦球的中下部。

③反手搓球（图 8-2-24）：手臂自然弯曲，拍面角度稍后仰，向身体左前上方稍引拍。击球时，持拍手臂向前下挥送，快搓时在上升期，慢搓时在下降期，摩擦球的中下部。

④反手搓右侧旋球（图 8-2-25）：拍面角度稍后仰，前臂向体前左侧上提。当球进入下降期时，向右摩擦球的中下部。

图 8-2-22

图 8-2-23

图 8-2-24

图 8-2-25

⑤搓球各项技术的比较见表 8-2-3。

表 8-2-3　搓球技术比较

名称	击球前	击球时间	击球部位	发力（方法、方向）
正手搓球	略向后上方引拍，拍面稍后仰	（快搓）上升期 （慢搓）下降期	中下部	向左前下方用力，前臂手腕适当加力
反手搓球	手臂自然弯曲，拍面稍后仰	（快搓）上升期 （慢搓）下降期	中下部	快速向前下方挥摆
搓侧旋球	手臂外旋，球拍稍后仰	下降期	中下部	向异侧方向加速摩擦球体

（2）削球技术：削球是一项防守技术，对控球的落点和旋转的质量有很高的要求。现代的削球技术还要求运动员攻削结合，做到能在进攻中防守，在防守中进攻。削球一般用于中、远台的回击，常采用正手削球和反手削球。

①正手削球（图 8-2-26）：向后引拍，拍面稍后仰，身体向后转动。击球时，向前下方挥拍。在下降期腰部带动手臂一同发力在腰侧下方击球的中下部。

②反手削球（图 8-2-27）：身体略向左转，同时向左上方引拍，击球时，手臂向前下方挥动，同时转腰，于身体侧前方在下降期击球中下部。

图 8-2-26　　　　　　　　　图 8-2-27

③削球各项技术的比较见表 8-2-4。

表 8-2-4　削球技术比较

名称	击球前	击球时间	击球部位	发力（方法、方向）
正手削球	手臂外旋，使拍面角度后仰	下降期	中下部	腰部带动手臂向左前下方发力
反手削球	沉右肩，屈臂向身体左上方引拍	下降期	中下部	腰带手臂向右前方发力

（3）推挡球技术：是我国直拍快攻打法的主要技术，能起到积极防守和由守变攻的作用。其特点是站位近、动作小、速度快、变化多，可分为挡球、快推、加力推、减力挡和下旋推等。

①挡球：分正手挡球和反手挡球两种，是初学者的入门技术。面对球台，成准备姿势，拍面接近垂直，在球的上升期，推击球的中部。前臂手腕稍加用力，借助来球的反弹力将球挡回。

②快推（图 8-2-28）：是使用最多的反手推挡技术。面对球台，左脚稍前，以肩为轴，屈肘，引拍至身前或偏左，拍面略前倾。在球的上升期向偏上方挥拍，前臂快速作伸，推击

球的中部偏上。

③加力推（图8-2-29）：以肩为轴，向后略下引拍，拍面稍前倾。在来球的高点后期时，身体前压手臂充分向前下方发力推击球的中上部。注意身体自下而上的协调用力。

④减力挡（图8-2-30）：面对球台，以肩为轴，屈肘向体前稍上引拍。在球的上升期推击球的中上部，触球瞬间球拍停止前推或略有后收，以减弱击球力量。

⑤反手搓球（图8-2-31）：手臂自然弯曲，拍面角度稍后仰，向身体左前上方稍引拍。击球时，持拍手臂向前下挥送，在球的上升期摩擦球的中下部。

图8-2-28　　　　图8-2-29　　　　图8-2-30　　　　图8-2-31

⑥推挡球各项技术的比较见表8-2-5。

表8-2-5　推挡球技术比较

名称	击球前	击球时间	击球部位	发力（方法、方向）
挡球	立拍垂直对准来球	上升期	中部	前部手腕轻用力，借力挡球
快推	手臂自然弯曲，拍面略前倾	上升期	中部	前臂和手腕向前或略上发力
加力推	持拍手的上臂和肘关节靠近身体右侧	上升期	中上部	充分利用身体前压和肘关节的力量
减力推	触球瞬间停止挥拍或稍作后收	高点期	中上部	控制好击球瞬间的停拍动作

4. 直拍横打技术（图8-2-32）

使用直拍的反面来击打反手位的来球，是乒乓球运动发展的一项新技术。球拍背对来球，前倾角度略大，以肘关节为轴，推动手腕关节向前用力，向右前方快速击球。

（二）基本战术

战术就是根据对手的特点和临场的变化所采用的各种技术方法。乒乓球的基本战术包括：发球抢攻战术、接发球战术、对攻战术和搓攻战术等。

图8-2-32

1. 发球抢攻

利用发球争取主动，在比赛中采用旋转、速度、落点等不同的变化来破坏对手的接球，为自己的进攻创造机会。

2. 接发球抢攻

利用快推、快搓、摆短和拉球等回击技术破坏对手的战术意图，造成对手回球质量不高，为自己主动进攻创造条件。

3. 对攻战术

对攻战术是进攻型选手经常采用的战术。运用正、反手攻球，反手推挡等技术，采用攻击对方两胸脯、追身攻、轻重结合来达到目的。

4. 搓攻战术

搓攻战术是进攻型打法的辅助战术。利用搓球的旋转、速度、落点的变化来降低对手回球的质量，为自己创造进攻的机会。

四、了解规则

（一）发球

（1）发球开始时，球自然地置于不持拍手的手掌上，手掌张开，保持静止。

（2）发球时，发球员须用手将球几乎垂直地向上抛起，不得使球旋转，并使球在离开不执拍手的手掌之后上升不少于 16 厘米，球下降到被击出前不能碰到任何物体。

（3）球从抛起的最高点下降时，发球员方可击球，使球首先触及本方台区，然后越过或绕过球网装置，再触及接发球员的台区。双打中，球应先后触及发球员和接发球员的右半区。

（4）从发球开始到球被击出，球要始终在台面以上和发球员的端线以外，而且不能被发球员或其双打同伴的身体或衣服的任何部分挡住。

（5）在运动员发球时，球与球拍接触的一瞬间，球与网柱连线所形成的虚拟三角形之内和一定高度的上方不能有任何遮挡物，并且其中一名裁判员要能看清运动员的击球点。

（二）击球

对方发球或还击后，本方运动员必须击球，使球直接越过或绕过球网装置，或触及球网装置后再触及对方台区。

（三）失分

（1）未能合法发球。

（2）未能合法还击。

（3）击球后，该球没有触及对方台区而越过对方端线。

（4）阻挡。

（5）连击。

（6）用不符合规则条款的拍面击球。

（7）运动员或运动员穿戴的任何物件使球台移动。

（8）运动员或运动员穿戴的任何物件触及球网装置。

（9）不执拍手触及比赛台面。

（10）双打运动员击球次序错误。

（11）执行轮换发球法时，发球一方被接发球一方或其双打同伴，包括接发球一击，完成了 13 次合法还击。

（四）一局比赛

在一局比赛中，先得 11 分的一方为胜方；10 平后，先多得 2 分的一方为胜方。

(五) 一场比赛

单打的淘汰赛采用七局四胜制，双打淘汰赛和团体赛采用五局三胜制。

(六) 次序和方位

（1）在获得 2 分后，接发球方变为发球方，依此类推，直到该局比赛结束，或直至双方比分为 10 平，或采用轮换发球法时，发球和接发球次序不变，但每人只轮发 1 分球。

（2）在双打中，每次换发球时，前面的接发球员应成为发球员，前面的发球员的同伴应成为接发球员。

（3）在一局比赛中首先发球的一方，在该场比赛的下一局中应首先接发球，在双打比赛的决胜局中，当一方先得 5 分后，接发球一方必须交换接发球次序。

（4）一局中，在某一方位比赛的一方，在该场比赛的下一局应换到另一方位。在决胜局中，一方先得 5 分时，双方应交换方位。

(七) 间歇

（1）在局与局之间，有不超过 1 分钟的休息。

（2）在一场比赛中，双方各有一次不超过 1 分钟的暂停。

（3）每局比赛中，每得 6 分后，或决胜局交换方位时，有短暂的时间擦汗。

第三节　羽毛球

一、羽毛球运动概述

1873 年，英国公爵鲍弗特在格拉斯哥郡的伯明顿庄园里进行一次羽毛球游戏表演。从此，羽毛球运动便逐渐开展起来，"伯明顿"（Badminton）也就成为羽毛球的英文名称。1893 年世界上第一个羽毛球协会在英国成立，并进一步修订了规则和规定了统一的场地标准，确定了羽毛球的形状和重量。1899 年在伦敦举行了全英羽毛球锦标赛。

1934 年，由丹麦、英国、法国等 10 多个国家发起成立了国际羽毛球联合会（简称国际羽联），总部设在伦敦。国际羽联于 1948～1949 年举办了第 1 届世界男子团体赛，于 1956 年举办了第 1 届世界女子团体赛。1978 年 2 月，由亚非国家组成的世界羽毛球联合会在香港成立，同年 11 月举办了第 1 届世界羽毛球锦标赛。国际羽联和世界羽联于 1981 年 5 月 26 日宣布合并，统一称为国际羽毛球联合会。其管辖的主要比赛有汤姆斯杯赛、尤伯杯赛、世界锦标赛、全英羽毛球锦标赛和奥运会比赛等。羽毛球运动于 1992 年巴塞罗那奥运会开始进入奥运会，其中包括男女单打、男女双打共 4 个项目。

羽毛球运动是在 20 世纪初传入我国的。1963 年前后，随着华侨中的羽坛名将归国，我国羽毛球运动进入了鼎盛时期。进入 20 世纪 80 年代以来，中国选手在世界大赛中连续取得优异成绩。

二、羽毛球入门

（一）场地

羽毛球比赛场地分为单打场地和双打场地，场地规格见图8-3-1。

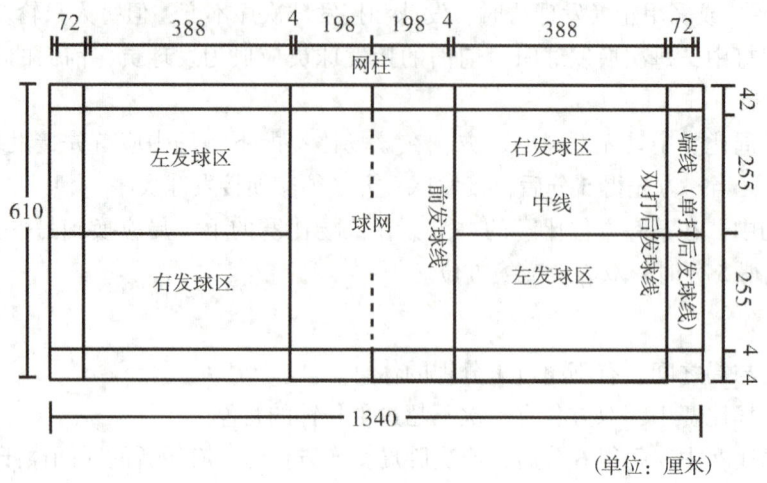

图 8-3-1

（二）握拍法

握拍手指要自然分开、放松握拍，保证手指和手腕的灵活性，在击球时再握紧拍柄发力击球。根据不同的击球位置、角度采用不同的握拍方法，保证击球技术的正常发挥。

1. 正手握拍（图8-3-2）

虎口对准拍柄窄面内侧棱面，采用握手式握拍法。掌心不要紧贴拍柄，注意保持一定空隙。

2. 反手握拍（图8-3-3）

在正手握拍的基础上将拍柄稍向外转，用拇指指腹顶贴在拍柄内侧的宽面上。

3. 错误握法（图8-3-4）

紧攥球拍，俗称拳式握法。掌心没留空间，手腕活动受限不利于扣杀技术的发挥。

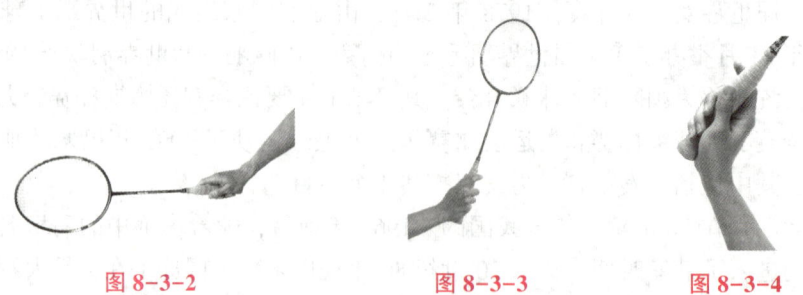

图 8-3-2　　　　　图 8-3-3　　　　　图 8-3-4

（三）基本步法

羽毛球运动的基本步法可分为：垫步、并步、小碎步、蹬步、跨步、交叉步和腾跳步等。练习者完成一次击球所采用的站位、移动、击球和回位这四个环节称为步法结构。

1. 交叉步前进（图8-3-5）

左脚迈进距离略小，重心迅速移至左脚，用左脚掌内侧蹬起，右脚向前跨一大步。

2. 交叉步后退（图8-3-6）

右脚后撤步略小，左脚交叉步后撤，随后右脚再后撤（重心落在右脚）。

3. 蹬跨步（图8-3-7）

左脚用力后蹬，右脚向来球方向跨一大步。

4. 前交叉跨步（图8-3-8）

右脚向来球方向垫步，左脚向前迈步后后蹬，右脚交叉步向来球方向跨一大步。

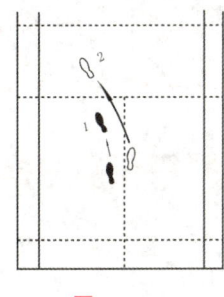 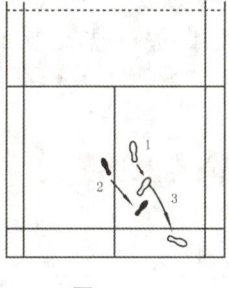 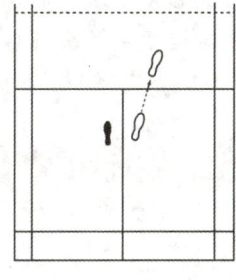 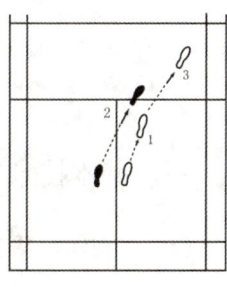

图8-3-5　　　　　图8-3-6　　　　　图8-3-7　　　　　图8-3-8

5. 垫步（图8-3-9）

上网时采用的一种步法，它能在被动时调整重心、迅速接应来球。

6. 侧向移动步法（图8-3-10、图8-3-11）

它包括蹬跨步、垫步。

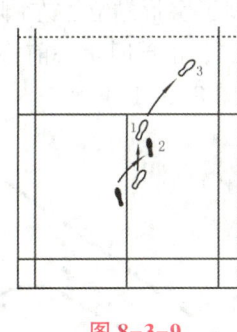 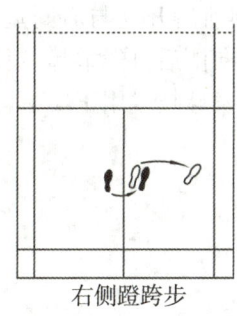 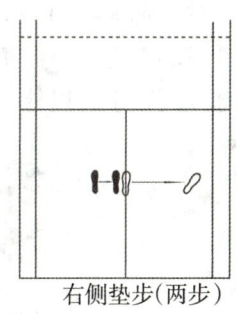

　　　　　　　　　　　右侧蹬跨步　　　　右侧垫步(两步)

图8-3-9　　　　　图8-3-10　　　　　图8-3-11

7. 腾跳步

起跳腾空击球的步法为腾跳步。一般用在上网扑球、横向突击杀球和起跳到最高点时杀对方的高远球。

羽毛球技术教学分类手法

（1）握拍法：正手握拍、反手握拍。
（2）发球法：正手发高远球、网前球；反手发网前球、平快球。
（3）击球法：高手击球：高球、吊球、扣杀球。
　　　　　　网前击球：搓球、推球、扑球、勾球。
　　　　　　低手击球：挑高球、抽球、接杀球。
（4）步法：
①上步法：跨步或交叉步上网、垫步上网、蹬跳步上网。
②平移步法：向右侧移动步法、向左侧移动步法。
③后退步法：正手后退步法、头顶后退步法、反手后退步法。

三、基本技术

（一）发球与接发球

1. 发球

发球是羽毛球运动最基本的技术之一，是开始进攻的关键。发球质量的高与低直接关系到比赛的主动与被动，甚至直接导致得分与失去发球权。

（1）发球分类：可分为反手发球与正手发球。

①反手发球（图8-3-12）：两脚前后开立，右脚在前（以右手握拍为例，以下均同）重心在右脚，左脚跟提起，屈肘，反握球拍，拍头朝下。击球时，前臂带动手腕前送或横切。

②正手发球（图8-3-13）：两脚前后开立与肩同宽，两脚丁字形站立，左脚在前，足尖指向球网，重心在右脚，握拍手臂向侧后自然举起，肘部微屈，击球时重心前移。

除高远球须用正手发以外，其他发球技术用正反手均可（图8-3-14）。

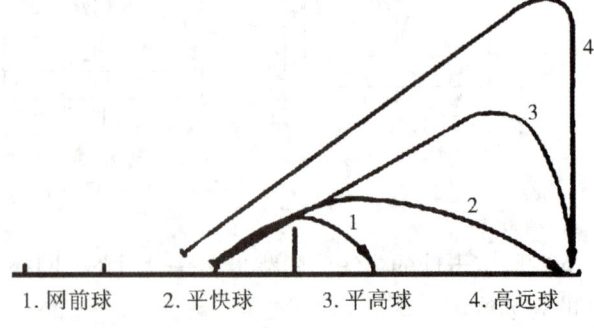

图8-3-12　　　图8-3-13　　　　　　　　图8-3-14

（2）发球的注意事项。

①发球过程中双脚均不可离开地面或移动（只要脚尖不动，脚跟可自然抬起）。

②球与球拍接触瞬间的触点击球体均须低于腰部，拍框的最高点不得过手（图8-3-15、

图 8-3-16)。

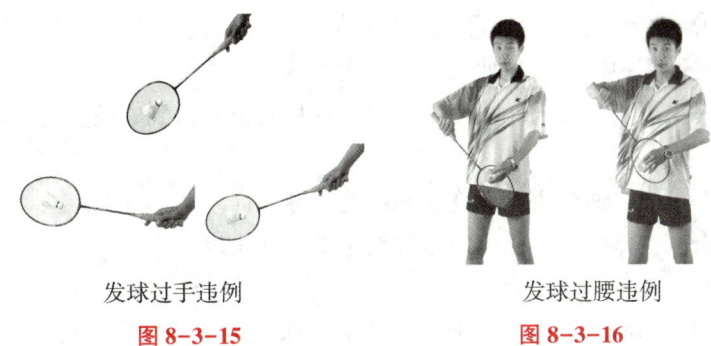

发球过手违例　　　　　　　　发球过腰违例
图 8-3-15　　　　　　　　　　图 8-3-16

（3）站位：单打正手发球站位一般选择站在离发球线 1~1.5 米处，反手发球应站在离发球线 10~15 厘米处。

2. 接发球技术

接发球也是羽毛球运动的最基本技术，它在比赛中同样起着重要的作用。只有接好发球才能从被动变为主动，为取得比赛的胜利争得更多的机会。

（1）准备姿势（图 8-3-17）：两脚前后开立，身体侧对球网。一般持拍手臂在后，双膝微屈，收腹含胸，重心放在左脚。球拍举在身前，集中精力准备接球。双打姿势与单打基本相同，持拍位置高于单打，便于争取主动。

（2）站位：单打接发球站位要靠近中线离发球线 1.5 米处，而双打站位更靠近发球线，以利于接网前球或便于快攻。

（3）回击各种发球：无论对手采用哪种发球方式，都应根据对手的发球质量和站位，冷静、果断地做出判断，采用有效的回击方式（图 8-3-18、图 8-3-19、图 8-3-20）。

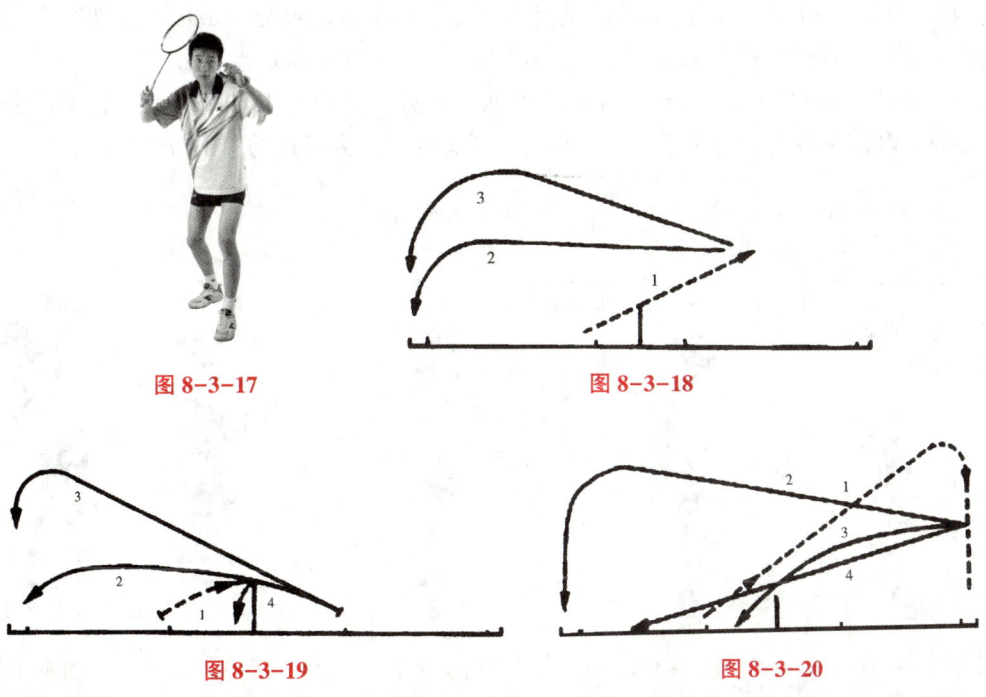

图 8-3-17　　　　　　　　　　图 8-3-18

图 8-3-19　　　　　　　　　　图 8-3-20

（二）击球技术

掌握正确的击球方法是打好羽毛球的先决条件。击球技术的要点主要包括以下几个方面：第一，身体在做挥拍动作时要协调放松，发力迅速。

第二，要找好击球点，看准时机迎上击球。挥拍时机要恰到好处，应在挥拍速度最快时击中球托。

第三，控制好拍面，通过手腕的变化来决定出球方向。

第四，强调击球动作的一致性，以增加对手的判断难度。

1. 高手击球

击球点高于头部的击球称为高手击球。高手击球包括正手击球、反手击球和头顶击球，一般用于后场主动进攻或控制调动对方。可根据球的落点和对手的位置打出高远球、平高球、扣杀球和吊球，因此被称之为后场主动进攻技术。

（1）正手击高远球、平高球（图 8-3-21）：准确判断来球的方向和落点，迅速移位使球处于自己头部的前上方；击球前重心要落在右脚，将球拍上举。击球时，上臂后引、提肘、右脚蹬转收腹自下而上协调用力，以肩为轴带腕"鞭打"，在手臂伸直的最高点击球（击平高球时注意改变拍面角度）。

（2）反手击高远球（图 8-3-22）：当来球飞向反手方向时，要准确判断落点，迅速移位，右脚用前交叉步法向左侧底线跨出，背对球网，重心在右脚。击球时，要自下而上用力，大臂带动小臂转至小臂带动手腕，最后"闪"腕击球。击球后顺势转体面对球网。

（3）头顶击高球（图 8-3-23）：击球点在左肩上方或偏后的位置，击球前身体向左倾斜略后仰。击球时，球拍从右后侧绕过头顶，在小臂的带动下充分发挥手腕和手指的力量。掌握头顶击高球的要领后，可采用起跳击球法。

（4）吊球（图 8-3-24）：击球前做出击高球、扣杀球的姿势，击球时突然减力，闪动手腕切削球托的右侧（反手吊球切击球托左侧）。注意掌握好击球点和击球力量。

（5）正手杀球（图 8-3-25）：扣杀球的准备姿势与其他正手击高球大致相同。击球瞬间，要充分利用全身力量通过手腕快速挥拍下压将球向对方场地的前下方击出。

图 8-3-21　　　　图 8-3-22　　　　图 8-3-23　　　　图 8-3-24　　　　图 8-3-25

2. 低手击球

击打头部以下的来球称为低手击球。低手击球多为被动击球，一般在防守时采用。低手击球技术包括：挑高球、接杀球、抽球和半蹲快打。挑高球一般用于网前，半蹲快打和接杀球一般用在中场区，而抽球则用于中、后场。低手击球技术是初学者必须掌握的基本技术之一。

挑高球（图8-3-26）：侧身对网，重心在前脚。正手持拍，前臂外旋自然前伸，后臂向后自然抬起保持身体平衡。以肘关节为轴，小臂带动手腕、手指右下方向前上方快速挥拍击球。

（三）接杀球技术

接杀球技术分挡球、抽球和推球。

1. 挡球

向右横跨步，右肩后转左肩对网，右臂平伸对准来球，放松握拍，拍略后仰，将球挡回对方网前区。

图8-3-26

2. 抽球

要有小幅引拍动作，以小臂带动手腕向前上方挥拍抽球，用提拉或球拍后仰来应对来球。

3. 推球

用小臂、手腕、手指的突然发力将对方击来的网前球快速推到对方后场。正手推球注意食指向前推压，反手推球则要用拇指向前推压。

（四）半蹲快打（图8-3-27）

在中场区击打肩以上至稍高于头部之间的平快球。击球前成半蹲姿势，屈肘举拍于肩上。击球时，以前臂带腕快速挥拍，尽量在身前较高的部位击球。

特点：挥拍幅度小，快速有力。击球位置有半蹲正面击球、半蹲头顶击球、半蹲右侧击球，多用于双打比赛。

（五）网前击球

网前击球是羽毛球基本技术中比较细腻的技术之一。它击球动作小、战术多变、以巧取胜，是当代羽毛球技术的重要组成部分。网前击球技术包括搓球、推球、勾球、扑球和放网前球等。

图8-3-27

1. 搓球（图8-3-28）

挥拍时，前臂外旋，手腕动作由后伸到内收，用球拍切削球托侧底部，使球上旋翻转过网。要求尽量高点击球，搓击时出手要快。

2. 推球（图8-3-29）

正手推球时，由伸腕经前臂内旋至屈腕，食指向前压。反手推球时，腕部动作要由展腕经前臂外旋至收腕，拇指顶压。无论正、反推球都要用前臂和手腕发力，击球瞬间拍面与球网近乎平行。

图 8-3-28

图 8-3-29

3. 勾球（图 8-3-30）

正手勾球时，持拍手臂前伸时稍有外旋，拍柄外转使拇指贴在拍柄宽面。击球时，前臂稍有内旋内收，手腕由后伸至屈腕闪腕，挥拍拨击球托右下部。反手勾球时，肘部要下沉，同时前臂稍外旋，手腕由屈到伸闪动，反拍拨击球托侧底部。

4. 扑球（图 8-3-31）

正手扑球时，对准来球快速蹬跳上网，身体右侧扑向网，球拍正对来球，手臂由屈到伸，手腕由后伸向屈腕前闪动，同时手指顶压球拍击球，击球后球拍立即回收。反手扑球时，向左快速蹬跳上网，手腕外展，拍面正对来球，击球时，手臂伸直外旋带动手腕由外展到内收拇指顶压球拍击球。

5. 放网前球（图 8-3-32）

正手放网前球时，跨步上网前伸手臂，左臂自然张开，拍面朝上迎球。击球时，小臂稍外旋，轻收手腕，将球轻击过网。反手放网前球技术与正手相似，不同之处是击球前腰向左转体，用反拍击球。控制好力量是放网前球的关键。

图 8-3-30　　　　图 8-3-31　　　　图 8-3-32

击球技术的名词解释

高远球：是指击出的球以高弧度飞行到对方的后场底线附近。

平高球：是以半高弧线击到对方底线附近。

平快球：从后场将球平击到对方的后场。

> 吊球：从后场把球还击到对方的网前。
> 扣杀球：是指把对手击来的高球在高点大力将球击到对方场内。
> 平抽球：挥拍击打身体两侧的球，使之以低平弧线飞落到对方场地。
> 推球：是指在网前将球快速推到对方后场。
> 挑高球：是把在网前的低球向上挑击到对方的后场。
> 扑球：是将对手的网前球在过网瞬间扣压到对方场内。
> 搓球：是将对手击到网前的球运用手腕和手指的力量"切""挑"到对方网前。
> 勾球：是把落到己方靠近边线的网前球击到对方对角网前。

四、基本战术

羽毛球战术是指在比赛中运动员根据对手的实力和技术特点选择不同的技术手段和方法。能够知己知彼，巧妙地运用战术是战胜对手的重要因素。娴熟的技术、良好的身体和心理素质、丰富的赛场经验是能否成功运用战术的前提和保障。

（一）单打战术

1. 发球抢攻战术

多采用发网前低球结合平高球、平快球而获得主动进攻机会。

2. 攻后场战术

通过击高远球、平高球压对方底线两角，迫使对手还击无力来获得进攻机会。

3. 攻前击后战术

先用搓球、吊球、放网前球将对手调到网前，然后再用扣杀、平高球和推球来攻击对方后场。

4. 打四方球战术

利用准确的落点攻击对手的四角，待对手出现破绽，再攻击对手空当。

（二）双打战术

1. 攻人战术

集中攻打对方实力较差的队员，在混双比赛中运用得更多；或在对方选手实力相当时采用"二打一"的方法。

2. 进攻中路战术

两人平行站立时，攻击对方中路空隙。当对方前后站立时，攻击对方边线位置。

3. 后杀前封战术

本方后场攻杀见长的选手在后场进行大力扣杀，打出机会，前场选手积极移位进行封杀。

五、了解规则

1. 挑边

赛前，采用挑边的方法（抛硬币）来决定发球方和场区。挑边赢者将优先选择是发球或接发球，还是在一个半场区或另一个半场区比赛。输者在余下的一项中选择。

2. 计分方法

国际羽毛球联合会于2006年5月在日本东京举行的年度代表大会上，正式决定将比赛由15分制改为21分的新赛制。2006年5月在日本东京举行的汤姆斯杯和尤伯杯赛已率先试行三局21分的赛制。这一赛制将成为今后所有羽毛球国际大赛的通用赛制，第29届奥运会也采用了这一赛制。21分的赛制对于提高运动员的积极性、减少运动员受伤以及电视转播等方面较15分制有了更大的优势。

国际羽联新的计分规则实行每球得分制，所有单项的每局获胜分皆为21分，最高不超过30分。每场比赛采取三局两胜制，率先得到21分的一方赢得当局比赛。如果双方比分为20：20时，获胜一方需超过对手2分才算取胜；直至双方比分打成29：29时，那么率先得到第30分的一方获胜。首局获胜一方在接下来的一局比赛中率先发球。

3. 站位方式

（1）单打：当发球员得分数为0或偶数时，双方运动员均在各自的右发球区发球或接发球；当发球方的分数为奇数时，双方运动员均在各自的左发球区发球或接球。

（2）双打。

①比赛中，当比分为0或偶数时，球由右发球区对角发向对方场地的右接发球区；当比分为奇数时，球由左发球区对角发向对方场地的左接发球区。比赛中，只有当一方连续得分时，发球员必须在右或左发球区交替发球，而接球方队员的位置不变。其他情况下，选手应站在上一回合的各自发球区不变，以此保证发球员的交替。

②双打比赛无论是在开始还是在赛中，皆为单发球权，也就是说每次一方只有一次发球权。发球方失误不仅丢失发球权也将丢失1分，如果这时得发球权的一方得分为奇数时，则必须是位于左发球区的选手发球，如果此时得发球权的一方得分为偶数时，则必须是位于右发球区的选手发球。

③双打比赛只有接发球队员才能接发球，若其同伴接发球或被球触及则违例，判发球方得分，当发球被回击后，球可由二人中任一人击回，不得连击，如此往返直至死球。

④双打比赛发球时，发球队员和接发球队员必须站在规定的发球区和接发球区内发球和接发球，他们的同伴站位可以不受限制，但不得妨碍同伴。运动员发球和接发球顺序不得有误，一名运动员在同一局比赛中不得连续两次接发球（重发球除外）。

4. 赛中间隙方式

每场比赛均采用三局两胜制。当任一方在比赛中得到11分后，双方队员将休息1分钟；两局比赛之间的休息时间为2分钟。

5. 比赛中常见的违例

（1）过手违例：发球时，在击球的瞬间，发球员的拍杆应指向下方，使整个拍头明显低于发球员的整个握拍手部。否则，将判违例。

（2）过腰违例：发球时，在击球的瞬间，整个球应低于发球员的腰部。否则，将判违例。

（3）挥拍有停顿：发球开始后，有不正当的延误击出发球或挥拍动作不连贯，将判违例。

（4）脚移动、触线或不在发球区内将判违例：自发球开始至发球结束，发球员或接发球员的两脚都必须有一部分与球场地面接触，不得移动，且都必须站在斜对面的发球区内，脚不得触及发球区或接发球区的界线。否则，将判违例。

（5）最初击球点不在球托上或发球时未能击中球，将判违例。最初击球点不在球托是指发球时，球拍先触及羽毛或同时击中羽毛和球托。

第八章 小球运动

（6）发球时，球没有落在规定的接发球区内，将判违例。例如，发出的球没有落于对角的场区内或不过网，或挂在网上、停在网顶等。

（7）球从网上、网孔穿过触及天花板或触及运动员的身体、衣服，将判违例。

（8）球触及球场或其他物体或人，将判违例。

（9）击球点超过网的向上延伸面，即在对方场区上空击球，将判违例。

（10）运动员的球拍从网上、网下侵入对方场区导致妨碍对方或分散对方注意力，妨碍对方、阻挡对方靠近球网的合法击球，将判违例。

（11）同一运动员连续两次挥拍击中球，或双打的同方两名队员连续各击中球一次，将判违例。

（12）球停在球拍上，紧接着被拖带抛出，将判违例。

（13）运动员严重违反或屡次违反比赛的连续性的规定或运动员行为不端，将判违例。例如，擅自离开比赛场地喝水、擦汗、换球拍、接受场外指导等，或故意改变球形、破坏羽毛球或举止无礼等。

6. 重发球

（1）重发球时，原回合无效，由原发球员重新发球。

（2）除发球外，球过网后，挂在网上或停在网顶，判重发球。

（3）发球时，发球员和接发球员同时被判违例，将重发球。

（4）发球员在接发球员未做好准备时，将球发出，判重发球。

（5）球在飞行时，球托与球的其他部分完全分离，判重发球。

（6）裁判员对该回合不能做出判决时，将判重发球。

（7）出现意外情况，判重发球。

7. 交换场区

（1）第一局比赛结束时，双方应交换场地。

（2）若局数为1∶1时，在第三局比赛开始前，双方应交换场地。

（3）在第三局比赛中，任一方比分达到11分时，双方应交换场地。

（4）若应交换场地而未交换时，一旦发现应立即交换，已得分数有效。

"活"是羽毛球比赛的战术特点。对手间旗鼓相当、比赛势均力敌时，战术的灵活运用，打法的不断变换就是克敌制胜的法宝。谁能扬长避短、避实就虚，谁就能战胜对手取得胜利。羽毛球运动以其特有的魅力受到人们的青睐，因此，它永远属于那些积极参与的人们和真心热爱它的观众。

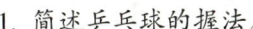

思考题

1. 简述乒乓球的握法。
2. 乒乓球的基本技术有哪些？
3. 简述羽毛球的基本步法。
4. 简述羽毛球比赛中常见的违例。
5. 网球的基本握拍法有哪些？

第九章 塑形健身运动

学习提要

- 体操的技巧、双杠、单杠技术动作
- 健美的基本方法
- 健美操的练习与编排方法
- 艺术体操的练习方法
- 瑜珈的练习方法

第一节 体 操

一、技巧

（一）前滚翻

动作做法：蹲撑，蹬伸脚、膝，同时屈臂、低头、含胸，经头的后部、颈、背、臀依次触垫前滚，当滚过背时，两手迅速抱腿跟上体，成蹲撑姿势（图9-1-1）。

图 9-1-1

（二）屈体后滚翻

动作做法：直立，上体前屈，重心后移，两手后伸在腿外侧撑地，臀部后坐着垫时上体后倒，收腹举腿翻臀，屈体后滚，两手迅速翻掌换撑肩上，当滚至颈部位时，两手在肩上用力推垫，翻转过头，经屈体立撑成站立姿势（图9-1-2）。

第九章 塑形健身运动

图 9-1-2

（三）鱼跃前滚翻

动作做法：半蹲，重心前移，两臂前摆，使身体向前方跃起腾空。在空中保持手前伸，含胸，脚稍后摆姿势。当双手着垫时，有控制地对抗性屈臂、含胸、低头，经头后部依次完成前滚翻的后半部分动作（图9-1-3）。

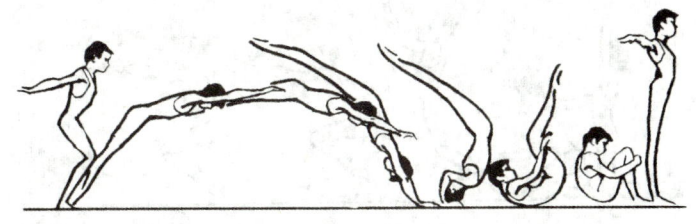

图 9-1-3

（四）侧手翻

动作做法：侧向站立，两臂侧平举开始，侧举左腿然后着地屈膝，同时身体左侧屈下压，蹬伸左膝、踝关节，摆右腿，左手撑地，右臂侧压右耳至右手撑地，在倒立部位经一个分腿倒立过程，接着推开左手右腿从右侧落下，推开右手左脚落下身体侧起，成分腿开立，两臂侧平举姿势（图9-1-4）。

图 9-1-4

（五）肩肘倒立

动作做法：由坐撑姿势开始，上体后倒，收腹举腿，翻臀，当脚尖至头部垂直上方时，两臂在体侧下压，腿向上伸，髋关节充分挺开，臀部收紧，当背部大部分离地时，屈、夹肘用手的虎口顶住背，使动作停止于肩肘倒立位置（图9-1-5）。

— 163 —

图 9-1-5

(六)跪跳起

动作做法：由跪立姿势两臂上举开始，含胸收腹两臂后摆，紧接前摆，同时伸膝展髋、摆动手臂制动，收腹提膝脚离地，落下成蹲立姿势（图 9-1-6）。

图 9-1-6

(七)挺身跳（弹板或高垫）

动作做法：（1）轻松助跑"单跳双落"上板，两腿向下蹬板后两臂积极向前上方摆动结合，使身体向上高高腾起。（2）紧腰、梗头，接近最高点时挺身亮相，然后控制身体平稳落地（图 9-1-7）。

图 9-1-7

(八)跳转180度、360度（弹跳板，以左转为例）

动作做法：（1）垂直向上充分起跳后身体保持紧腰、伸直，利用头、臂、肩向转体一侧带动身体沿纵轴转动。如果是向左转体则左臂上举、右臂伸向左腋。（2）转体接近180度、360度时，两臂向前上方伸展制动，然后平稳落地（图 9-1-8）。

第九章 塑形健身运动

图 9-1-8

(九) 分腿腾越 (纵马或箱)

动作做法：基本与分腿腾越相同，只是由于纵马形体长而窄，无论在心理上、技术上都给练习者增加了难度，除注意解决心理因素外，技术上要加长助跑距离，加快水平速度，起跳后要迅速向前上摆臂，拉开肩角，含胸，尽量撑马的远端（图 9-1-9）。

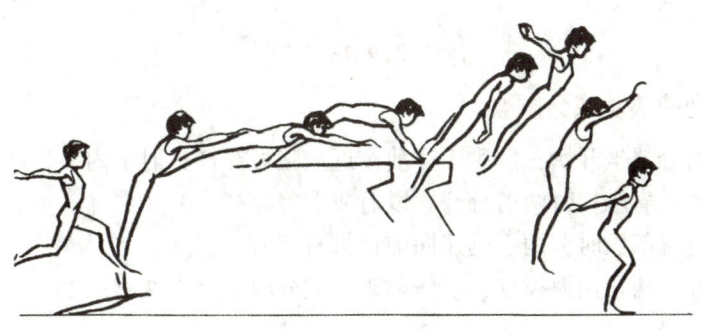

图 9-1-9

二、双杠

(一) 跳起支撑前摆成外侧坐

动作做法：以向右为例，杠内站立，从内握。跳起成支撑，顺势向前上方摆腿，然后左大腿外侧坐杠，弯屈小腿向后下伸，向后下方伸直，使左小腿和右腿在后下方平行，左手撑杠，右臂侧举，两眼平视，上体挺直（图 9-1-10）。

— 165 —

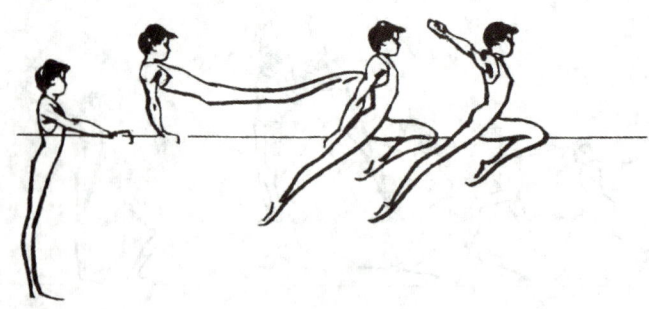

图 9-1-10

（二）杠端跳起分腿骑坐前进

动作做法：面对杠端站立，从内握杠，跳起成直臂支撑，两腿顺势向前上方摆腿，当超过杠面后迅速分腿，以大腿内侧触杠成分腿坐，然后推手伸髋，挺直上体，两腿骑杠，内侧夹杠，挺身前倾，重心前移。两臂经侧上举，两手顺势于体前稍远处用力撑杠，同时两腿伸直压杠，后摆并腿进杠，接支撑前摆成分腿坐（图 9-1-11）。

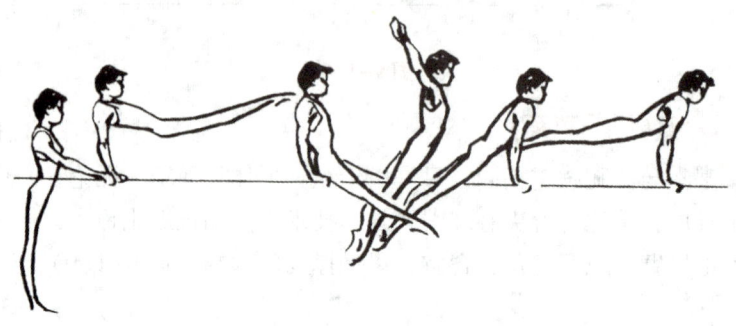

图 9-1-11

（三）分腿坐前滚翻成分腿坐

动作做法：由分腿坐开始，两手于体前靠近大腿处撑杠，肘稍内夹，低头含胸，上体前倒，收腹提臀屈臂，肩触杠时两肘分开，以肩或上臂撑杠，两腿并拢，重心前移，身体重心向前移至稍过肩垂直部位时，两手迅速向前换握杠经屈体挂臂撑，当臀部接近杠水平面时，两腿分开内侧压杠，两臂用力撑杠，上体前跟，成分腿坐（图 9-1-12）。

图 9-1-12

三、单杠

（一）单脚蹬地翻上成支撑

动作做法：由站立悬垂姿势开始（以右脚蹬地为例），两手正握低单杠与肩同宽，接着左腿经前向后上方迅速摆起，右脚用力蹬地，同时屈臂引体倒肩腹部靠杠，当左腿超过杠水平面时，右腿迅速跟上并拢，继续向后上方摆动至小腹贴杠两腿下落，随之抬头、挺胸、翻腕、伸髋成直臂支撑（图9-1-13）。

图 9-1-13

（二）外挂膝上

动作做法：由骑撑正握开始（以右膝挂杠为例），先将右手移至同侧腿的内侧，两臂伸直撑杠略窄于肩宽，身体重心顺势稍微左移。然后右腿后移屈膝挂杠，上体后倒成挂膝悬垂前摆，尽可能沿着最大的弧度向下后方摆动，此时左腿向前上方伸，肩顺势用力前摆，向后引臂送髋至臀部靠近单杠前水平位置时，左腿制动。而后回摆，当臀部回摆接近杠下垂直面时，左腿后摆用力加速，同时直臂压杠、扣腕成支撑，右腿前伸，左腿后伸，右手随后换握至同侧腿的外侧，上体正直成骑撑（图9-1-14）。

图 9-1-14

（三）背后正握跳起成后屈体悬垂

动作做法：由背向低单杠正握站立开始，上体微前屈，屈膝下蹲，蹬地跳起，同时低头含胸、收腹提臀、沉肩，当臀部摆过杠下垂直部位后，两臂加紧成屈体悬垂（图9-1-15）。

图 9-1-15

（四）骑撑前回环

动作做法：由两手反握骑撑开始（以右腿骑撑为例），直臂巧肩、提臀撑杠，随后重心前移，右腿上举向前跨出，左大腿前部贴杠，同时挺胸、直臂、上体前倒，尽量使身体重心远离握点。当上体回环至杠下垂直面附近时，前腿下压使大腿根部靠杠；当回环至上体超过杠水平面时，直臂压杠、挺胸、翻腕、制腿、控制握杠、两腿伸直成骑撑（图9-1-16）。

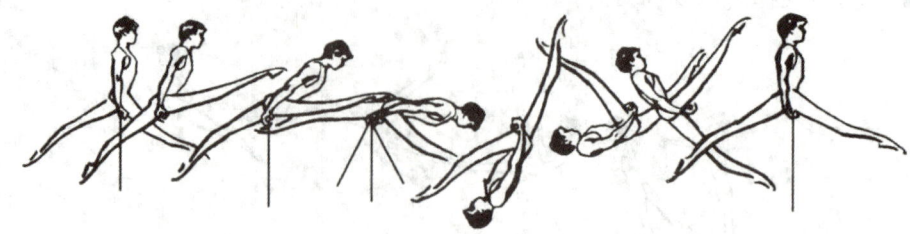

图 9-1-16

第二节　健美运动

一、健美运动简介

健美运动是一项通过徒手或各种器械，运用专门的动作方式和方法进行锻炼，以发达肌肉、增长体力、改善形体和陶冶情操为目的的运动项目。

健美运动可以采用各种徒手练习方法，如徒手健美操、韵律操、形体操以及各种自抗力动作；也可采用各种轻重不同的运动器械来进行练习，如杠铃、哑铃、壶铃等举重器械，单杠、双杠等体操器械，以及弹簧拉力器、滑轮拉力器、橡皮筋带和各种特制的综合力量练习器等。

二、身体各部位肌肉的锻炼方法

（一）颈部肌肉的锻炼方法

1. 单手侧压颈屈伸

一手按头右侧，另一手叉在左侧腰间，坐立均可。按在头右侧的手用力把头向左侧推压，而颈部则用力顶住，不让头被轻易压倒，但逐渐被压倒。然后，颈部用力把头向上、向右抬起，而右手则用力压住头部，不让其轻易抬起，但逐渐完全竖直。如此反复多次，直到颈部感到酸胀。练完一侧，换练另一侧。

（1）呼吸方法：一手用力侧压头部时吸气，压到底时呼气。

（2）注意事项：不要用过大、过猛的抗力，前几次用力要小些，再逐渐加大，以避免颈部扭伤。切勿让颈部有任何旋转，应只是屈伸。

2. 双手正压颈屈伸

双手十指交叉，按在脑后，用力压头部，使其向前下屈，颈部则用力顶住，不让其轻易下压，使下巴逐渐被压到颈部触及锁骨柄；然后，颈部用力把头向上抬起，而两手则用力压住头部，不让其轻易抬起，但逐渐抬到原位。

（1）呼吸方法：两手用力压头时吸气，压到底时呼气，头部上抬时吸气，抬到原位时呼气。

（2）注意事项：头部屈伸时，身体不要前俯后仰，其他同单手侧压颈屈伸。

3. 头压杠铃片颈屈伸

（1）动作要领：俯卧长凳上，两手握一杠铃片压在头后，头部下垂，颈部用力把头抬到可能的最高点；颈部放松，让头部徐徐下垂到原位置。

（2）呼吸方法：头部上抬时吸气，下垂时呼气。头部上抬时，目光尽量上视；头部下垂时，目光尽量下视。

（二）肩部肌肉的锻炼方法

1. 三角肌前部前平举

（1）动作要领：两腿直立，挺胸收腹，两手正握哑玲或杠铃，两臂下垂于腿前。直臂持铃经前向上举起，至稍高于肩，静止1秒钟，再将两臂经前徐徐放下，还原至腿前。如用哑铃，可左右手各1次，连续交替做。

（2）呼吸方法：上举时吸气，下落时呼气。

2. 三角肌中部侧平举

（1）动作要领：两脚自然开立，两手握哑铃，下垂于身体两侧，收缩三角肌，直臂向侧上方举起，直到略高于肩，静止1秒钟，再将两臂徐徐放下到下垂位置（图9-2-1）。

（2）呼吸方法：上举时吸气，静止时呼气；下降时吸气，完全落下时呼气。

图 9-2-1

3. 三角肌中部单臂侧平拉

（1）动作要领：全身直立，一脚踩套住拉力器的一个握柄或胶皮条的一端，收缩三角肌，同侧一手将拉力器或胶皮条向侧上方拉到与肩齐高，另一手用力叉按同侧腰间以保持平衡，上拉到最高点后，静止1秒钟，然后在三角肌继续用力控制下，让弹簧或胶皮条徐徐收缩到开始位置。重复练至一肩无力上拉后，换另一肩练习。

（2）呼吸方法：上拉时吸气，到达顶点后呼气；下落时吸气，落到底后呼气。

（3）注意事项：上拉时，身体不要摇摆借劲。这一动作也可用侧卧姿势来做。

4. 三角肌后部直立推举

（1）动作要领：把杠铃从地面上拉到胸上，全身直立，两臂向上直推至完全伸直，静止1秒钟，让杠铃慢慢下落到胸上（图9-2-2）。

（2）呼吸方法：上举时吸气，下落时呼气。

（3）注意事项：上举和下放杠铃时，身体不要摆动。该动作对上臂三头肌也有较大的锻炼作用；如将杠铃下落到颈后肩上，则对三角肌后部有更大的锻炼作用，称为颈后推举。胸前和颈后的推举，也可坐在凳上做，还可用哑铃，左右两臂同时做交替的上推和下落，如此做，则可在上推和下落时吸气，静止时呼气。

图 9-2-2

5. 胸部肌肉平卧举

（1）动作要领：仰卧到长凳上，将杠铃放在胸部上方，垂直上举至两臂完全伸直，胸肌彻底收缩，静止 1 秒钟，慢慢下落。

（2）呼吸方法：上举时吸气，下落时呼气。

（3）注意事项：上举时背部、臀部要平贴凳面，两脚尽量少用力。

6. 上斜卧举

（1）动作要领：头朝上斜卧在长凳上，与地面的夹角为 30～60 度，两手正握杠铃置于胸部上方。把杠铃垂直上举至两臂完全伸直，静止 1 秒钟，然后慢慢下落至原位（图 9-2-3）。

（2）呼吸方法：上举时吸气，静止时呼气；徐徐下落时吸气，落到原位时呼气。

7. 下斜卧举

（1）动作要领：头朝下斜卧在长凳上，两手正握杠铃置于胸部下方。把杠铃垂直上举至两臂完全伸直，静止 1 秒钟，慢慢下落至原位（图 9-2-4）。

（2）呼吸方法：上举时吸气，静止时呼气。徐徐下落时吸气，落到原位时呼气。

图 9-2-3 　　　　　　　图 9-2-4

8. 仰卧飞鸟

该动作直接锻炼胸肌，可采用平卧、上斜卧和下斜卧。仰卧在长凳上，两手拳心相对，持哑铃，两臂与地面垂直，两脚平踏地面。

（1）动作要领：两手向两侧分开下落，两肘微屈，直到不能再低时止；静止 1 秒钟，让胸大肌完全伸展，然后将两臂从两侧上举，回收到开始位置。

(2) 呼吸方法：两臂拉开时吸气，恢复时呼气。

(3) 注意事项：两手不要紧握，分臂时，背部肌肉要收紧，意念集中在胸大肌的收缩和伸展上。

(三) 臂部肌肉的锻炼方法

1. 上臂三头肌臂屈伸

两手正握或反握杠铃或两手合握一个哑铃，将其高举过顶后，屈肘，让前臂向后下垂，全身直立或坐在凳上。

(1) 动作要领：两上臂贴近两耳，保持竖直，不摇动，收缩三头肌，逐渐伸展肘关节，把前臂向上挺伸，直到臂部完全伸直，三头肌彻底收紧；静止1秒钟，再屈肘，让前臂徐徐下垂到开始位置，使三头肌尽量伸展。

(2) 呼吸方法：挺伸前臂时吸气，屈降时呼气。

2. 上臂三头肌直臂后抬

身体直立，两手反握或正握杠铃，置于身后。

(1) 动作要领：保持两臂伸直，将杠铃尽量向后上方抬起；最后，向上屈转手腕，并尽力收缩三头肌，静止1秒钟，让杠铃下降到原位，放松三头肌。

(2) 呼吸方法：臂部后抬时吸气，回降时呼气。

(3) 注意事项：抬臂时，身体不可晃动，抬到可能的最高点后屈转手腕，才能使三头肌彻底收缩。

3. 双臂胸前压棍屈伸

两手在胸前握一根连接拉力条的弯把，握距与肩同宽或稍窄或合紧，上臂贴靠两肋，屈肘，弯起前臂。

(1) 动作要领：保持上臂不动，收缩三头肌和前臂的肌肉，将弯把用力下压到臂部完全伸直；静止1秒钟，尽力收缩三头肌，屈肘，让弯把徐徐回到原位。

(2) 呼吸方法：弯把下压时吸气，缩回时呼气。

(3) 注意事项：弯把下压时，务必低到两臂完全伸直，上臂要固定不动；虽然前臂也需用力，但意念要集中到三头肌的伸缩上。

4. 上臂二头肌两臂弯举

全身直立，两手仰握杠铃，两臂下垂。

(1) 动作要领：上臂尽量保持不摆动，屈肘，弯起前臂到可能的最高点，同时收缩二头肌，静止1秒钟；松展肘关节，让前臂徐徐下落到两臂完全伸直。

(2) 呼吸方法：弯起前臂时吸气，回落时呼气。

(3) 注意事项：要依靠二头肌的力量使前臂向上弯起，在前臂弯起到最高点时，彻底收缩二头肌1秒钟，而不是立即放松它。不要在弯起前臂时让两肘随之向前上方摆动来使前臂上弯得更高。

5. 前臂腕弯举

两手反握杠铃，蹲坐下来，将前臂贴放在大腿上，把手腕向前伸出，垂于膝盖前；两手也可正握杠铃。反握主练前臂内侧肌肉，正握主练前臂外侧肌肉。也可把上臂贴靠在平板或斜板上做或用哑铃左右轮流做（图9-2-5）。

（1）动作要领：前臂平贴大腿，只把手腕尽力向上、向内屈转（收缩屈指肌），直到不能再屈转时，静止1秒钟；放松前臂肌肉，让手腕向前回落。

（2）呼吸方法：屈转手腕时吸气，回落时呼气。

（3）注意事项：屈转到最后时，一定要尽力收缩前臂肌肉（屈指肌）1秒钟，再逐渐放松。

图 9-2-5

（四）背部肌肉的锻炼方法

1. 上背部立式耸肩（图9-2-6）

身体直立，两手用正（俯）握法握杠铃或哑铃，握距稍宽于肩。

（1）动作要领：先让肩部尽量下倾，两臂完全不使劲，然后耸起两肩（主要是收缩斜方肌），静止1秒钟，松下肩，重复再做。

（2）呼吸方法：耸起肩部时吸气，松下时呼气。

（3）注意事项：耸起肩部把杠铃稍稍上提要完全靠收缩斜方肌所产生的力量，两肘不能丝毫弯曲。

图 9-2-6

2. 上背部直立划船

两脚自然开立，两手用上握法握杠铃，握距比肩狭窄（可窄到两拳在杠中央相接）。

（1）动作要领：把杠铃徐徐向上拉起，直到横杠几乎触及额部，静止1秒钟；让杠铃徐徐下垂到两臂完全伸直，重复再做。

（2）呼吸方法：杠铃上拉时吸气，下垂时呼气。

（3）注意事项：上拉时要让横杠尽量贴近身体，如握把较宽，杠铃上提时让两肘尖向上。上拉时身体不要摆动，下垂时杠铃要缓慢放下，最后要让杠铃尽量下垂到最低点。

3. 背阔肌引体向上

两手用宽握距正握（掌心向前）单杠，两脚离地，两臂、身体自然下垂伸直。

（1）动作要领：用背阔肌的收缩力量将身体往上拉起，直到单杠触及或接近胸部；静止1秒钟，使背阔肌彻底收缩，然后逐渐放松背阔肌，让身体徐徐下降，直到恢复完全下垂，重复再做。

（2）呼吸方法：将身体往上拉时吸气，下垂时呼气。

（3）注意事项：上拉时意念集中在背阔肌，把身体尽可能地拉高。上拉时不要让身体摆动，下垂时脚不能触及地面，可在腰上钩挂杠铃片来加重。

4. 背阔肌坐式下拉吊棍

坐在凳上，两手用宽握距向上伸直，正握（掌心向前）吊棍。

(1) 动作要领：收缩背阔肌，将吊棍尽力往下拉，直到触及颈后肩背部或前胸，然后慢慢放松背阔肌，让吊棍缩回到两臂伸直拉住的高度。

(2) 呼吸方法：将吊棍下拉时吸气，松回时呼气。

(3) 注意事项：应将意念集中在背阔肌收缩和放松的控制上。若坐着的高度不合适，可立着做或跪着做。

5. 背阔肌俯身划船

屈膝，上体前倾，两臂直垂握杠，应使杠铃稍离地面，头不要低垂（图9-2-7）。

(1) 动作要领：收缩背阔肌，将上臂上拉，把杠铃尽量拉高，静止1秒钟；让杠铃徐徐下降到两臂完全伸直下垂。

(2) 呼吸方法：上拉杠铃时吸气，放下时呼气。

(3) 注意事项：上拉时要想着让主要力量来自背阔肌的收缩，而不是臀部。上拉时，腰要收紧，上体尽量不摇动，腿部用力，臀部后移，以保持平衡。如做单臂划船，另一手可撑扶在膝上或凳上。

图 9-2-7

（五）腹腰部肌肉的锻炼方法

1. 仰卧起腿

仰卧平垫上或头朝上仰卧在斜板上，两手握住头后方的固定物件，全身挺直。

(1) 动作要领：收缩腹肌，将保持伸直的两腿向上弯起，直到达到最大限度的收缩；保持1秒钟，再让两腿徐徐回落。

(2) 呼吸方法：向上弯起两腿时吸气，回落时呼气。

2. 仰卧抬腿卷缩上体

平卧在床上或地上，两膝弯曲，抬起小腿，勿使下降，两手抱头。

(1) 动作要领：在保持小腿不下放的姿势中，尽力把上体向前卷缩，身体实际上不会上抬很高。

(2) 呼吸方法：向前卷缩时吸气，回落时呼气。

3. 坐式缩腿

坐在凳边，两手向后撑在凳上，两腿向前直伸。

(1) 动作要领：屈膝缩起小腿到可能的最高点，彻底收缩腹直肌1秒钟，然后徐徐降落小腿，直到完全伸直。

(2) 呼吸方法：缩起小腿时吸气，降落时呼气。

(3) 注意事项：本动作较简易，其作用大小全在膝部上提的高低和动作的快慢上，愈高愈快则效果愈大，反之愈小。

(六) 腿部肌肉的锻炼方法

1. 股四头肌后蹲

站在深蹲架前，屈膝，两手握住深蹲架上的杠铃并担负在颈后肩上，向前走两步，两脚开立，略宽于肩，足趾稍向外撇，身体挺直。

(1) 动作要领：屈膝下蹲到大腿与地面平行或稍低，静止1秒钟，大腿和臀部用力，两脚蹬地，让身体恢复到直立，完成后，退回几步，把杠铃放回深蹲架上。按规定次数和组数重复再做。

(2) 呼吸方法：下蹲时呼气，起立时吸气。

(3) 注意事项：在做整个动作的过程中，背部要平直，上体勿前倾，臀部不要后突，后腰要下塌，动作要稳定，腿部快伸直时，用力挺直膝关节。

2. 股四头肌前蹲

站在深蹲架前，屈膝，两手握住深蹲架上的杠铃托在胸前肩上，向前走两步，两脚开立，略宽于肩，足趾稍向外撇，身体挺直。

(1) 动作要领：屈膝下蹲到大腿与地面平行或稍低，静止1秒钟，大腿和臀部用力，使两脚蹬地，身体恢复到直立；完成后，退回几步，把杠铃放回深蹲架上。按规定次数和组数重复再做。

(2) 呼吸方法：下蹲时呼气，起立时吸气。

(3) 注意事项：在做整个动作的过程中，背部要平直，上体勿前倾，臀部不要后突，后腰要下塌，动作要稳。腿快伸直时，用力挺直膝关节。

3. 股四头肌腿举

仰卧在"腿举架"的底板上，蜷缩双腿让整个脚底顶住加重板的底面。

(1) 动作要领：两腿用力向上蹬板，直到两腿完全伸直，同时尽力收缩股四头肌，静止1秒钟，屈膝，让加重板慢慢下降到预先卡定的高度，重复再做。

(2) 呼吸方法：用力蹬板时吸气，回降时呼气。

(3) 注意事项：仰卧时，臀部正对加重板的中心下方，蹬板时，整个脚底平贴住板底。

4. 股四头肌坐式腿屈伸

坐在专用的长凳上，在滚轴的另一边加上所需重量的杠铃片，两脚勾住滚轴，小腿与大腿成90度。

(1) 动作要领：两腿用力收缩股四头肌，伸直膝关节，使小腿向上挺直，静止1秒钟，垂下小腿，重复再做。

(2) 呼吸方法：用力蹬板时吸气，回降时呼气。

5. 股二头肌立式腿弯举

站在一高木块或矮凳上，其中一脚系一哑铃，自然直悬在木块外，另一腿支撑体重，一手或两手扶墙或木条。

(1) 动作要领：屈膝，小腿用力、尽量向后弯起，静止1秒钟，同时尽力收缩股二头肌，然后自然垂下到原来位置，重复再做。

(2) 呼吸方法：弯起小腿时吸气，下垂时呼气。

6. 股二头肌俯卧腿弯举

俯卧在专用的长凳上,两脚踝伸钩在滚轴下面,滚轴另一面加上所需重量的杠铃片。

(1) 动作要领:屈膝,小腿向后弯起,到最高点时尽力收缩股二头肌,静止1秒钟,伸直小腿到原来位置,重复再做。

(2) 呼吸方法:弯起小腿时吸气,放下时呼气。

(3) 注意事项:弯小腿时,大腿平贴凳面。如没有专用的腿弯举凳,可俯卧在普通的长凳上,脚系哑铃、杠铃片做。

7. 小腿站立提踵

将杠铃放在颈后肩上,两脚开立,脚尖稍向里扣或外撇,脚掌站在垫木上,脚跟露在垫木外。

(1) 动作要领:收缩小腿肌肉群,使脚跟尽量提高,使腓肠肌彻底收紧,静止1秒钟,放下脚跟,还原,重复再做。

(2) 呼吸方法:提起脚跟时吸气,放下时呼气。

(3) 注意事项:脚跟上提和下降时要注意保持重心稳定,身体提高时,前脚掌要领先上提,下降时,要让脚跟低于垫木上平面。

第三节　健美操

一、健美操动作及其组合

(一) 健美操的基本动作

健美操的基本动作主要由下肢动作、上肢动作及躯干动作组成。下肢动作是健美操基本动作的主体部分,主要由各种形式的基本步伐构成。健美操基本步伐包括踏步类、点地类、迈步类、抬腿类、跑跳类。在高校健美操教学中经常采用的基本步伐包括:踏步、一字步、V字步、并步、侧交叉步、开合跳、弓步跳、吸腿、踢腿、后踢腿跑等。

1. 踏步类

(1) 踏步(图9-3-1)。

动作做法:两腿原地依次抬起,依次落地。

(2) 一字步(图9-3-2)。

动作做法:一脚向前一步,另一脚并于前脚,然后依次还原。

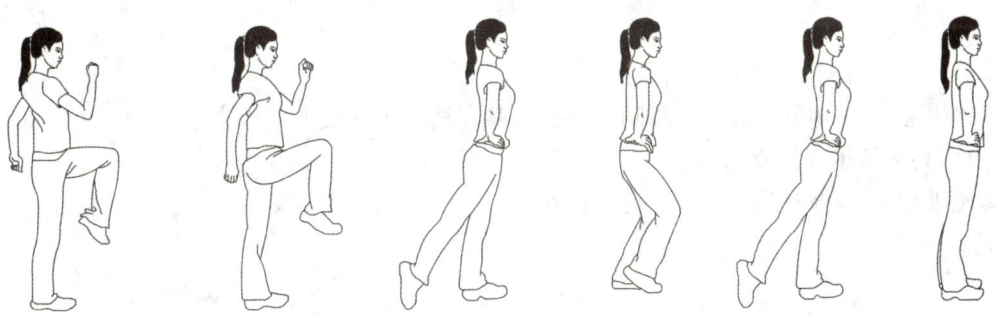

图9-3-1　　　　　　　　　　图9-3-2

（3）V 字步（图 9-3-3）。

动作做法：一脚向前侧方迈一步，另一脚随之向另一侧迈一步，成两脚开立，屈膝，然后依次退回原位。

（4）漫步（图 9-3-4）。

动作做法：一脚向前迈出，屈膝，重心随之前移，另一脚稍抬起，然后原地落下；或向后撤一步，重心后移，另一脚稍抬起，然后原地落下。

图 9-3-3　　　　　　　　　图 9-3-4

2. 点地类

（1）脚尖侧点地（图 9-3-5）。

动作做法：一腿稍屈膝站立，另一腿向后侧伸出，脚尖侧点地，然后还原到并腿姿势。

（2）脚跟侧点地（图 9-3-6）。

动作做法：一腿稍屈膝站立，另一腿向前侧伸出，脚跟侧点地，然后还原到并腿姿势。

图 9-3-5　　　　　　　　　图 9-3-6

3. 迈步类

（1）并步（图 9-3-7）。

动作做法：一脚迈出，另一脚随之并拢屈膝点地；再向反方向迈步。

（2）侧交叉步（图 9-3-8）。

动作做法：一脚向侧迈一步，另一脚在其后交叉，随之再向侧迈一步，另一脚并拢，屈膝点地。

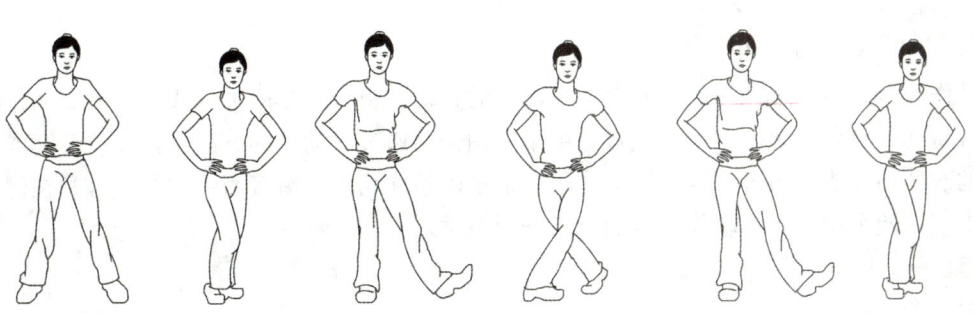

图 9-3-7　　　　　　　　　　　图 9-3-8

4. 抬腿类

（1）吸腿（图 9-3-9）。

动作做法：一腿屈膝抬起，落下还原。

（2）踢腿（图 9-3-10）。

动作做法：一腿支撑站立，另一腿抬起，然后还原。

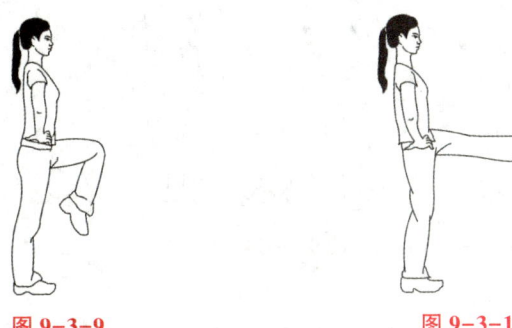

图 9-3-9　　　　　　　　　　　图 9-3-10

5. 跑跳类

（1）开合跳（图 9-3-11）。

动作做法：由并腿跳起，分腿落地，再由分腿跳起，并腿落地。

（2）弓步跳（图 9-3-12）。

动作做法：并腿向上跳起，成前后分腿姿势落地，接着再向上跳起，并腿落地。

（3）后踢腿跑（图 9-3-13）。

动作做法：两脚依次经过腾空后，一脚落地缓冲，另一腿小腿后屈，两臂配合下肢前后摆动。

图 9-3-11　　　　　　　　图 9-3-12　　　　　　　　图 9-3-13

（二）健美操的动作组合

动作组合是在基本动作的基础上演变而来的。动作组合包括两种形式：单一型动作组合和混合型动作组合。单一型动作组合是由单个动作，通过该动作的方向、路线、节奏或上肢动作的改变而形成的组合；混合型动作组合则是由不同动作的衔接而形成的组合。在健美操教学中，一般采用混合型动作组合的形式进行教学。

组合一

第一个八拍（图9-3-14）。

1~4拍：左脚开始向前走三步，第四拍，右脚并左脚。1、3拍时两臂向前冲拳，拳心向下。2、4拍两臂收回腰间，拳心向上。

5~6拍：左脚侧点地。5拍时，两臂体前屈肘。6拍时，两臂还原至体侧。

7~8拍：右脚侧点地。7拍时，两臂体前平屈。8拍时，两臂还原至体侧。

图9-3-14

第二个八拍（图9-3-15）。

1~4拍：左脚向后走三步，第四拍，右脚并左脚。1、3拍时两臂向前冲拳，拳心向下。2、4拍两臂收回腰间，拳心向上。

5~6拍：左脚侧点地。5拍时，两臂体前屈肘。6拍时，两臂还原至体侧。

7~8拍：右脚侧点地。7拍时，两臂体前平屈。8拍时，两臂还原至体侧。

图9-3-15

第三个八拍（图9-3-16）。

1~2拍：向左45度的侧并步。两臂胸前平屈下压，两手握拳，拳心向下。

3~4拍：右脚侧并步还原。3拍，两臂上举，双手成花掌，掌心向前。4拍，两臂还原至体侧。

5~6拍：向右45度侧并步。两臂胸前平屈下压，两手握拳，拳心向下。

第九章 塑形健身运动

7~8拍：左脚侧并步还原。手臂同3~4拍。

5~8拍同1~4，方向相反。

第四个八拍（图9-3-17）。

1~2拍：左并步。1拍，两臂侧平举，两手并掌，掌心向下。2拍，两手体前相握。

3~4拍：右脚向后弓步。3拍，两臂上举，两手并掌，掌心相对。4拍，两臂还原至体侧。

图 9-3-16

5~6拍：右并步。5拍，两臂侧平举，两手并掌，掌心向下。6拍，两手体前相握。

7~8拍：左脚向后弓步。3拍，两臂上举，两手并掌，掌心相对。4拍，两臂还原至体侧。

5~8拍同1~4，方向相反。

图 9-3-17

第五至第八个八拍同第一至四个八拍，动作相同，方向相反。

组合二

第一个八拍（图9-3-18）。

1~4拍："一"字步。1拍，左臂体前平屈，左手握拳，拳心向下。2拍，右臂体前平屈，右手握拳，拳心向下。3拍，双手击掌。4拍，还原至体侧。

5~8拍：向后"V"字步。5、6拍，双手依次侧下举。双手并掌，掌心朝下。7、8拍两手胸前击掌。

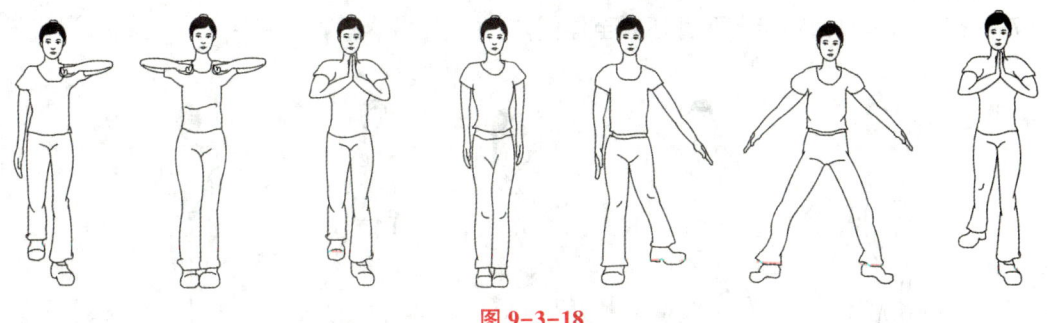

图 9-3-18

— 179 —

第二个八拍（图9-3-19）。

1~4拍：交叉步。手臂按逆时针依次绕环，两手成并掌。

5~6拍：向右侧弓步。5拍，左臂直臂向右推掌，右手腰间握拳。6拍，左臂收回至腰间握拳，拳心向上。

7~8拍：向左侧弓步。7拍，右臂直臂向左推掌，左手腰间握拳。8拍，右臂收回至腰间握拳，拳心向上。

图9-3-19

第三个八拍（图9-3-20）。

1~2拍：左脚向侧迈一步，右脚后屈腿。两臂体侧屈肘前后摆动。

3~4拍：右脚向侧迈一步，左脚后屈腿。两臂体侧屈肘前后摆动。

5~8拍：漫步。5、6拍手臂左侧前推。7、8拍两臂屈肘收回至腰间。

图9-3-20

第四个八拍（图9-3-21）。

1~4拍：左右脚依次跳起脚跟侧点地。手臂为右左臂依次体前屈伸。

5~6拍：漫步（前半部分）。两臂侧上举。

7~8拍：右脚收回踏步。两臂还原至体侧。

图9-3-21

第五至第八个八拍同第一至第四个八拍，动作相同，方向相反。

二、健美操的编排与实践

（一）健美操编排的基本方法

健身健美操的动作编排是以 32 拍为一个单位，也就是 4 个八拍为一组。

1. 基本动作节拍

举例：1 个下蹲=2 拍=1×8 拍（可做 4 次）；1 个侧并步=2 拍=1×8 拍（可做 4 次）；1 个侧交叉步=4 拍=1×8 拍（可做 2 次）；1 个吸腿=2 拍=1×8 拍（可做 4 次）。

2. 组合动作的基本方式

掌握健美操基本步法后，利用这些动作就可以进行锻炼了。最初可以反复练习这些步法，目的是为了进一步理解和巩固这些动作，以提高练习的负荷量。当步法熟练后，再反复练习单一的动作就会感到枯燥。为此可以把这些单个步法按照自己的实际水平组合在一起，变成一组一组的动作。初学者 1 组动作可包括 2~4 种步法，对于中级水平的练习者来说 1 组动作可包括 5~6 种步法。通常 4 个 8 拍（32 拍）为一个组合。

举例：2 个动作组成 1 个组合。A=踏步，B=并步（表 9-3-1）。

表 9-3-1　动作组合 1

组合方式 动作节拍	AABB	ABAB	ABABABAB
1×8 拍	8 次踏步	8 次踏步	4 次踏步+2 次并步
1×8 拍	8 次踏步	4 次并步	4 次踏步+2 次并步
1×8 拍	4 次并步	8 次踏步	4 次踏步+2 次并步
1×8 拍	4 次并步	4 次并步	4 次踏步+2 次并步
共 32 拍	AABB	ABAB	ABABABAB

举例：3 个动作组成 1 个组合。A=踏步，B=并步，C=V 字步（表 9-3-2）。

表 9-3-2　动作组合 2

组合方式 动作节拍	AB C AB C	A BC A BC	AC B AC B
1×8 拍	4 次踏步+2 次并步	8 次踏步	4 次踏步+1 次 V 字步
1×8 拍	2 次 V 字步	2 次并步+1 次 V 字步	4 次并步
1×8 拍	4 次踏步+2 次并步	8 次踏步	4 次踏步+1 次 V 字步
1×8 拍	2 次 V 字步	2 次并步+1 次 V 字步	4 次并步
共 32 拍	AB C AB C	A BC A BC	AC B AC B

举例：4 个动作组成 1 个组合。A=踏步，B=并步，C=交叉步，D=开合跳（表 9-3-3）。

表 9-3-3　动作组合 3

组合方式 动作节拍	ABCD	AB CD AB CD	AD CB AD CB
1×8 拍	8 次踏步	4 次踏步+2 次并步	4 次踏步+2 次开合跳
1×8 拍	4 次并步	1 次交叉步+2 次开合跳	1 次交叉步+2 次并步
1×8 拍	2 次交叉步	4 次踏步+2 次并步	4 次踏步+2 次开合跳
1×8 拍	4 次开合跳	1 次交叉步+2 次开合跳	1 次交叉步+2 次并步
共 32 拍	ABCD	AB CD AB CD	AD CB AD CB

举例：5 个动作组成 1 个组合。A＝踏步，B＝并步，C＝交叉步，D＝开合跳，E＝V 字步（表 9-3-4）。

表 9-3-4　动作组合 4

组合方式 动作节拍	AB C D E	A BC D E	AB C DE DE
1×8 拍	4 次踏步+2 次并步	8 次踏步	4 次踏步+2 次并步
1×8 拍	2 次交叉步	2 次并步+1 次交叉步	2 次交叉步
1×8 拍	4 次开合跳	4 次开合跳	2 次开合跳+1 次 V 字步
1×8 拍	2 次 V 字步	2 次 V 字步	2 次开合跳+1 次 V 字步
共 32 拍	AB C D E	A BC D E	AB C DE DE

3. 动作变化的基本要素

在熟练掌握了健美操基本步法、学会了将几个单个步法组合成 32 拍的动作组合后，接下来要学习动作变化的基本要素，这些要素将会使动作或动作组合变得更加丰富，更具挑战性。

（1）方向变化：在完成某一个动作时可以加上不同方向和不同度数的变化。例如，向左、向右、向后的转动；顺时针方向 90 度、180 度、360 度的转动，逆时针方向 90 度、180 度、360 度的转动等。

例如，"V"字步第 3~4 拍时转体 180 度，开合跳转体 90 度。

（2）动作杠杆的变化：指完成动作时手臂和腿的长度变化。例如，由屈臂侧摆变成直臂侧摆，由前踢腿变成向前吸腿。

（3）冲击力的变化：在不改变动作结构的前提下，将冲击力进行改变。例如，低冲击力的漫步可变成有腾空的高冲击力的漫步，高冲击力的弹踢腿可变成低冲击力的弹踢腿。

（4）路线变化：在进行健美操练习时，可以沿不同的路线做动作，例如，"Z""L""□""◇""W"形等。例如，交叉步可沿"□"形路线移动，并步可沿"Z"形路线移动。

（5）风格的变化：在不改变动作结构的前提下，改变动作的风格。例如，踏步加上摆髋可以变成拉丁操的风格，并步加弹动具有街舞的风格。

（6）手臂动作的变化：在不改变基本步法的基础上，将手臂动作不断进行变化。例如，

"V"字步加击掌，吸腿加手臂上举。

(二) 健美操的实践

1. 选择适合自己的锻炼方案

坚持健美操锻炼可以增进健康，缓解精神压力，预防心理疾病的发生。学习之余进行健美操锻炼能达到积极性休息的目的，能使智力水平得到更充分的发挥。但由于每个人的身体状况及健美操锻炼水平不同，同一个锻炼方案对每个人所起的作用是不一样的。因此，要根据自己的实际情况选择恰当的锻炼方案，以达到最佳的锻炼效果。

（1）初级水平锻炼者的锻炼方案。

初学者的锻炼内容应以基本动作和基本技术为主，动作应简单，重复次数要多，速度相对要慢，对身体协调性的要求较低，以低冲击力动作为主。

练习时间：30~40分钟。锻炼频率：3次/周。

练习结构：热身—有氧—拉伸。

动作设计：以基本动作为主，1个动作组合（32拍组成）最多不超过4个动作，不同的动作组合不超过4组。

变化要素：可适当加入前后左右的移动路线和90度的方向变化。音乐速度：130~140拍/分钟为宜。

（2）中级水平锻炼者的锻炼方案。

中级水平锻炼者锻炼时动作变化较多、速度较快，对身体协调性的要求有所提高，以低冲击力和高冲击力相结合的动作为主。

练习时间：50~70分钟。锻炼频率：3~4次/周。

练习结构：热身—有氧—拉伸。

动作设计：低冲击力与高冲击力动作组成32拍组合，1个组合不超过6个动作，其中高冲击力的动作不要过多；增加一些个性化风格的动作，但不能过于复杂。

变化要素：可适当加入"L"形、"Z"形等路线变化；转体的度数可增加至180度。音乐速度：134~148拍/分钟为宜。

（3）高级水平锻炼者的锻炼方案。

锻炼水平和技术水平较高的练习者，其锻炼内容较为复杂，变化较多，速度也较快，对身体协调性要求较高，并以高冲击力和低冲击力动作相结合或以高冲击力动作为主，此外还可增加局部肌肉的练习。

练习时间：70~90分钟。锻炼频率：3~4次/周。

练习结构：热身—有氧—局部—拉伸。

动作设计：动作更加多样化，方向路线更复杂，以高冲击力和低冲击力相结合动作或以高冲击力动作为主组成32拍组合，每个组合可超过6个动作。变化要素：在1个动作上同时添加多个变化要素。

音乐速度：148~154拍/分钟为宜。

2. 避免有碍健康的锻炼方式

健美操锻炼应根据人体的生理特点和锻炼基础而进行。不注意自身特点、不考虑安全因素、扰乱体力和脑力劳动的生物节律以及盲目追求锻炼效果，这些都是有碍健康的锻炼方式。

这样锻炼不仅会失去锻炼效果，有时甚至会对身体造成损害。因此，锻炼时应注意以下几点：

（1）结合自身特点进行锻炼。

（2）锻炼要持之以恒。

（3）掌握正确的锻炼方法和手段。

（4）定期对健美操的锻炼效果进行评价。

第四节　艺术体操

一、徒手练习

（一）基本姿态

1. 基本站立姿势

徒手练习必须从基本站立开始，站立时通过脚的位置变化和腿形变化可形成多种姿势。正确的站立姿势是形成优美的动作和身体姿态的基础，站立的基本要求是：头要正，肩要沉，夹背挺胸，收腹立腰，臀夹紧，腿上收，目前视。

（1）脚的基本站立位置。

①并立（正步）：两脚并拢，脚尖向前（图9-4-1①）。

②自然站立（小八字步）：两脚跟靠拢，两脚尖向斜前方成八字形（图9-4-1③）。

③开立：两脚左右或前后分开（与肩同宽）站立（图9-4-1③、④）。

⑤丁字步：前脚跟在后脚弓处站立，两脚尖向前方成丁字形（图9-4-1⑤）。

（2）芭蕾舞脚的5个基本位置（图9-4-2）。

一位：两脚跟靠拢，两脚尖向外开立成一条线，重心在两脚上，两腿伸直。

二位：保持一位脚形，两脚并立，两脚跟相距一脚。

三位：两脚前后平行，脚尖向两侧，前脚跟紧贴后脚跟内侧中部。

四位：两脚前后平行，脚尖向两侧，两脚相距约一脚，重心落在两脚之间。

五位：两脚前后平行，但两脚相叠，脚尖向两侧。

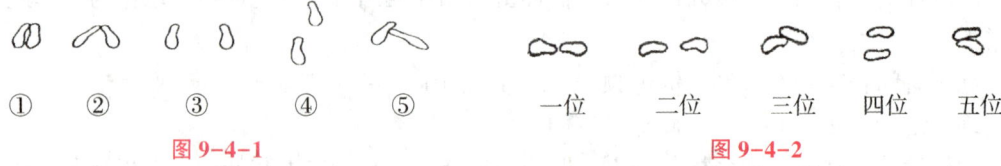

图9-4-1　　　　　　　　　　图9-4-2

（3）站立姿势：两脚在任一位置上以全脚掌或前脚掌、脚尖、脚跟等不同部位支撑地面，两腿伸直或弯曲形成各种姿势（图9-4-3）。

①直立：两腿伸直并拢，全脚掌着地，重心在两脚间（图9-4-3①）。

②起踵立：以前脚掌支撑地面，脚跟向上抬起，使脚面与小腿在一条垂线上（图9-4-3②）。

③点地立：一腿直立或稍屈膝，另一腿脚面绷直以脚尖在前（侧、后）方点地（或勾

脚面以脚跟点地），重心在支撑腿上（图9-4-3③）。

④蹲立：屈膝站立，稍屈膝为半蹲，屈膝角度小于90度为全蹲（图9-4-3④）。

⑤弓步：一腿屈膝，另一腿伸直，有前弓步、侧弓步、后弓步（图9-4-3⑤）。

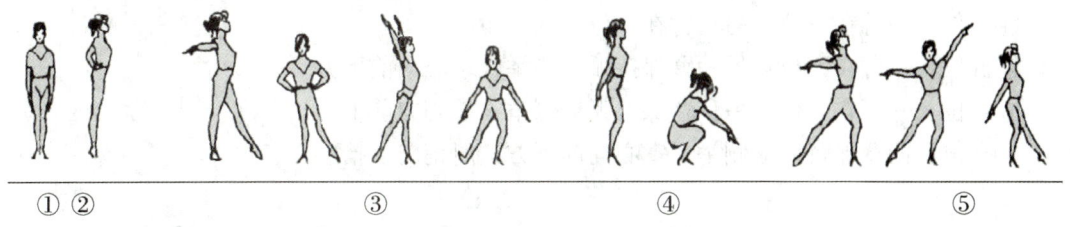

图9-4-3

(4) 注意事项。

①站立时两脚位置准确，腿部肌肉收紧，紧腹收臀、挺胸夹背、立腰、两肩下沉、头正直，保持稳定的重心和挺拔的姿势。

②起踵立时前脚掌支撑，脚拇趾用力向下踩地，内踝顶直，脚跟高高抬起。

③点地立时注意整个腿外旋，脚面充分绷直，以脚尖或脚跟点地。

④蹲立时膝部和臀部肌肉收紧，屈而不懈，富有弹性。

⑤弓步时重心在两腿间偏屈膝腿一侧，保持一腿屈、另一腿伸直的姿态。

2. 手臂基本姿态

(1) 手形和臂形：在艺术体操动作中，手臂可保持伸展、弧形或屈臂的形状。手的基本形状是手指并拢，拇指与中指向里合。当手臂伸展时手指和手腕随之伸展，在手背处呈反弓形（图9-4-4①）。当手臂成弧形时，手指、手腕放松（稍屈），整个手臂从肩至手指尖成一柔和的弧线（图9-4-4②）。手形随手臂姿态而灵活变换，在某些具有特殊风格的动作中，也有手掌伸展成五指分开或半握拳的形状。

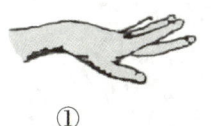

图9-4-4

(2) 手臂的基本位置：常用的手臂基本位置有两臂正方向的举（图9-4-5①）、两臂中间方向和斜方向的举（图9-4-5②）和两臂不同方向的举（图9-4-5③）。

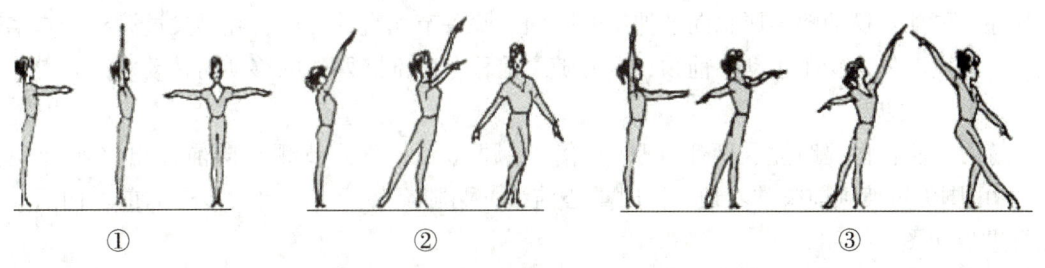

图9-4-5

(3) 芭蕾舞手臂的7个基本位置（图9-4-6）。

①一位：两臂成弧形于前下方，指尖相对，掌心稍向内。

②二位：臂保持弧形前举（稍低于肩），掌心向内。

③三位：两臂保持弧形上举，掌心向内。

④四位：一臂在三位，另一臂在二位。

⑤五位：一臂在三位，另一臂保持弧形侧举，掌心向前下方。

⑥六位：一臂在二位，另一臂保持弧形侧举，掌心向前下方。

⑦七位：两臂保持弧形侧举，掌心向前下方，肘稍向上抬。

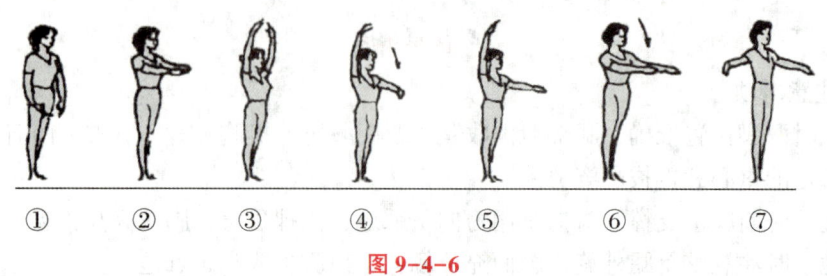

图 9-4-6

(4) 注意事项。

①手臂向上举起时，以上臂带动前臂，肩关节放松，肩带下沉，下颌随手移动，全身协调配合。

②手形随臂形变化，当手臂伸直时手腕、手指随之伸展，并尽量向远伸。当手臂成弧形时，手指、手腕随之放松（稍屈）呈圆滑的弧线，肘部向远顶，使手臂幅度增大，刚柔并存。

③两臂分别向前、后举起时，以身体中线为轴，两肩随手臂向前、后转动，使两臂举在前后方向上，且成一条直线。

④手臂由上向下时，上臂、前臂和手依次下落。

(二) 基本的身体动作

1. 基本步法与舞步

(1) 柔软步。

练习方法：由自然站立开始，左脚脚面和膝关节绷直向前伸出，脚面向外，由脚尖过渡到全脚掌着地，身体重心随之前移，接着换右脚向前，两腿交替行进，两臂自然前后摆动。柔软步可向前、向后、向侧或沿弧线行进步（图9-4-7）。

注意事项：摆动腿经屈膝向前伸出时脚面、膝关节绷直并外旋，经脚尖过渡到全脚掌着地时，脚尖向外，脚跟主动向前顶，重心随之前移，髋部随两腿的移动而转动。

(2) 足尖步。

练习方法：由提踵立、两手叉腰开始。左腿脚面、膝关节绷直向前伸出（脚面稍向外），由脚尖过渡到前脚掌着地，同时重心前移，两腿交替行进。足尖步可向前、向后、向侧行进步（图9-4-8）。

注意事项：足尖步要始终高起踵，摆动腿充分绷直，步幅要小，重心平稳。

(3) 弹簧步。

练习方法：由起踵立开始。左脚向前柔软步并稍屈膝，重心移至左脚（图9-4-9①）；左腿伸直成起踵立，同时右脚脚面和膝关节绷直向前下方伸出，两臂自然前后摆动（图9-4-9②）。弹簧步可向前、向后、向侧行进，还可在第2拍做举腿或原地小跳动作（图9-4-9③、图9-4-9④）。

注意事项：脚着地前摆动腿要充分绷直，脚着地时由脚尖过渡到全脚掌滚动式着地，并有控制地依次屈踝、屈膝，接着依次有力地伸直膝、踝关节成起踵立，整个蹲起过程重心要平稳，动作要柔和、连贯、有弹性。

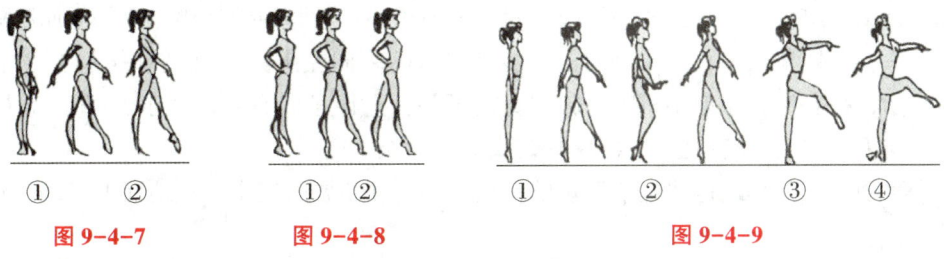

图9-4-7　　　图9-4-8　　　图9-4-9

(4) 滚动步。

练习方法：由起踵立开始。右脚由前脚掌滚动至全脚掌着地，重心移至右脚，同时左腿屈膝向前，由前脚掌滚动至脚尖并向前滑动一小步，脚面绷直，脚尖点地（图9-4-10①）。经双脚起踵立，重心左移，左脚滚动至全脚掌着地，同时右腿屈膝向前，由前脚掌滚动至脚尖着地，脚面充分绷直，向前滑动一小步。滚动步可原地、向前、向后行进（图9-4-10②）。

注意事项：滚动步是经两脚起踵立的过程，重心在两脚间移动。向前屈膝时小腿、脚面与地面垂直，动作要连贯、柔和、有弹性。

(5) 变换步。

变换步有普通变换步、举腿变换步、转体变换步和跳的变换步，均可向前、向后、向侧行进。以向前的普通变换步为例。

练习方法：由自然站立，两臂侧举开始。左脚向前柔软步（图9-4-11①）；右脚并左脚成丁字步，同时两臂向下至一位（图9-4-11②）；左脚向前柔软步，重心前移，右腿伸直脚尖后点地，同时右臂前举，左臂侧举，转头看右前方（图9-4-11③、图9-4-11④）。

注意事项：变换步的基础是柔软步，因此要在柔软步的基础上学习变换步；点地、举腿姿态要求膝与脚面外旋。

(6) 华尔兹。

华尔兹包括向前华尔兹、向后华尔兹、向侧华尔兹、转体华尔兹。以向前华尔兹为例。

练习方法：左脚向前做柔软步并稍屈膝，重心随之前移，右臂经下向左绕（图9-4-12①）；右脚开始向前做两次足尖步，同时右臂经上绕至右侧举（图9-4-12②、图9-4-12③）。

注意事项：柔软步屈膝时脚尖、膝盖向侧，足尖步时要高起踵，动作起伏要自然，重心随出步而移动。

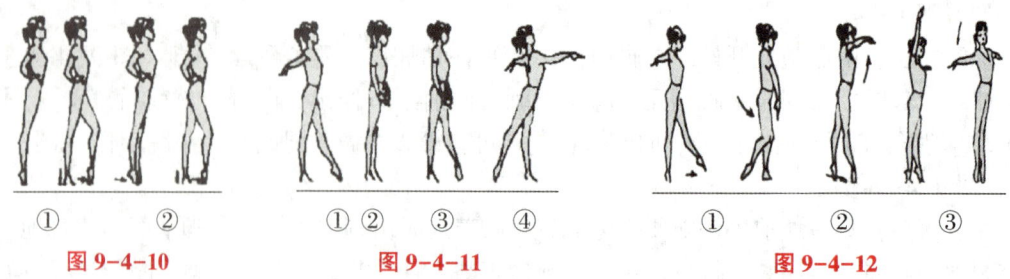

① ② ① ② ③ ④ ① ② ③

图 9-4-10　　　　　　图 9-4-11　　　　　　图 9-4-12

（7）波尔卡。

练习方法：由自然站立，两手叉腰开始。节前拍——右脚原地轻跳，左腿经屈膝向前伸直至前下举，上体稍向左转。左脚向前一步，右脚随之向左脚并步（图 9-4-13①）；左脚再向前一步，接着左脚原地小跳，右腿伸直前下举，上体稍向右转。波尔卡舞步轻快活泼，可向前、向后、向侧或转体做（图 9-4-13②）。

注意事项：节前小跳是波尔卡舞步的特点，小跳并步要蹬起来，在地面上滑动，重心随之移动。

（8）卡洛泼步。

练习方法：由自然站立，两臂侧举开始。左脚向前一大步，重心随之前移成小弓步，接着左脚蹬地跳起，右脚在空中与左脚并拢（图 9-4-14①）；右脚落地并稍屈膝，左腿前下举（图 9-4-14②）。

注意事项：经弓步时前腿蹬地跳起，空中两腿绷直夹紧，脚尖向下，上体正直。

节前拍　　① 　　② 　　　　① 　　②

图 9-4-13　　　　　　　图 9-4-14

2. 摆动

（1）手臂摆动。

练习方法：手臂以肩为轴摆动，两臂向同一方向或不同方向、同时或依次进行摆动。

注意事项：摆臂时肩要放松下沉，手臂以肩带肘、肘带手向远摆动。动作要自然、松弛，身体要协调配合（图 9-4-15）

图 9-4-15

（2）腿的摆动。

练习方法：腿以髋关节为轴，向前、后、侧各方向摆起，包括自然摆动和快速有力的踢腿（图9-4-16）。

注意事项：摆动腿髋关节要放松，保持绷直或屈膝姿态向远摆，支撑腿脚掌扒地，向上顶直，固定髋部，保持稳定的重心。摆动腿要上摆快、落下轻、方向正。

图 9-4-16

（3）躯干摆动。

练习方法：以腰为轴，上体向前后或左右摆动。躯干前后摆动从两脚开立、两臂后下举开始，上体挺胸向前下摆至体前屈，两臂下摆，接着上体含胸弓背向上起至直立，两臂经前至上举；上体向后下方摆至体后屈，两臂经上向侧后下方打开，接着立腰还原成直立（图9-4-17①）。躯干左右摆动从两脚开立、两臂右侧举开始，上体向右下经体前屈摆至左侧，上体还原成直立，同时两臂随上体摆至左侧举，接着由左向右摆动，还原成预备姿势（图9-4-17②）。

注意事项：两腿要保持稳定的重心，上体放松拉长向远伸，快速向下摆，借助反弹动能上摆，整个动作要幅度大、放松、协调。

图 9-4-17

3. 绕环

（1）手臂绕环。

练习方法：由站立、两臂体侧下垂开始。两臂以肩、肘、腕为轴，同方向或不同方向、同时或依次进行大、中、小绕环（图9-4-18）。

注意事项：肢体绕环时相邻的部位要固定，相邻的关节要放松，肢体尽量伸展向远端画大弧。

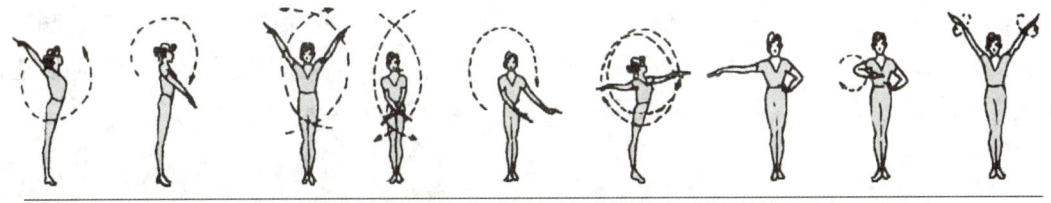

图 9-4-18

（2）躯干绕环。

练习方法：由两脚开立，两臂右侧举开始。上体向前下由上体前屈向左经左侧屈、向后屈、右侧屈、向前屈绕环一周，还原成直立（图9-4-19）。

注意事项：上体绕环要保持在一个水平面上，下肢支撑要有力。两臂尽量向远伸牵引上体绕动，肩部保持在同一个高度，绕环中保持挺胸、抬头，肩伸展要充分。

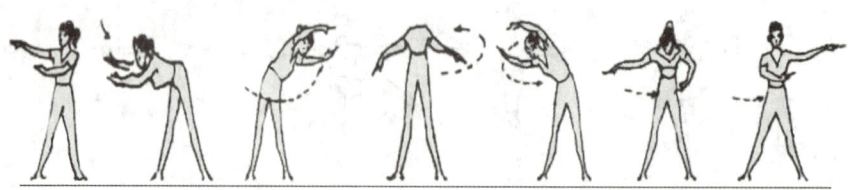

图9-4-19

4. 波浪

（1）手臂波浪。

练习方法（以左臂向前波浪为例）：左肩向前转动，以左肩向上带动上臂、前臂、手腕、手指依次向上移动，肩、肘、腕、指关节依次弯曲，并随之依次向下伸展，在波浪过程中形成屈肘伸腕和伸肘屈腕的反向弯曲姿态（图9-4-20）。

注意事项：各关节弯曲与伸展要依次、连续地进行，由近侧端开始发力，向远端传递形成浪峰推移。在手臂波浪中，肘关节要随手臂上下摆动而转动。

（2）躯干波浪。

练习方法（以跪坐波浪为例）：由跪坐开始，腰、胸、颈各关节依次前挺后屈，上体前倾使胸贴大腿，接着腰、胸、颈依次后移前屈，经过弓背、含胸、低头依次还原成上体正直（图9-4-21）。

注意事项：腰、胸、颈各关节要依次后屈、前屈或侧屈，随之依次伸展，动作要连贯、充分。在躯干波浪中头部要积极参与，下颌画立圆，躯干呈现出S形弯曲。

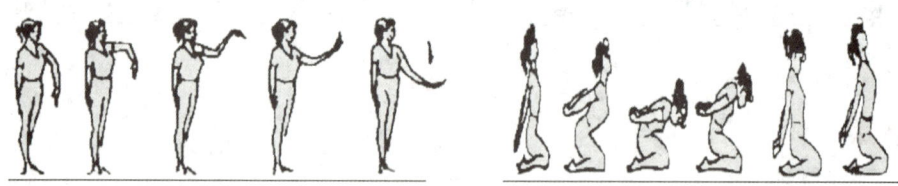

图9-4-20　　　　　　　　图9-4-21

（3）全身波浪（以身体向前波浪为例）。

全身波浪是指从脚至头全身参与的身体波浪，包括身体向前波浪（图9-4-22①）、身体向后波浪（图9-4-22②）、身体向侧波浪（图9-4-22③）和螺旋波浪（图9-4-22④）。

练习方法：由半蹲上体前屈开始，膝、髋、腹、胸、颈依次向前上方挺出，经含胸、低头、挺髋的反向弯曲，上体大幅度后屈，两腿积极蹬伸，身体各关节由下至上依次伸展还原成直立。波浪过程中两臂由前经下向后绕至上举，全身协调配合。

注意事项：由腿部开始发力，膝、髋、腰、胸、头要依次向波浪方向挺出。上体和下肢反向位移，动作要保持平衡，形成S形弯曲。整个波浪动作要连贯、松弛、幅度大。

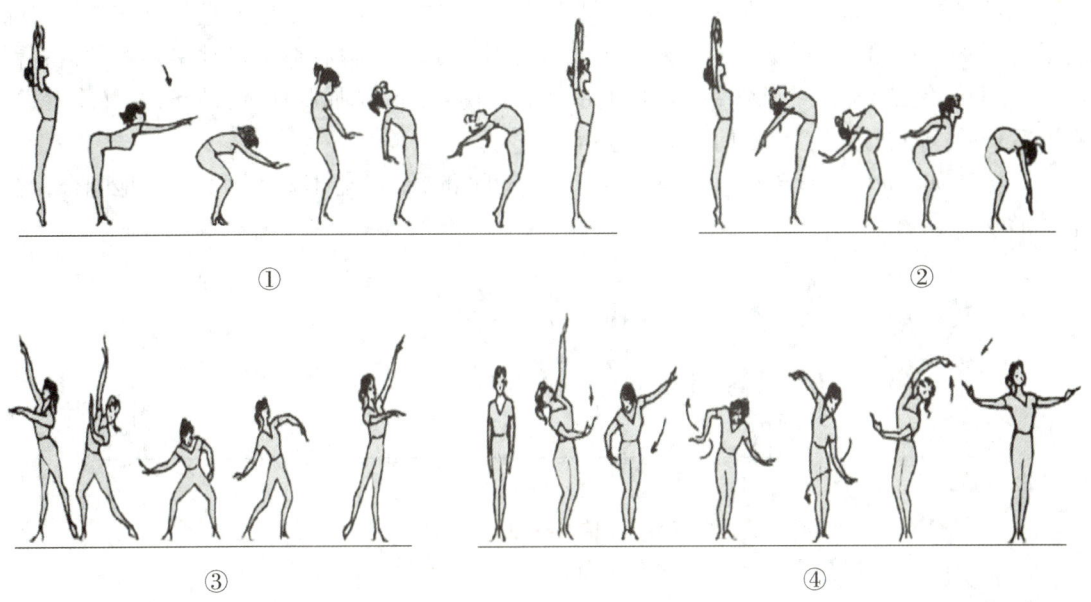

图 9-4-22

5. 平衡

练习方法：左脚站立或起踵立，右腿屈膝前举（或侧举、后举），两手叉腰（或上举、侧举），保持2-3秒不动（图9-4-23）。

注意事项：支撑腿要充分伸直，脚掌及踝部要用力使重心控制在支撑面之内，举起的腿及腰部肌肉要用力控制姿态造型。

6. 转体

练习方法：双脚转体180度——由自然站立开始，左脚向前一小步，双脚起踵向右转体180度，同时两臂经侧至上举（图9-4-24①）。双脚转体360度——由自然站立开始，右脚向左脚左侧交叉一步，双脚起踵向左转体360度，同时两臂经侧至上举（图9-4-24②）。

注意事项：转体时高起踵，两腿夹紧，紧腹收臀，挺胸立腰，以领肩、转髋带动整个身体转动，头随之迅速转动。

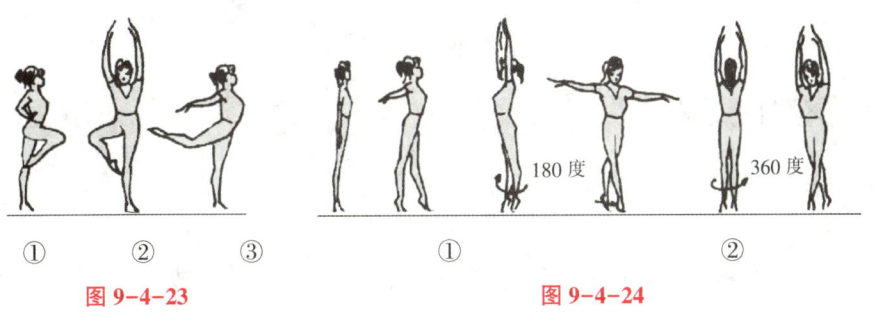

图 9-4-23　　　　　　　图 9-4-24

7. 跳跃

（1）小跳（以单脚小跳为例）。

练习方法：原地单脚小跳——由双脚站立开始，左脚蹬地跳起，左脚落地，右腿稍屈膝前举（图9-4-25①）。踏跳步——左脚上步经屈膝跳起，右腿后举，同时左臂侧举，右臂前举（图9-4-25②）。吸腿跳——左脚上步经屈膝跳起，右腿屈膝前举，同时左臂前上举，右臂后下举，向右拧身，看右前方（图9-4-25③）。

注意事项：向前一步要有力地蹬地跳起，摆动腿和手臂、躯干要主动而快速地配合，在空中形成舞姿。

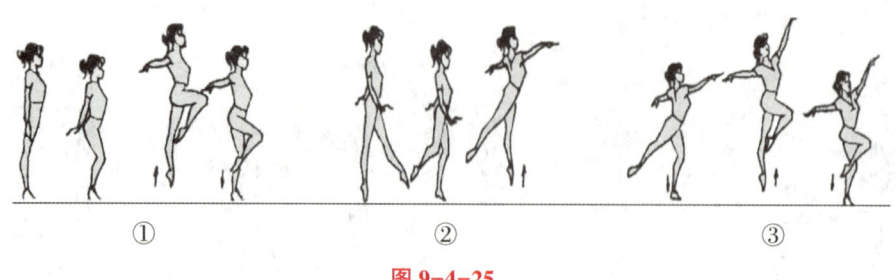

图 9-4-25

（2）大跳。

练习方法（以跨跳为例）：由助跑2~3步开始，左脚向前一步蹬地跳起，同时右腿伸直向前上方摆动跨出，左腿随即向后摆起，空中两腿绷直，前后分开，同时左臂前举，右臂侧举，接着右脚前脚掌先着地，迅速过渡到全脚掌着地，并稍屈膝（图9-4-26①）。跨跳在空中可以变换各种姿势，如前腿屈、后腿直的鹿跳（图9-4-26②）。

注意事项：跨跳时蹬地要有力，摆腿动作应超过水平面，在空中快速完成紧腰伸腿的制动技术，身体腾空至最高点时动作幅度最大，跨跳动作要做得高而远。

图 9-4-26

二、持轻器械练习

（一）绳操

1. 持绳方法

一般用拇指、食指和中指握绳，握绳要松，以便于绳头在手中转动自如。绳的握法有单手持绳（图9-4-27①）和双手持绳（图9-4-27②）。

图 9-4-27

2. 摆动

练习方法：两手或一手持绳，以肩为轴在不同部位向不同方向做钟摆式运动。摆动可以两手持绳左右摆动（图9-4-28①）或两手持绳前后摆动（图9-4-28②）。

注意事项：摆动时要以肩为轴，肩部要放松，经下时要稍屈肘，使力传至绳的远端。整个摆动动作要连贯、流畅、舒展。

图 9-4-28

3. 绕环

练习方法：双手或单手持绳，以肩、肘、腕为轴，使绳在不同部位向不同的面或不同方向做圆周运动。持绳可做左右绕环（图9-4-29①）、前后绕环（图9-4-29②）和上下绕环（图9-4-29③）。

注意事项：绕环时要以肩为轴，绳经下要稍屈肘，过垂直部位后两臂用力向上绕环，向下绕环时要顺其惯性自然摆动。

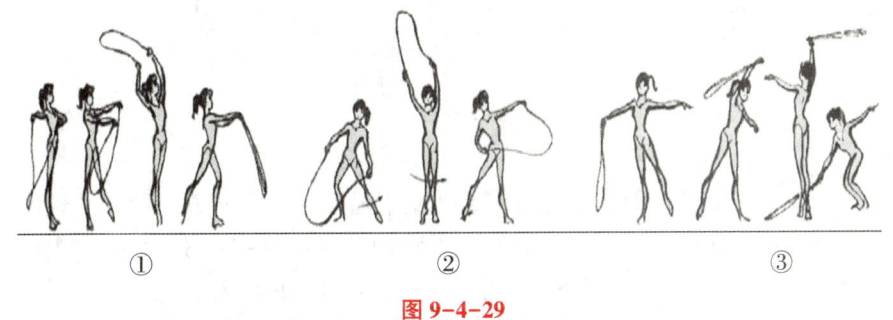

图 9-4-29

4. 跳绳

练习方法：两手握单绳头侧下举（稍屈肘），以手腕为轴向前（后、侧）做圆形绕动，绳经前下方时加速摆动，同时配合不同的姿态、以不同的形式跳过绳（图9-4-30）。

注意事项：两肘要自然弯曲固定侧举，松握绳，手腕灵活地由前经下向后用力转动绳，跳起时两腿迅速蹬地，脚面要绷直，落地时前脚掌着地，屈膝缓冲。

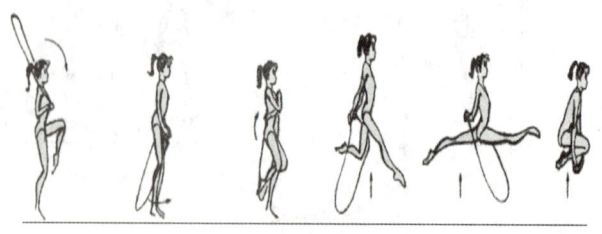

图 9-4-30

5. 缠绳

练习方法：两手或单手持绳绕环，绕环停止时让绳缠绕在靠近握点的身体某部位，然后向相反方向绕动，使绳进行绕环状态。常见的缠绳动作有两手持绳缠臂、两手持绳缠腰（图9-4-31）。

注意事项：持绳缠臂时，右臂自然伸直，要松握绳，左手持绳一端在右腋下固定，以右手腕为轴向后绕绳，右臂也要做小幅度的绕动。持绳缠腰时，右臂固定于左侧腰部，左臂自然伸直上举，要松握绳，水平绕环，肩、肘、腕要协调用力。

图 9-4-31

（二）圈操

1. 握圈

通常用拇指和四指相对握圈，可双手握圈（图9-4-32①）或单手握圈（图9-4-32②）。一般握圈要松，便于灵活操纵，但在做某些抛接或需要保持圈面准确的动作时要求紧握圈。

① ②

图 9-4-32

2. 摆动

练习方法：单手或双手持圈，手臂以肩为轴在不同面上向不同方向所做的幅度小于360度的钟摆式弧形运动。如单手持圈的体前左右垂直摆动（图9-4-33①）、体侧向前后垂直摆动（图9-4-33②）和双手持圈的体前左右水平摆动（图9-4-33③）。

注意事项：单手持圈左右或前后摆动时，要松握圈，直臂以肩为轴，圈经垂直部位时要稍屈肘，过垂直部位后要稍用力摆动；双手持圈左右水平摆动时，要紧握圈，肩部放松，上体带动手臂以一定的速度沿水平面直臂摆动。

图 9-4-33

3. 绕环

练习方法：单手或双手持圈，以肩为轴在不同面上向不同方向所做的构成360度或大于360度的圆周绕动。如双手持圈体前垂直绕环（图9-4-34①）、单手持圈头上水平绕环（图9-4-34②）等。

注意事项：单手持圈头上水平绕环时，要反握圈、肩放松、臂伸直，手臂绕至头后时要向内转肩、转腕；体前后换手水平绕环时，要松握圈、以肩为轴，在体前后掌心向下及时准确换握圈。

4. 滚动圈

练习方法：右手正握圈，将圈垂直（或向内稍倾斜）放在地上，通过手向后或向侧拨拉圈，使圈沿直线（图9-4-35①）或弧线滚动（图9-4-35②）。

注意事项：滚动圈时要紧握圈，手臂伸直，直线摆动拨拉圈，用力要适中。

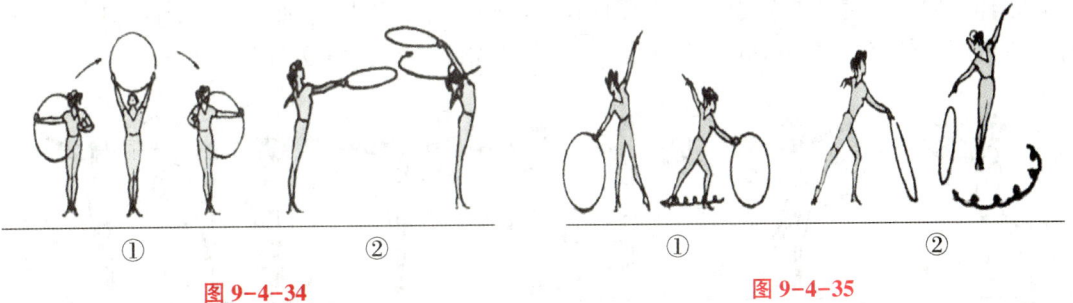

图 9-4-34   图 9-4-35

5. 穿过圈

练习方法：两手持圈两侧，通过手臂的上下屈伸或圈的水平翻转，头部从圈面中穿进，至腰部后再向上举圈或翻转圈，身体从圈中穿出（图9-4-36）。

注意事项：两臂要协调用力，身体与圈平面要垂直，肘关节下垂不宜过低。当圈垂直于地面过圈时身体要团紧，重心要快速前移。

图 9-4-36

(三) 球操

1. 持球方法

(1) 两手持球（图9-4-37①）：两掌心相对，握球的左、右侧或上、下部，或两臂交叉握球的左、右侧后部。

(2) 两手或一手正托球（图9-4-37②）：五指稍分开，手指微屈，掌心向上，用手指和手掌自然托球的下部。

(3) 一手反托球（图9-4-37③）：手臂以肩为轴直臂向前转动，或以肘为轴向内中绕环，使掌心转向上托住球的下部。

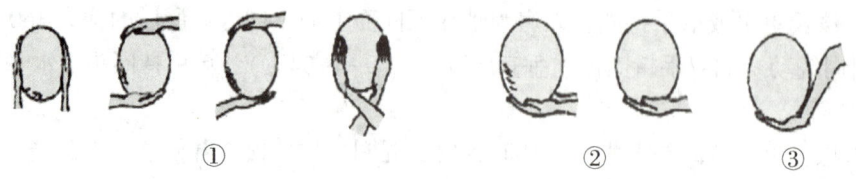

图9-4-37

2. 摆动

练习方法：两手持球或一手托球，手臂以肩为轴在不同的面上向左右、前后或水平面做钟摆式的弧形运动。如两手持球的左右摆动（图9-4-38①）和一手持球的水平、前后摆动（图9-4-38②、③）。

注意事项：两手持球摆动时要直臂以肩为轴，经下向上摆动时要稍加力，摆至最高点时手臂远伸，回摆时肩部要放松；一手托球摆动时也要直臂以肩为轴，摆至最高点时手臂远伸，手腕逐渐伸直，摆回身体垂直部位时，手腕要稍屈，保持掌心向上自然托球。

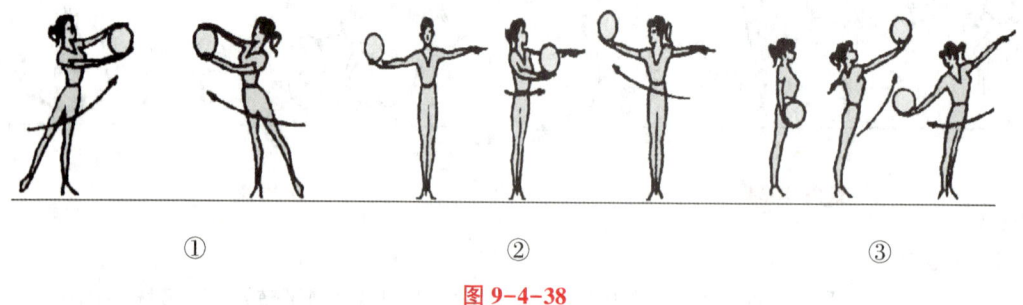

图9-4-38

3. 绕环

练习方法：两手或一手持球，手臂以肩或肘为轴，在不同面上做360度或360度以上的圆形绕环动作。如两手持球的大绕环（图9-4-39①），一手持球的大绕环（图9-4-39②）和水平中绕环（图9-4-39③）等。

注意事项：两手持球做大绕环时，要直臂以肩为轴，动作幅度要大，肩部要放松；一手持球做大绕环时，要直臂以肩为轴，屈臂做中绕环时，要以肘关节为轴，利用绕臂的惯性，手腕随球灵活转动，要始终保持掌心向上托球。

图 9-4-39

4. 拍球

练习方法：用两手或一手掌心向下按压球的上部（侧上方、后上方），使球从地上反弹起来，当球弹起接近最高点时，再用手向下按压球。如原地两手拍球（图 9-4-40①）、原地一手拍球（图 9-4-40②）、体侧拍球（图 9-4-40③）等。

注意事项：拍球时肩部要放松，手臂自然弯曲，手腕伸直，手形与球形相吻合，手臂随球上下摆动，手掌向上吸球，向下按压球。

图 9-4-40

5. 滚球

球的滚动可分为地上的滚动和身上的滚动。身上滚动最为多见，现以此为例。

练习方法：扶球滚动——两手或一手扶球，使球在身上滚动（图 9-4-41①）；拨球滚动——由扶球滚动开始，当球滚至手指尖时，手臂快速伸展，通过手的拨动使球离开手继续在手臂上滚动（图 9-4-41②）；自由滚动——球在身体某部位斜面上由上向下滚动（图 9-4-41③）。

注意事项：扶球滚动时，手始终不离开球；拨球滚动时，要提肘，指尖最后离开球，球顺手拨动的惯性在身上滚动；自由滚动一般由托球开始，滚动时要伸指、伸肩、伸直手臂，通过肢体的起、落、伸、转动作来调整球的滚动速度、方向和路线，接球时通过伸臂、抬臂、手掌屈成弧形使球平稳地停在手中。

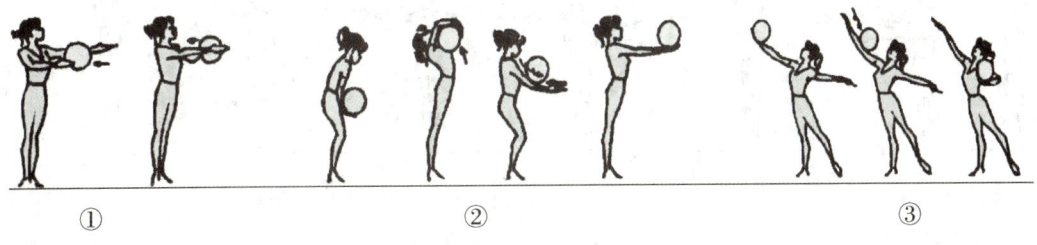

图 9-4-41

(四) 棒操

1. 持棒方法

握棒方法有两种，即紧握法（图9-4-42①）和松握法（图9-4-42②）。紧握法是两手各持一棒，棒头贴近掌心，食指贴于棒颈上，用大拇指和中指抓住棒子头，使棒成为手臂的延伸部分。松握法是用大拇指、食指和中指三指弯曲握住棒头，使棒头在掌心内转动。

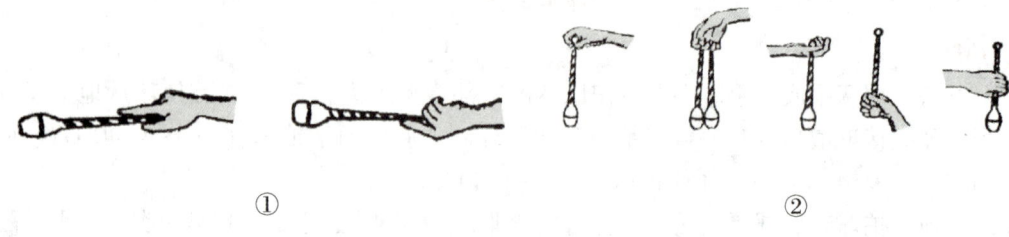

① ②

图9-4-42

2. 摆动

练习方法：两手紧握棒头，保持棒与手臂成一条直线，以肩为轴向各方向做钟摆式运动（图9-4-43）。

注意事项：摆动时肩要放松，手臂始终伸直，下摆通过垂直部位时，应沉肩加速。

图9-4-43

3. 绕环

练习方法（以大绕环为例）：两手紧握棒头，保持手臂与棒成一条直线，以肩为轴，向各方向画圆（图9-4-44）。

注意事项：绕环时要直臂，肩部要放松，过垂直面时加速用力，使棒与手成一条直线。

图9-4-44

4. 敲击

练习方法：两手握棒头，两棒有节奏地相互敲击棒体或地面等部位（图9-4-45）。

注意事项：不能只敲击一次，必须有节奏地敲击，击棒动作要敏捷。

图 9-4-45

（五）带操

1. 持带方法

有单手握（图 9-4-46①）和双手握（图 9-4-46②）。单手握是将棍端抵于掌心，食指伸直贴于棍上，其余四指握住棍端。双手握是一手握带棍，一手握带尾。

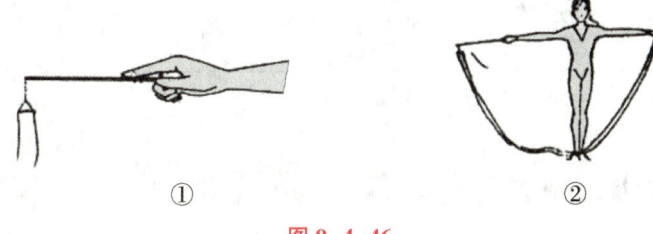

图 9-4-46

2. 摆动

练习方法：右手持带棍，手臂自然伸直，以肩为轴，通过弧形摆臂带动带子摆动（图 9-4-47）。

注意事项：摆动时肩要放松，手臂用力摆动将整个带子摆起，当接近摆动的最高点或最远端时，手腕要稍用力将带尾挑起，并即刻制动手臂的摆动。

3. 绕环

练习方法（以大绕环为例）：右手持带棍，以肩为轴，手臂自然伸直，沿顺时针或逆时针方向做圆周运动，带子成环状（图 9-4-48）。

注意事项：绕环时要以肩为轴，臂要伸直。绕环过垂直部位后，棍与臂成直线。

图 9-4-47　　　　　　　　图 9-4-48

4. 蛇形

练习方法：以手腕为轴，手连续、快速、均匀地做上下或左右小摆动，使带形成一串大小、距离相等的波浪图形（图9-4-49）。

注意事项：手臂要自然伸直，肘、腕要放松，以手腕为轴连续、快速、均匀地做小摆动。

5. 螺形

练习方法：以手腕为轴，手沿顺时针或逆时针方向快速、均匀地做小绕环，带成一串大小相等的环状图形（图9-4-50）。

注意事项：手臂要自然伸直，肘、腕放松，以腕为轴，手快速、均匀地做环状运动。

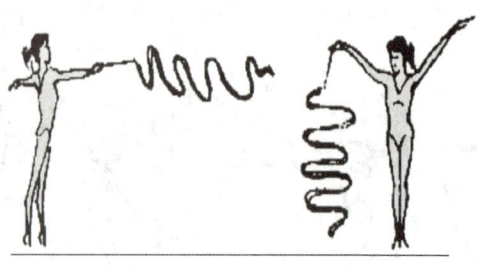

图9-4-49

图9-4-50

三、竞赛规则及裁判法

（一）比赛项目

艺术体操的正式比赛分为个人锦标赛和集体锦标赛。目前，国际体操联合会认可的世界性艺术体操比赛有：奥运会、世界锦标赛、欧洲锦标赛及四大洲（美洲、亚洲、非洲及大洋洲）锦标赛。其中，世界锦标赛单数年是个人锦标赛、双数年是集体锦标赛。如：1999年是个人锦标赛，2000年是集体锦标赛。我国艺术体操比赛除全运会外，有全国锦标赛、全国冠军赛和全国青少年锦标赛等。

艺术体操比赛分集体项目和个人项目两种。集体项目由五人组成，包括两套动作：一套5人持同一种器械，另一套5人持两种器械，如3人持球、2人持带等。每套动作的时间为2分15秒至2分30秒。个人项目包括绳、圈、球、棒、带五项。比赛中，运动员根据规程的要求完成其中四项，每项比赛音乐时间为1分15秒至1分30秒。

（二）裁判的组成

艺术体操裁判由三个裁判小组组成，每组四名裁判员。三个裁判组分别是：

完成组（E）：评价完成情况的技术错误。裁判根据小失误扣0.10分、中等失误扣0.20分，大失误扣0.30分或者更多，给出扣分的总数，最多10分。

艺术组（A）：评价基本编排的艺术价值，包括音乐伴奏和舞蹈编排（器械动作的选择、身体动作的选择，一致性和多样性）。裁判给出扣分的总数，最多10分。

难度组（D）：4名裁判员分2个小组。D的最后得分=D1和D2的平均分，最多10分。

身体动作难度（D1）：评判编排的技术价值（各项器械持有的规定身体动作组和可能的其他组难度动作的数量及水平）。最多10分，用叠加法给出分数。D1裁判组1号裁判是协调裁判员。这名裁判员将对出界、动作时间和所有其他有关纪律（器械、体操服、入场等）方面的问题进行扣分。

器械难度（D2）：评判器械动作的价值（器械抛或无抛的熟练性和有惊险的熟练性）。用叠加法给出分数，最多10分。

（三）场地

艺术体操场地的规格是13平方米的正方形。个人或集体队运动员身体任何部位及器械在界外触地，每次都要扣0.2分，如果器械出界但没有触地不扣分。运动员必须始终在同一块场地上完成每套动作，否则扣0.5分。

（四）器械介绍

绳操：绳操所用的绳一般由麻或合成纤维制成，长短同运动员身高相称，绳的两端可有1~2个小结，但不可有柄。绳操动作组由过绳大跳和过绳小跳、抛和接、转动绳、摆动、环绕、8字抛接等动作组成。

圈操：圈操使用的圈采用合成材料制成，其横断面可以是圆形、方形、椭圆形等，内径80~90厘米，重300克以上。其主要技术动作以圈在地上或身上滚动和转动为主，绕手或绕身体一部分及绕圈自身轴的转动，抛和接，从圈中穿过、圈上越过、摆动、绕环、8字等。

球操：球操使用的球采用橡胶制成。直径18~20厘米，重量至少400克。球操的主要技术动作以单手、双手或身体其他部位运用球完成身上或地上自由滚动、拍球、抛和接、预摆、摆动、绕环、8字、手臂绕环或不绕环的翻转、平衡等。

棒操：棒操使用的棒由合成材料制成。全长40~50厘米，单棒重150克以上，形状如瓶，细端为颈，粗端为体，顶端为棒小头。棒操的主要技术动作以小绕环、小五花绕和抛起在空中的转动为主，以及摆动、绕环、敲击和滑动、滚动、不对称抛和接、用臂或器械的预摆、8字动作等，可以双棒同时或单棒依次完成。

带操：带操使用的带由棍、尼龙绳和带构成。带固定在棍上。棍可采用木、竹、玻璃纤维、塑料或合成材料制成，带可采用绸缎或其他不上浆的类似材料制作，颜色可自选，带长至少6米，宽4~6厘米，重35克以上。棍长50~60厘米，直径不超过1厘米。带操的主要技术动作是由蛇形、螺形、预摆、摆动、绕环、8字、抛全带、拉带抛、小抛带等动作类型构成。

（五）运动员服装

一件合格的体操服必须是不透明的布料，因此，有花边部分必须是双层的（从躯干到胸部）。体操服的前领口不得低于胸骨的一半，后领口不低于肩胛骨的下线。体操服可以有袖子或无袖子，但不允许穿窄肩带的舞蹈服。体操服必须是紧身的，以便于裁判员能评价到运动员每个身体部位的正确位置。

允许的穿着有：

（1）可以在体操服的外面或里面穿长达踝部的紧身衣。

（2）可以穿紧身的连衣裤。

（3）双腿上布料的长度和颜色必须一致（禁止滑稽可笑的服装），只有样式（剪裁或装饰）可以不同。

（4）可在体操服上穿着不超过骨盆的裙子。

（5）裙子的样式（剪裁或装饰）没有限制，但裙子必须长至运动员的臀部（芭蕾舞的短裙是禁用的）。

除此之外，运动员的发型要整洁，妆容要亮丽，可以赤脚或穿体操鞋完成她们的成套动作。各种类型的装饰品及尖锐物都禁止使用，它可能会危及到运动员的安全。集体项目运动员服装的款式和颜色必须一致。

第五节　瑜　伽

瑜伽起源于5000多年前的古印度，是东方最古老的强身术之一。瑜伽能平衡精神、心灵与机体，促进身体健康，这种内外的结合相辅相成、互相促进，达到微妙的平衡；瑜伽能实现自我与内心、机体与精神的完美统一，使人产生幸福、舒畅的感觉，得到解脱并最终开悟；瑜伽还能使身心放松，有助于缓解来自现代社会的紧张和压力，是改变紧张的学习和生活节奏的良好处方。

一、练习准备

（一）练习前的准备

（1）环境应安静幽雅，温度适宜。如果是在室内练习，应先通风换气，保证空气清新，以便静心和集中注意力。

（2）灯光应自然、柔和。练习前，排尽体内废物，换上宽松、柔软、舒适的服装，严禁穿紧身内衣练习。在允许的环境中，赤脚练习较好。不戴任何饰物，保持脸部洁净。

（3）为让紧张的大脑和神经系统更快地放松，可以点上香熏炉，让空气中弥漫着自己喜欢的、醉人心脾的芬芳香味。

（4）配上宁静、舒缓、悠扬的瑜伽音乐，使人联想到纯净、美好的大自然，易于消除杂念。

（5）对于初学者和柔韧性不好的人来说，可以准备一条毛巾做辅助。为防止做地面动作时受伤，一块薄地毯或健身垫是必不可少的。

（二）练习的心理提示

（1）将瑜伽当作娱乐、当作令人快乐的事来做。放松心情，愉快地练习，不要一味地追求高难度的动作，不要强迫自己在短时间内达到演示者的水平。

（2）瑜伽练习，需要大家抱着对自己身心健康高度负责的态度来进行。对于较高难度的动作，在未完全明白前，不要擅自进行。务必在教练指导下逐步完成，以确保身体不受任何损伤。

（3）瑜伽的奥妙要亲自体会才能有所领悟，但至少需要三个月持续的练习，方能有效果。持续时间越长，效果越显著。

（三）饮食提示

瑜伽练习要达到健身、美体、养颜的效果，饮食是不可忽视的要素。

（1）练习前三小时不进正餐，半小时前不大量饮水（除特殊要求外）；练习结束一刻钟至半小时后，饮富含维生素的果汁或纯净水一杯，帮助补充水分，排除毒素。

（2）平常饮食适时、适量，以绿色植物为主。饮食是血液质量、纯度的根源和保证，摄入蔬果类植物性食物与肉类动物性食物的比例应为3∶1。

（3）少食或不食用刺激性强的食物，如过冷、过热、辛辣、油炸、腌制、含防腐剂或甜食类食品。

（4）饮食过程情绪平和，速度适中。

（四）准备姿势

任何一个准备姿势，都必须保证动作和内心稳定，气息调顺。

1. 站姿

60%的重心置于前脚掌，双腿夹紧并拢；向上提臀，使臀线上提；脊柱向上挺拔；收紧腹部和胃部；展开胸腔，肩胛骨微微后夹；向上伸展颈项，感觉头部被向上牵引；正视前方（图9-5-1）。

2. 简易坐姿

坐于地上，双腿自然弯曲，盘起；双手轻放于膝盖上（图9-5-2）。

3. 直角坐姿

双腿伸直、并拢；背部直立，头部端正；双臂自然支撑于体侧（图9-5-3）。

4. 仰躺式

端正头部，仰躺于地面；并拢、伸直双腿；伸直双臂于体侧，手心向下（图9-5-4）。

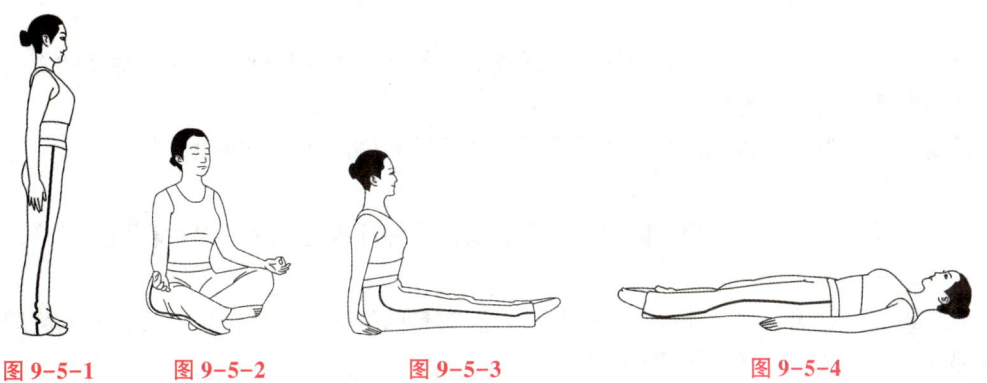

图9-5-1　　　图9-5-2　　　图9-5-3　　　图9-5-4

（五）放松姿势

在每个姿势练习完之后，都必须彻底放松全身，不要将疲劳带到下一个姿势。任何一个放松姿势都要求：全身脏器完全地放松，意识尤其要针对疲劳、酸痛的部位。

1. 折叠式放松

直立下蹲，含胸低头；两臂自然下垂，半握拳，用大拇指和其余四指撑地（图9-5-5）。

2. 仰卧式完全放松

仰躺于地面，双臂分别于体侧打开30度，手心向上，双腿自然分开30度（图9-5-6）。

图 9-5-5

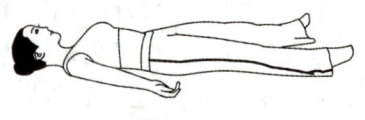

图 9-5-6

3. 俯卧式完全放松

俯卧于地面，头转向一侧；双臂分别于体侧打开30度，手心向上，双腿自然分开30度（图9-5-7）。

4. 英雄式放松

两膝并拢，双脚分开，臀坐落于两脚之间的地面上；手肘支撑，慢慢地将上体和头部有控制地放落到地面上；双手自然打开于体侧，手心向上。初次练习时，可将双膝稍稍分开练习。深呼吸，长久地保持这个姿势，对腿部疼痛的人有益（图9-5-8）。

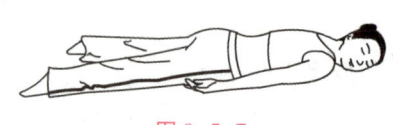

图 9-5-7

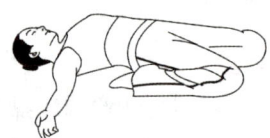

图 9-5-8

二、呼吸和悬息

（一）呼吸

瑜伽的呼吸又称为调息。完全的瑜伽式呼吸能使肺部更加强健，增加对身体的氧气供应量，洁净血液，规律性地按摩内脏器官。

最基本的呼吸方法有三种：胸式呼吸、腹式呼吸和胸腹式完全呼吸。

1. 胸式呼吸

气息的吸入，局限于胸腔的区域，气息较浅，这种呼吸适宜做针对性较强的动作，如上背部和胸部的动作。

动作要领：意识集中于肺部，缓缓吸气，感觉自己的肋骨向外扩张，气息充满胸腔，保持腹部的平坦；缓缓呼气放松胸腔，将气呼尽。

2. 腹式呼吸

气息的吸入，局限于腹部的区域，气息较深，横膈膜下降得较为充分。

动作要领：更多地关注腹部，缓缓吸气，感觉腹部被气息充分膨胀，向前推出，胸腔保持不动；缓缓呼气，横膈膜上升，腹部慢慢向内瘪进。

3. 胸腹式完全呼吸

这种自然完全的呼吸，提供给身体最充足的氧气，将体内的浊气、废气充分地排出体外，使血液得以净化，让心灵清澈而清醒。

动作要领：缓缓吸气，感觉到横膈膜下降，腹部完全鼓起；随后，肋骨处向外扩张到最开的状态，肺部继续吸入氧气，胸腔完全扩张，胸部上提；吸满气后，缓缓地呼出，放松胸腔，将胸部的气呼出，随后温和地收紧腹部，腹部向内瘪进去，感觉肚脐去贴后背，将气完全呼尽为止。

呼吸时的注意事项：

（1）意识集中到一呼一吸上。

（2）瑜伽呼吸一般只由鼻腔参与呼吸，只有在特殊情况和要求下，才由口腔参与。

（3）每一次吸气时，犹如在品尝空气一般，缓缓而深长地吸入。

（4）每一次呼气时，犹如蚕吐丝一般，细而幽长。意识中要将体内的浊气通通排出。

（二）悬息

悬息是指在调息过程中屏住呼吸的这段时间内的状态，是在调息练习已有一段时间，并能够毫不费劲、从容自如地控制并调节吸气和呼气的完整过程后，开始进行练习的。

悬息分为内悬息和外悬息两种。内悬息是指吸气后蕴气而不呼；外悬息是指呼气后闭而不吸。

1. 内悬息的练习

状态：吸气—内悬息—呼气。

时值：吸气、内悬息、呼气三者的时间相等。

时间：吸气、内悬息、呼气的第一阶段 1～4 秒钟、第二阶段 1～7 秒钟、第三阶段 1～9 秒钟。

2. 外悬息的练习

状态：呼气—外悬息—吸气。

时值：呼气、内悬息、吸气三者的时间相等。

时间：呼气、内悬息、吸气的第一个阶段 1～4 秒钟、第二阶段 1～7 秒钟、第三阶段 1～9 秒钟。

3. 悬息的效果

正确而有规律的悬息练习，能给身体健康带来极大的益处，可清除肺部的浑浊气体，清除血液系统中的毒素，加大人体的氧气供给量，使人头脑清醒，精神焕发，内心平静稳定。

三、瑜伽冥想

瑜伽中的冥想可以帮助人们达到内心平静、祥和的状态，产生机体和内心全面健康的积极影响。冥想可以预防由长期紧张、压抑、忧虑引起的各种疾病，增强免疫系统的功能。

（一）常用的冥想坐姿

瑜伽所有冥想坐姿都具有减少下肢的血流量、减缓血液流速、消除下肢的僵硬和疲劳、给予脊柱下半部分滋养的作用，对腹脏器官有益。

1. 简易坐

坐于地面，双腿自然弯曲盘起；双手轻放于膝盖上（图9-5-9）。特点：可以减轻风湿疼痛，消除关节炎。

2. 雷电坐

跪立，双膝并拢，大脚趾交叠，足跟、脚踝像括号一样，向左右两边分开；背部垂直于地面，臀部坐于两脚内侧（图9-5-10）。

特点：适于患有坐骨神经疼、尾骨感染及胃病的人练习。

3. 达仁坐

直角坐姿准备，背部自然伸直，将右脚跟顶住会阴部，右脚脚底紧贴大腿；将左脚置于右脚下，左脚脚跟靠近耻骨，前脚掌和脚趾插进大腿和小腿之间（图9-5-11）。

特点：可镇静神经，保持并提高心灵的敏锐与清晰。但患有坐骨神经痛、尾骨感染的人应避免做这个姿势。

4. 莲花坐

直角坐姿准备，将右脚脚背置于左大腿根上；再将左脚脚背置于右大腿根上，两只脚的脚心朝上；两膝向下，贴近地面，伸直背部，端正头部（图9-5-12）。

特点：有益于呼吸系统和消化系统的健康，使神经系统充满活力，消除紧张情绪；使下肢的肌肉富有弹性，各个关节柔韧性增强，虽然久坐，也不会出现充血。

图9-5-9　　　　图9-5-10　　　　图9-5-11　　　　图9-5-12

坐姿提示：

（1）双手帮助将脚盘放到准确的位置上。

（2）每一种坐姿都要左右换腿练习。

（3）一旦有不适感觉，一定要按摩放松腿部，或交换腿再练习。

（4）应时时注意保持腰部、背部、颈部、头部呈一条向上的直线。

（5）刚开始练习，尤其是练习难度较大的坐姿时，时间长了脚背、脚踝、膝盖、髋部甚至是腰部都容易出现不适的现象，对于初学者来说这是很正常现象，只要及时地按摩放松，不会有任何的负面影响，坚持一两个月这种不适的感觉就会消失。

（二）瑜伽语音冥想

冥想使人内心平净，是一种专心致志于特定对象上的深思方法，它不受愚昧无知和谋取私利的影响，使人明智地进入超然和入定的状态中。瑜伽的冥想有多种形式，经过瑜伽师修行证实，语音冥想是一组吸引人心、纯净心灵、简单易学、富有实效的练习。它们是：奥呀；马丹那—末汉那；哈立波尔—尼泰—戈尔；格帕拉—戈文达—瓦玛—马丹那—末汉那。

语言冥想提示：

（1）选择一种适合自己的冥想坐姿，调顺气息静坐。

（2）选择一种自己喜欢的并能完整念诵的瑜伽语音冥想，如选择"奥呀"。

（3）每次缓缓吸气时，默念"奥呀"。

（4）每次缓缓呼气时，出声念"奥呀"。

（5）相同的呼气和吸气的时间，默念"奥呀"和出声念"奥呀"，瑜伽语音也会一样长。

（6）念诵时，试着将心灵的注意力集中到瑜伽语音上。如果念诵时注意力不经意地游离开去，只要慢慢、柔和地带回到瑜伽语音上就行了。

（7）至少连续重复50次，如果时间允许，多念诵一些会更好。

（8）每天至少练习其中的一种瑜伽语音，连续1周，下一周选择另一种瑜伽语音练习。

四、瑜伽休息术

（一）休息术

瑜伽休息术，是一帖简单而有效的放松身心的良方，任何人都可以做。它包括：瑜伽语音冥想、放松身体各部位、瑜伽场景冥想、精力充沛后起身。

我们在日间进行休息术时，最好保持清醒状态，注意力集中到放松的部位和场景冥想上，以达到最佳的放松效果。瑜伽休息术在夜间进行时，目的在于帮助身心尽快放松，消除失眠的痛苦。临睡前躺在床上，进行全套的瑜伽休息术，不必从头至尾保持清醒状态，自然而然地做着休息术直到睡着。如果能做到放松全身各部位后，再睡着就更好了，这样次日早晨醒来会感觉轻松、舒畅、神采奕奕。

准备好瑜伽垫，开始瑜伽休息术。仰躺于垫子上，端正全身，使脊柱伸直、放平。伸直双臂，置于体侧15度的位置，双手手心向上，两脚分开约一尺的距离，全身以最舒适的状态保持不动，闭上眼睛。

1. 语音冥想休息术

静心关注自己的一呼一吸，开始瑜伽语音冥想。

选择好任意一个自己喜爱的语音，如：马丹那一末汉那。每次吸气时，心里默念"马丹那一末汉那"。

每次呼气时，嘴巴轻轻地出声念"马丹那一末汉那"。

让这柔和、宁静的声音发自肺腑，由气息带出，感觉这声音飘得很远很远，每一个音节之间可以加大间隔，根据自己气息的长短合理安排，吸气与呼气的时间一样长。将语音反复10次左右，不要着急。

放松意识，不要思考，开始单纯地放松身体各部位。

意识在每一个需要放松的部位注意一会儿，再转到下一个需要放松的位置。

放松右脚的五个脚趾，放松右脚心、脚跟、脚背、脚踝、右小腿胫骨、小腿肚、膝盖、膝盖窝、大腿前侧、大腿后侧。

继续放松右髋、右侧腰、右侧腋窝、右侧肩膀、右边大臂的内侧和外侧、右边小臂的内侧和外侧、右手腕、右手心、右手臂、右手的五个手指，包括手指尖都完全放松了。

放松左脚的五个脚趾，放松左脚心、脚跟、脚背、脚踝、左小腿胫骨、小腿肚、膝盖、膝盖窝、大腿前侧、大腿后侧。

继续放松左髋、左侧腰、左侧腋窝、左侧肩膀、左侧大臂的内侧和外侧、左边小臂的内侧和外侧、左手腕、左手心、左手背、左手的五个手指，包括手指尖都完全放松了。放松整个臀部、骨盆、所有的肋骨，每一根都放松了，放松后腰及整个背部。放松尾骨、骶骨、腰椎、胸椎、颈椎，整条脊柱全部放松了。

放松腹部、腹部的内脏器官，放松肾脏、胃部、肝脏、肺部、心脏，所有的内脏器官都放得很轻松、很轻松。

放松肩胛骨，放松颈部的两侧、前侧和后侧。

放松后脑勺、头顶和头的两侧，整个头部完全放松了，头皮和每一根头发全都放松了。放松前额、面颊、下巴，放松眉目、眼球、眼眶、眼睑、睫毛。

放松耳朵、鼻子、上唇、下唇、牙齿、舌头、喉咙。

放松身体的每一个毛孔，每一寸皮肤，放松全身的肌肉。

感觉整个身体很重、很重，沉到海底，沉到地底，随后感觉身体很轻、很轻，轻得像一片羽毛，漂浮到空中，身体似羽毛飘落到地上。

2. 场景冥想休息术

随后，开始瑜伽场景冥想：用自己的心灵观看每一个场景，这些场景都是自己最想看的简单而美好的场景。它们在眼前一一展现：

湛蓝的天空，白云飘过；白色的浪花，金色的海岸；

椰树在风中幸福地摆动着枝叶；

和风煦日，全身暖洋洋的，舒服极了；山上奇松被雪覆盖着，毅然挺立；

优雅的白天鹅和高贵的黑天鹅在绿色湖面上舞蹈；

嫩绿、柔软的草地，晨雾皑皑的森林，透进缕缕晨光……

（二）休息术结束起身

（1）动一动脚趾、手指，捏一捏拳，感觉到身体慢慢地变暖了。

（2）用力搓热双手，掌心轻轻覆盖在面颊、前额，轻轻地按摩太阳穴，按摩鼻子的两侧。

（3）用手掌向上推送下颌，用手指尖轻轻敲击眼眶四周，搓揉耳廓、耳垂。

（4）将身体右侧卧，右手支撑头部，左手轻轻按摩并敲打百会穴，使头脑清醒。

（5）闭着眼睛，盘腿坐起，调息三次后，睁开眼睛，感觉到明亮的视线。

（6）缓缓起身，直立，完成整套瑜伽休息术。

思考题

1. 简述体操前滚翻的技术动作。
2. 结合实际，谈谈你如何运用健美方法进行锻炼。
3. 健美操的基本动作有哪些？
4. 艺术体操的基本站立姿势有哪些？
5. 简述瑜珈练习前如何准备。

第十章 中华武术和搏击

学习提要
- 武术运动的发展历史和锻炼价值
- 武术运动的套路练习
- 散打的基本技术
- 跆拳道的基本技术

第一节 中华武术简述

一、武术运动的起源与发展

武术萌芽于原始社会时期，起源于我国远古祖先的生产劳动。人们在狩猎的生产活动中，创制了石刀、石锤、木棍等武器，逐渐学会了躲闪、跳远、滚翻，以及运用石器、木棒劈、砍、刺等技能。氏族公社时代，部落战争经常发生，因此在战场上搏斗的经验也不断得到总结，击、刺等进攻技能不断被模仿、传授与练习，促进了武术的萌芽，武术成形于奴隶社会时期。夏朝建立，经过连绵不断的战火，武术为了适应实战需要进一步向实用化、规范化发展，主要体现在军队的武术活动和以武术为主的学校教育。商周时期，出现了武术训练的重要手段——田猎，并利用"武舞"来训练士兵、鼓舞士气，周代设的"序"等学校也把射御、习舞等列为教育的内容之一。进入春秋战国以后，诸侯争霸，都很重视技击在战场中的运用，秦汉以来，盛行角力、击剑等武术活动。随着"宴乐兴舞"的习俗，手持器械的舞练时常在乐饮酒酣时出现。此外，还有"刀舞""力舞"等，虽具娱乐性，但从技术上更近似于今天的套路形式的运动。唐朝以来开始实行武举制，并对有一技之长的士兵授予荣誉称号，对武术的发展起到了促进作用。宋元时期，以民间结社的武艺组织为主体的民间练武活动蓬勃兴起，有习枪弄棒的"英略社"，习射练习的"弓箭社"等。由于商业经济活跃，出现了浪迹江湖，习武卖艺为生的"路歧人"，不仅有单练，而且有对练。明清时期是武术的大发展时期，流派林立，拳种纷显。拳术有长拳、猴拳、少林拳、内家拳等几十家之多，同时形成了太极拳、形意拳、八卦拳等主要的拳种体系。

民国时期民间出现了许多拳社、武士会等武术组织。1927年，在南京成立了中央国术馆。1936年中国武术队赴柏林奥运会参加表演。中华人民共和国成立后，武术得到了蓬勃的发展。1956年中国武术协会建立了武术协会、武术队等，形成了空前广泛的群众性武术活动，为武术的发展开拓了广阔的道路。1985年，在西安举行了首届国际武术邀请赛，并成立了国际武术联合会筹委会，这是武术发展历史性的突破。1987年在横滨举行了第一届亚洲武术锦标赛。1990年武术首次被列入第十一届亚运会竞赛项目，标志着武术开始走进亚运会。1999年，国际武联被吸收为国际奥委会的正式国际体育单项联合会成员，这是武术发展中的又一历史性突破，这意味着在不久的将来，武术即将成为奥运会项目，预示着"把武术推向世界"的雄伟目标进一步实现！由此可见，中华武术起源于远古，源远流长，是世界古老文化之一，是中华民族所独有的文化艺术瑰宝。

二、武术运动的锻炼价值

（一）提高素质，健体防身

武术套路运动其动作包含着屈伸、回环、平衡、跳跃、翻腾、跌扑等，人体各部位几乎都要参与运动。系统地进行武术训练，可提高人体速度、力量、灵巧、耐力、柔韧等身体素质，调动人体各部位都参加运动，使人的身心得到全面锻炼。实践证明，参加武术运动对外能利关节，强筋骨，壮体魄；对内能理脏腑，通经脉，调精神。武术运动讲究调息行气和意念活动，对调节内环境的平衡，调养气血，改善人体机能，健体强身十分有益。

> **武术的最高境界是什么？**
>
> 回顾历史，武术的渊源同中国的文化同样有着很深的根基。纵观历史，中国武术各派的创始人，都是从实战的技击中领悟到与自己自身条件相符的实战结构，并发展成个人优势，形成相得益彰的一种形态，所以后人仅单一地去模仿是不能成大家风范的。近代如李小龙学习中国咏春拳、西洋拳击、法国踢腿术、泰拳、空手道于一身，招法显现都有迹可查。他的灵活多变，揉多种技法于一体的搏击方法至今仍无可比拟，所以被各国技击界称之为现代"技击之王"。古代有张三丰、董海川等。武术的最高境界就是"学习技法，而又抛弃技法，练习功法，而活用功法，练一技，修百艺，而成于自然"。

（二）锻炼意志，培养品德

练武对意志品质考验是多面的。练习基本功，要不断克服疼痛关，冬练三九，夏练三伏，常年有恒，坚持不懈。套路练习，要克服枯燥关，培养刻苦耐劳、砥砺精进，永不自满的品质。遇到强手，克服消极逃避关，锻炼勇敢无畏、坚忍不屈的战斗意志。经过长期锻炼，可以培养人们勤奋、刻苦、果敢、顽强、虚心好学、勇于进取的良好习性和意志品德。

（三）竞技观赏，丰富生活

武术具有很高的观赏价值，无论是套路表演，还是散手比赛，历来为人们喜闻乐见。无论是显现武术功力与技巧的竞赛表演套路,还是斗智较勇的对抗性散手比赛,都会引人入胜,给人以美的享受,都具有很高的观赏价值。通过观赏,给人以教育和乐趣。

(四)交流技艺,增进友谊

武术运动蕴涵丰富,技理相通,入门之后会有"艺无止境"之感。群众性的武术活动,是人们切磋技艺、交流思想、增进友谊的良好手段。随着武术在世界的广泛传播,还可促进与国外武术爱好者的交流,在与世界各国人民友好交往中发挥着越来越大的作用。

第二节 初级长拳

一、武术基本功

(一)肩臂练习

肩臂练习主要是增进肩关节的柔韧性和灵活性,加大肩关节的活动范围,发展臂部力量,提高上肢的敏捷、松长、环转等能力。

1. 压肩

练习者面对肋木或一定高度的物体两脚开立。两手抓握肋木,手臂伸直,上体前俯并做下振动作;背对肋木,两臂内旋后伸,手心向上抓握肋木,然后屈膝向下,向前拉压;也可以由同伴做搬压练习(图10-2-1)。

要点:挺胸、塌腰、直臂。压点集中在肩部,力量适中。

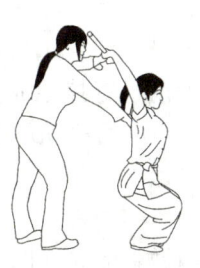
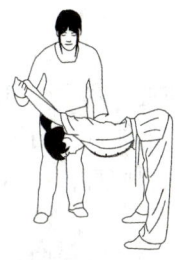

图10-2-1

2. 握棍转肩

两脚开立,两手上握木棍,相距与肩同宽或稍宽的距离(图10-2-2)。

要点:两臂伸直,两手横向距离根据自己的情况而定。

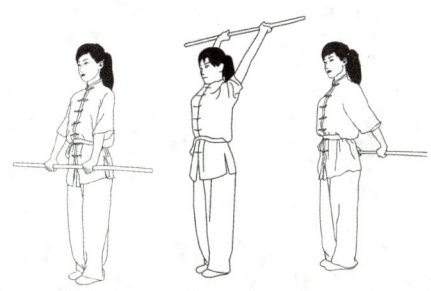

图10-2-2

3. 绕环

（1）单臂绕环：右（左）臂向前、向上、向后、向前连续立圆绕环（图10-2-3）。

要点：臂要直，肩要松，绕环要立圆如轮转。

（2）双臂顺向绕环：左、右两臂依次向前、向上、向后、向前绕环（图10-2-4）。

图10-2-3

要点：臂要直，肩要松，抡臂时上臂贴耳朵，下臂贴裤腿，要成立圆。

（3）双臂反向绕环：右臂向前，左臂向后同时于体侧划立圆绕环。数次后，再做反方向练习（图10-2-5）。

要点：同（2）。

图10-2-4　　　　　　　　　　图10-2-5

4. 俯卧撑

两腿并拢伸直，两手与肩同宽，手指朝前直臂撑地成俯卧；上体向后移动，臀部凸起，随即两臂屈肘，上体从后向下、向前移动、再向后移动还原（图10-2-6）。

要点：两腿须伸直，上体贴近地面前移。

5. 倒立

两臂伸直，两手与肩同宽撑地，可靠墙做手倒立（图10-2-7）。

要点：抬头、挺胸、立腰，两腿并拢伸直。

图10-2-6　　　　　　　　　　图10-2-7

（二）腰部练习

腰部练习主要是增强脊椎和腰部各肌肉群的力量与柔韧性。腰是贯通上、下肢的枢纽，又是集中反映武术身法技巧的关键。

1. 俯腰

两手手指交叉，上体前俯，两手抱住脚踝处，逐渐使胸部贴近腿部（图 10-2-8）。

要点：两腿伸直，上体下俯。

2. 甩腰

两脚开步站立，两臂上举，以腰、髋关节为轴，上体向前、向后做屈伸动作，两臂随上体屈伸摆动（图 10-2-9）。

要点：两腿伸直，上体前、后屈伸要富有弹性。

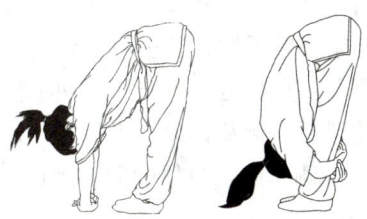

图 10-2-8

3. 晃腰

两脚开步站立，两臂侧平举，上体后仰向左、右转动，两臂跟随摆动（图 10-2-10）。

要点：腰要松，上体尽量后仰，转动幅度要大。

图 10-2-9　　　　　　　　图 10-2-10

4. 涮腰

两脚开立宽于肩，以髋关节为轴，上体前俯，然后向左、向后、向右、向前翻转绕环，两臂随腰摆动。左、右交替进行（图 10-2-11）。

要点：松腰活体，尽量增大上体绕环幅度，速度由慢到快。

5. 下腰

两脚开立与肩同宽，两臂伸直上举，上体后倒，两手向后下撑地成"桥"形（图 10-2-12）。

要点：抬头、挺胸、挺髋、桥弓要大，脚跟不得离地。

图 10-2-11　　　　　　　　　　图 10-2-12

(三) 腿部练习

腿部的练习方法主要有压腿、搬腿、劈腿、踢腿等。

1. 压腿

（1）正压腿：面对肋木或有一定高度的物体，并步站立，左脚提起，脚跟放在肋木上，脚尖勾紧，两手按在膝上；上体前屈，向前、向下做压伸动作（图10-2-13）。

要点：先耗腿，再压腿，两手抱紧脚尖，挺胸立腰，头部向脚尖方向伸出，逐渐由额、鼻过渡到下颌触及脚尖。练习时一定要循序渐进，由轻到重，左、右腿反复练习。

（2）侧压腿：身体侧向肋木，右脚跟搁在肋木上，上体侧压。左、右腿交替练习（图10-2-14）。

要点：同正压腿。

（3）后压腿：身体背向肋木，右腿后举，脚背搁在肋木上，脚面绷直，上体向后做压振动作（图10-2-15）。

要点：两腿均伸直，要抬头、挺胸、展髋、上体后仰。

图10-2-13　　　　图10-2-14　　　　图10-2-15

（4）仆步压腿：右（左）腿屈膝全蹲，左（右）腿伸直平铺成仆步（图10-2-16）。

要点：全蹲，膝关节外展，左（右）腿伸直贴地，充分展髋。

图10-2-16

2. 搬腿

（1）正搬腿：右腿伸直站立，左腿屈膝提起，右手抱住踝关节，左手抱住膝关节，然后将左脚向上方搬起，挺膝，脚勾紧；也可由同伴帮助向上搬（图10-2-17）。

要点：由轻到重，循序渐进。

（2）侧搬腿：右腿提起，右手经小腿内侧托住脚跟，然后将右脚向右侧上方搬起，也可由同伴帮助向侧上方搬起（图10-2-18）。

要点：支撑腿挺直，挺胸、收腹、开髋。

（3）后搬腿：手扶肋木，由同伴托起左腿从身后向上搬起（图10-2-19）。

要点：两腿均要伸直，上体前倾。搬腿时力量不可太猛。

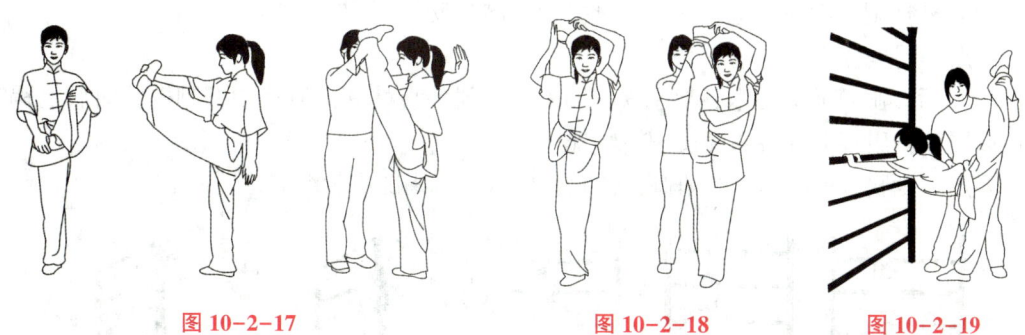

图 10-2-17　　　　　　　　　图 10-2-18　　　　　　　　　图 10-2-19

3. 劈腿

（1）竖劈腿：两腿前、后成直线，前脚勾脚尖，脚后跟着地，后脚背或内侧着地（图 10-2-20）。

要点：髋关节放松，两腿要直，上体要正。

（2）横劈腿：两腿左右分开成直线，脚内侧或脚跟着地，两脚勾脚尖（图 10-2-21）。

要点：两腿伸直与地面平行，上体要正。

图 10-2-20　　　　　　　　　　　　　图 10-2-21

4. 踢腿

（1）正踢腿：右手扶肋木，左手叉腰或侧平举，身体侧向站立，一腿支撑，另一腿向前额上方踢起，左、右腿交替练习（图 10-2-22）。

要点：踢腿时要做到三直一勾，即上体直，支撑腿直，摆动腿直；摆动腿脚尖要勾紧。

（2）侧踢腿：面对肋木，双手抓扶肋木。一腿支撑，另一腿由体侧向耳上方踢起（图 10-2-23）。

要点：做到三直一勾。

（3）里合腿：支撑腿自然伸直，全脚着地，另一腿由体侧踢起，向异侧做扇面摆动落下（图 10-2-24）。

要点：做到三直一勾。摆动腿的幅度要大，速度要快。

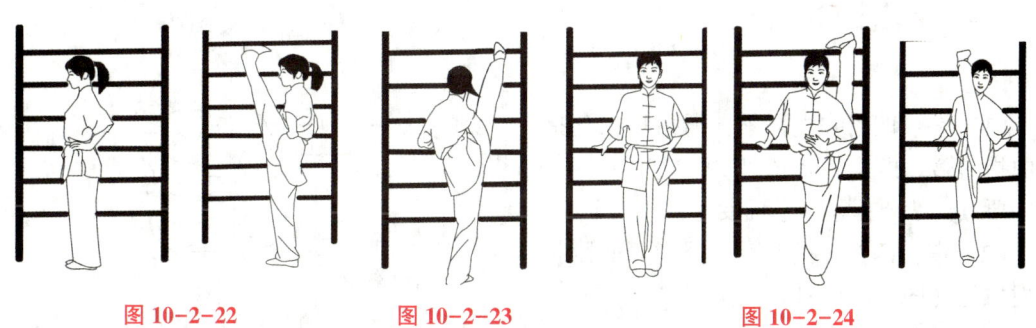

图 10-2-22　　　　　　　　图 10-2-23　　　　　　　　图 10-2-24

(4) 外摆腿：动作与里合腿同，惟摆腿方向相反（图10-2-25）。

要点：同里合腿。

(5) 后踢腿：面对肋木，双手扶握肋木，一腿伸直站立，另一腿绷脚挺膝向后上踢起；也可以屈膝，用脚掌触头部（图10-2-26）。

要点：挺胸，展髋，上体前倾，伸直腿挺直，后踢腿脚尖绷展。

图10-2-25　　　　　　　　　　　　　　图10-2-26

(6) 弹腿：两腿并立，一腿屈膝提起，当大腿接近水平时，小腿迅速弹踢，力达脚尖（图10-2-27）。

要点：小腿弹击要迅速，膝部要挺直，脚面要绷紧。

(7) 蹬腿：动作与弹腿同，惟脚尖勾起，力达脚跟（图10-2-28）。

要点：同弹腿，惟脚面不需绷紧，应勾脚尖。

(8) 侧踹：一腿伸直支撑，另一腿屈膝提起，脚尖勾紧，脚跟用力向侧上方踹出（图10-2-29）。

要点：膝部挺直，脚尖勾紧，踹出的一瞬间展髋。

图10-2-27　　　　　图10-2-28　　　　　图10-2-29

（四）手型、手法练习

1. 手型

(1) 拳：四指并拢握紧，拇指扣在食指和中指的第二指关节上（图10-2-30）

要点：拳要握紧，拳面要平。

(2) 掌：四指并拢伸直，拇指弯曲紧扣于虎口处（图10-2-31）

要点：掌心要外撑。

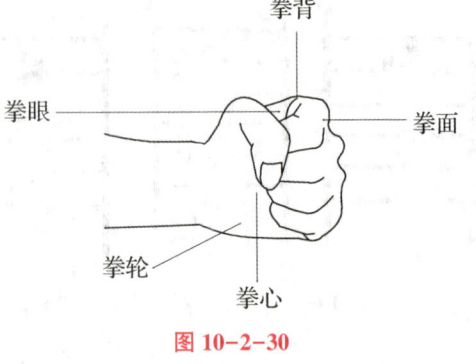

图10-2-30

(3) 勾：五指第一指关节撮拢、屈腕（图10-2-32）
要点：五指撮紧，尽量勾腕。

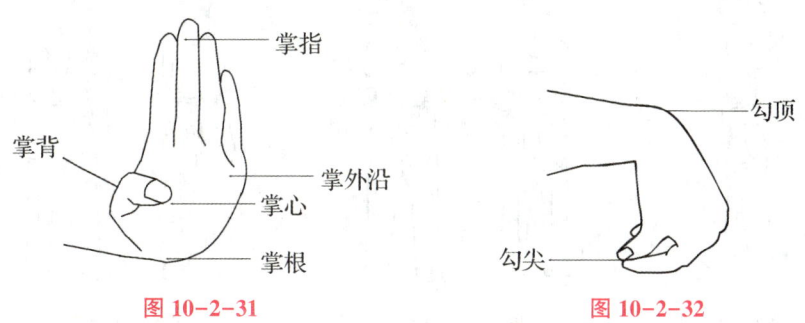

图10-2-31　　　　　　　　　　图10-2-32

2. 手法

（1）冲拳：两拳收抱于腰间，右（左）拳由屈到伸，迅速向前冲出，高与肩平，拳眼朝上为立拳，拳背朝上为俯拳（图10-2-33）。

要点：冲拳一瞬间要拧腰、送肩、急旋臂。两臂一伸一拉要形成合力。

（2）架拳：右拳向左经体前向头上方架起，拳轮朝上，臂成弧形（图10-2-34）。

要点：松肩、屈肘、旋臂，力达前臂外侧。

（3）劈拳：右拳向左、向上经头前向右下快速劈击，臂伸直与肩同高（图10-2-35）。

要点：肩要松，拳要握紧，力达拳轮。

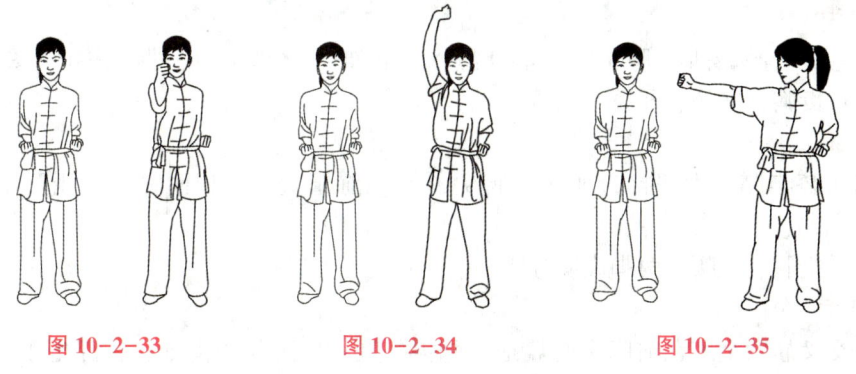

图10-2-33　　　　　图10-2-34　　　　　图10-2-35

（4）推掌：右拳变掌，向前猛力推击，高与肩平，成侧立掌，同时左肘向后拉紧（图10-2-36）。

要点：拧腰、送肩、沉腕、侧立掌，快速有力，力达掌外沿。

（5）亮掌：右拳变掌，经体侧向右、向上划弧，至头部右前上方时，抖腕亮掌。臂微屈，掌心斜向上（图10-2-37）。

（6）格肘：右臂弯曲，从右腰间向左斜上方横格，前臂外旋。力达小臂外沿（图10-2-38）。

要点：手臂外旋时，上体可同时稍向左转，拧腰送肩。

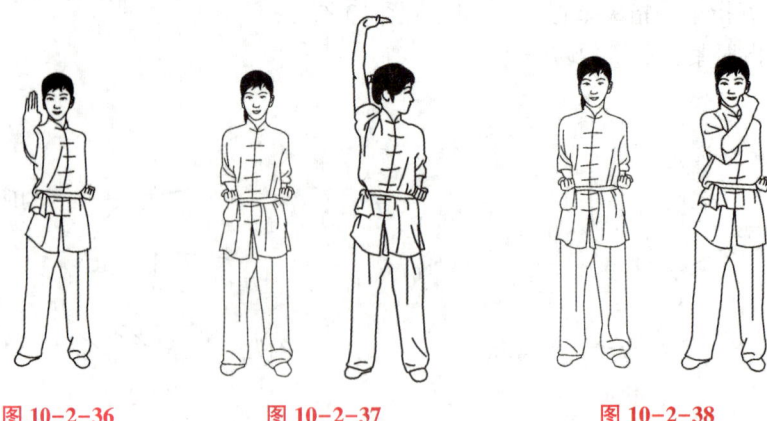

图 10-2-36　　　　　图 10-2-37　　　　　图 10-2-38

（五）步形练习

1. 弓步

前脚微内扣，全脚着地，屈膝使大腿接近水平；后腿挺膝伸直，脚跟后蹬，脚尖内扣，挺胸立腰（图 10-2-39）。

要点：前腿弓平，后腿蹬直。

2. 马步

两脚左右应开立为脚长的 3~3.5 倍，脚尖正对前方，屈膝使大腿接近水平（图 10-2-40）。

要点：顶平、肩平、腿平；挺腰、立腰、裹膝、扣足。

3. 仆步

一腿全蹲，全脚着地，膝和脚尖向外展；另一腿伸直，全脚着地，脚尖内扣（图 10-2-41）。

要点：挺胸、立腰、开髋、全蹲。

4. 虚步

后腿屈膝半蹲，大腿接近水平，脚尖外展；前腿微屈，脚面绷直，用脚尖虚点地面（图 10-2-42）。

要点：挺胸、立腰，两脚虚实分明。

5. 歇步

两腿交叉屈膝全蹲，前脚全脚着地，脚尖外展；后脚脚跟离地，臀部坐于小腿上（图 10-2-43）。

要点：两腿交叉叠紧，挺胸立腰。

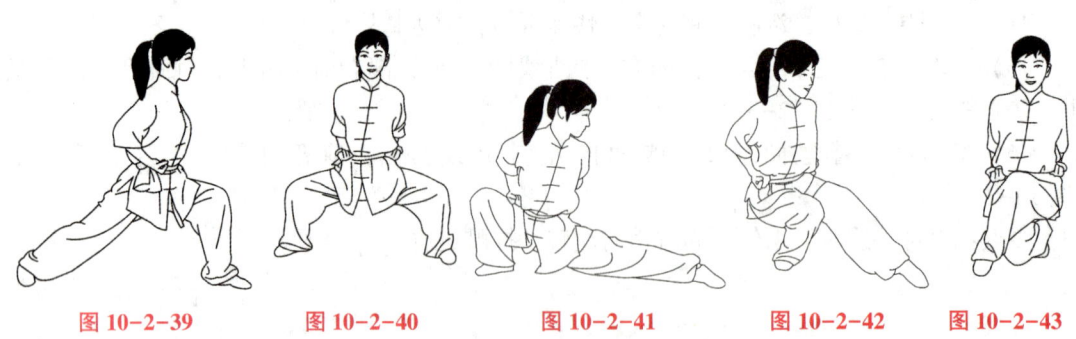

图 10-2-39　　　图 10-2-40　　　图 10-2-41　　　图 10-2-42　　　图 10-2-43

（六）平衡练习

1. 提膝平衡

右腿伸直支撑，左腿屈膝提起（过腰），脚面绷直，并垂扣于右腿前侧。右臂上举于头上亮掌，左臂反臂后举成勾手（图10-2-44）。

要点：挺胸、塌腰、收腹。平衡要站稳，提膝过腰，脚内扣。

2. 扣腿平衡

右腿屈膝全蹲，左腿屈膝勾脚贴于右膝窝处，脚背朝里。左臂上举于头上架掌，右手向侧立拳冲出（图10-2-45）。

要点：挺胸、塌腰、扣腿、平稳。

3. 燕式平衡

左腿屈膝提起，两掌在身前交叉，掌心向内。然后，两掌向两侧直臂分开平举，上体前俯，左脚绷平向后上蹬伸（图10-2-46）。

要点：挺胸、抬头、弓腰、两腿伸直、静止。

图10-2-44　　　　　　图10-2-45　　　　　　图10-2-46

（七）跳跃练习

1. 腾空飞脚

右腿向前上摆踢，左脚蹬地跃起，身体腾空，左腿向前上方弹（摆）踢，脚面绷直，右手迎击右脚面。同时左腿屈膝收控于右腿侧，右腿脚面绷直，脚尖向下（图10-2-47）。

要点：（1）右腿在空中摆踢时，脚必须过腰，在击响的一瞬间，左腿屈膝收控于右腿侧。（2）在腾空最高点完成击响动作。拍击动作必须连续、准确、响亮。

2. 旋风脚

左脚向左上步，同时左掌侧推（图10-2-48①）。右脚随即上步，脚尖内扣，准备蹬地踏跳。左臂随上步向下摆动并屈肘收至右胸前，同时右臂向上、向前抢摆，上体向右旋转前俯（图10-2-48②）。重心右移，右腿屈膝蹬地跳起，左腿提起向左上方摆动，上体向左上方翻转，同时两臂向下、向左上方抢摆。身体旋转一周，右腿做里合腿，左手在面前迎击右脚掌，左腿自然下垂（图10-2-48③）。

要点：右腿做里合腿时，要贴近身体；摆动时，膝挺直，由外向里成扇形。

图 10-2-47　　　　　　　　　图 10-2-48

（八）五步拳

1. 并步抱拳

两脚并步站立，两眼平视前方，两臂由体侧屈肘，同时两手抱拳收于腰间，拳心朝上（图 10-2-49）。

2. 拗步冲拳

左脚向左迈出一步，成左弓步。同时左手向左平搂并收回腰间抱拳，拳心朝上；右拳向前直冲成平拳。目视前方（图 10-2-50）。

3. 弹踢冲拳

重心前移，右腿向前弹出，高度齐腰。同时左拳由腰间向前直冲成平拳，右拳收回腰间，拳心朝上。目视前方（图 10-2-51）。

4. 马步架打

右脚落地，随即身体左转 90 度，两腿下蹲成马步，同时左拳变掌，屈臂上架；右拳由腰间向右前直冲成平拳。头右转，目视拳方（图 10-2-52）。

图 10-2-49　　　　图 10-2-50　　　　图 10-2-51　　　　图 10-2-52

5. 歇步盖打

左脚向右脚后插一步，同时右拳变掌经头上向左下盖，高与胸齐，掌外沿向前，体左转 90 度，左掌收回腰间抱拳。目视右掌（图 10-2-53）。动作不停，两腿屈膝下蹲成歇步，同时左拳向前冲出成平拳，右掌变拳收回腰间。目视左拳（图 10-2-54）。

6. 提膝仆步穿掌

两腿起立，身体左转。随即左拳变掌，手心向下，右拳变掌，手心向上，由左手背上穿出。同时左腿屈膝提起，左手顺势收至右腋下，目视右手（图 10-2-55）。左脚落地成仆步。左手掌指朝前沿左腿内侧穿至左脚面。目视左掌（图 10-2-56）。

| 图 10-2-53 | 图 10-2-54 | 图 10-2-55 | 图 10-2-56 |

7. 虚步挑掌

左腿屈膝前弓，右脚蹬地向前上步，成右虚步。同时左手向上、向后划弧成正臂勾手，勾顶略高于肩；右手由后向下、向前顺右腿外侧向上挑掌，掌指向上，高与鼻平。目视右掌（图 10-2-57）。

8. 并步抱拳

重心前移，身体左转 90 度。随即左脚向右脚靠拢，成并步。同时左勾手和右掌变拳，回收抱于腰间，两拳心朝上。目视前方（图 10-2-58）。

继续练习，动作相同，方向相反。

要点：五步拳是由长拳的主要步形、步法和手形、手法编成的组合练习，动作的要求均与前同。

图 10-2-57　　　　　图 10-2-58

二、初级长拳（第三路）

预备动作

预备势：两脚并步站立，两臂垂于身体两侧，五指并拢贴靠大腿外侧，两眼向前平视（图 10-2-59）。

要点：头要端正，下颌微收，挺胸、塌腰、收腹。

（一）虚步亮掌

（1）右脚向右后方撤步成左弓步；右掌向右、向上划弧，掌心向上；左臂屈肘提至腰侧，掌心向上。目视右掌（图 10-2-60）。

（2）右腿微屈，重心后移；左掌经胸前从左臂上方向前穿出伸直；右

图 10-2-59

臂屈肘，右掌收至腰侧，掌心向上。目视左掌（图10-2-61）。

（3）重心继续后移，左脚稍向右移，脚尖点地，成左虚步；左臂内旋向左、向后划弧成勾手，勾尖向上；右手继续身后、向右、向前划弧，屈肘抖腕，在头前上方成亮掌（即横掌），掌心向前，掌指向左。目视左方（图10-2-62）。

要点：三个动作必须连贯。成虚步时，重心落于右腿上，右大腿与地面平行；左腿微屈，脚尖点地。

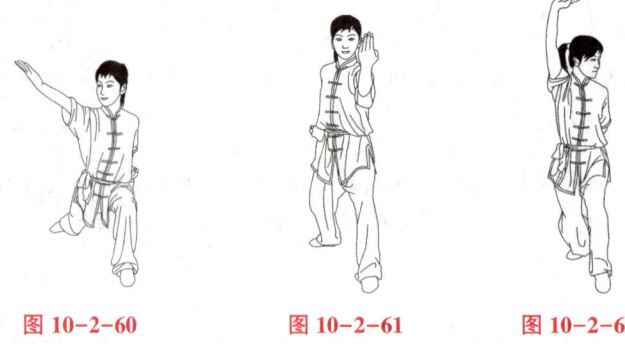

图10-2-60　　　　　图10-2-61　　　　　图10-2-62

（二）并步对拳

（1）右腿蹬直，左腿提膝，脚尖内扣，上肢姿势不变（图10-2-63）。

（2）左脚向前落步，重心前移；左臂屈肘，左勾手变掌经左肋前伸；右臂外旋向前落下于左掌右侧，两掌同高，掌心均向上（图10-2-64）。

（3）右脚向前上一步，两臂下垂后摆（图10-2-65）。

（4）左脚向右脚并步，两臂向外向上经胸前屈肘下按，两掌变拳，拳心向下，停于小腹前。目视左侧（图10-2-66）。

要点：并步后挺胸、塌腰；对拳、并步、转头要同时完成。

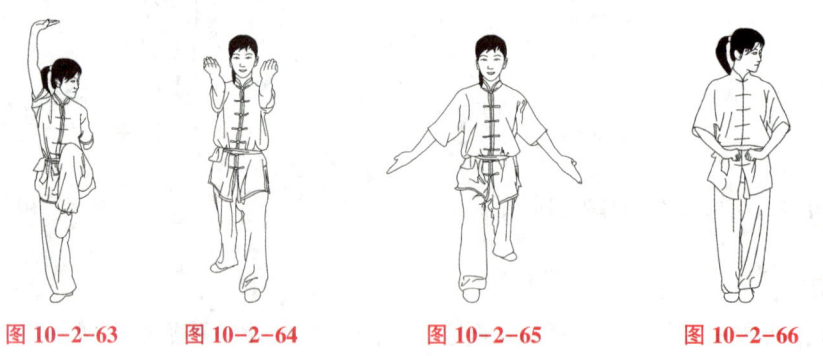

图10-2-63　　　图10-2-64　　　图10-2-65　　　图10-2-66

第一段

（一）弓步冲拳

（1）左脚向左上一步，脚尖向斜前方；右腿微屈，成半马步；左臂向上、向左格打，拳眼向右，拳与肩同高；右拳收至腰侧，拳心向上。目视左拳（图10-2-67）。

（2）右腿蹬直成左弓步；左拳收至腰侧，拳心向上；右拳向前冲出，高与肩平，拳眼向上。目视右拳（图10-2-68）。

要点：成弓步时，右腿充分蹬直，脚跟不要离地；冲拳时，尽量转腰送肩。

(二) 弹腿冲拳

重心移至左腿，右腿屈膝提起，脚面绷直，猛力向前弹出伸直，高与腰平；右拳收至腰侧；左拳向前冲出。目视前方（图10-2-69）。

要点：弹出的腿要有爆发力，力点达于脚尖；弹腿和冲拳要协调，同时完成。

(三) 马步冲拳

右脚向前落步，脚尖内扣，上体左转；左拳收至腰侧，两腿下蹲成马步；右拳向前冲出。目视右拳（图10-2-70）。

要点：成马步时，大腿要成水平，两腿平行，脚跟外蹬，挺胸、塌腰。

图10-2-67　　　图10-2-68　　　图10-2-69　　　图10-2-70

(四) 弓步冲拳

（1）右转90度，右脚尖外撇向斜前方，成半马步；右臂屈肘向右格挡，拳眼向后。目视右拳（图10-2-71）。

（2）左腿蹬直成右弓步；右拳收至腰侧；左拳向前冲出。目视左拳（图10-2-72）。

要点：与本段的马步冲拳相同，惟左右相反。

(五) 弹腿冲拳

重心前移至右脚，左腿屈膝提起，脚面绷直，猛力向前弹出伸直，高与腰平；左拳收至腰侧，右拳向前冲出。目视前方（图10-2-73）。

要点：与本段的弹腿冲拳相同。

图10-2-71　　　图10-2-72　　　图10-2-73

(六) 大跃步前穿

（1）左腿屈膝上提；右拳变掌内旋，以手背向下挂至左膝外侧；上体前倾。目视右手

（图10-2-74）。

(2) 左脚向前落步，两腿微屈；右掌继续向后挂；左拳变掌，向后、向下伸直。目视右掌（图10-2-75）。

(3) 左腿屈膝向后提起，右腿立即猛力蹬地向前跃出；两掌向前、向上划弧摆起。目视右掌（图10-2-76）。

(4) 右腿落地全蹲，左腿随即落地向前铲出成仆步；右掌变拳抱于腰侧，左掌由上向右、向下划弧成立掌，停于右胸前。目视左方（图10-2-77）。

要点：跃步要远，落地要轻，整个动作要协调、连贯完成。

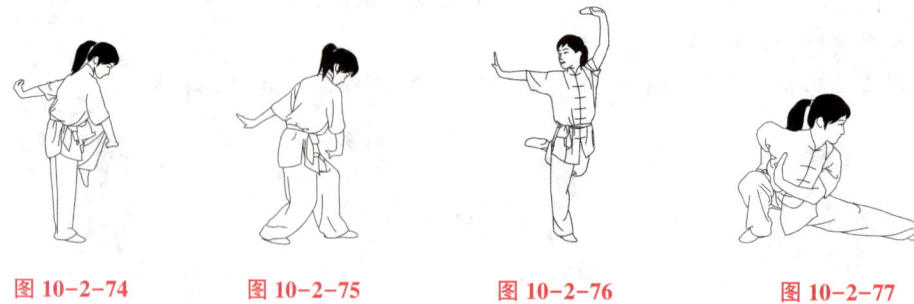

图10-2-74　　　图10-2-75　　　图10-2-76　　　图10-2-77

（七）弓步击掌

右腿蹬直成左弓步，左掌经左脚面向后划弧至身后成勾手，左臂伸直，勾尖向上；右拳由腰侧变掌向前推出，掌指向上，掌外侧向前。目视右掌（图10-2-78）。

（八）马步架掌

(1) 重心移至两腿中间，左脚脚尖内扣成马步，上体左转；右臂向左侧平摆，稍屈肘；同时左勾手变掌由后经左腰侧从右臂内向前上方穿出，掌、指均朝上。目视左手（图10-2-79①）。

(2) 右掌立于左胸前，左臂向左上屈肘抖腕亮掌于头部左上方，掌心向上。目右转视（图10-2-79②）。

要点：抖腕、甩头要同时。马步的要求同前。

图10-2-78　　　　　图10-2-79

第二段

（一）虚步栽拳

(1) 右脚蹬地，屈膝提起；左腿伸直，以前脚掌为轴向右后转体180度；右掌由左胸前向下经右腿外侧向后划弧成勾手；左臂随上体转动并外旋，使掌心朝右。目视右手（图 10-2-80）。

（2）右脚向右落地，重心移至右腿上，下蹲成左虚步；左掌变拳下落于左膝上，拳眼向内；右勾手变拳，屈肘上架于头右上方，拳心向前。目视左方（图 10-2-81）。

要点：落步、架拳、栽拳、转头要同时完成。

（二）提膝穿掌

（1）右腿稍伸直；右拳变掌收至腰侧，掌心向上；左拳变掌由下向左、向上划弧盖压于体前，掌心向前（图 10-2-82）。

（2）右腿蹬直，左腿屈膝提起，脚尖内扣；右掌从腰侧经左臂内向右前上方穿出，掌心向上；左掌收至右胸前成立掌。目视右掌（图 10-2-83）。

要点：支撑腿与右臂充分伸直。

图 10-2-80　　图 10-2-81　　图 10-2-82　　图 10-2-83

（三）仆步穿掌

右腿全蹲，左腿向左侧铲出成左仆步；右臂不动，左掌由右胸前向下经左腿内侧，向左脚面穿出。目随左掌转视（图 10-2-84）。

（四）虚步挑掌

（1）右腿蹬直，重心前移至左腿成左弓步；右掌稍下降，左掌随重心前移向前挑起（图 10-2-85）。

（2）右脚向左前方上步，左腿半蹲，成右虚步；上体随上步左转180度；在右脚上步的同时，左掌由前向上、向后划成立掌，右掌由后向下、向前上方挑起成立掌，指尖与眼平。目视右掌（图 10-2-86）。

要点：上步要协调，虚步要稳。

图 10-2-84　　图 10-2-85　　图 10-2-86

(五)马步击掌

(1) 右脚落实,脚尖外撇,重心稍升高并右移,左掌变拳收至腰侧;右掌俯掌向外搂手(图10-2-87)。

(2) 左脚向前上一步,以右脚为轴向后转体180度,两腿下蹲成马步;左掌从右臂上成立掌向左侧击出;右掌变拳收至腰侧。目视左掌(图10-2-88)。

要点:右掌搂手时,先使臂内旋、腕伸直,手掌向下、向外转;接着臂外旋,掌心经下向上翻转,同时抓握成拳。收拳和击掌动作要同时进行。

图 10-2-87　　　　　　　　图 10-2-88

(六)插步双摆掌

(1) 重心稍右移,同时两掌向下、向右摆,掌指向上。目视右掌(图10-2-89)。

(2) 右脚向左腿后插步,前脚掌着地;两臂继续由右向上、向左摆,停于身体左侧,均成侧立掌,右掌停于左肘窝处。眼随手动(图10-2-90)。

要点:两臂要划立圆,幅度要大,摆掌与后插步配合一致。

(七)弓步击掌

(1) 两腿不动;左掌收至腰侧,掌心向上;右掌向前划弧推出,掌心向前(图10-2-91)。

(2) 左腿后撤一步,成右弓步;右掌向下、向后伸直摆动,成勾手,勾尖向上,左掌成立掌向前推出。目视左掌(图10-2-92)。

图 10-2-89　　　　图 10-2-90　　　　图 10-2-91　　　　图 10-2-92

(八)转身踢腿马步盘肘

(1) 两脚以前脚掌为轴向后转体180度,在转体的同时,左臂向上、向前划半立圆,右臂向下、向后划半立圆(图10-2-93)。

(2) 上动不停,两脚不动,右臂由后向上、向前划半立圆,左臂由前向下、向后划半立圆(图10-2-94)。

(3) 上动不停,右臂向下、向身后成反臂勾手,勾尖向上;左臂向上成亮掌,掌心向前上方；右腿伸直，脚尖勾起，向额前踢（图10-2-95）。

（4）右脚向前落地，脚尖内扣；右手不动，左臂屈肘下落至胸前，左掌心向下。目视左掌（图10-2-96）。

（5）上体左转90度，两腿下蹲成马步；同时左掌向前、向左平掳变拳收至腰侧；右勾手变拳，右臂伸直，由体后向右、向前平摆，至体前时屈肘，肘尖向前，高与肩平，拳心向下。目视前方（图10-2-97）。

要点：两臂抡动时要划立圆，动作连贯；盘肘时要快速有力，右臂前送。

图10-2-93　　　　图10-2-94　　　　图10-2-95　　　　图10-2-96　　　　图10-2-97

第三段

（一）歇步抡砸拳

（1）重心稍升高，右脚尖外撇，右臂由胸前向上、向右抡直；左拳向下、向左，使臂抡直。目视右拳（图10-2-98）。

（2）上动不停，两脚以前脚掌为轴，向右后转体180度；右臂向下、向后抡摆，左臂向上、向前随身体转动（图10-2-99）。

（3）紧接上动，两腿全蹲成歇步，左臂随身体下蹲，同时左拳向下平砸，拳心向上，臂部微屈；右臂伸直向上举起。目视左拳（图10-2-100）。

要点：抡臂动作要连贯完成，划成立圆；歇步要两腿交叉全蹲，左腿的大、小腿靠紧，臀部贴于小腿外侧，膝关节在右小腿外侧，脚跟提起；右脚尖外撇，全脚着地。

图10-2-98　　　　　图10-2-99　　　　　图10-2-100

（二）仆步亮掌

（1）左脚由右腿后抽出上前一步，左腿蹬直，右腿半蹲，成右弓步，上体微向右转；左拳收至腰侧，右拳变掌向下经胸前向右横击掌。目视右掌方（图10-2-101）。

（2）右脚蹬地屈膝提起，上体右转；左拳变掌从右掌上向前穿出，掌心向上；右掌平收至左肘下（图10-2-102）。

（3）右脚向右落步，屈膝下蹲，左腿伸直成仆步。左掌向下、向后划弧成勾手，勾尖向上；右掌向右、向上划弧微屈，抖腕成亮掌，掌心向前。头随右手转动，成亮掌时，目视左方（图10-2-103）。

要点：落步下蹲时，先成右仆步，然后迅速过渡成左仆步；成仆步时，左腿充分伸直，脚尖内扣，右腿全蹲，两脚掌全部着地；上体挺胸塌腰，稍左转。

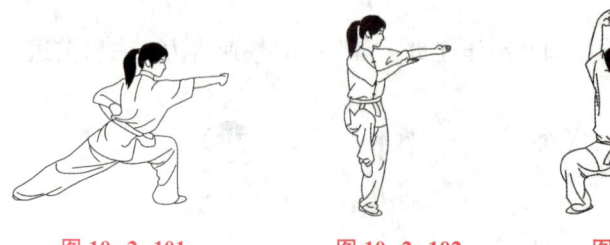

图10-2-101　　　　　　图10-2-102　　　　　　图10-2-103

（三）弓步劈拳

（1）右腿蹬地立起，左腿收回并向左前方上步；右掌变拳收至腰侧，拳心向上；左勾手变掌由下向前上经胸前向左做搂手（图10-2-104）。

（2）右腿经过左腿前方向左绕上一步，左腿蹬直成右弓步；左手向左平搂后再向前挥摆，虎口朝前（图10-2-105）。

（3）在左手平搂的同时，右掌向后平摆，然后再向前、向上做抡臂劈拳，拳高与耳平，拳心向上，左掌外旋接扶右前臂。目视右拳（图10-2-106）。

要点：左右脚上步稍带弧形。

图10-2-104　　　　　　图10-2-105　　　　　　图10-2-106

（四）换跳步弓步冲拳

（1）重心后移，右脚稍向后移动，右拳手臂内旋，向下划弧挂至右膝内侧；左掌背贴靠右肘外侧，掌指向上。目视右拳（图10-2-107）。

（2）右腿自然上抬，上体稍向左扭转；右拳变掌挂至身体左侧，左掌伸向右腋下。目随右掌转视（图10-2-108）。

（3）右脚以全脚掌用力向下震踩，与此同时，左脚急速离地抬起；右手由左向上、向前搂盖而后变拳收至腰侧；左掌伸直向下、向上、向前屈肘下按，掌心向前。上体右转，目视左掌（图10-2-109）。

（4）左脚向前落步，右腿蹬直成左弓步；右拳向前冲出，拳眼朝上，拳高与肩平；左掌藏于右腋下，掌背贴靠腋窝，掌指向上。目视右拳（图10-2-110）。

要点：换跳步动作要连贯、协调；震脚时腿要弯曲，全脚掌着地；左脚离地不要高。

图10-2-107

图10-2-108

图10-2-109

图10-2-110

（五）马步冲拳

上体右转90度，重心移至两腿中间，成马步；右拳收至腰侧，拳心向上；左掌变拳向左冲出，拳眼向上。目视左拳（图10-2-111）。

（六）弓步下冲拳

右脚蹬直，左腿弯曲，上体稍向左转，成左弓步；左拳变掌向下经体前向上架于头左上方，掌心向上，右拳自腰侧向右前下方冲出，拳眼向上。目视右拳（图10-2-112）。

图10-2-111

图10-2-112

（七）插步亮掌侧踹腿

（1）上体稍右转；左掌由头上下落于右手腕上，右拳变掌，两手交叉成十字。目视前方（图10-2-113）。

（2）右脚蹬地并向左腿后插步，以前脚掌着地；左掌由体前向下、向后划弧成勾手，勾尖向上；右掌由前向右、向上划弧抖腕亮掌，掌心向上。目视左侧（图10-2-114）。

（3）重心移至右腿，左腿屈膝提起，向左上方猛力蹬出。上肢姿势不变，目视左侧（图10-2-115）。

要点：插步时上体稍向右倾斜，腿、臂的动作要一致；侧踹高度不能低于腰，着力点在脚跟。

图 10-2-113　　　　图 10-2-114　　　　图 10-2-115

（八）虚步挑拳

（1）左脚在左侧落地；右掌变拳稍后移，左勾手变拳由体后向左上挑，拳眼向上（图 10-2-116）。

（2）上体左转 180 度，微含胸前俯；左拳继续向前、向上划弧上挑，右拳向下、向前划弧挂至身体右后侧，同时右膝提起。目视右拳（图 10-2-117）。

（3）右脚向左前方上步，脚尖点地，重心落于左脚，左腿下蹲成右虚步；左拳向后划弧收至腰侧，拳心向上；右拳向前屈臂挑出，拳眼斜向上，拳与肩同高。目视右拳（图 10-2-118）。

图 10-2-116　　　　图 10-2-117　　　　图 10-2-118

第四段

（一）弓步顶肘

（1）重心提高，右臂内旋向下划弧以拳背下挂至右膝内侧，左拳不变。目视前下方（图 10-2-119）。

（2）左腿蹬直，右腿屈膝上抬；左拳变掌，右拳不变，两臂向前上划弧摆起。目随左掌转视（图 10-2-120）。

（3）左脚蹬地起跳，身体腾空，两臂继续划弧至头上方（图 10-2-121）。

（4）右脚先落地，右腿屈膝，左脚向前落步，以前脚掌着地；同时两臂向右、向下屈肘停于左胸前，右拳变掌，左掌变拳，右掌心贴靠在左拳面（图 10-2-122）。

（5）左脚向左上一步，左腿屈膝，右腿蹬直成左弓步；右掌推左拳，以肘尖向左顶出，高与肩平。目视左方（图 10-2-123）。

要点：交换步时不要过高，但要快；两臂抢摆时要成圆弧。

图 10-2-119　　　图 10-2-120　　　图 10-2-121　　　图 10-2-122　　　图 10-2-123

（二）转身左拍脚

（1）以两脚前脚掌为轴向右后转体 180 度，左腿蹬直成右弓步；随着转体，右臂向上、向右、向下划弧抢摆，同时左拳变掌向下、向后、向前上抢摆（图 10-2-124）。

（2）重心移至右腿，左腿伸直向前上踢起，脚面绷直；左掌变拳收至腰侧，右掌由体后向上、向前拍击左脚面（图 10-2-125）。

要点：右掌拍脚时手掌稍横过来，拍脚要准而响亮。

（三）右拍脚

（1）左脚向前落地，左拳变掌向下向后摆；右掌变拳收至腰侧，拳心朝上（图 10-2-126）。

（2）右腿伸直向前上踢起，脚面绷直；左掌由后向上、向前拍击右脚面（图 10-2-127）。

要点：与本段的转身左拍脚相同。

图 10-2-124　　　图 10-2-125　　　图 10-2-126　　　图 10-2-127

（四）腾空飞脚

（1）右脚落地（图 10-2-128）。

（2）左脚向前摆起，右脚猛力蹬地跳起，左腿屈膝继续前上摆；同时右拳变掌向前、向上摆起，左掌先上摆而后下降拍击右掌背（图 10-2-129）。

（3）右腿继续上摆，脚面绷直；右手拍击右脚面，左掌由体前向后上举（图 10-2-130）。

要点：蹬地要向上，不要太向前冲；左膝尽量上提；击响要在腾空时完成，此时，右臂伸直成水平。

图 10-2-128　　　　图 10-2-129　　　　图 10-2-130

（五）歇步下冲拳

（1）左、右脚先后相继落地；右掌不变；左掌变拳收至腰侧，拳心向上（图 10-2-131）。

（2）身体右转 90 度，两腿全蹲成歇步。右掌抓握、外旋变拳收至腰侧；左拳由腰侧向前下方冲出，拳心向下。目视左拳（图 10-2-132）。

（六）仆步抡劈拳

（1）重心升高；右臂由腰侧向体后伸直，左臂随身体重心升高向上摆起（图 10-2-133）。

（2）以右脚前脚掌为轴，左腿屈膝提起，上体左转 270 度；左拳向前、向后下划立圆一周；右拳由后向下、向前上划立圆一周（图 10-2-134）。

（3）左腿向后落一步，屈膝全蹲；右腿伸直，脚尖内扣成右仆步。右拳由下向上抡劈，拳眼向上；左拳后上举，拳眼向上。目视右拳（图 10-2-135）。

要点：抡臂时一定要划立圆。

图 10-2-131　　图 10-2-132　　图 10-2-133　　图 10-2-134　　图 10-2-135

（七）提膝挑掌

（1）重心前移成右弓步；同时右拳变掌由下向上抡摆，掌心向左；左拳变勾稍下落，勾尖向上（图 10-2-136）。

（2）左、右臂在垂直面上由前向后各划立圆一周。右臂伸直停于头上，掌心向左，掌指向上；左勾手不动，重心同时移至左腿，右腿屈膝提起，左腿挺膝伸直独立。目视前方（图 10-2-137）。

要点：抡臂时要划立圆。

（八）提膝劈掌弓步冲拳

（1）下肢不动；右掌由上向下猛劈伸直，停于右小腿内侧，力达小指一侧，掌心向左；

左勾手变掌，屈臂向前停于右上臂内侧，掌心向右。目视右掌（图 10-2-138）。

（2）右脚向右侧落地，身体右转 90 度；同时左掌变拳收至腰侧，右臂内旋向右划弧搂手（图 10-2-139）。

（3）上动不停，左腿蹬直成右弓步；右手抓握变拳收至腰侧，左拳由腰侧向左前方冲出，拳眼向上。目视左拳（图 10-2-140）。

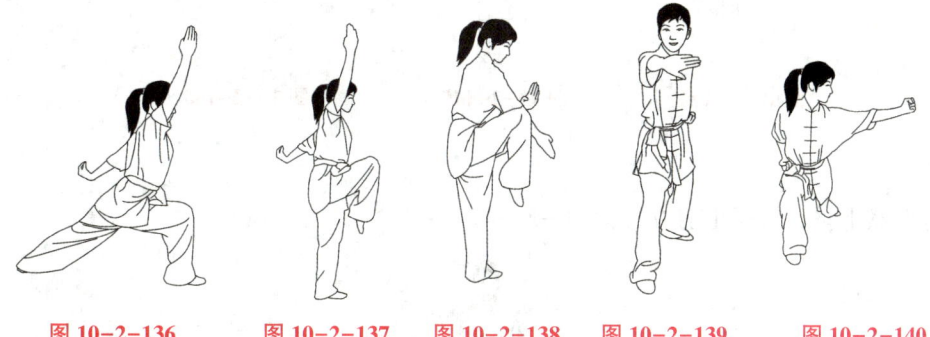

图 10-2-136　　　图 10-2-137　　　图 10-2-138　　　图 10-2-139　　　图 10-2-140

结束动作

（一）虚步亮掌

（1）左脚扣于右膝后；两拳变掌，两臂左下右上屈肘交叉于体前。目视前方（图 10-2-141）。

（2）左脚向左前落步，重心后移；右腿半蹲，上体稍右转，同时左掌向上、向右、向下划弧停于右腋下；右掌向左、向上划弧至左臂上方，两手臂左下右上。目视右掌（图 10-2-142）。

（3）左脚尖稍向右移，右腿下蹲成左虚步；左臂伸直向左、向后划弧成反勾手；右臂伸直向下、向右、向上划弧抖腕亮掌，掌心向上。目视左方（图 10-2-143）。

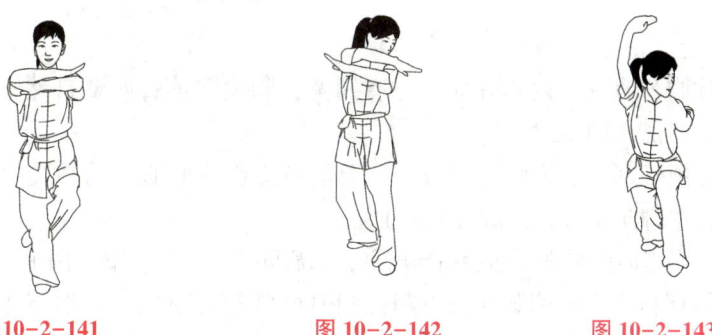

图 10-2-141　　　　图 10-2-142　　　　图 10-2-143

（二）并步对拳

（1）左腿后撤一步，同时两掌从两腰侧向前穿出伸直，掌心向上（图 10-2-144）。

（2）右腿后撤一步，同时两臂分别向体后下摆（图 10-2-145）。

（3）左脚后退半步向右脚并拢；两臂由后向上经体前屈臂下按，两掌变拳，停于腹前，拳心向下，拳面相对。目视左方（图 10-2-146）。

图 10-2-144　　　　图 10-2-145　　　　图 10-2-146

还原

两臂自然下垂，目视正前方（图 10-2-147）。

图 10-2-147

第三节　简化二十四式太极拳

第一组

（一）起势

（1）身体自然直立，两脚开立，与肩同宽，脚尖向前；两臂自然下垂，两手放在大腿外侧；眼向前平视（图 10-3-1）。

要点：头颈挺直，下颌微向后收，不要故意挺胸或收腹。精神要集中（起势由立正姿势开始，然后左脚向左分开，成开立步）。

（2）两臂慢慢向前平举，两手高与肩平，与肩同宽，手心向下（图 10-3-2、图 10-2-3）。

（3）上体保持挺直，两腿屈膝下蹲；同时两掌轻轻下按，两肘下垂与两膝相对；眼平视前方（图 10-3-4）。

要点：两肩下沉，两肘松垂，手指自然微屈。屈膝松腰，臀部不可凸出，身体重心落于两腿中间。两臂下落和身体下蹲的动作要协调一致。

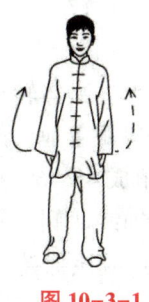   

图 10-3-1　　　　图 10-3-2　　　　图 10-3-3　　　　图 10-3-4

（二）左右野马分鬃

（1）上体微向右转，身体重心移至右腿上；同时右臂收在胸前平屈，手心向下，左手经体前向右下划弧放在右手下，手心向上，两手心相对成抱球状；左脚随即收到右脚内侧，脚尖点地；眼看右手（图10-3-5、图10-3-6）。

（2）上体微向左转，左脚向前方迈出，右脚跟后蹬，右腿自然伸直，成左弓步；同时上体继续向左转，左、右手随转体慢慢分别向左上、右下分开，左手高与眼平（手心斜向上），肘微屈；右手落在右胯旁，肘也微屈，手心向下，指尖向前；眼看左手（图10-3-7、图10-3-8、图10-3-9）。

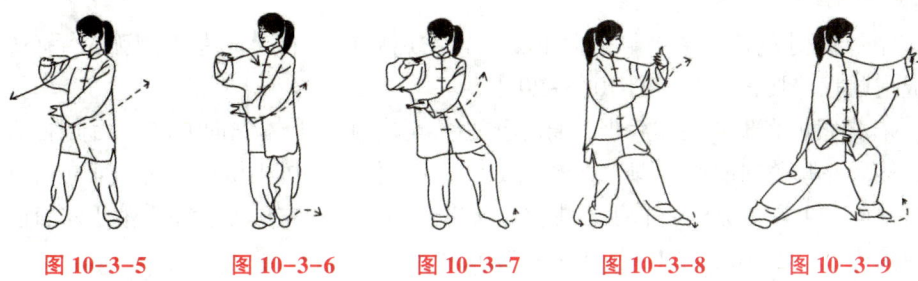

图 10-3-5　　　图 10-3-6　　　图 10-3-7　　　图 10-3-8　　　图 10-3-9

（3）上体慢慢后坐，身体重心移至右腿，左脚尖翘起，微向外撇（45~61度），随后脚掌慢慢踏实，左腿慢慢前弓，身体左转，身体重心再移至左腿；同时左手翻转向下，左臂收在胸前平屈，右手向左上划弧放在左手下，两手心相对成抱球状；右脚随即收到左脚内侧，脚尖点地；眼看左手（图10-3-10、图10-3-11、图10-3-12）。

（4）右腿向右前方迈出，左腿自然伸直，成右弓步；同时上体右转，左、右手随转体分别慢慢向左下、右上分开，右手高与眼平（手心斜向上），肘微屈；左手落在左胯旁，肘也微屈，手心向下，指尖向前；眼看右手（图10-3-13、图10-3-14）。

图 10-3-10　　图 10-3-11　　图 10-3-12　　图 10-3-13　　图 10-3-14

（5）与（3）解同，只是左右相反（图10-3-15、图10-3-16、图10-3-17）。

（6）与（4）解同，只是左右相反（图10-3-18、图10-3-19）。

要点：上体不可前俯后仰，胸部必须宽松舒展。两臂分开时要保持弧形。身体转动时要以腰为轴。弓步动作与分手的速度要均匀一致。做弓步时，迈出的脚先是脚跟着地，然后脚掌慢慢踏实，脚尖向前，膝盖不要超过脚尖；后腿自然伸直；前后脚夹角成45～60度（需要时后脚跟可以后蹬调整）。野马分鬃式的弓步，前后脚的脚跟要分在中轴线两侧，它们之间的横向距离（即以动作行进的中线为纵轴，其两侧的垂直距离为横向）应该保持在10～30厘米之间。

图10-3-15　　图10-3-16　　图10-3-17　　图10-3-18　　图10-3-19

（三）白鹤亮翅

（1）上体微向左转，左手翻掌向下，左臂平屈胸前，右手向左下划弧，手心转向上，与左手成抱球状；眼看左手（图10-3-20）。

（2）右脚跟进半步，上体后坐，身体重心移至右腿，上体先向右转，面向右前方，眼看右手；然后左脚稍向前移，脚尖点地，成左虚步；同时上体再微向左转，面向前方，两手随转体慢慢向右上左下分开，右手上提停于头右侧，手心向左后方，左手落于左胯前，手心向下，指尖向前（图10-3-21、图10-3-22）。

要点：胸部不要挺出，两臂上下都要保持半圆形，左膝微屈。身体重心后移和右手上提、左手下按要协调一致。

图10-3-20　　图10-3-21　　图10-3-22

第二组

（四）左右搂膝拗步

（1）右手从体前下落，由下向后上方划弧至右肩外侧，肘微屈，手与耳同高，手心斜向上；左手由左下向上、向右下方划弧至右胸前，手心斜向下；同时上体先微向左再向右转；左脚收至右脚内侧，脚尖点地，眼看右手（图10-3-23、图10-3-24、图10-3-25）。

（2）上体左转，左脚向前（偏左）迈出成左弓步；同时右手屈回由耳侧向前推出，高与鼻尖平，左手向下由左膝前搂过落于左胯旁，指尖向前；眼看右手手指（图10-3-26、图10-3-27）。

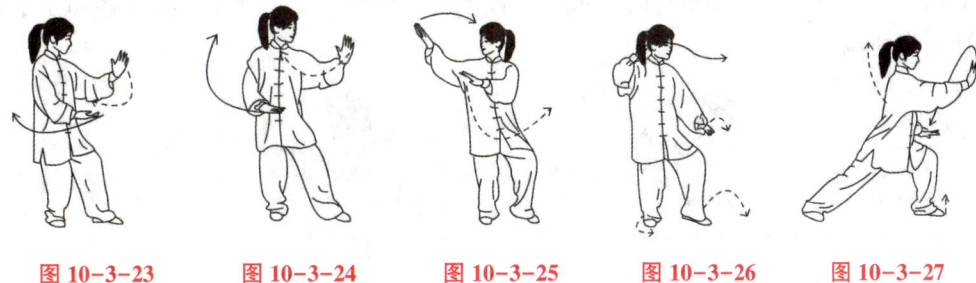

图10-3-23　　图10-3-24　　图10-3-25　　图10-3-26　　图10-3-27

（3）右腿慢慢屈膝，上体后坐，身体重心移至右腿，左脚尖翘起微向外撇，随后脚掌慢慢踏实，左腿前弓，身体左转，身体重心移至左腿，右脚收到左脚内侧，脚尖点地；同时左手向外翻掌由左后向上划弧至左肩外侧，肘微屈，手与耳同高，手心斜向上；右手随转体向上、向左下划弧落于左胸前，手心斜向下；眼看左手（图10-3-28、图10-3-29、图10-2-30）。

（4）与（2）解同，只是左右相反（图10-3-31、图10-3-32）。

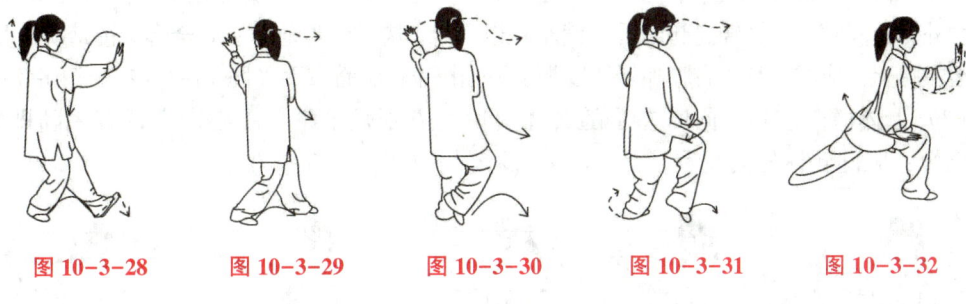

图10-3-28　　图10-3-29　　图10-3-30　　图10-3-31　　图10-3-32

（5）与（3）解同，只是左右相反（图10-3-33、图10-3-34、图10-3-35）。

（6）与（2）解同（图10-3-36、图10-3-37）。

要点：前手推出时，身体不可前俯后仰，要松腰松胯。推掌时要沉肩垂肘，坐腕舒掌，同时须与松腰、弓腿上下协调一致。搂膝拗步成弓步时，两脚跟的横向距离保持约30厘米。

图10-3-33　　图10-3-34　　图10-3-35　　图10-3-36　　图10-3-37

（五）手挥琵琶

右脚跟进半步，上体后坐，身体重心转至右腿上，上体半面向右转，左脚略提起稍向前移，变成左虚步，脚跟着地，脚尖翘起，膝部微屈；同时左手由左下向上挑举，高与鼻尖，掌心向右，臂微屈；右手收回放在左臂肘部内侧，掌心向左；眼看左手食指（图 10-3-38、图 10-3-39）。

要点：身体要平稳自然，沉肩垂肘，胸部放松。左手上举时不要直向上挑，要由左向上、向前，微带弧形。右脚跟进时，脚掌先着地，再全脚踏实。身体重心后移和左手上举、右手回收要协调一致。

图 10-3-38

图 10-3-39

（六）左右倒卷肱

（1）上体右转，右手翻掌（手心向上）经腹前由下向后上方划弧平举，臂微屈，左手随即翻掌向上，眼的视线随着向右转体先向右看，再转向前方看左手（图 10-3-40、图 10-3-41）。

（2）右臂屈肘折向前，右手由耳侧向前推出，手心向前，左臂屈肘后撤，手心向上，撤至左肋外侧；同时左腿轻轻提起向后（偏左）退一步，脚掌先着地，然后全脚慢慢踏实，身体重心移至左腿上，成右虚步，右脚随转体以脚掌为轴扭正；眼看右手（图 10-3-42、图 10-3-43）。

（3）上体微向左转，同时左手随转体向后上方划弧平举，手心向上，右手随即翻掌，掌心向上；眼随转体先向左看，再转向前方看右手（图 10-3-44）。

图 10-3-40

图 10-3-41

图 10-3-42

图 10-3-43

图 10-3-44

（4）与（2）解同，只是左右相反（图 10-3-45、图 10-3-46）。

（5）与（3）解同，只是左右相反（图 10-3-47）。

（6）与（2）解同（图 10-3-48、图 10-3-49）。

图 10-3-45

图 10-3-46

图 10-3-47

图 10-3-48

图 10-3-49

(7) 与（3）解同（图 10-3-50）。

(8) 与（2）解同，只是左右相反（图 10-3-51、图 10-3-52）。

要点：前推的手不要伸直，后撤手也不可直向回抽，随转体仍走弧线。前推时，要转腰松胯，两手的速度要一致，避免僵硬。退步时，脚掌先着地，再慢慢全脚踏实，同时前脚随转体以脚掌为轴扭正。退左脚略向左后斜，避免使两脚落在一条直线上。后退时，眼神随转体动作先向左右看，然后再转看前手。最后退右脚时，脚尖外撇的角度略大些，便于接做"左揽雀尾"的动作。

图 10-3-50　　　　图 10-3-51　　　　图 10-3-52

第三组

（七）左揽雀尾

(1) 上体微向右转，同时右手随转体向后上方划弧平举，手心向上，左手放松，手心向下；眼看左手（图 10-3-53）。

(2) 身体继续向右转，左手自然下落逐渐翻掌经腹前划弧至右肋前，手心向上；右臂屈肘，手心转向下，收至右胸前，两手相对成抱球状；同时身体重心落在右腿上，左脚收到右脚内侧，脚尖点地；眼看右手（图 10-3-54、图 10-3-55）。

(3) 上体微向左转，左脚向前方迈出，上体继续向左转，右腿自然蹬直，左腿屈膝，成左弓步；同时左臂向左掤出（即左臂平屈成弓形，用前臂外侧和手背向前方推出），高与肩平，手心向内；右手向右下落放于右胯旁，手心向下，指尖向前；眼看前臂（图 10-3-56、图 10-3-57）。

要点：掤出时，两臂前后均保持弧形。分手、松腰、弓腿三者必须协调一致。揽雀尾弓步时，两脚跟横向距离不超过 10 厘米。

图 10-3-53　　图 10-3-54　　图 10-3-55　　图 10-3-56　　图 10-3-57

(4) 身体微向左转，左手随即前伸翻掌向下，右手翻掌向上，经腹前向上、向前伸至左前臂下方；然后两手下捋，即上体向右转。两手经腹前向右后上方划弧，直至右手手心向上，高与肩齐，左臂平屈于胸前，手心向后；同时身体重心移至右腿；眼看右手（图 10-3-58、图 10-3-59）。

要点：下捋时，上体不可前倾，臀部不要突出。两臂下捋须随腰旋转，仍走弧线。左脚全掌着地。

（5）上体微向左转，右臂屈肘折回，右手附于左手腕里侧（相距约 5 厘米），上体继续向

左转，双手同时向前挤出，左前臂要保持半圆；同时身体重心逐渐移变成左弓步；眼看左手腕部（图 10-3-60、图 10-3-61）。

要点：向前挤时，上体要挺直。挤的动作要与松腰、弓腿相一致。

图 10-3-58　　　　图 10-3-59　　　　图 10-3-60　　　　图 10-3-61

（6）左手翻掌，手心向下，右手经左腕上方向前、向右伸出，高与左手齐，手心向下，两手左右分开，宽与肩同；然后右腿屈膝，上体慢慢后坐，身体重心移至右腿上，左脚尖翘起；同时两手屈肘回收至腹前，手心均向前下方；眼向前平视（图 10-3-62、图 10-3-63、图 10-3-64）。

（7）上式不停，身体重心慢慢前移，同时两手向前、向上按出，掌心向前；左腿成左弓步；眼平视前方（图 10-3-65）。

要点：向前按时，两手须走曲线，手腕部高与肩平，两肘微屈。

图 10-3-62　　　　图 10-3-63　　　　图 10-3-64　　　　图 10-3-65

（八）右揽雀尾

（1）上体后坐并向右转，身体重心移至右腿，左脚尖内扣；右手向右平行划弧至右侧，然后由右下经腹前向左上划弧至左肋前，手心向上；左臂平屈胸前，左手掌向下与右手成抱球状；同时身体重心再移至左腿上，右脚收至左脚内侧，脚尖点地；眼看左手（图 10-3-66、图 10-3-67、图 10-3-68、图 10-3-69）。

（2）同"左揽雀尾"（3）解，只是左右相反（图 10-3-70、图 10-3-71）。

图 10-3-66　　　图 10-3-67　　　图 10-3-68　　　图 10-3-69　　　图 10-3-70　　　图 10-3-71

（3）同"左揽雀尾"（4）解，只是左右相反（图10-3-72、图10-3-73）。

（4）同"左揽雀尾"（5）解，只是左右相反（图10-3-74、图10-3-75）。

图 10-3-72　　　　　图 10-3-73　　　　　图 10-3-74　　　　　图 10-3-75

（5）同"左揽雀尾"（6）解，只是左右相反（图10-3-76、图10-3-77、图10-3-78）。

（6）同"左揽雀尾"（7）解，只是左右相反（图10-3-79）。

要点：均与"左揽雀尾"相同，只是左右相反。

图 10-3-76　　　　　图 10-3-77　　　　　图 10-3-78　　　　　图 10-3-79

第四组

（九）单鞭

（1）上体后坐，身体重心逐渐移至左腿上，右脚尖内扣；同时上体左转，两手（左高右低）向左弧形运转，直至左臂平举伸于身体左侧，手心向左，右手经腹前运至左肋前，手心向后上方；眼看左手（图10-3-80、图10-3-81）。

（2）身体重心再渐渐移至右腿上，上体右转，左脚向右脚靠拢，脚尖点地；同时右手向右上方划弧（手心由里转向外），至右侧方时变勾手，臂与肩平；左手向下经腹前向右上划弧停于右肩前，手心向里；眼看左手（图10-3-82、图10-3-83）。

（3）上体微向左转，左脚向左前侧方迈出，右脚跟后蹬，成左弓步；在身体重心移向左腿的同时,左掌随上体的继续左转慢慢翻转向前推出,手心向前,手指与眼齐平,臂微屈;眼看左手(图10-3-84、图10-3-85)。

要点:上体保持挺直、松腰。完成时,右臂肘部稍下垂,左肘与左膝上下相对,两肩下沉。左手向外翻掌前推时,要随转体边翻边推出,不要翻掌太快或最后突然翻掌。全部过渡动作要上下协调一致。如面向南起势,单鞭的方向(左脚尖)应向东偏北(大约为15度)。

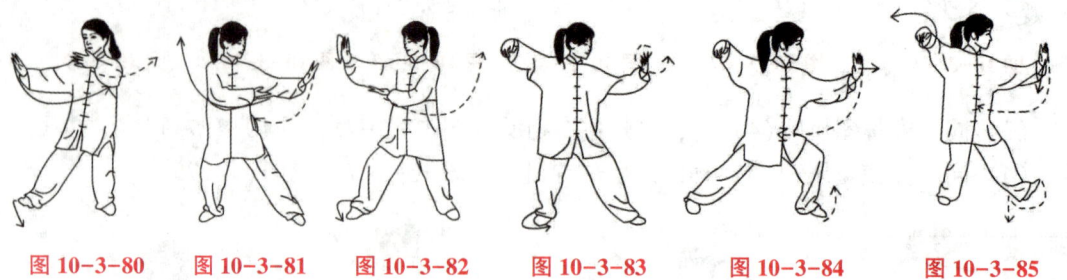

图10-3-80　　图10-3-81　　图10-3-82　　图10-3-83　　图10-3-84　　图10-3-85

(十) 云手

(1) 身体重心移至右腿上,身体渐向右转,左脚尖内扣;左手经腹前向右上划弧至右肩前,手心斜向后,同时右手变掌,手心向右前;眼看左手(图10-3-86、图10-3-87)。

(2) 上体慢慢左转,身体重心随之逐渐左移;左手由脸前向左侧运转,手心渐渐转向左方;右手由右下经腹前向左上划弧,至左肩前,手心斜向后;同时右脚靠近左脚,成小开立步(两脚距离10~20厘米);眼看右手(图10-3-88、图10-3-89)。

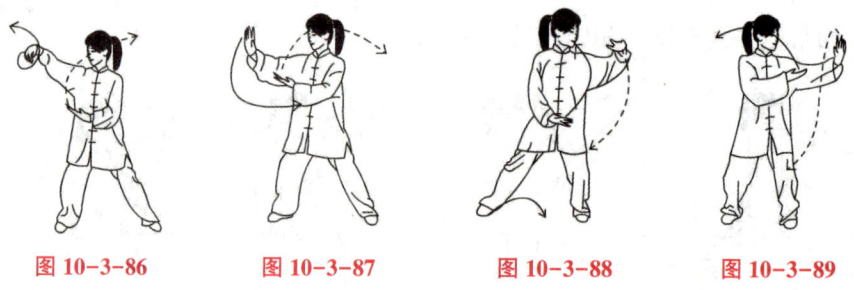

图10-3-86　　图10-3-87　　图10-3-88　　图10-3-89

(3) 上体再向右转,同时左手经腹前向右上划弧至右肩前,手心斜向后;右手向右侧运转,手心翻转向右;随之左腿向左横跨一步;眼看左手(图10-3-90、图10-3-91、图10-3-92)。

(4) 同(2)解(图10-3-93、图10-3-94)。

图10-3-90　　图10-3-91　　图10-3-92　　图10-3-93　　图10-3-94

(5) 同（3）解（图10-3-95、图10-3-96、图10-3-97）。

(6) 同（2）解（图10-3-98、图10-3-99）。

要点：身体转动要以腰为轴，松腰、松胯，不可忽高忽低。两臂随腰的转动而转动，要自然圆活，速度要缓慢、均匀。下肢移动时，身体重心稳定，两脚掌先着地再踏实，脚尖向前。眼的视线随左右手而移动。第三个"云手"，右脚最后跟步时，脚尖微向内扣，便于接"单鞭"动作。

图 10-3-95　　　图 10-3-96　　　图 10-3-97　　　图 10-3-98　　　图 10-3-99

（十一）单鞭

(1) 上体右转，右手随之向右运转，至右侧方时变成勾手；左手经腹前向右上划弧至右肩前，手心向内；身体重心落在右腿上，左脚尖点地；眼看左手（图10-3-100、图10-3-101、图10-3-102）。

(2) 上体微向左转，左脚向左前侧方迈出，右脚跟后蹬，成左弓步；在身体重心移向左腿的同时，上体继续左转，左掌慢慢翻转向前推出，成"单鞭"式（图10-3-103、图10-3-104）。

要点：与前"单鞭"式相同。

图 10-3-100　　图 10-3-101　　图 10-3-102　　图 10-3-103　　图 10-3-104

第五组

（十二）高探马

(1) 右脚跟进半步，身体重心逐渐后移至右腿上；右勾手变成掌，两手心翻掌向上，两肘微屈；同时身体微向右转，左脚跟渐渐离地；眼看左前方（图10-3-105）。

(2) 上体微向左转，面向前方；右掌经右耳旁向前推出，手心向前，手指与眼同高；左手收至左侧腰前，手心向上；同时左脚微向前移，脚尖点地，成左虚步；眼看右手（图10-3-106）。

要点：上体自然挺直，双肩要下沉，右肘微下垂。跟步移换重心时，身体不要有起伏。

图 10-3-105　　　　　　　　　　图 10-3-106

（十三）右蹬脚

（1）左手手心向上，前伸至右手腕背面，两手相互交叉，随即向两侧分开并向下划弧，手心斜向下；同时左脚提起向左前侧方进步（脚尖略外撇）；身体重心前移，右腿自然蹬直，成左弓步；眼看前方（图10-3-107、图10-3-108、图10-3-109）。

图 10-3-107　　　　　图 10-3-108　　　　　图 10-3-109

（2）两手由外圈向里圈划弧，两手交叉合抱于胸前，右手在外，手心均向后；同时右脚向左脚靠拢，脚尖点地；眼平看右前方（图10-3-110）。

（3）两臂左右划弧分开平举，肘部微屈，手心均向外；同时右腿屈膝提起，右脚向右前方慢慢蹬出，眼看右手（图10-3-111、图10-3-112）。

要点：身体要稳，不可前俯后仰。两手分开时，腕部与肩齐平。蹬脚时，左腿微屈，右脚尖回勾，劲使在脚跟。分手和蹬脚须协调一致。右臂和右腿上下相对。如面向南起势，蹬脚方向应为正东偏南（约30度）。

  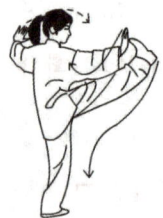

图 10-3-110　　　　　图 10-3-111　　　　　图 10-3-112

（十四）双峰贯耳

（1）右腿收回，屈膝平举，左手由后向上，向前下落至体前，两手心均翻转向上，两手同时向下划弧分落于右膝盖两侧；眼看前方（图10-3-113、图10-3-114）。

(2) 右脚向右前方落下，身体重心渐渐前移，成右弓步，面向右前方；同时两手下落，慢慢变拳，分别从两侧向上、向前划弧至面部前方，成钳状，两拳相对，高与耳齐，拳眼都斜向内下（两拳中间距离10~20厘米）；眼看右拳（图10-3-115、图10-3-116）。

要点：完成时，头颈挺直、松腰松胯、两拳松握、沉肩垂肘，两臂均保持弧形。双峰贯耳式的弓步和身体方向与右蹬脚方向相同。弓步的两脚跟横向距离同"揽雀尾"式。

图10-3-113　　　　图10-3-114　　　　图10-3-115　　　　图10-3-116

（十五）转身左蹬脚

(1) 左腿屈膝后坐，身体重心移至左腿，上体左转，右脚尖内扣；同时两拳变掌，由上向左右划弧分开平举，手心向前；眼看左手（图10-3-117、图10-3-118）。

(2) 身体重心再移至右腿，左脚收到右脚内侧，脚尖点地；同时两手由外圈划弧合抱于胸前，左手在外，手心均向后；眼平看左方（图10-3-119、图10-3-120）。

(3) 两臂左右划弧分开平举，肘部微屈，手心均向外；同时左腿屈膝提起，左脚向前方慢慢蹬出；眼看左手（图10-3-121、图10-3-122）。

要点：与右蹬脚式相同，只是左右相反。左蹬脚方向与右蹬脚成180度（即正西偏北，约30度）。

图10-3-117　　　　图10-3-118　　　　图10-3-119

图10-3-120　　　　图10-3-121　　　　图10-3-122

第六组

(十六) 左下势独立

(1) 左腿收回平屈，上体右转；右掌变成勾手，左掌向上、向右划弧下落，立于右肩前，掌心斜向后；眼看右手（图 10-3-123、图 10-3-124）。

(2) 右腿慢慢屈膝下蹲，左腿由内向左侧（偏后）伸出，成左仆步；左手下落（掌心向外）向左下顺左腿内侧向前穿出；眼看左手（图 10-3-125、图 10-3-126）。

要点：右腿全蹲时，上体不可过于前倾。左腿伸直，左脚尖须向内扣，两脚脚掌全部着地。左脚尖与右脚跟踏在中轴线上。

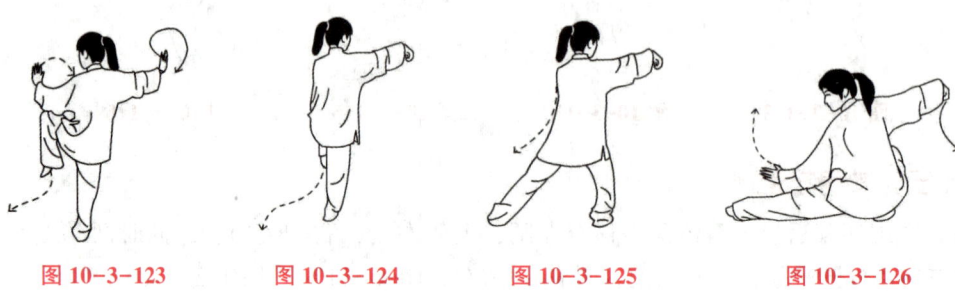

图 10-3-123　　图 10-3-124　　图 10-3-125　　图 10-3-126

(3) 身体重心前移，左脚跟为轴，脚尖尽量向外撇，左腿前弓，右腿后蹬，右脚尖内扣，上体微向左转并向前起身；同时左臂继续向前伸出（立掌），掌心向右，右勾手下落，钩尖向后；眼看左手（图 10-3-127）。

(4) 右腿慢慢提起平屈，成左独立式；同时右勾手变掌，并由后下方顺右腿外侧向前弧形摆出，屈臂立于右腿上方，肘与膝相对，手心向左；左手落于左胯旁，手心向下，指尖向前；眼看右手（图 10-3-128、图 10-3-129）。

要点：上体要挺直，独立的腿要微屈，右腿提起时脚尖自然下垂。

图 10-3-127　　　图 10-3-128　　　图 10-3-129

(十七) 右下势独立

(1) 右脚下落于左脚前，脚掌着地，然后以左脚前掌为轴脚跟转动，身体随之左转；同时左手向后平举变成勾手，右掌随着转体向左侧划弧，立于左肩前，掌心斜向后；眼看左手（图 10-3-130、图 10-3-131）。

(2) 同"左下势独立"(2) 解，只是左右相反（图 10-3-132、图 10-3-133）。

图 10-3-130　　　图 10-3-131　　　图 10-3-132　　　图 10-3-133

（3）同"左下势独立"（3）解，只是左右相反（图10-3-134）。

（4）同"左下势独立"（4）解，只是左右相反（图10-3-135、图10-3-136）。

要点：左脚尖触地后必须稍微提起，然后再向下仆腿。其他均与"左下势独立"相同，只是左右相反。

图 10-3-134　　　　　　图 10-3-135　　　　　　图 10-3-136

第七组

（十八）左右穿梭

（1）身体微向左转，左脚向前落地，脚尖外撇，右脚跟离地，两腿屈膝成半坐盘式；同时两手在左胸前成抱球状（左上右下）；然后右脚收到左脚的内侧，脚尖点地；眼看前臂（图10-3-137、图10-3-138）。

（2）身体右转，右脚向右前方迈出，屈膝弓腿，成右弓步；同时右手由脸前向上举并翻掌停在右额前，手心斜向上；左手先向左下再经体前向前推出，高与鼻尖平，手心向前；眼看左手（图10-3-139、图10-3-140、图10-3-141）。

图 10-3-137　　　图 10-3-138　　　图 10-3-139　　　图 10-3-140　　　图 10-3-141

（3）身体重心略向后移，右脚尖稍向外撇，随即身体重心再移至右腿，左脚跟进，停于右脚内侧，脚尖点地；同时两手在右胸前成抱球状（右上左下）；眼看右前臂（图10-3-

142、图10-3-143)。

（4）同（2）解，只是左右相反（图10-3-144、图10-3-145、图10-3-146）。

要点：完成姿势面向斜前方（如面向南起势，左右穿梭方向分别为正西偏北和正西偏南，均约30度）。手推出后，上体不可前俯。手向上举时，防止引肩上耸。一手上举一手前推，要与弓腿松腰上下协调一致。做弓步时，两脚跟的横向距离同搂膝拗步式，保持在30厘米左右。

图10-3-142　　图10-3-143　　图10-3-144　　图10-3-145　　图10-3-146

（十九）海底针

右脚向前跟进半步，身体重心移至右腿，左脚稍向前移，脚尖点地，成左虚步；同时身体稍向右转，右手从右耳旁斜向下方插出，掌心向左，指尖斜向下；与此同时，左手向前、向下划弧落于左胯旁，手心向下，指尖向前；眼看前下方（图10-3-147、图10-3-148）。

要点：身体要先向右转，再向左转。完成姿势后，面向正西。上体不可太前倾。避免低头和臀部外凸。左腿要微屈。

（二十）闪通臂

上体稍向右转，左脚向前迈出，屈膝弓腿成左弓步；同时右手由体前上提，屈臂上举，停于右额前上方，掌心翻转斜向上，拇指朝下；左手上起经胸前推出，高与鼻尖平，手心向前；眼看左手（图10-3-149、图10-3-150、图10-3-151）。

要点：完成姿势上体自然挺直、松腰、松胯；左臂不要完全伸直，背部肌肉要伸展开。推掌、举掌和弓腿动作要协调一致。弓步时，两脚跟横向距离同"揽雀尾"式（不超过10厘米）。

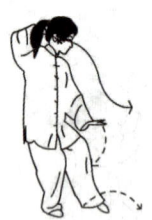  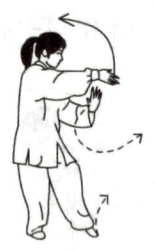  

图10-3-147　　图10-3-148　　图10-3-149　　图10-3-150　　图10-3-151

第八组

（二十一）转身搬拦捶

（1）上体后坐，身体重心移至右腿上，左脚尖内扣，身体向右后转，然后身体重心再移至左腿上;与此同时,右手随着转体向右、向下(变拳)经腹前划弧至左肋旁,拳心向下;左掌上举于头前,掌心斜向上;眼看前方(图10-3-152、图10-3-153、图10-3-154)。

(2)向右转体,右拳经胸前向前翻转撤出,拳心向上;左掌落于左胯旁,掌心向下,指尖向前;同时右脚收回后(不要停顿或脚尖点地)即向前迈出,脚尖外撇;眼看右拳(图10-3-55、图10-3-56)。

图10-3-152　　图10-3-153　　图10-3-154　　图10-3-155　　图10-3-156

(3)身体重心移至右腿上,左脚向前迈一步;左手上起经左侧向前上划弧拦出,掌心向前下方;同时右拳向右划弧收到右腰旁,拳心向上;眼看左手(图10-3-157、图10-3-158)。

(4)左腿前弓成左弓步,同时右拳向前打出,拳眼向上,高与胸平,左手附于右前臂里侧;眼看右拳(图10-3-159)。

要点:右拳不要握得太紧。右拳回收时,前臂要慢慢内旋划弧,然后再外旋停于右腰旁,拳心向上。向前打拳时,右肩随拳略向前引伸,沉肩垂肘,右臂要微屈。弓步时,两脚横向距离同"揽雀尾"式。

图10-3-157　　　　图10-3-158　　　　图10-3-159

(二十二)如封似闭

(1)左手由右腕下向前伸出,右拳变掌,两手手心逐渐翻转向上慢慢分开回收;同时身体后坐,左脚尖翘起,身体重心移至右腿;眼看前方(图10-3-160、图10-3-161、图10-3-162)。

(2)两手在胸前翻掌,向下经腹前再向上、向前推出,腕部与肩平,手心向前;同时左腿前弓成左弓步;眼看前方(图10-3-163、图10-3-164)。

要点:身体后坐时,避免后仰,臀部不可凸出。两臂随身体回收时,肩、肘部略向外松开,不要直着抽回。两手推出宽度不要超过两肩。

   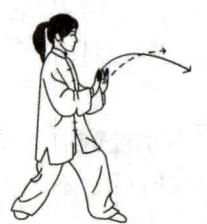 

图 10-3-160　　　图 10-3-161　　　图 10-3-162　　　图 10-3-163　　　图 10-3-164

(二十三) 十字手

（1）屈膝后坐，身体重心移向右腿，左脚尖内扣，向右转体；右手随着转体动作向右平摆划弧，与左手成两臂侧平举，掌心向前，肘部微屈；同时右脚尖随着转体稍向外撇，成右侧弓步；眼看右手（图 10-3-165、图 10-3-166、图 10-3-167）。

（2）身体重心慢慢移至左腿，右脚尖内扣，随即向左收回，两脚距离与肩同宽，两腿逐渐蹬直，成开立步；同时两手向下经腹前向上划弧交叉合抱于胸前，两臂撑圆，腕略高与肩平，右手在外，成十字手，手心均向后；眼看前方（图 10-3-168、图 10-3-169）。

要点：两手分开和合抱时，上体不要前俯。站起后，身体自然挺直，头要微微上顶，下颌稍向后收。两臂环抱时须圆满舒适，沉肩垂肘。

图 10-3-165　　　图 10-3-166　　　图 10-3-167　　　图 10-3-168　　　图 10-3-169

(二十四) 收势

两手向外翻掌，手心向下，两臂慢慢下落，停于身体两侧；眼看前方（图 10-3-170、图 10-2-171）。

要点：两手左右分开下落时，要注意全身放松，同时气也徐徐下沉（呼气略加长）。呼吸平稳后，把左脚收到右脚旁再走动休息。

图 10-3-170　　　　　　图 10-3-171

第四节 散 打

一、散打运动概述

散打，又称散手。散打是两人在规则的制约下，以踢、打、摔等徒手攻防手段，通过攻、防、进、退、还击和反还击进行格斗的对抗性运动项目。

散打运动在继承传统的基础上，形成了独特的技术风格。它有别于传统的"点到为止"，也不同于"一招制敌"的实用技击技术。比赛双方没有固定的动作顺序，而是互以对方技击动作随机应变，斗智较技、以长制短。它要求运动员熟练地掌握技术，具有敏捷的应变能力。散打运动是较技、较力、斗智、斗勇，对抗性强的运动项目。它对提高人体的速度、力量、柔韧、耐力等身体素质，提高内脏器官的机能，改善神经系统的灵活性等方面有较大的促进作用；并且能有效地提高人的应变能力，发展思维的敏捷性，增强竞争意识；还能培养顽强果断、勇于进取的意志品质和尊师爱友、讲礼崇德的良好风尚。

二、入门与基本功

散打的基本功练习是为了增强关节、韧带的柔韧性和灵活性，提高控制能力和协调性，提高专项身体素质；规范散打技术动作，以防止和减少伤害事故的发生，为学习散打技术、提高技击水平打下良好的基础。

（一）柔韧性练习

1. 肩臂柔韧性练习

肩臂柔韧性练习主要是增进肩关节的柔韧性，加大肩关节的活动范围，提高上肢的敏捷、松长、环转等能力。肩臂练习的方法有压肩、握杆转肩、开肩合肩、单臂绕环、双臂前后绕环、双臂交叉绕环、仆步抡拍等。

2. 腰部柔韧性练习

腰部柔韧练习可提高脊椎和腰部各肌肉群的柔韧性与弹性，加大腰部活动的范围。俗话说："练拳不活腰，终究艺不高。"腰部柔韧性练习的方法有俯腰、甩腰、晃腰、翻腰、涮腰、下腰等。

3. 腿部柔韧性练习

腿部柔韧性练习主要是拉长腿部的肌肉和韧带，加大髋关节的活动范围。

（1）压腿：压腿的方法主要有正压、侧压、后压、仆步压等。

（2）劈腿：劈腿可结合压腿和搬腿进行练习。劈腿的方法有竖叉、横叉两种。

（3）踢腿：主要是通过腿部的动力性练习，提高腿部的柔韧、灵敏、速度等素质。踢腿的方法有正踢、侧踢、后踢、斜踢、里合、外摆等。

（二）力量性练习

1. 上肢力量练习

（1）俯卧撑：掌式、拳式、指式、单臂式等。

(2) 杠铃练习：握杠铃屈伸、站立推举、坐姿推举、仰卧推举、提拉杠铃等。

(3) 其他：引体向上、双杠臂屈伸、爬杠、爬绳、靠墙倒立推手、手握哑铃冲拳、推小车等。

2. 下肢力量练习

下肢力量练习主要有负重深蹲、负重登台阶、负重半蹲跳、负重全蹲跳、负重马步跳、负重跳换腿、跳绳、腿绑沙袋的各种练习、蛙跳、矮子步走等。

3. 躯干力量练习

躯干力量练习主要有负重转腰、（负重）仰卧起坐、（负重）俯卧体后屈、两头起、立卧撑、悬垂举腿等。

（三）抗击打练习

抗击打能力，就是人的机体各组织对外界击打的承受能力。

1. 肩、臂、背的靠撞练习

(1) 单人练习：可对着沙袋、木桩、墙等物体进行身体各部位的靠撞练习。

(2) 双人练习：有臂对臂、肩对肩、胸对胸、背对背等的靠撞练习。

2. 排打练习

排打主要是采用一定的器具对身体各部位进行击打，增强身体各部位抗击打能力的练习。

（四）跌扑滚翻练习

通过跌扑滚翻练习改善身体内脏器官的承受能力，起到自我保护的作用，提高身体的协调、灵敏、力量等素质。其主要内容有前滚翻、后滚翻、栽碑、后倒、扑虎、盘腿跌、抢背、鲤鱼打挺等。

三、基本技术与战术

（一）基本技术

基本技术是指在实战中完成进攻与防守动作的方法，是竞技水平的重要体现。其主要内容有基本姿势、步法、拳法、腿法、摔法和防守技术等。

1. 基本姿势

两脚前后开立，距离稍宽于肩；两脚尖微内扣，后脚跟稍离地；两膝微屈，身体重心落在两腿之间；两臂弯曲，左臂屈肘约成90度，肘尖下垂，左拳置于体前，拳眼斜朝上，高与鼻平；右臂屈肘小于90度，右拳置于右肋前，略高于下颌部，大臂内侧紧贴右侧肋部，肘自然下垂。胸、背保持自然，下颌微收，两眼平视前方。左脚在前称"正架"，右脚在前称"反架"（图10-4-1）。

2. 基本步法

(1) 前进步：基本姿势站立（以下均同），前脚先向前进半步，后脚紧接着跟进半步（图10-4-2）。

要点：步幅不宜过大，上体姿势不变，跟步要快速、紧凑。

(2) 后退步：后脚先向后退半步，前脚紧接着向后回收半步（图10-4-3）。要点：同前进步。

（3）上步：后脚向前上一步，左右拳前后交换成右脚在前的反架实战姿势，两眼平视前方（图10-4-4）。

要点：身体重心平稳，移动迅速，前、后脚保持适当距离。

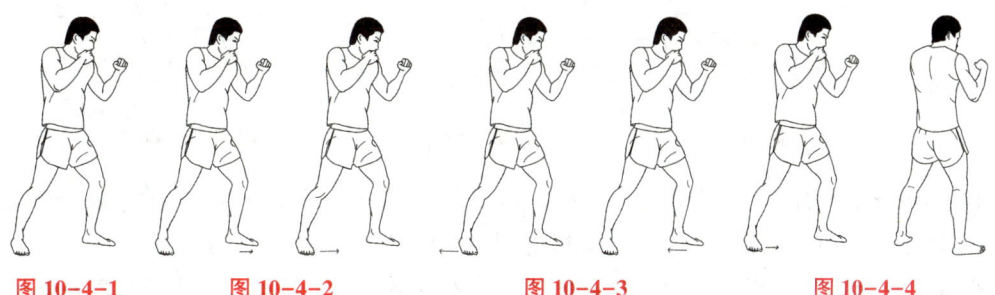

图10-4-1　　　　图10-4-2　　　　图10-4-3　　　　图10-4-4

（4）撤步：左脚向后撤一步，成右脚在前、左脚在后，左脚跟离地，右脚尖外展，重心偏右脚（图10-4-5）。

要点：与上步同。

（5）垫步：后脚蹬地向前脚内侧并拢，同时前腿屈膝提起（图10-4-6）。

要点：后脚向前脚并拢要迅速，垫步与提膝不可脱节、停顿；身体向前移动时，不能向上腾空。

（6）插步：重心前移，同时后脚经前脚后面前插，两脚成交叉状，随之前脚向前上步（图10-4-7）。

要点：插步时上体略右转，插步后前脚上步要快，迅速还原成基本姿势。

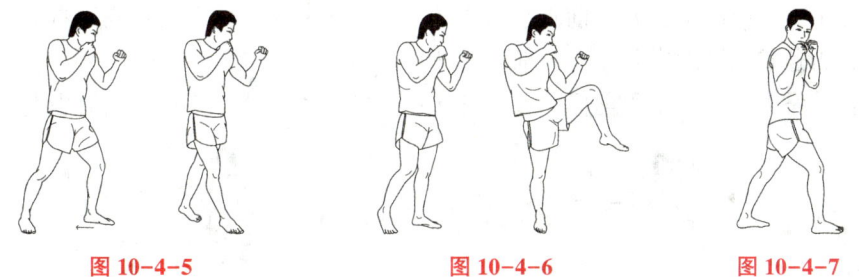

图10-4-5　　　　　　图10-4-6　　　　　　图10-4-7

（7）闪步：左脚向左侧移半步，右脚随之向左滑步；同时身体向右转动约90度（图10-4-8）。右侧与左侧相同，只是方向相反。

要点：步法灵活，躲闪快速、敏捷。

（8）纵步。

①单腿纵步：前腿屈膝上提，后腿连续蹬地向前移动（图10-4-9）。

②双腿纵步：两脚同时蹬地，使身体向上或向前、后、左、右跳跃移动（图10-4-10）。

要点：腰胯紧收，上体正直，腾空不宜过高。

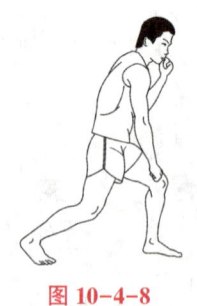  

图 10-4-8　　　　　　图 10-4-9　　　　　　图 10-4-10

（9）环绕步：右（左）脚蹬地，左（右）脚向左（右）斜前（后）方滑移，着地后右（左）脚也向左（右）斜前（后）方滑移（图10-4-11、图13-4-12）。

要点：连续滑移，移步时应成弧形环绕，后脚步幅稍大于前脚，上体和上肢姿势不变。

图 10-4-11　　　　　　　　　　图 10-4-12

3. 基本拳法

（1）冲拳。

①左冲拳：基本姿势站立，右脚蹬地，上体微右转；同时左拳内旋，直线向前冲出，力达拳面，右拳收至下颌处（图10-4-13）。

②右冲拳：右脚蹬地，并以前脚掌向内转，转腰送肩，上体左转；同时右拳内旋，直线向前冲出，力达拳面。左拳收至右肩前（图10-4-14）。

要点：冲拳时，上体不可前倾，腰要拧转；大臂催动前臂，不可先向后引拳再冲出。

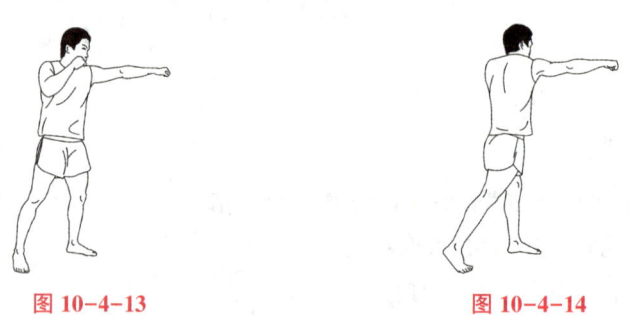

图 10-4-13　　　　　　　　　图 10-4-14

（2）掼拳。

①左掼拳：上体微右转，同时左臂内旋，抬肘至水平，使拳向外、向前、向内成平面弧形横击，臂微屈，拳心朝下，力达拳面（图10-4-15）。

②右掼拳：右脚蹬地，上体左转，同时右臂内旋，抬肘至水平，使右拳向外、向前、向内成平面弧形横击，拳心朝下，力达拳面（图10-4-16）。

要点：击打要借助转体的力量，转腰、发力协调一致；上体保持正直，不可掀肘，拳走弧形。

（3）抄拳。

①左抄拳：上体先向左转，重心微下沉；随之左膝及上体瞬间挺伸，并向右转体；同时左臂外旋，左拳由下向前上方勾起，拳心朝里，力达拳面（图10-4-17）。

②右抄拳：右脚蹬地，扣膝合胯，腰稍右转。同时右臂外旋，右拳由下向前上方勾起，拳心朝里，力达拳面（图10-4-18）。

要点：发力时，上体不可后仰、挺腹；重心下沉，脚蹬地拧转，上体跟着拧转，以加大抄拳力量。动作要连贯顺达，用力由下至上，发力短促。

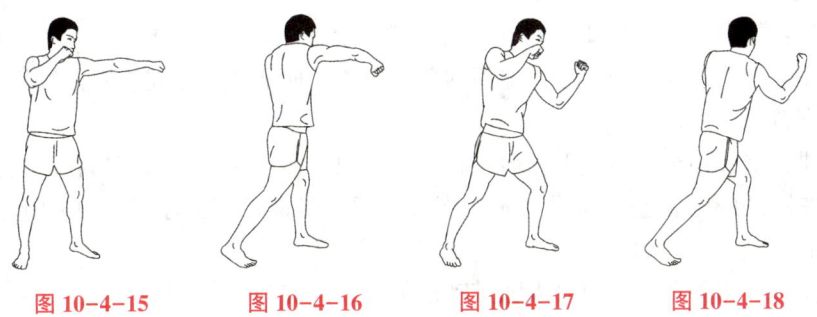

图10-4-15　　　　图10-4-16　　　　图10-4-17　　　　图10-4-18

4. 基本腿法

（1）蹬腿。

①左蹬腿：右腿直立或微屈支撑，左腿屈膝前抬，脚尖勾起，当膝高于髋关节时，膝关节快速蹬伸，力达脚跟；亦可送髋，脚掌下压，力达前脚掌（图10-4-19）。

②右蹬腿：重心前移，左腿直立或微屈支撑，右腿屈膝向前抬起，勾脚，膝关节快速蹬伸，力达脚跟；亦可送髋，脚掌下压，力达前脚掌（图10-4-20）。

要点：上体不可过于后仰，屈膝高抬，爆发用力，快速连贯。

图10-4-19　　　　　　　　　　图10-4-20

（2）侧踹腿。

①左侧踹腿：重心右移，右腿直立或微屈支撑；同时左腿屈膝抬起与髋同高，小腿外翻，脚尖勾起，展髋、挺膝向前踹出，上体微侧倾，力达脚底（图10-4-21）。

②右侧踹腿：身体左转180度，重心移至左腿，左腿直立或微屈支撑；同时右腿屈膝抬起与髋同高，小腿外翻，脚尖勾起，展髋、挺膝向前踹出，上体微侧倾，力达脚底（图10-4-22）。

要点：上体、大腿、小腿和脚要成一条直线，大腿带动小腿直线用力。

图 10-4-21　　　　　　　　　　图 10-4-22

（3）鞭腿。

①左鞭腿：重心后移，右腿直立或微屈支撑，上体稍右转并侧倾，右脚跟内转；同时，左腿屈膝内扣、绷脚背向左侧提起，随即伸髋、挺膝、向前鞭甩小腿，脚面绷平，小趾外侧朝上，力达脚背（图10-4-23）。

②右鞭腿：重心移至左腿，上体向左转，左脚跟内转；同时，右腿扣膝、绷脚背向右侧摆起，随即右腿经外向斜上、向里、向前鞭甩小腿，脚面绷平，小趾外侧朝上，力达脚背（图10-4-24）。

要点：扣膝，绷脚背，发力时大腿带动小腿，力点准确。

图 10-4-23　　　　　　　　　图 10-4-24

（4）勾踢腿。

左腿稍屈支撑，上体左转；同时，右脚尖勾紧，大腿带动小腿以踝关节与脚背接合部为力点，向前弧形勾踢，脚底内侧贴地面擦行，右手向右斜下拨搂对方颈部（图10-4-25）。

要点：勾踢腿不可向后预摆；勾踢时接触用力，上下肢协调配合。

5. 基本摔法

（1）抱腿前顶：基本姿势，上左步，身体下潜，双手抱住对手的双腿用力回拉；同时用左肩前顶对手的大腿或腹部，将对手摔倒（图10-4-26）。

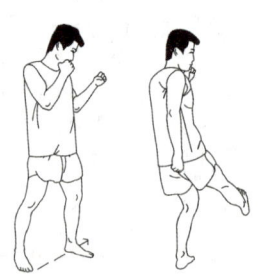

图 10-4-25

要点：抱腿要紧，两臂和肩向相反方向协调用力。

（2）夹颈过背：右臂夹住对手颈部，右侧髋部贴紧对手小腹，两腿屈膝；随即两腿蹬直，向下弓腰、低头，将对手背起后摔倒（图10-4-27）。

要点：夹颈牢固，屈膝、蹬伸、弓腰、低头协调连贯。

第十章 中华武术和搏击

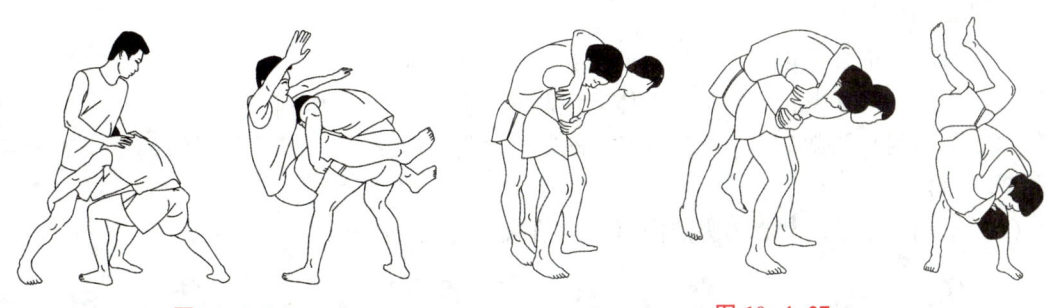

图 10-4-26　　　　　　　　　　图 10-4-27

（3）夹颈打腿：左手夹住对手颈部，同时右脚变步与左脚平行；随即右转体，用左小腿向后横打对手左小腿外侧，将对手摔倒（图10-4-28）。

要点：夹颈牢固，身体贴对手，打腿与转体协调一致。

（4）抱单别腿摔

抱住对手左腿后，用左腿别住对手右腿膝窝，用胸肩贴住对手左腿向前下靠压（图10-4-29）。

要点：靠压有力，腿要别紧，不能让对手右腿有活动的余地。

图 10-4-28　　　　　　　　　　图 10-4-29

（5）接腿勾踢：左手抄抱住对手右腿，右手向对手颈部下压，右脚勾踢对手左脚；同时上体右转，右手回拉，将对手摔倒（图10-4-30）。

要点：接抱腿准确；转腰、压颈、勾踢动作要协调有力，快速完整。

（6）接腿上托：两手抓住对手的脚后跟，屈臂上抬，两手迅速上托并向前上方推送，使对手向后倒地（图10-4-31）。

要点：抓脚准而牢，推托动作快速、连贯。

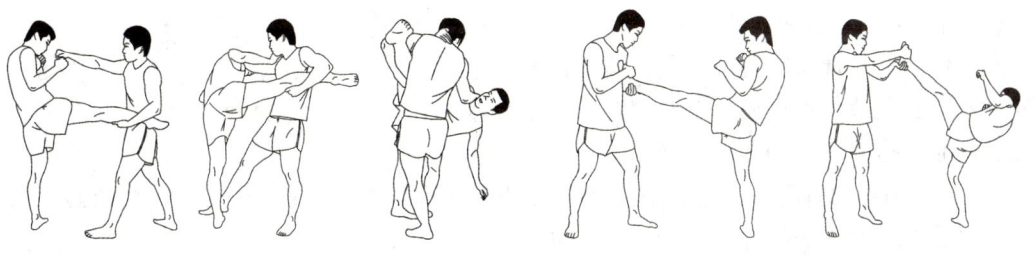

图 10-4-30　　　　　　　　　　图 10-4-31

6. 基本防守技术

（1）后闪：重心后移，上体略后仰闪躲（图 10-4-32）。

（2）侧闪：两膝微屈，俯身，上体向左侧或右侧闪躲（图 10-4-33）。

（3）下躲闪：两腿屈膝下蹲，同时缩头、含胸、收下颌，弧形向下躲闪，眼看对手（图 10-4-34）。

（4）拍挡：左手以掌心为力点向里横向拍挡（图 10-4-35）。

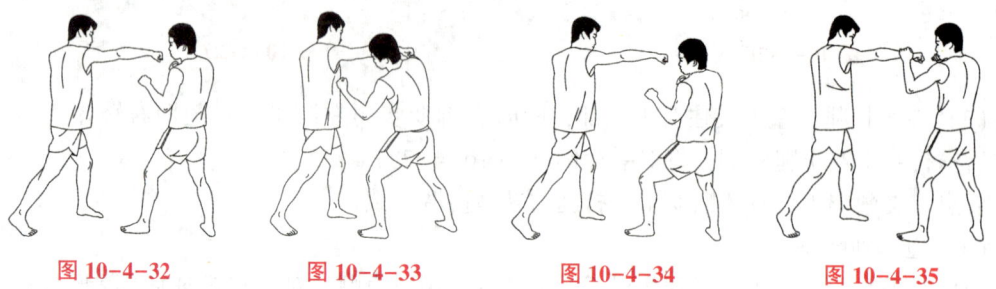

图 10-4-32　　　　图 10-4-33　　　　图 10-4-34　　　　图 10-4-35

（5）外格：左前臂边内旋边向左斜举，以内臂部位为力点向外格挡（图 10-4-36）。

（6）拍压：左拳变掌以掌心或掌根为力点由上向前下方拍压（图 10-4-37）。

（7）勾挂：左臂以肘关节为轴，由上向下、向外伸肘下挂于身体左侧；随即前臂内旋以前臂和勾手勾挂住对手的来腿（图 10-4-38）。

图 10-4-36　　　　　图 10-4-37　　　　　图 10-4-38

（8）前抄抱：左手由上向下、向右上屈肘划弧，掌心向上，以前臂里侧部位为接触点，向上抄抱对手的来腿；同时，右臂贴腹夹紧，以掌心为接触点向前推抱（图 10-4-39）。

（9）侧抄抱：身体左转，右肩前领；左手由下向左上伸肘，左臂屈肘置于胸前，前臂内旋，手心向外；两肘关节相对靠近，以两前臂和掌心为接触点，同时合抱来腿（图 10-4-40）。

图 10-4-39

（10）阻挡：两脚蹬地，重心稍前移，以肩部和手心阻挡对手直线形拳法的进攻，以臂部阻挡对手直线形腿法的进攻（图 10-4-41）。

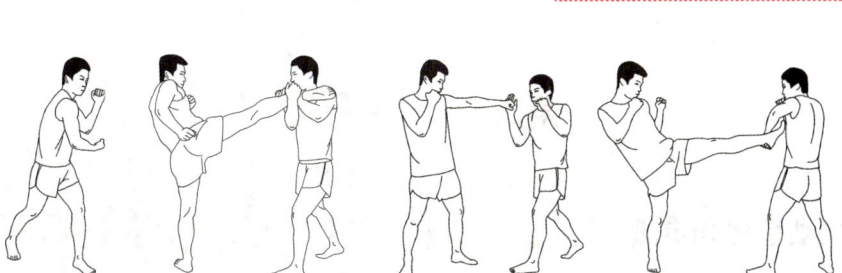

图 10-4-40　　　　　　　　图 10-4-41

（二）基本战术

散打战术是运动员运用攻守原则和方法的总称。战术的目的就是针对实战双方的各种具体情况，确定运用技术的方法和形式，以便能充分发挥自己的特长，抑制对方技术水平的发挥，减少自身体力的消耗和无效行为。散打战术的作用在于把已经获得的技能、体能、智能等，在实战中最优化地运用，取得"制人而不制于人"的效果，造成对自己有利的局势，掌握实战的主动权。

四、基本规则

散打分团体比赛和个人比赛两种，竞赛办法采用循环赛、单败淘汰赛和双败淘汰赛。每场比赛采用三局两胜制。每局净打两分钟，局间休息 1 分钟。散打比赛时，服装护具分为全护型和点护型两种。全护型运动员则应戴拳套、护头、护齿、护胸、护裆、护腿，赤脚穿护脚背；点护型运动员只戴拳套、护齿和护裆。运动员必须穿与比赛护具颜色相同的背心和短裤，护裆必须穿在短裤内。比赛时，后脑、颈部、裆部为禁击部位。头部、躯干、大腿和小腿为得分部位。禁用头、肘、膝和反关节的动作进攻对方；禁用迫使对方头部先着地的摔法或有意砸压对方；禁用腿法攻击倒地者的头部。

胜负的评定：

1. 点数胜

在一场比赛结束时，被多数边裁判员判为胜方的运动员获胜。

2. 优势胜

（1）实力相差悬殊：比赛中，双方实力相差悬殊，台上裁判员征得裁判长的同意，判技术强者为该场胜方。

（2）击倒对方获胜：如果一名运动员受重击倒地，在 10 秒钟内不能重新比赛，或 10 秒钟内站起后明显丧失比赛能力，判对方为该场胜方。

（3）因对方被强制读秒获胜：一场比赛中，被重击强制读秒达 3 次，判对方为该场胜方。

（4）因对方被取消资格而获胜：一方运动员因犯规或诈伤等原因被取消资格，另一方即为该场胜方。

第五节 跆拳道

一、实战姿势和步法

（一）标准实战姿势

左脚在前叫左势（图10-5-1），右脚在前叫右势。

（1）动作规格：两脚前后开立与肩同宽，前脚尖45度斜向右前方，后脚跟抬起，膝关节微弯曲，重心在两脚之间。上身自然直立，45度斜向右前方，双手握拳，拳心相对两臂弯曲置于胸前，头部直立向前，目视正前方。

（2）动作要领：身体自然，肌肉放松，膝关节松而不懈，富有弹性，心无杂念，以无意为有意。

（3）易犯错误：全身紧张，肌肉僵硬，重心偏前或偏后，不利于启动，膝关节不弯曲，缺乏弹性。

图 10-5-1

（二）跆拳道的基本步型

跆拳道的步型是指在跆拳道的练习和实战过程中，站立位置姿势和脚步形状。基本步型有多种，每一种站法都跟后面的步法动作有着直接的联系，是练习跆拳道必要的和最基本的姿势。练习者一定要按规格要求练习每一种步型。

（1）并步：两脚并拢，身体直立，两脚内侧贴紧并拢（图10-5-2）。

（2）开立步：亦称自然站立。两脚左右开立与肩同宽，两脚尖微外展，两臂自然下垂于体侧，两手轻握拳，身态自然（图10-5-3）。

（3）准备势：两脚分开与肩同宽，两脚尖微外展，两手握拳抱于腹前，拳面相对，拳心向内（图10-5-4）。

（4）马步：亦称骑马式站立。两脚左右开立大于肩宽，两脚平行，挺胸立腰，上体正直；两膝关节屈下蹲，重心在两脚之间（图10-5-5）。

图 10-5-2

图 10-5-3

图 10-5-4

图 10-5-5

（5）侧马步：亦称半月立。由马步站法为基础，上体向侧（左或右）转，屈膝略内扣，身体重心偏重于前脚（图10-5-6）。

（6）弓步：亦称前屈立步，两脚前后开立，相距约一步半；前腿屈膝，后腿伸直，后脚前后开立与前脚的延长线成30度；前腿膝关节和脚面垂直，重心偏于前脚（图10-5-7）。

（7）前行步：亦称高前屈立。两脚前后开立，姿态和平时向前走路时相似，步幅不大，重心偏于前脚（图10-5-8）。

图10-5-6　　　　　图10-5-7　　　　　图10-5-8

（8）三七步：亦称后屈立。两脚前后相距一步，后脚尖外展约90度，后膝屈曲，前膝微屈，脚尖朝前（图10-5-9）。

（9）虚步：亦称猫足立。身体姿势和三七步相似，只是前脚的脚尖点地，脚跟提起，两膝关节微内扣，重心落于后脚（图10-5-10）。

（10）独立步：亦称鹤立步。一腿直膝站立，脚尖外展约90度；另一腿屈膝上提，脚贴于支撑腿内侧或膝窝处（图10-5-11）。

（11）交叉步：亦称交叉立。有两种形式：一种是一脚向另一脚的后面插步，脚掌着地，两腿膝关节交叉叫后叉步；一种是一脚向另一脚前面插步，脚掌着地，两腿膝关节做前交叉步（图10-5-12）。

图10-5-9　　　　图10-5-10　　　　图10-5-11　　　　图10-5-12

(三) 跆拳道的基本步法

跆拳道是一种以腿法为主的武技，实战中步法的灵活运用对充分发挥腿的威力，取得实战的胜利具有极其重要的意义。脚法使用时多以后腿进攻，因此跆拳道的步法具有鲜明的特点，即重心落在两脚之间或偏于前腿，而且身体姿势大都以侧向站立，以便保护身体和正中的要害部位，使后腿通过拧腰转髋发力，增加击打的力量和速度。

跆拳道的步法在实战中具有极其重要的意义。首先，步法是连接技术动作的关键环节。跆拳道实战中，不论是进攻、防守、还是防守反击动作，绝大多数是在运动中完成的，因此需要灵活、快速、敏捷、多变的步法连接技术，以保证后面技术动作的完成和发挥，否则就会处于被动挨打的地位；其次，通过灵活多变的步法移动，使对方的进攻或防守落空，同时自己抢占有利的攻击或防守位置，为反击创造条件；第三，灵活多变的步法可以保持身体姿势的平衡，因为身体只有在相对平衡的状态下，才能更有力、更有效地攻击对方，达到攻击目的。跆拳道的实战是在运动中进行的，没有正确、灵活、多变的步法，就难以取得实战的胜利；第四，灵活机智地运用多种步法，可以给对方心理造成压力，使对方产生无所适从的感觉，为战胜对方创造条件。

实战中常用的基本步法包括以下几种：

1. 前进步

标准实战姿势开始，两脚成斜马步，两手握拳置于胸前。前进时后脚蹬地向前迈步，身体侧转成另一侧斜马步，可连续进行。这是前进步的一种——上步。注意拧腰转髋。前进时，后脚蹬地，前脚向前滑行称为前滑步；后蹬地，前脚向前跳跃为前跃步。前滑步和前跃步都属于前进步，是主动进攻时采用的步法。也可用于假动作，配合手臂的动作进行，便于快速接近对方（图10-5-13）。

2. 后退步

由标准实战姿势开始，前脚掌用力蹬地，后脚先退后一步，前脚随即后退，两脚以及身体仍保持原来姿势。若前脚掌蹬地后，后脚沿地向后滑行一步，前脚随即同样向后滑行一步，两脚以及身体仍保持原来姿势，叫作后滑步退。这种步法可以拉开和对手的距离，避开对方的进攻，准备做反击动作（图10-5-14）。

3. 后撤步

从标准实战姿势开始，以后脚前脚掌为轴，前脚抬起向后经后脚内侧向后撤一步，形成和原来相反的实战姿势。后撤步可根据实战需要左右变化，调整与对方的相对距离，准备进行攻击或反击。

4. 侧移步

由标准实战姿势开始，两脚前脚掌同时向左右侧蹬地，向左右侧移动，离开原来的位置。向左移叫左移步，向右移叫右移步。侧移步的作用是避开对方有力的攻击，移动到对方的侧面，准备进行反击（图10-5-15）。

图 10-5-13　　　　　　图 10-5-14　　　　　　图 10-5-15

5. 跳换步

由标准实战姿势开始，两脚同时蹬地使身体腾空，空中两脚前后交换，同时转体；落地时身体姿势成另一侧的准备姿势。跳换步的腾空不宜高，略离地面即可；换步时要拧腰转髋，迅速敏捷，其目的是干扰对方的攻防思路，选择适宜自己进攻的方位和转换自己身体的得分部位使对方不能得分。同时争取反击的空间和时间，马上转入进攻。

6. 弧形步

由标准实战姿势开始，前脚的前脚掌原地蹬振地面，后脚同时向左（右）蹬地后右（左）跨移一脚，成为和原来准备姿势不同方向的准备姿势。向左跨为左弧形步（或左环绕步），向右跨步为右弧形步（右环绕步）。

7. 前（后）垫步

由标准实战姿势开始，后（前）脚向前（后）脚并拢的同时，前（后）脚蹬地向前（后）迈（退）步，仍成原来的实战姿势。垫步动作的要点是后（前）脚向前（后）要迅速，不等后（前）脚落定，前（后）脚就要蹬地前（后）移动，前（后）脚移动的垫步动作要迅速、轻捷、连贯，要快速接近或远离对方。后面的连接动作，无论是进攻还是防守，都要连续迅速，可在垫步过程中做动作，不给对方任何机会。

8. 前冲步

由实战姿势开始，后脚向前迈进一步，身体姿势同时转正，随即前脚向前冲一步仍成为实战姿势。可连续冲几步成实战姿势。

前冲步的动作要点是两腿动作要连贯快速，类似加速冲刺。步幅小、频率要快，灵活多变，是主动追击对方的有效步法。连续动作要轻捷快速，给对方造成慌乱，亦可采用向后退的类似方法避守。

二、跆拳道的腿法

跆拳道的基本腿法有：前踢、横踢、后踢、下劈、推踢、勾踢、侧踢、后旋踢、旋风踢、双飞踢、侧摆踢等，下面重点介绍8种腿法。

（一）前踢

1. 动作规格

以左势实战姿势开始，右脚向后蹬地，身体重心前移至左脚；右脚蹬地顺势屈膝提起，左脚以前脚掌为轴外旋约90度，同时，右腿迅速以膝关节为轴伸膝、送髋、顶髋，把小腿快速向前踢出，力达脚尖或前脚掌。踢击目标后右腿迅速放松弹回，落回原地仍成左势实战姿势（图10-5-16）。

图10-5-16

2. 动作要领

（1）膝关节上提时大小腿折叠，膝关节夹紧，小腿和踝关节放松，有弹性。

（2）踢击时顺势往前送髋；高踢时往上送髋。

3. 易犯错误

（1）直腿上撩，大小腿没有折叠，膝关节不夹紧。

（2）上体后仰过大，失去平衡。

（3）踢击目标时向前用力，与推踢动作混淆。

4. 进攻部位

腹部、肋部、胸部、颌部。

（二）横踢

1. 动作规格

右脚蹬地，重心移到左脚，右脚屈膝上提，两拳置之于胸前；左脚前脚掌跟地内旋，髋关节左转，左膝内扣；随即左脚掌继续内旋转180度，右脚膝关节向前抬至水平状态；小腿快速向左前横踢出；击打目标后迅速放松收回小腿。右脚落回成实战姿势（图10-5-17）。

图10-5-17

2. 动作要领

膝关节夹紧，向前提膝，尽量走直线；支撑脚外旋180度；髋关节往前顺，身体与大小腿成直线，严格注意击打的力点正脚背；踝关节放松，击打的感觉是"面团""鞭梢"。横踢攻击的主要部位有头部、胸部、腹部和肋部。

3. 易犯错误

（1）膝关节不夹紧，大小腿折叠不够。
（2）外摆的弧形太大。
（3）上身太直、太往前、重心往下落。
（4）踝关节不放松，脚内侧击打（应为正脚背）。

（三）后踢

1. 动作规格

左脚掌为轴内旋约90度，上身旋转重心移到右脚，屈膝收腿直线踢出，重心前移落下（图10-5-18）。

图 10-5-18

2. 动作要领

（1）起腿后上身于小腿折叠成一团。
（2）动作延伸，用力延伸。
（3）转身，提膝，出腿一次性完成，不能停顿。
（4）击打目标在正前方稍偏右。

3. 易犯错误

（1）上身、大小腿不折叠，直腿往上撩。
（2）转身、踢腿有停顿，不连贯。
（3）击打成弧线，旋转发力。
（4）肩、上身跟着旋转，容易被反击。

（四）下劈

1. 动作规格

由实战姿势开始，右脚蹬地，重心前移至左脚。同时，右腿以髋关节为轴屈膝上提，两手握拳置于胸前；随即充分送髋，上提膝关节至胸部，右小腿以膝关节为轴向上伸直，将右腿直举于体前，右脚过头。然后放松向下以右脚后跟（或脚掌）为力点劈击，一直到落地，呈实战姿势（图10-5-19）。

图 10-5-19

2. 动作要领

腿尽量往高、往头后举,要向上送髋,重心往高起;脚放松往前落,落地要有控制;起腿要快速、果断;踝关节要放松。劈腿的主要攻击部位有头项、脸部和锁骨。

3. 易犯错误

(1) 起腿不够高,不够充分,重心不往高起。
(2) 踝关节紧张,往下压太用力。
(3) 重心控制、腿控制不好,落地太重。
(4) 上身后仰太多,应随重心一起前移,保持直立。

(五) 推踢

1. 动作规格

实战姿势开始。右脚蹬地,重心前移,右脚以髋关节为轴提膝前蹬,用右脚脚掌向前蹬推,力点在脚掌,推力向正前方(图10-5-20)。

2. 动作要领

提膝后尽量收紧膝关节;重心往前移,利用身体的重量为力量;推的时候腿往前伸展、送髋;推的路线水平往前。推踢的攻击目标是腹部。

图 10-5-20

3. 易犯错误

(1) 收腿不紧,直腿起,容易被阻截。
(2) 上身太直重心往下落,腿不能水平前推。
(3) 上身过于后仰,重心不能前移,不利于衔接下一个技术。

(六) 勾踢

1. 动作规格

从左势实战姿势开始,右脚向后蹬地,身体重心前移至左脚,左脚支撑,右腿屈膝提起;左脚以前脚掌为轴,脚跟向内旋转约180度,右腿膝关节内扣,右腿向左前方伸出,伸直后用脚掌向右侧用力屈膝鞭打,然后右腿顺势放松屈膝回收,落回原地成实战姿势。

2. 动作要领

（1）起腿后右腿屈膝抬过水平，然后内扣。

（2）右脚要随转体尽量向左前伸展。

（3）右脚掌向右鞭打时要屈膝扣小腿。

（4）鞭打后顺势放松。

3. 易犯错误

（1）提膝后直接向前方伸直右腿，没有做膝内扣动作，因而影响动作完成。

（2）鞭打后不放松，落地姿势改变。

4. 进攻部位

头部、面部、胸部。

（七）双飞踢

1. 动作规格

两人从闭势实战姿势开始，攻方先用右横踢攻击对方左肋部，同时，左脚蹬地起跳，身体腾空右转，腾空高度在膝关节以上，但不宜过高；左脚起跳后在空中用左横踢迅速踢击对方胸部或腹部；左右脚交换，右脚落地支撑，左脚横踢目标后迅速前落，成左势实战姿势（图10-5-21）。

图10-5-21

2. 动作要领

（1）右腿横踢目标的同时，左脚蹬地跳。

（2）左脚起跳后迅速随身体右转横踢目标。

（3）两腿在空中交换，右脚先落地。

3. 易犯错误

（1）右横踢和左脚起跳时机不对，或早或晚；应该先利用踢击沙袋练习右横踢同时左脚起跳的动作，熟练后再起左腿横踢。

（2）右横踢和左横踢之间间隔过长；可利用原地右横踢起跳左横踢空击练习，提高出腿和起跳的速度。

4. 进攻部位

肋部、胸部、腹部、头部。

（八）后旋踢

1. 动作规格

实战姿势开始，两脚以两脚掌为轴均内旋约180度，身体右转约90度，两拳置于胸前。上体右转，与双腿拧成一定角度。右脚蹬地将蹬地的力量与上体拧转的力量合在一起，将右腿向后上以髋关节为轴直腿摆起，右腿继续向右后旋摆鞭打，同时上体向右转，带动右腿弧形摆至身体右侧，右腿屈膝回收；右脚落至右后成实战姿势（图10-5-22）。

图 10-5-22

2. 动作要领

转身、旋转、踢腿连贯进行，一气呵成，中间没有停顿；击打点应在正前方，呈水平弧线；屈膝起腿的旋转速度要快；重心在原地旋转360度。后旋腿攻击的主要部位有前额和胸部。

3. 易犯错误

（1）转身、踢腿中有停顿，二次发力。

（2）起腿太早，最高点不在正前方。

（3）上身往前、往侧、往下，推动平衡。

三、跆拳道的防守

跆拳道的主要防守方法有三种：一是利用闪躲、贴近等方法，通过脚步的移动，使对方的进攻落空；二是利用手臂的格挡阻截对方的进攻；三是以攻对攻，用进攻的方法阻止对方的进攻。

（一）利用闪躲、贴近等方法进行防守

闪躲就是当对方进攻时通过脚步的移动，向左右两侧或向后闪躲，从而使对方的进攻落空。而贴近就是当对方进攻时快速上步与对方靠贴在一起，使对方由于距离过近而无法发挥进攻的威力。如当乙方使用后腿下压技术进攻甲方时，甲向左侧或右侧移动身体，避开对方的下压进攻；再如当乙方前旋踢进攻时，甲方可快速后撤一步或是立即上前一步，贴近乙方，使其不能用规则允许的踝关节以下的部位击打得分。

（二）利用格挡的方法进行防守

按照防守方向来划分，格挡的方法基本上有向上、向（左或右）斜下、向（左或右）斜上防守三种。一般来说，运动员采用格挡的方法是出于以下的原因：一是对方进攻速度较快，自己来不及使用闪躲、贴近等方法时，下意识地用格挡进行防守；二是已预测到对方使用的技术，使用针对性的格挡是为了迅速作出反击动作，使格挡成为转化攻防的连接技术，为比赛得分创造条件。

（1）向上格挡（图10-5-23）。

（2）向（左或右）斜下格挡（图10-5-24）。

（3）向（左或右）斜上格挡（图 10-5-25）。

图 10-5-23　　　　　　　图 10-5-24　　　　　　　图 10-5-25

（三）利用进攻动作进行防守

就是在对方进攻的同时，防守者也使用进攻的动作，即以攻代守。这种防守的方法在当前跆拳道比赛中被广泛使用，原因在于：当对方进攻时，身体重心发生了移动，他必然有一个调整身体重心的阶段，防守者抓住此阶段实施进攻动作，往往会使得进攻者无法快速回撤身体而限于被动或者失分。此时防守者的进攻动作属于后发制人的动作，与平常使用的进攻动作在移动方向或身体姿势上有一定的差别。

四、跆拳道变化组合腿法

1. 横踢变后旋踢（图 10-5-26）

图 10-5-26

2. 劈腿变后踢（图 10-5-27）

图 10-5-27

3. 横踢、后踢变后旋踢（图 10-5-28）

图 10-5-28

4. 前踢变劈腿（图 10-5-29）

图 10-5-29

5. 连变横踢（图 10-5-30）

图 10-5-30

6. 俯身变横踢（图10-5-31）

图10-5-31

7. 前踢变横踢（图10-5-32）

图10-5-32

8. 旋踢变前踢（图10-5-33）

图10-5-33

9. 格挡变后旋踢（图10-5-34）

图10-5-34

五、跆拳道品势

跆拳道品势（又称型），是指练习者以技击为主要内容，通过攻守进退的动作编排，达到强身健体、培养意志的一种练习形式。它与中国武术中所说的套路相似，即将一定数量的动作编排起来，形成固定模式的套路。

通过品势的练习，可使身体各部位得到较为全面的训练，并能有效地增进体质。跆拳道的品势有许多种，基本品势有太极、高丽、金刚等。下面重点介绍太极一章。

准备姿势：站于 A 方向位置（见图 10-5-35，以下文中字母位置均参见演武线图），两脚与肩同宽，自然开立，两手握拳屈臂于腹前，拳心向内，眼睛平视前方（图 10-5-36）。

（1）左转身体，左脚转向 B 方向（简称向 B，以下同）成左前探步，左臂下截（防左下段），右拳回收腰侧（图 10-5-37）。

（2）右脚向 B 迈进一步成右前探步，右拳前冲拳（攻中段），左拳回收腰侧（图 10-5-38）。

（3）身体右转 180 度，右脚向 H 迈进一步成右前探步，右臂下截（防右下段）（图 10-5-39）。

（4）左脚向 H 迈进一步成左前探步，左拳前冲拳（攻中段），右拳回收腰侧（图 10-5-40）。

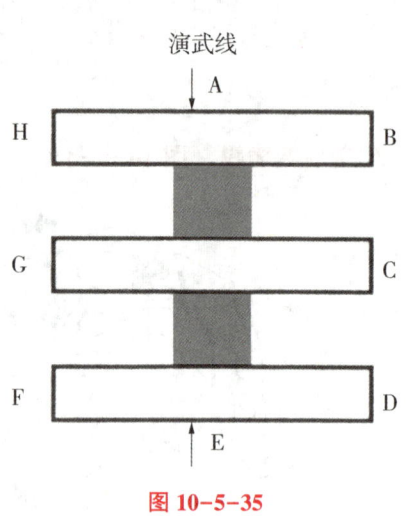

图 10-5-35

图 10-5-36　　图 10-5-37　　图 10-5-38　　图 10-5-39　　图 10-5-40

（5）身体左转 90 度，左脚向 E 迈进成左弓步，左拳屈肘下截（防左下段），右拳回收腰侧（图 10-5-41）。

（6）两脚不动，右拳前冲拳（攻中段），左拳回收腰侧（图 10-5-42）。

（7）左脚不动，右脚向 G 移步成右前探步，身体右转，左臂外格（防左中段），拳心向上，右拳回收腰侧（图 10-5-43）。

（8）左脚向 G 迈进一步成左前探步，右拳前冲拳（攻中段），左拳回收腰侧（图 10-5-44）。

（9）身体向 C 转 180 度，左脚向 C 迈进一步成左前探步，右臂屈肘向里格挡左拳前冲拳（防中段）（图 10-5-45）。

第十章 中华武术和搏击

图 10-5-41　　图 10-5-42　　图 10-5-43　　图 10-5-44　　图 10-5-45

（10）右脚向右前方迈进成右弓步，左拳前冲拳（攻中段），右拳回收腰侧（图 10-5-46）。

（11）以左脚为轴，身体右转，左脚向 E 移步成右弓步，右臂屈肘上抬至左肩，然后向下截拳（防右下段），左拳回收腰侧（图 10-5-47）。

（12）两脚不动，左拳前冲拳（攻中段），右拳回收腰侧（图 10-5-48）。

（13）身体左转，左脚向 D 移步成左前探步，左臂屈肘上架（防左上段），置于额前，拳心朝外（图 10-5-49）。

图 10-5-46　　图 10-5-47　　图 10-5-48　　图 10-5-49

（14）上提重心，左脚跟稍提，右脚前踢，两臂下截，置于体侧（图 10-5-50）；右腿下落成右前探步，右拳前冲拳（攻中段），左拳回收腰侧（图 10-5-51）。

（15）以左脚为轴，身体右后转，右脚向 F 移步成右前探步，右臂屈肘上架（防右上段），置于额前，拳心朝外（图 10-5-52）。

（16）上提重心，右脚跟稍提，左脚前踢，两臂下截，置于体侧（图 10-5-53）。左腿下落成左前探步，左拳前冲拳（攻中段），右拳回收腰侧（图 10-5-54）。

图 10-5-50　　图 10-5-51　　图 10-5-52　　图 10-5-53　　图 10-5-54

（17）以右脚为轴，身体右转，左脚向 A 移步成左弓步，左臂屈肘上抬至右肩，然后向下截拳（防左下段），右拳回收腰侧（图 10-5-55）。

（18）右脚向 A 迈进一步成右弓步，右拳前冲拳（攻中段）并发声，左拳回收腰侧（图 10-5-56）。

收势：以右脚为轴，身体左后转，左脚向后撤与右脚平行，两手握拳屈臂于腹前成准备姿势（图 10-5-57）。

图 10-5-55　　　　　图 10-5-56　　　　　图 10-5-57

思考题

1. 简述武术运动的起源与发展。
2. 结合实际，谈谈武术基本功练习的意义。
3. 简述散打的基本步法有哪些。
4. 试讲解什么是跆拳道的品势。

第十一章　游　泳

学习提要

- 了解游泳的基本知识
- 学习游泳的常用技术
- 学习水上救护与安全知识

第一节　游泳基本知识

一、游泳运动的起源与发展

原始人为了生存而蹚河涉水，为了生活而栖息水边，熟知水性便成了他们的基本技能。从早期的图画浮雕和雕塑作品可以确定人类游泳历史至少已有 2000 年。

19 世纪中期和 20 世纪初，现代游泳运动在英国和澳大利亚等国出现。1896 年在希腊雅典举行的第 1 届现代奥运会上，游泳就是竞赛项目之一。1908 年在英国伦敦举办第 4 届奥运会时，国际业余游泳联合会成立，并制定了国际游泳比赛规则。1912 年在瑞典斯德哥尔摩举行的第 5 届奥运会上，正式设立了女子游泳比赛项目。

竞技游泳运动是由欧美传入我国的。1953 年在莫斯科举行的第 1 届世界青年联欢节运动会的游泳比赛中，吴传玉获得 100 米仰泳冠军，这是中国获得的第一个国际比赛冠军。20 世纪 80 年代后，我国的游泳水平显著提高，尤其是女子短距离项目，多次在世界大赛上夺得冠军。1992 年在巴塞罗那奥运会上，庄泳、钱红、林莉、杨文意分别获得女子 100 米自由泳、100 米蝶泳、200 米混合泳、50 米自由泳冠军；1996 年在亚特兰大奥运会上，乐靖宜获得女子 100 米自由泳冠军；罗雪娟在 2004 年第 28 届奥运会上摘得 100 米蛙泳金牌。

二、游泳运动的锻炼价值

游泳是全身性的运动，经常游泳不仅能使躯体和四肢强健，肌肉丰满、有力而富有弹性，身体匀称，体态健美；而且能扩大关节运动的幅度、提高关节的灵活性和稳定性。游泳能享受到空气浴（户外）、日光浴和冷水浴的三浴之乐，能增强身体的机能和抵抗力，具有调节人体机能和治疗疾病的作用。经常进行游泳锻炼能够改善和增强人体各个器官的功能，尤其是心肺功能。

三、熟悉水性

熟悉水性是学习各种游泳姿势的一项重要基础练习，其目的是使初学者通过身体的感官感知水的浮力、压力和阻力等，以逐步适应水的特性和环境，消除对水的恐惧，并掌握水中行走、呼吸、漂浮、滑行等一些游泳最基本的动作，为今后学习和掌握各种游泳技术打下坚实的基础。熟悉水性练习中的呼吸和滑行是最为重要的两个方面。

（一）水中行走

水中行走可以使初学者了解水环境中的浮力、阻力等特性，以便在水中站立或行走时能维持身体平衡，消除怕水心理。

1. 练习要求

一般在齐腰深的水中进行，做各种方向的行走、跳跃练习。开始时动作不宜过大，速度不宜过快，要保持身体协调，维持身体平衡，最好按练习方法依次进行。

2. 练习方法

（1）扶池边或分道线行走。
（2）扶池边或水线跳跃。
（3）水中行走（图 11-1-1）。
（4）水中跳跃走。

3. 练习提示

在做以上练习时，可结合游戏（如转圈跳舞、水中接力、撒网等），以提高学习兴趣，并且应先动作小、速度慢，再过渡到动作大、速度快，要始终维持身体的平衡。

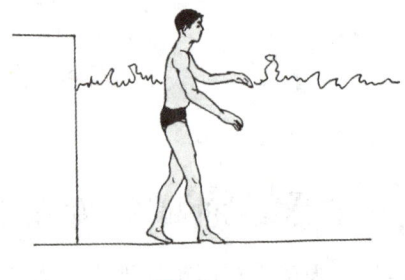

图 11-1-1

（二）学习呼吸

呼吸练习是游泳教学的难点，也是熟悉水性阶段的关键内容，应贯穿于整个练习的始终。该练习可使初学者基本掌握游泳的呼吸方法、呼吸过程和呼吸节奏，以适应头入水的刺激，消除怕水心理。

1. 练习要求

练习前深吸一口气，然后憋气，低头或慢慢下蹲，把头部浸入水中。停留片刻后抬头，同时用嘴和鼻子呼气后再吸气，这样就不易呛水。

2. 练习方法

（1）水中憋气：在水中两手扶住池边、水线或抓住同伴的手，先深吸一口气，然后把头埋入水中憋气，憋不住时迅速站立抬头。憋气的时间应由短到长，直至能尽量憋较长的时间（图 11-1-2）。

（2）水中呼气：在水中两手扶住池边、水线或抓住同伴的手，把头埋入水中憋尽量长的时间后，用口、鼻慢慢呼气，直至将体内的废气呼尽，迅速抬头用嘴吸气（图11-1-3）。

（3）韵律呼吸：在水中两手扶住固定物（池边、水线或同伴的手等），先自然吸气，接着将头没入水中，憋气后呼气，抬头出水用嘴吸气；再入水、憋气、呼气，如此反复并具有韵律感（图11-1-4）。

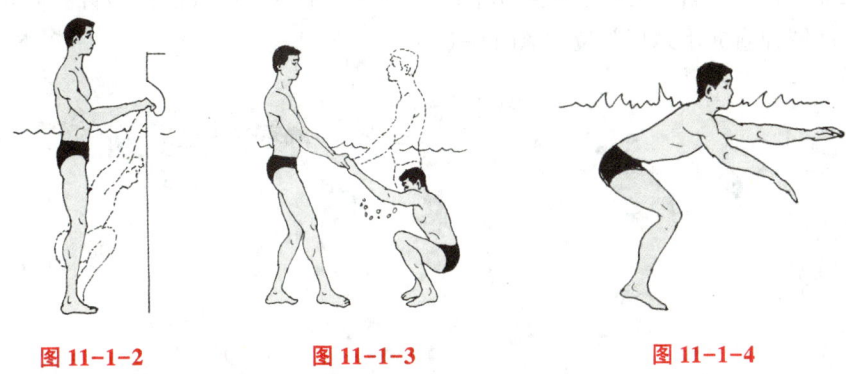

图11-1-2　　　　　　图11-1-3　　　　　　图11-1-4

3. 练习提示

呼吸是初学者练习的重点，应贯穿于教学的始终；正确的游泳呼吸是用嘴吸气、用嘴或鼻呼气。

（三）水中漂浮

学习水中的漂浮技术，主要是让身体漂浮起来，体会水对人体的浮力，初步掌握人体在水中的平衡能力，排除对水的恐惧心理。

1. 练习要求

练习时要尽量深吸气，在水中闭气的时间应尽量长些，并且身体要求放松。

2. 练习方法

（1）扶固定物团身漂浮练习：在水中两手扶住池边、水线或抓住同伴的手，先深吸一口气，然后把头埋入水中憋气，同时团身，使身体尽量放松，自然地漂浮于水中；呼气后，站立用嘴吸气。在此基础上，两人或多人手拉手可同时做团身漂浮练习（图11-1-5）。

（2）扶固定物展体漂浮练习：在水中两手扶住固定物（池边、水线或同伴的手等），先吸气后把头没入水中憋气，同时团身，全身放松，使身体自然漂浮于水上（同伴可扶其腹部帮助漂浮起来），然后展开身体，呼气后，站立用嘴吸气。在此基础上，两人或多人手拉手可同时做团身再展开漂浮练习（图11-1-6）。

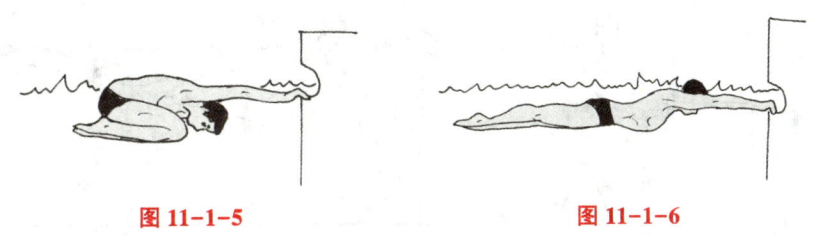

图11-1-5　　　　　　　　　图11-1-6

（3）抱膝漂浮练习：站立水中，深吸气后，下蹲憋气低头抱膝，大腿尽量靠近胸部，成低头抱膝团身姿势。身体要尽量放松，自然的漂浮于水中。呼气后，两臂前伸向下按水并抬头，同时两腿伸直向下踩成站立（图11-1-7）。

（4）展体漂浮练习：站立水中，深吸气后，下蹲憋气低头抱膝，放松漂浮于水中后，展开身体；或两臂放松向前伸直，深吸气后身体前倒并低头，两脚轻轻蹬离水底，成俯卧姿势漂浮于水面，臂、腿自然分开，全身放松，身体充分展开。呼气后，两臂前伸向下按水并抬头，同时两腿伸直向下踩成站立（图11-1-8）。

图 11-1-7

图 11-1-8

3. 练习提示

漂浮练习尽量把头浸入水中，以便学习后面的动作；站立时，迅速收腹、收腿，两臂快速向下按压水，同时两腿向下踩，成站立。练习时，只要憋住气，四肢放松，身体会自然漂浮起来。

（四）滑行

滑行是进一步体会水的浮力，掌握在运动过程中如何维持身体的平衡姿势。

1. 练习要求

滑行时，臂和腿自然伸直，身体放松成流线型，要尽量延长闭气时间和滑行距离。

2. 练习方法

（1）同伴扶手滑行练习：手臂放松扶住同伴的手，没入水中憋气，身体展开漂浮在水面，全身放松，同伴拉练习者的手倒退走，使其体会滑行动作。在此练习基础上，可放开练习者的手，使之自己滑行漂浮，但要注意保护（图11-1-9）。

（2）蹬池壁滑行练习：背向池壁，双臂伸直并拢贴近双耳，或一手扶池边缘，一臂前伸；一脚站立，另一脚触抵池壁。深吸气后低头，上体前倾成俯卧，支撑腿迅速屈膝上提将脚贴在池壁上，臀部尽量提高并靠近池壁，双脚用力蹬壁，全身充分伸展、放松，成流线型向前滑行。在此基础上也可做蹬池底滑行练习，体会在滑行中如何保持身体平衡（图11-1-10）。

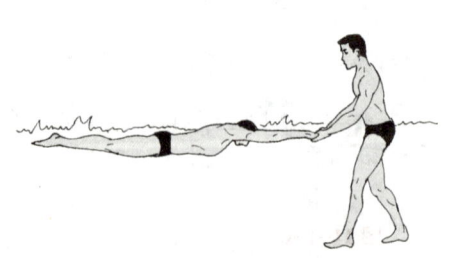

图 11-1-9

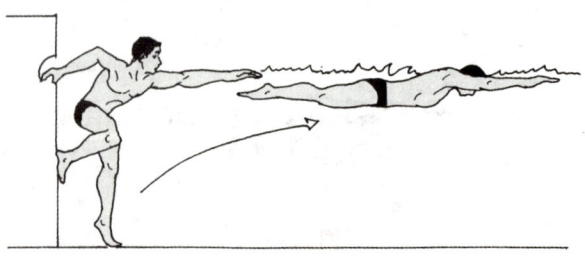

图 11-1-10

3. 练习提示

滑行练习是熟悉水性的重要内容，应反复练习。在做蹬池壁练习时，尽量增大蹬腿力量，以增加滑行距离；两腿和手臂尽量合拢，以保持身体的流线型。

第二节　游泳常用技术

一、蛙泳

蛙泳是模仿青蛙游泳动作的一种姿势，适合于长时间、长距离的游泳。

（一）腿部动作练习

1. 练习要求

蛙泳的腿部动作是推动身体前进的主要动力，是掌握蛙泳技术的基础。在蛙泳教学中应抓住收腿、翻掌、蹬夹、滑行四个主要环节；在动作节奏上，强调收腿时要慢而放松，蹬腿时要快而有力。

2. 练习方法

（1）坐撑模仿练习：坐在池边或地上，上体稍后仰，两手体后撑，两腿伸直，模仿做蛙泳收腿、翻掌、蹬夹的动作。练习时两眼注视双腿的动作，先分解后连贯进行练习（图11-2-1）。

（2）俯卧模仿练习：俯卧在池边或地上，手臂前伸，模仿蛙泳收腿、翻掌、蹬夹的动作。

在练习中应注意动作节奏和动作路线，慢收腿，边收边分，翻脚要充分。辅助者可用虎口握住练习者两脚掌内侧，协助做收腿的练习（图11-2-2）。

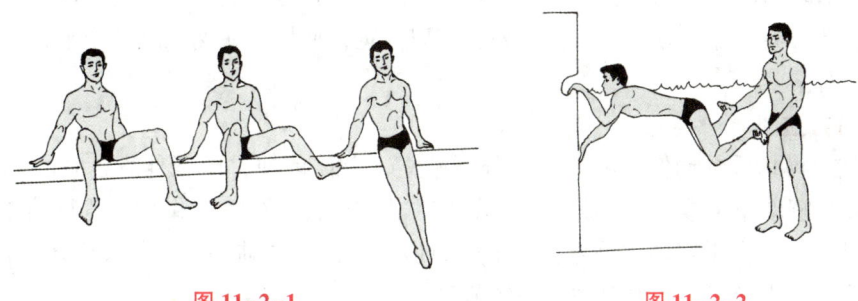

图11-2-1　　　　　　图11-2-2

（3）水中固定支撑做腿部动作练习：手扶池边或同伴的手，头潜入水中，使身体展开漂浮于水面（同伴可帮助），两腿放松伸直并拢，做收腿、翻掌、蹬夹的动作，可先分解后连贯进行练习（图11-2-3）。

（4）水中移动支撑做腿部动作练习：在水中扶同伴的双手（或扶浮板等），头潜入水中，使身体展开漂浮于水面（同伴可帮助），两腿放松伸直并拢，在使练习者有滑行动作后做收腿、翻掌、蹬夹腿的练习，并且练习者在做蹬夹腿时，同伴应稍用力拉练习者一下，使练习者体会蹬夹腿后，身体向前的滑行效果（图11-2-4）。

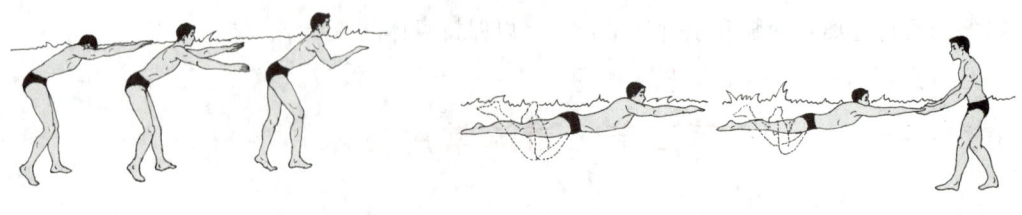

图 11-2-3　　　　　　　　　　　图 11-2-4

（5）滑行做腿部动作练习：练习者蹬池边或池底后，两手臂并拢伸直向前滑行，只做收腿、翻掌、蹬夹腿动作。练习时注意动作节奏，蹬夹腿要伸直并拢，要有向前滑行的动作，并且最好闭气进行该练习。记住：该练习是学会蛙泳最重要的动作练习，应反复进行（图11-2-5）。

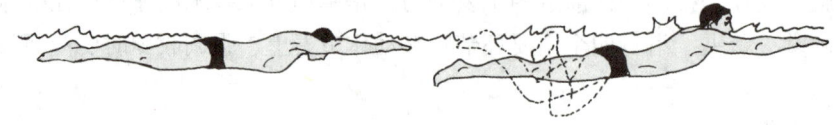

图 11-2-5

3. 练习提示

蛙泳教学重点是收腿、翻掌、蹬夹水动作；难点是及时而又充分的翻脚。教学中，蹬池壁滑行做腿部动作是蛙泳腿部动作练习中的重要环节，应反复进行练习，以使动作轻松、熟练、自然舒展，并维持身体平稳。

（二）手臂动作及手臂与呼吸配合练习

1. 练习要求

蛙泳臂部动作由前伸滑行、外划、内划、收手、伸臂五个连贯动作所组成。从两臂并拢前伸开始，掌心向斜下后方，两手向外划至与肩同宽，屈肘，快速划水到颌下，两手合拢前伸，掌心相对。

2. 练习方法

（1）陆上模仿手臂动作练习：两腿分开站立，上体前屈，两臂伸直，掌心向下，模仿做蛙泳手臂分解动作。数"1"做外划，数"2"做内划，数"3"做伸臂滑行动作。

（2）站立水中做手臂动作练习：在水中原地站立，手臂前伸时，低头入水，同时呼气、划水，收手时抬头吸气。练习时注意动作节奏。

（3）水中走动做手臂动作练习：在水中，手臂前伸的同时向前走一步，低头入水呼气；划水、收手时抬头吸气。反复进行练习（图11-2-6）。

（4）蹬池壁做手臂动作练习：蹬池壁滑行，做手臂的外划、内划、伸臂等连贯动作练习。

图 11-2-6

3. 练习提示

教学的重点是划水的方向和路线。划水时应屈臂，肘关节稍高，但不应超过肩横轴线，并保持动作连贯、协调一致。

（三）腿部动作与手臂动作配合练习

1. 练习要求

臂外划时腿不动，内划时收腿；手臂向前将伸直时蹬腿，蹬腿结束后手臂和腿伸直并拢，呈流线型姿势滑行。

2. 练习方法

（1）陆上模仿手臂与腿的配合练习：两脚左右开立，两手臂伸直并上举，按节奏做外划、内划下蹲（表示收腿）、向上伸臂站起（表示蹬腿）的练习（图11-2-7）。

（2）蹬池壁滑行做手臂与腿的配合练习：在水中手臂前伸的同时，脚蹬池壁滑行并闭气，小幅度划水收手时收腿，手臂前伸时，腿做外翻、蹬夹水动作。反复进行配合练习。

图 11-2-7

3. 练习提示

在水中练习时，尽量掌握收手时收腿、伸手时蹬夹水动作的配合，并做到动作轻松自然，配合协调。

（四）完整配合动作练习

1. 练习要求

蛙泳完整配合动作一般采用一次划臂、一次蹬腿和一次呼吸配合，即两臂外划时腿不动，抬头吸气（早吸气），内划时收腿、闭气；臂向前将伸直时蹬夹腿，臂腿伸直滑行时呼气。

2. 练习方法

（1）陆上模仿完整配合练习：两腿站立，身体前倾，两臂伸直，用一腿来代替两腿的动作。数"1"两臂分开，抬头吸气；数"2"收手、收腿；数"3"时手臂伸直并低头入水呼气，同时翻脚蹬腿并拢，两腿交替进行。

（2）同伴帮助做完整配合练习：在水中，在同伴的托扶下练习完整的配合技术动作。

（3）独立进行完整配合练习：在臂、腿连贯配合蛙泳的基础上，加上抬头吸气的动作，独自进行完整配合技术练习（图11-2-8）。

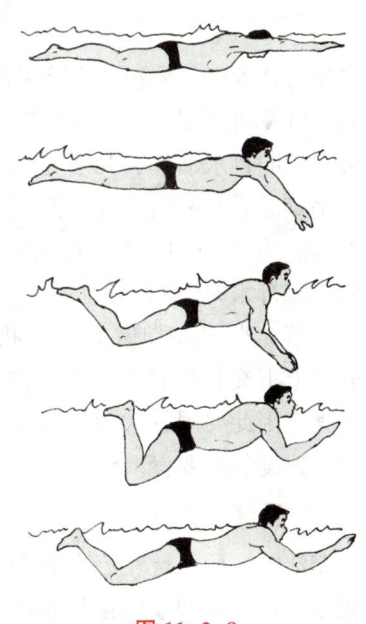

图 11-2-8

3. 练习提示

在做完整配合动作练习时，距离不宜过长，应强调动作的正确性和协调性。伸手蹬夹腿时低头并用嘴慢慢呼气；收手时抬头并再用嘴快呼一次气，这样嘴可自然吸气。

二、爬泳

爬泳，俗称自由泳。游爬泳时，人在水中成俯卧姿势，两腿交替上下打水，两臂轮流划水，动作很像爬行，所以人们称之为"爬泳"。

爬泳是四种竞技游泳技术中速度最快的一种，在游泳比赛的自由泳项目中，大都采用这种姿势。

（一）身体姿势

游爬泳时，身体要尽量保持俯卧的水平姿势，头部应自然稍抬起，水平面接近发际，双腿处于最低点，身体纵轴与水平面成3~5度的仰角（图11-2-9）。

爬泳游进中，身体可随划水、转头而围绕身体纵轴做有节奏的转动，转动的角度一般为35~45度之间（图11-2-10）。如果速度加快，角度就会相对减小。

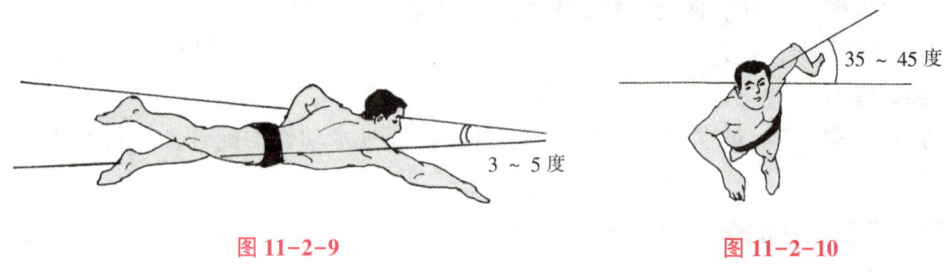

图11-2-9　　　　　　　　　图11-2-10

（二）腿部技术练习

在爬泳技术中，大腿动作除了产生推动力外，主要起着维持身体平衡的作用，它能使下肢抬高，以及协调配合双臂有力地划水。

爬泳腿的打水动作，几乎是与水平面成垂直方向进行的，从垂直面看，两腿分开的距离为30~40厘米，膝关节弯曲的角度约为160度（图11-2-11）。

爬泳腿打水时，两脚稍内扣，踝关节自然放松，由大腿发力，带动小腿和脚做上下鞭状打水动作。游爬泳时，两腿轮流上下交替做打水动作。向下打水是产生推进力的

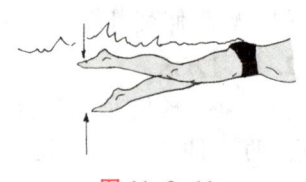

图11-2-11

主要因素，因此要用较大的力量和较快的速度进行；而向上则要求放松、自然，尽量少用力，并且速度相对要慢。

（三）手臂技术

游爬泳时，两手臂轮流交替向后划水，是推动身体前进的主要动力。它分为入水、抱水、划推水、出水和空中移臂等几个阶段，这几个阶段在划水动作中是紧密相连的一个完整动作。

1. 入水（图 11-2-12）

手臂入水时，肘关节略屈并高于手，手指自然伸直并拢，掌心朝向前斜下方，大拇指领先入水，手入水的位置应在肩的延长线上或在身体的中线和肩的延长线之间。入水的顺序为：手→前臂→大臂。手臂切入水后，手和前臂应继续向前下方伸展。

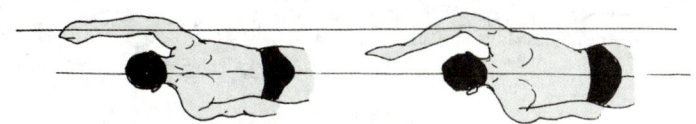

图 11-2-12

2. 抱水（图 11-2-13）

抱水是手臂寻找发力点和支撑点的抱球动作，是为划水做准备的。手臂入水后，应积极插向前下方，前臂和大臂应积极外旋，并屈腕、屈肘，手向下后方移动，而上臂几乎不动。当手移至头前下方，手臂与水面约成 40 度角时，肘关节屈至 150 度左右，肘高于手，抱水动作结束。

图 11-2-13

3. 划推水（图 11-2-14、图 11-2-15）

划推水是获得推进力的主要阶段，分为两个阶段：从抱水结束到划至与水面垂直之前称为"划水"，过垂直面后称为"推水"。

划水过程中，应保持高肘姿势，前臂和手的运动速度要快于大臂，手向内、向上、向后运动。当划水结束时，手划至肩的下方，手臂与水面垂直，肘高于手，肘关节弯曲成 90～120 度角。同时，推水手臂向后移动，肘关节逐渐伸直，手向外、向上、向后运动。当手划至大腿旁边时，推水动作结束，肘关节几乎伸直。在整个划推水过程中，手的运动路线并不是始终在一条直线和同一平面上，它经历了向外、向下、向内、向外、向上的较复杂的三维曲线动作，移动路线为"S"形，速度由慢到快，有明显的加速划水动作。

图 11-2-14

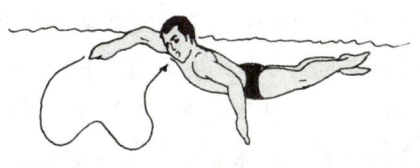

图 11-2-15

4. 出水（图 11-2-16）

在划水结束后，由大臂带动肘关节向外上方做"提拉"动作，将肘关节、前臂和手提出水面。手臂出水动作应迅速、自然连贯，前臂和手应尽量放松。

图 11-2-16

6. 空中移臂（图 11-2-17）

空中移臂是手臂出水的继续，不能停顿，移臂动作应放松自如，尽量不要破坏身体的流线型，与另一手臂的划水动作保持协调一致，注意动作节奏。在整个移臂过程中，肘部应始终保持比手部高的位置。

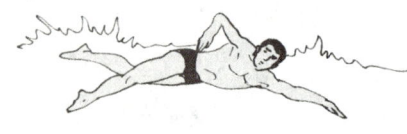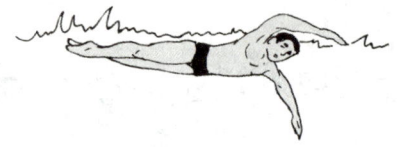

图 11-2-17

（四）配合技术练习

爬泳的配合技术分为两臂的配合技术、两臂和呼吸的配合技术以及完整的配合技术。

1. 两臂的配合技术

爬泳两臂的正确配合是保障前进速度均匀性的重要条件，并且还有利于发挥身体核心力量积极参与划水。根据划水时两臂所处的位置，可分为三种配合形式：前交叉、中交叉和后交叉。大多数人采用中交叉配合技术。

2. 两臂和呼吸的配合技术

游爬泳时的呼吸动作是通过上体绕身体纵轴转动和头部的侧转动共同完成的。呼吸动作正确与否，将直接影响着划水力量和速度、耐力的发挥。

爬泳时的呼吸动作应有节奏地进行，并可根据个人的情况来确定配合方式。采用较多的是两臂各划水 1 次，做 1 次呼吸。吸气时，头随着肩关节、身体的纵向转动转向一侧，使头在低于水面的波谷中吸气。此时，同侧臂正处在出水转入移臂的阶段；移臂时，头转向正常位置。同侧臂入水时，开始慢慢呼气。

3. 完整的配合技术

爬泳完整配合动作即呼吸、手臂和腿的配合动作，手臂是产生推进力的主要来源。

呼吸、手臂和腿的配合形式主要有三种：1∶2∶2 配合（即一次呼吸，两次手臂动作，两次打腿的动作），1∶2∶4 配合和 1∶2∶6，其中 1∶2∶6 配合最为常见。

三、仰泳

仰泳是仰卧在水中游泳的一种姿势，仰泳技术与爬泳较为相似。

(一)身体姿势(图 11-2-18)

仰泳时,身体平直地仰卧水中,自然伸展,腹部微收成流线型。头、肩略高于臀,下颌略收,水面齐耳际。

(二)腿部动作练习(图 11-2-19)

仰泳腿部动作与爬泳基本相同,主要起维持身体平衡的作用,并能产生一定的推进力。仰泳腿打水时,以髋部为支点,大腿发力,带动小腿向后上方踢水。向上踢水时,屈膝上踢,屈膝约成 135 度角,脚背向内扣,加大踢水对水的作用面积。向下打腿时,膝关节必须自然伸直下压,打腿幅度大于爬泳,约为 45 厘米,做鞭状打腿。

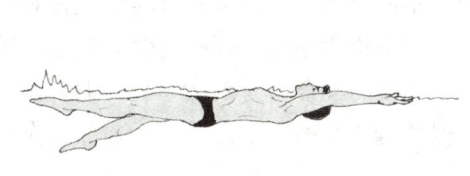

图 11-2-18

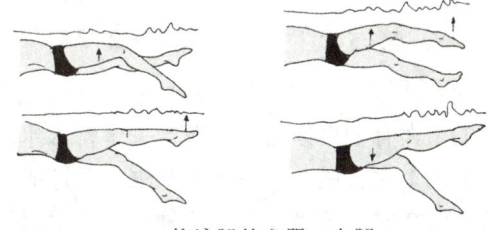

仰泳腿的上踢(右腿)

图 11-2-19

(三)手臂动作练习

仰泳的手臂动作由入水、抓水、划水、出水和空中移臂 5 个连贯动作组成。入水时,手臂伸直,掌心朝外,小拇指领先入水;手稍内收,与小臂成 150~160 度角。入水点一般在肩的延长线与身体纵轴之间,臂入水应展胸伸肩(图 11-2-20)。

手臂入水后下滑抓水,积极伸肩并外旋,紧接着勾手腕、屈肘,掌心与前臂对水。抓水结束时,手距离水面约 30 厘米,肘关节弯曲成 150~160 度角,此时,手臂已处于有利的划水状态(图 11-2-21)。

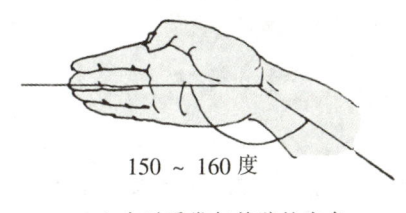

150~160 度

入水时手掌与前臂的夹角

图 11-2-20

划水是获得推进力的主要阶段,可分为拉水和推水两个部分。拉水过程中,肘关节弯曲程度逐渐加大。当划至肩部垂直平面时,手掌距离水面 15 厘米左右,小臂与大臂形成 90~110 度角。推水时要充分利用拉水的速度和对水最大的作用面积,使整个手臂同时用力向后下方做推压动作。当手划至臀部侧下方时,推水动作结束,此时手掌距离水面约 45 厘米。仰泳时,手在水下移动路线呈 S 形,速度由慢到快,有明显的加速划水动作(图 11-2-22)。

仰泳抓水　　　　　　　　　　　　　S 曲线划水
图 11-2-21　　　　　　　　　　　　图 11-2-22

出水时应先压水后提肩，使肩露出水面后，大臂、前臂、手依次出水，出水动作应自然迅速。手臂出水后，应自然、轻松、伸直地由后向前在水平面垂直地移动，移至肩正上方时，手臂外旋，掌心向外，保持该姿势至入水（图 11-2-23）。

（四）配合动作练习（图 11-2-24）

配合动作有两臂的配合、呼吸与臂的配合以及完整配合动作。两臂有节奏地配合对划水力量的增大有积极作用，一般当一手臂入水时，另一手臂推水结束。呼吸与臂的配合采用两手臂各划 1 次、做 1 次呼吸的方法，而打腿、划水、呼吸的配合均为 6∶2∶1，即打腿 6 次，手臂划水 2 次，呼吸 1 次。这种配合技术对初学者保持身体平衡，维持手臂、腿部动作的协调非常有利。

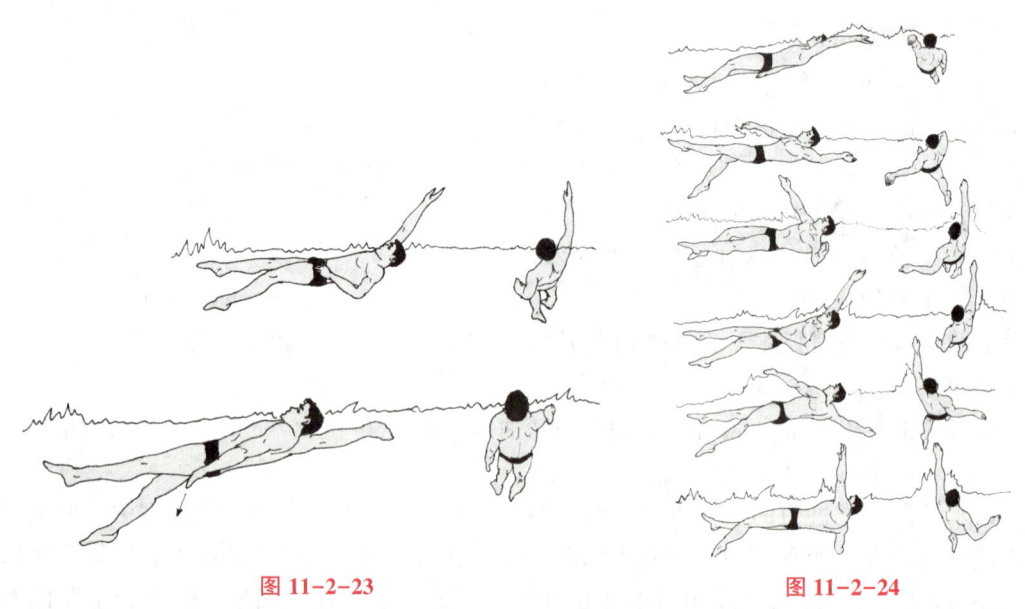

图 11-2-23　　　　　　　　　　　　图 11-2-24

四、蝶泳

蝶泳是由蛙泳演变而来的一种游泳姿势，最初腿部动作模仿蛙泳的蹬夹水，两臂对称由前往后划水出水面经空中前摆，动作近似蝴蝶飞行，故称蝶泳。后来腿部动作又模仿海豚波浪式摆动动作，所以有人称之为海豚泳。

（一）身体姿势

蝶泳时，头和躯干不断地在水平面上下移动，这种身体的上下起伏是自然形成的。但身体姿势力求稳定，身体有节奏地起伏，为臂和腿部动作提供有利的条件，并保持身体良好的流线型。

（二）腿部动作练习

蝶泳的打腿动作对于保持良好的身体姿势，形成身体自然的波浪摆动，提供了主要的推进动力。它是由腰部发力，大腿带动小腿而做的上下鞭状打水动作。向下打水时，两腿自然并拢，两脚掌稍向内旋，大腿带动小腿，屈膝，踝关节伸直，用脚背对准水面向下快速打水。在小腿和脚向下打水还没有结束时，大腿开始向上提，这样可加速小腿和脚的下打及膝的伸直，形成鞭状打水。腿的下打上移是与提臂伸肩、躯干的上下起伏自然融合在一起的。

（三）手臂动作练习（图11-2-25）

蝶泳手臂动作是两臂同时对称进行的，包括入水、抱水、划水、出水和空中移臂五个部分。

1. 入水

两臂经空中移臂后在肩前插入水中，入水时两手距离略与肩同宽，掌心向两侧，手指向下，手、前臂、上臂依次入水。

2. 抱水

手臂入水后，手和前臂向外旋转，手臂同时向外、向后和向下运动，手臂有支撑住水的感觉，像是用手去抱一个大圆球。同时开始屈肘、屈腕，为下个阶段的划水做好准备。

3. 划水

划水时两臂屈向后，靠上臂内旋，前臂和手加速向内后拉水，拉至与肩平直时屈肘约100度角，然后继续向后推水直至大腿旁。划水时两手臂的路线形成双S形。

4. 出水

随着臂推水的结束，手臂充分推直，然后借助其惯性提肘，迅速将两臂和手提出水面。

5. 空中移臂

臂出水后，两臂经身体两侧放松，轻快地沿低而平的弧线经空中前移，直至入水。

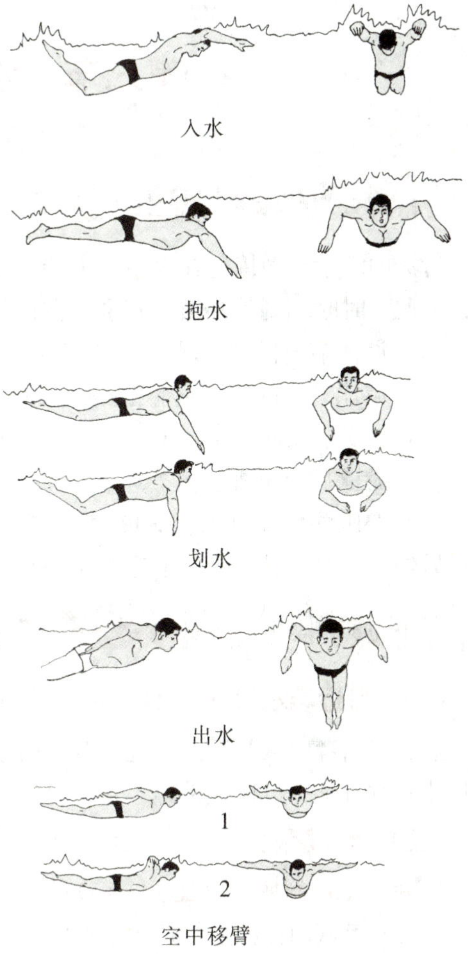

图11-2-25

（四）配合动作练习（图11-2-26）

游蝶泳时一般采用2∶1∶1配合，即2次打腿、1次划水、1次呼吸动作配合。在两臂入水时双腿做第 1 次向下打水，屈腕抓水时完成腿的下鞭；在两臂拉水的过程中双腿上抬，并在两臂推水的过程中双腿做第 2 次向下打水，臂出水时完成腿的下鞭，同时在两臂推水、空中移臂时张口吸气，并在移臂过程中完成双腿上抬。

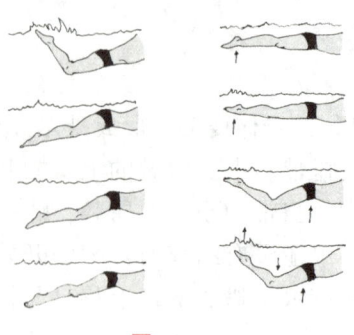

图 11-2-26

第三节　水上救护与安全

一、游泳的安全与卫生

游泳的教学与锻炼是在水中这个特殊环境下进行的，不同于在陆地上从事的其他体育项目，因此，时时刻刻都必须把安全放在首位，以防止伤害事故的发生。

（1）游泳前要做准备活动。它能使身体更好地适应温差的刺激和游泳活动的需要。

（2）游泳锻炼的运动量应根据个人的身体情况来确定，不去不熟悉的水域游泳，跳水、潜泳等要有安全保证。

（3）游泳后要重视卫生护理。

（4）心脏病、高血压、皮肤病、传染病、中耳炎和精神病患者等不宜进行游泳锻炼。

另外，睡眠不足、身体不适以及妇女月经期间也不要游泳。

二、游泳救护

（一）接近溺水者（图 11-3-1）

接近溺水者应从其后面靠近，若正面接近时，应快速、果断地抓住溺水者的手，并扭转其身体背对自己，以便拖带。

（二）水中解脱

1. 手臂下压解脱法（图 11-3-2）

当溺水者从前面抓住救护者手臂时，救护者的手应及时由内向外翻转，反握溺水者的手臂并用力向下按压，即可解脱。

2. 扳指解脱法（图 11-3-3）

当溺水者从背后抱住救护者的身体时，救护者应抓住溺水者左右手的一个手指，分别向左右用力拉开使自己解脱。

 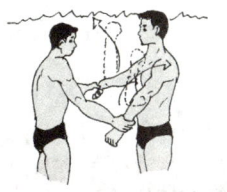 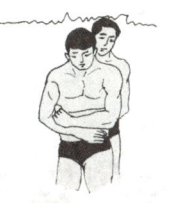

图 11-3-1　　　　　　图 11-3-2　　　　　　图 11-3-3

3. 推托（扭）解脱法（图 11-3-4）

当溺水者从前面抱住救护者的身体时，救护者一手扶住溺水者头顶，另一手托住溺水者的下颌，扭转溺水者的头部；或者一手抱住溺水者的腰，另一手向上推托溺水者的下颌，即可解脱，然后迅速采取措施使其背对自己以便拖带上岸。

4. 托肘解脱法（图 11-3-5）

当溺水者从前面或后面抱住救护者的颈部时，救护者用一手托住溺水者的一肘部，另一手握住溺水者同一手腕，同时将托肘部的手用力向上推，抓腕的手用力向下拉，即可解脱，然后迅速采取措施使其背对自己以便拖带上岸。

图 11-3-4　　　　　　　　　　图 11-3-5

思考题

1. 结合实际，谈谈如何熟悉水性。
2. 从四种泳姿任选一种讲解其技术动作的练习方法。
3. 详述如何救护落水者。

第十二章 休闲体育

学习提要

- 了解休闲体育的定义、分类及功能
- 掌握各种休闲体育项目的基本知识和技术
- 学会用休闲体育项目进行锻炼

第一节 休闲体育简介

一、休闲体育的定义

休闲体育是社会体育的组成部分。人们在闲暇时间以增进身心健康、丰富和创造生活情趣、完善自我为目的的身体锻炼活动。20世纪以后，科学技术迅猛发展，人类生活发生了巨大的变化。这种变化主要体现在余暇时间的增多、物质条件的丰富和"现代文明病"对人类身心健康的侵扰。余暇时间的增多使休闲有了必要的前提，经济的发展为人们从事休闲提供了物质基础，使人们有能力选择更多的休闲方式，"现代文明病"促使人们主动寻找积极、健康的生活方式。这些主客观因素使得休闲悄然走近人类。休闲的方式有多种，但自休闲兴起以来，体育就以其无可比拟的参与价值成为人们休闲时的重要选择。

休闲体育包括的项目众多，跑步、网球、羽毛球、乒乓球这些竞技运动项目可作为休闲体育的内容；桥牌、围棋、国际象棋、台球这些项目也能作为休闲体育的项目。总之，休闲体育囊括了体育的大多数项目，并将它们向大众健身的方向进行传播和发展。

二、休闲体育的分类

休闲体育的分类方法较多，并无严格的规定。

（1）按参加人数多少，可分为个人的（如健美、钓鱼等）、数人的（如球类活动、舞蹈等）、家庭的（如旅游等）和集体的。

（2）按活动环境不同，可分室内的（如保龄球、康乐球等）和户外的（如交游、野营、登山、涉水、越野等）。

（3）按竞技成分的多少，可分为竞赛的（如橄榄球、台球等）和非竞赛的（如攀岩、漂流等）。

（4）按活动性质不同可分为养生性的、医疗性的、健身性的、娱乐性的、消遣性的和冒险性的。

三、休闲体育的功能

（一）健身功能

通过各种身体活动来促进中枢神经、消化、呼吸、泌尿等系统的工作能力，提高人体的适应能力、免疫力和抵抗力等，以满足人们工作、学习和生活的需要。

（二）娱乐功能

休闲体育活动的趣味性是吸引众多爱好者的根本所在，通过参与休闲活动，可以使人的身心得到满足，情感得到升华。科学研究表明：经常参加体育活动能促进人体内的内啡肽，LHD-2等"快乐素"的分泌，这些物质能够调节情绪、振奋精神。

（三）社交功能

休闲体育活动一般是集体性活动，不同性别、不同年龄、不同阶层的人参与到共同感兴趣的活动中，相互间容易沟通，有利于结识新人，拓宽交往领域，丰富精神生活，使人容易产生一种积极向上、豁达开朗的心理状态，提高生活和工作的质量。

（四）经济功能

由于人们对休闲体育的需求增加，形成了一个巨大的体育消费群体，休闲体育逐渐成为投资的热点产业。近年来，像大型的高尔夫球场、跑马场、滑雪场、保龄球馆、健身房等新兴的休闲运动项目在国内得到快速的发展，特别在"非典型肺炎（SARS）"发生后，参加休闲体育活动的人数直线上升，充分展示了该领域广阔的市场空间和市场潜力，休闲体育产业的发展能够有效地扩大消费，拉动经济增长。

第二节　体育舞蹈

一、体育舞蹈概述

当我们第一次接触（听说、观看、阅读或参与）体育舞蹈这项运动时，一定会被其激昂的情绪、奋进的精神所感染。不错，体育舞蹈的确有这种魅力和感染力，那是因为它不仅有体育的属性，而且有艺术的属性，更具有"与时俱进"的社会开放性和人文性，它是大学生终身体育锻炼的有效方式之一。舞蹈产生于人类的生活、劳动和情感，是一种人体文化。舞蹈艺术居艺术之首，它随着人类社会演变和文化进程而发展。研究表明，各种舞蹈都起源于原始舞蹈，体育舞蹈也不例外。体育舞蹈的前身就近来说是社交舞，也称交际舞、交谊舞。凡是以健身、娱乐、消遣或竞技为主及大众能直接参与活动的舞蹈，均可称为体育舞蹈。因此，体育舞蹈可分为群众体育舞蹈和竞技体育舞蹈两大类。竞技体育舞蹈的目的是以竞技（或表演）为主和兼有健身娱乐的一类舞蹈，即国际标准交谊舞，它包括摩登舞（华尔兹、探戈、狐步舞、快步舞、维也纳华尔兹）、拉丁舞（伦巴、恰恰舞、桑巴、斗牛舞、牛仔舞）和团体舞，其中摩登舞和拉丁舞是全球性的竞技体育舞蹈，团体舞在部分国家（如德国、英国）有竞技性比赛，但主要作为表演项目。群众体育舞蹈是指以健身、娱乐、消遣为主及大众能直接参与活动的舞蹈，包括传统集体舞蹈、现代集体舞蹈、迪斯科健身舞和交谊舞（舞厅舞、社交舞）等。

二、体育舞蹈的基本知识

体育舞蹈在世界各国流行数百年而不衰，与它长期以来形成的一套良好的礼仪与习惯有很大关系。了解了以下几点，你就与体育舞蹈更近了一步。

（一）基本舞步

所有的交谊舞都由不同的舞步、不同的方式和节奏组成。通过改变舞步的速度、方向、性质，产生了不同的交谊舞。为了让初学者便于掌握，以下介绍几种常见的基本舞步。

1. 常步

常步也称为散步、走步，可分为前进步和后退步两种。前进时先用脚掌触地，过渡到脚跟擦地向前，着地后过渡到脚趾，身体重心随之移到前腿上。后退时动作相反，先用脚掌触地，然后用脚尖原地向后，脚趾着地后再过渡到脚跟，重心随之移向后腿。

2. 横步

横步分左横步和右横步两种，左横步时，左脚用全脚掌向左旁迈一步，距离约同肩宽，右脚用前脚掌向左脚并拢，重心由左腿移到刚刚并拢的右腿上，右侧横步，动作相反。

3. 并步

并步可分为向前、后、侧三种并步。以前并步为例，左脚向前迈一步，右脚用脚前掌在左脚侧点地，身体重心仍在左腿上。

4. 摇摆

摇摆步有左右和前后摇摆两种，左脚向前一步，重心前移，然后重心移向后再向前移，再向后移是前后摇摆，向左再向右，再左移再右移是左右摇摆。

（二）舞步与音乐

音乐是舞蹈的灵魂，舞蹈是音乐的再现，感受音乐在跳体育舞蹈中占有很重要的地位，舞步要体现舞者对音乐内涵的理解，舞步的变换原则也应以音乐为指导。所以学舞者要养成听音乐的习惯，在舞曲开始的前两小节，从鼓点声与低音贝司的"怦怦"声中找到拍子后再起步。通过反复听、反复练才能使脚步踩在拍子上，才能体会到旋律流动在身体中的那种出神入化的感觉。

（三）站立与持握姿势

正确的舞姿与持握姿势是跳好交谊舞的重要因素，它不仅与动作优美有关，还直接影响双方的协调、稳定和平衡。站立姿态，男女舞伴双足并拢，脚尖正对前方，相对平衡而立。双方将自己的右脚尖对准对方的双脚中线，间距15厘米，女伴偏向男伴左旁1/3，做到肩

第十二章　休闲体育

平、背直、脚挺、膝松弛，女伴上体略向后倾。持握姿势（以闭式姿势为例），男伴先将左手伸出，四指并拢，拇指分开，待女伴右手放在拇指和四指之间后，手指弯曲将女伴的手轻轻握住，握手的高度一般与女伴右耳峰为宜。男伴右手放在女伴左肩胛骨下部，手背向外，五指并拢，其右臂形成一个自然的弧度。女伴左手拇指张开，放在男伴上臂三角肌的部位，拇指在内侧，腕部和小臂放平，并把左手臂自然地放在男伴右手臂上。

（四）正确的舞姿

舞姿是舞蹈的姿态，是跳体育舞蹈时身体各部位规定的姿势，它给人以直观、一目了然的印象，也是一个人内在气质、修养的外在表现。初学者和提高者都应重视正确的舞姿训练，以形成良好的舞姿。舞姿包括预备姿势和舞中姿势，预备姿势有"闭式""半闭式""开式"三种，舞中姿势主要包括整个动作过程中的"行步""花步变化""视觉方向""移动中心""上下肢动作协调"等。

（五）伴带技巧

长期以来，在体育舞蹈中形成了男伴始终处于主导地位，女伴在男伴的引导下，随男伴的舞步变化而变化的习惯，这种男女舞伴之间的伴带关系具有广泛的国际性。男伴的伴带技巧主要通过右手、左手和右肩随身体移动的意识，向女伴传递信息，以有效地控制女伴的身体重心，使舞步和舞姿沿着引带的方向进行与变化。如在前进中右手松弛，右臂和身体稍推向前，后退时右手轻压女伴身体，左手和右肩随着整个躯干向后移动，向女伴传递微小的拉力等。

三、主要舞蹈介绍

（一）华尔兹

华尔兹（Waltz）源于德国，也称"慢三步"，摩登舞项目之一。舞曲旋律优美抒情，节奏为3/4的中慢板，每分钟28～30小节，每小节三拍为一组舞步，每拍一步，第一拍为重拍，三步一起伏循环。通过膝、踝、足底、掌趾的动作，结合身体的升降、倾斜、摆荡，带动舞步移动，使舞步起伏连绵，舞姿华丽典雅。它是维也纳华尔兹（快三步）的变化舞种。19世纪中叶，维也纳华尔兹传到美国，当时美国崇尚舒缓、优美的舞蹈和音乐，于是将快节奏的维也纳华尔兹舞曲逐渐改变成悠扬而缓慢、有抒发性旋律的慢华尔兹舞曲，舞蹈也改变成连贯滑动的慢速步型，即今之华尔兹舞。

维也纳华尔兹（Viennese Waltz），用V表示，也称"快三步"，摩登舞项目之一。舞曲旋律流畅华丽，节奏轻松明快，为3/4拍节奏，每分钟56～60小节，每小节为三拍，第一拍为重拍，第四拍为次重拍。基本步法是六拍走六步，二小节为一循环，第一小节为一次起伏。基本动作是左右快速旋转步，完成反身、倾斜、摆荡、升降等技巧。舞步平稳轻快，翩跹回旋，热烈奔放，舞姿高雅庄重。它是源于奥地利的一种农民舞蹈，由男女成对扶腰搭肩共同围成一个圆圈而舞，故被称为"圆舞"。著名的约翰·施特劳斯为华尔兹谱写了许多著名的圆舞曲。

在跳华尔兹时，能够掌握住升降动作、摆荡动作、反身动作和倾斜动作的技术，再跳狐步、快步、维也纳华尔兹就容易多了，而且也会感到舞中的情趣。

步法组合如下：

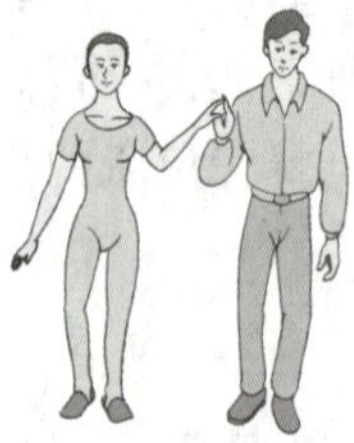

图12-2-1 　图12-2-2 　图12-2-3 　图12-2-4 　图12-2-5 　图12-2-6

图12-2-7 　图12-2-8 　图12-2-9 　图12-2-10 　图12-2-11 　图12-2-12 　图12-2-13

图12-2-14 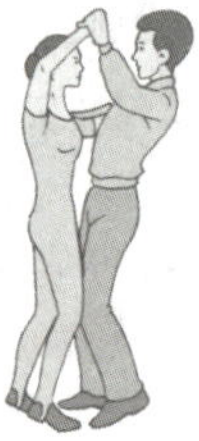　图12-2-15 　图12-2-16 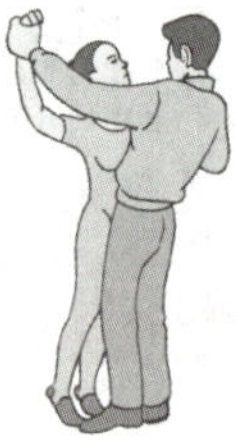　图12-2-17 　图12-2-18 　图12-2-19 　图12-2-20

图12-2-21 　图12-2-22 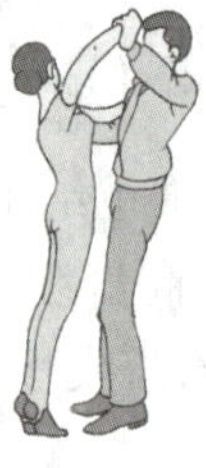　图12-2-23 　图12-2-24 　图12-2-25 　图12-2-26 　图12-2-27

图12-2-28 　图12-2-29 　图12-2-30 　图12-2-31 　图12-2-32 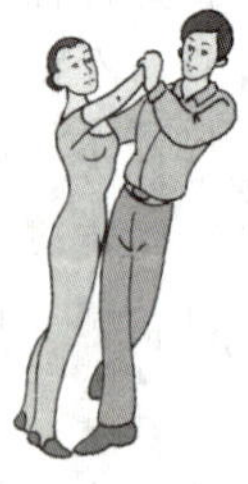　图12-2-33 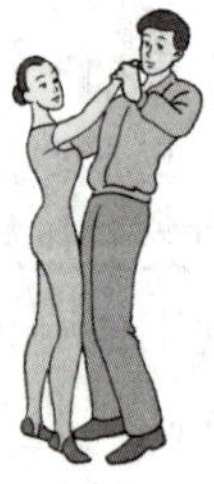　图12-2-34

图 12-2-35　　图 12-2-36　　图 12-2-37　　图 12-2-38　　图 12-2-39　　图 12-2-40　　图 12-2-41

图 12-2-42　　图 12-2-43　　图 12-2-44　　图 12-2-45　　图 12-2-46　　图 12-2-47

图 12-2-48　　图 12-2-49　　图 12-2-50　　图 12-2-51　　图 12-2-52　　图 12-2-53

图 12-2-54　　图 12-2-55　　图 12-2-56　　图 12-2-57　　图 12-2-58　　图 12-2-59

（二）探戈

探戈（Tango）源于阿根廷，用 T 表示，摩登舞项目之一。舞曲节奏为 2/4 拍，舞曲速度为每分钟 30～34 小节，每小节二拍，第一拍为重拍。舞步有快步和慢步，快步（Quickstep）占半拍，用 Q 表示，慢步（Slowstep）占一拍，用 S 表示。基本节奏是慢、慢、快、快、慢（S，S，Q，Q，S）。舞曲节奏带有停顿并强调切分音，舞步顿挫有力、潇洒豪放，身体无起伏、升降、旋转，表情严肃，有左顾右盼的头部闪动作。它源于阿根廷民间，20 世纪传入欧洲上层社会，后流行于世界各国。在跳探戈舞时要注意以下几个要领：

(1) 基本节奏口诀是 S—S—Q—Q—S。

(2) 身体重心垂直在脚上，舞动中不要摆荡和起伏。

(3) 行进中注意运用脚内侧和脚外侧。

(4) 巧妙地运用上体的转动，在完成各种反身动作中，做好分身动作和闭位动作。

(5) 头的闪动规律是欲左先右，同时要与上身的转动相配合，而不要以头动为主。

步法组合如下：

图 12-2-60　　图 12-2-61　　图 12-2-62　　图 12-2-63　　图 12-2-64　　图 12-2-65　　图 12-2-66

图 12-2-67　　图 12-2-68　　图 12-2-69　　图 12-2-70　　图 12-2-71　　图 12-2-72　　图 12-2-73

图 12-2-74　　图 12-2-75　　图 12-2-76　　图 12-2-77　　图 12-2-78　　图 12-2-79　　图 12-2-80

图 12-2-81　　图 12-2-82　　图 12-2-83　　图 12-2-84　　图 12-2-85　　图 12-2-86　　图 12-2-87

图 12-2-88　图 12-2-89　图 12-2-90　图 12-2-91　图 12-2-92　图 12-2-93　图 12-2-94　图 12-2-95

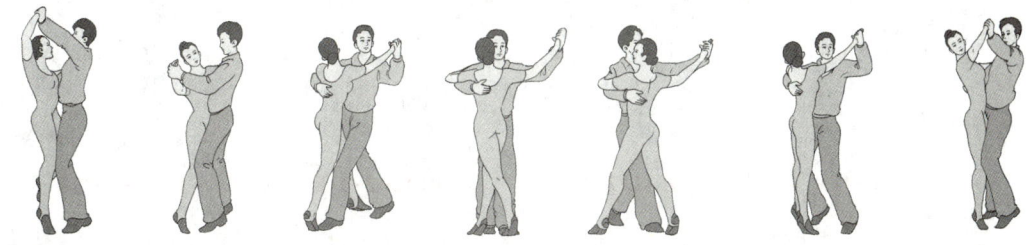

图 12-2-96　图 12-2-97　图 12-2-98　图 12-2-99　图 12-2-100　图 12-2-101　图 12-2-102

(三) 伦巴

伦巴（Rumba）源于古巴，用 R 表示，拉丁舞项目之一。舞曲节奏为 4/4 拍，每分钟 27~29 小节，每小节四拍，基本节奏为二、三、四、一。二、三拍为移动步，四、一拍为逗留步，即快、快、慢。乐曲旋律的特点是强拍落在每小节的第四拍，舞步从第 4 拍起跳，由一个慢步和两个快步组成，四拍走三步，慢步占二拍（第 4 拍和下一小节的第一拍），快步各占一拍（第二拍和第三拍），胯部摆动三次。胯部动作是由控制重心的一脚向另一脚移动而形成向两侧作"∞"形摆动，具有舒展优美、婀娜多姿、柔媚抒情的风格。其产生与西班牙和非洲的舞蹈有密切关系，后在古巴得到发展。

伦巴舞富于热恋情调，是表达男女爱慕之情的舞蹈。在表现时要充分地运用躯体，才能体现伦巴的风韵和魅力。其主要特点以胯部带动腿和手臂的运动，在节奏在节奏中一张一弛。二、三拍移动步中的前半拍为张力，后半拍为松弛；四、一拍逗留步中的第四拍和第一拍的前半拍为张力，第一拍的后半拍为松弛。这样胯的摆动就形成了。

步法组合如下：

图 12-2-103　图 12-2-104　图 12-2-105　图 12-2-106　图 12-2-107

图 12-2-108　　图 12-2-109　　图 12-2-110　　图 12-2-111　　图 12-2-112

图 12-2-113　　图 12-2-114　　图 12-2-115　　图 12-2-116

图 12-2-117　　图 12-2-118　　图 12-2-119　　图 12-2-120　　图 12-2-121

图 12-2-122　　图 12-2-123　　图 12-2-124

图 12-2-125　　图 12-2-126　　图 12-2-127

（四）恰恰恰

恰恰恰（Cha-Cha-Cha）源于墨西哥，用 C 表示，拉丁舞项目之一。舞曲节奏为 4/4 拍，音乐速度为每分钟 34 小节，基本节奏为二、三、四、一。二、三拍为单步，一拍走一步；四、一拍为恰恰卡，二拍走三步。胯部每小节向两侧摆动六次。恰恰舞节奏轻快，动作活泼。舞曲热情奔放，舞步花哨、利落，步频较快，诙谐风趣。它源于非洲，后传入拉丁美洲，在古巴得到发展。

恰恰恰富于情趣，节奏轻快，动作活泼。舞动中应强调重心向下踩，胯部动作与伦巴舞相同，但要有力度，把握节奏准确，风格才能表现出来。

步法组合如下：

图 12-2-128 　　图 12-2-129 　　图 12-2-130 　　图 12-2-131

图 12-2-132 　　图 12-2-133 　　图 12-2-134 　　图 12-2-135

图 12-2-136 　　图 12-2-137 　　图 12-2-138 　　图 12-2-139 　　图 12-2-140

图 12-2-141 　　图 12-2-142 　　图 12-2-143 　　图 12-2-144 　　图 12-2-145

图 12-2-146 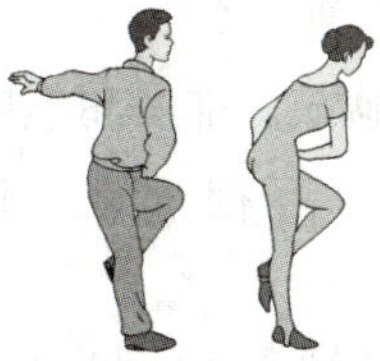　　图 12-2-147 　　图 12-2-148 　　图 12-2-149

图 12-2-150

图 12-2-151

图 12-2-152

图 12-2-153

第三节 户外运动

一、野外生存

（一）野外生存简介

野外生存是人们在食宿无着落的山野丛林中求生的一种户外运动方式。人类在自然的怀抱中创造了文明，文明却正在使人类远离自然。也许是人类在远离自然的世界中生活得太久了，在都市生活所带来的便捷中逐渐陷入身心疲惫之后，人类便开始渴望回归自然。按捺不住这种心情的都市新潮一族，首先渴望冲出都市文明的封锁去和自然对话，还人类作为大自然一员的本色，表现人类最本质的能力，而野外生存的兴起，正好满足了目前人们的这一需求。

在竞争日趋激烈的知识经济时代，科技发展日新月异，现代社会中的人们，尤其是每日穿梭于高楼大厦间的职业人士，越来越多地感受到来自社会、工作、学习及家庭中的各种压力和挑战。他们往往感觉疲惫不堪、力不从心。参加野外生存训练可以帮助人们重新认识自我并挖掘自身潜能，能够唤起人们正视困难和挑战困难的勇气；同时活动中的环保意识和环保行为的养成，使人们提高了爱护大自然和保护大自然的自觉性。

（二）野外生存的锻炼内容

1. 体能训练（负重登山）

每人一个重10~15千克的背包，徒步进行山地穿越。要求所有参训人员不许掉队，不许弃包，因为每个人肩上的背包被视为人生的责任。

目的：体验人生的艰辛，不要轻言放弃，树立坚持到底就是胜利的信念。

2. 徒步穿越

行进在山地、林间、峡谷、溪流、小路、陡坡等地方，难度和强度各不相同，行进的总路程为10~40千米不等。要求参训人员必须共同协作、互相帮助、团结友爱，不允许有掉队现象和消极言论。

目的：提高参训人员的团队协作意识和互相关爱精神，同时给参训人员创造成就感和自豪感。

3. 野外露营

要求大家分工合作，修建营地、架设帐篷、寻找干柴、埋锅做饭、点燃篝火，最后拣拾营地附近的垃圾。

目的：使参训人员自力更生，消除懒惰，在温暖的篝火旁增进参训人员的相互了解和情感交流，并培养环保意识。

野外篝火

从事野外活动的人，无论登山、探险、旅游、狩猎或科学考察都能深刻体会到篝火在野外生活中的重要性。没有篝火，就无法烧水做饭，不能烘烤潮湿的衣物，夜里也不能露营。常用的野外篝火方式有框架式、放射式与排列式。

（1）框架式：将木柴交互成90度搭成"#"形框架，层层上叠从底部点燃。

（2）放射式：将木柴或树枝以某点为圆心呈放射状形排放，从中心点燃，可用于做饭。

（3）排列式：取3~5根较粗的木柴平行排列，两端用树枝或石块垫起，木柴下放置引火的干柴树枝，用于做饭与露营极佳。要注意的是，用干燥、未腐朽的木柴点火较好，腐朽木柴火势小、无木炭，不宜用。栎树、山樱桃之类的硬杂木和松木比较好点燃。

---

4. 攀岩

每位参训人员必须尽最大努力攀爬上去，挑战自身极限，体验实现目标的艰辛，享受成功的喜悦。同伴的鼓励会增强必胜的信心。

5. 速降

战胜自身的恐惧，克服心理障碍，挑战自身的心理极限。

其他活动还有：定向越野、丛林穿越、海上飞伞、徒手攀岩、攀爬冰岩、悬崖速降、溯溪探源、紧急避险、孤岛生存、登山观鸟、地质考察、搜集标本、识别野生植物等。

（三）野外生存的常识

这部分的内容主要包括野外生存的食品准备、野外危险因素分析、野外自卫与自救及紧急求援等。

1. 食物和野外装备的准备

（1）三个基本要素。

三个基本要素是少量、简易和保证。少量是指尽可能地少带，能不带的就不带。对食品而言，有许多是可以就地获取的；物资的一物多用，如不怕压的听装、袋装食品使用前可当做板凳，用过的听装容器可当水杯等。简易是指轻便、灵活、携带方便但功能多样的物资。要在保证营养、热量、口味的前提下，尽可能地携带方便食品、半成品等。保证是指需要的物资一定不能少带，如粮食、工具等。

（2）野外必备物资。

食品：按计划计算数量，应略有富余；坚持多品种、多口味。

装备：帐篷、炊具、睡袋、衣物、火种和小刀及其他必备用品，如地形图、绳索、通讯器材等。火种和小刀是野外生存必备的工具，没有这两样东西，在遇到危险时很难应付。火种的用途有驱寒、照明、煮食、联络等；小刀的用途有砍伐、宰杀、削割、自卫等。火种以打火机为好，火柴易受潮而影响使用。小刀以瑞士多用途军刀为好。

急救包有四大类：①燃火类：防水火柴、放大镜、火石。②助燃类：棉花、蜡、炉子、酥油。③工具类（应体积小、用途多样）：针、线、鱼钩、金属丝（铜丝最好）、刀片。④药品类：止痒、止血、消炎、抗过敏、消毒类药物。

2. 野外自卫与自救

野外自卫是指在野外受到来自外部的威胁时，自身采取的保护自己生命的行为。自救是指在自己的生命已经受到来自外部的伤害时，自己采取的救助生命的行为。

应对野外危险因素的基本原则：

（1）沉着应付，主要是指心理调整。

在毫无准备的情况下，面对突然来自外部的威胁，心情紧张是不可避免的，但为了自卫，必须迅速镇静下来。

（2）以己之长，克敌之短。

在心理调整后，迅速地想出自卫的办法。

（3）正确使用工具和技能。

在随身携带必备工具的情况下，当遇到威胁时尽可能地利用工具自卫，如使用绳索、小刀、火种等。一些技能在自卫的过程中也能发挥很好的作用。在被困时食物非常重要，而你所带食品非常有限，那么就要合理地分配，并坚持到营救人员找到你，以保全性命。

（4）紧急求援。

在孤立无援的情况下，要通过各种手段向外界发出求救信号，争取援助，如无线电呼救等。方法可根据当时的情况临时确定，在没有无线电的情况下，利用其他方式如火光（点燃三堆火，白天成三炷烟）、灯光、声音、人为标志等。

二、攀岩

（一）攀岩运动概述

攀岩运动19世纪起源于欧洲，兴起于20世纪50年代末60年代初。攀岩技术是登山运动的基础。攀岩运动作为登山运动派生出来的新兴项目，更加冒险，更具挑战性。随着攀岩运动的不断发展，20世纪60年代东欧、前苏联等国家把攀岩运动作为军队比赛项目来开展，使得竞技攀岩开始兴起，1974年被正式列为国际竞技体育运动项目。20世纪七八十年代该项目在西方发达国家迅速地开展和普及。20世纪80年代以后，国际登山联合会（UIAA）每年不定期地举行国际攀岩比赛，并在1992年成为奥运会表演项目。随着竞技攀岩运动的飞速发展，国际登联成立了国际攀登比赛委员会，在世界各地大力推广竞技攀岩运动。1991年在香港正式成立了亚洲攀登比赛委员会，这标志着亚洲竞技攀登运动进入了一个崭新的阶段。

20世纪80年代攀岩运动传入我国。1987年我国举办了首届全国攀岩比赛，至今已举办了10余届，吸引了全国众多攀岩爱好者参加，为我国更好地开展这一运动项目打下了坚实的基础。

攀岩运动的分类

◎按难度与速度进行分类：难度攀岩；速度攀岩和大圆石攀岩。

◎按参加人数进行分类：男子单人攀岩；女子单人攀岩；双人结组攀岩和集体（小队）攀岩。

（二）体能与装备

1. 体能训练

攀岩运动对参与者的身体形态和身体素质的要求较高。攀岩运动要求参与者克服自身的重力向上攀登，因此要求参与者体重要轻，并对四肢的力量要求较高，尤其上肢和手指要有很大的力量。攀岩过程中要利用岩壁上那些难以把握的支点（有时甚至只用手指来承受全身的重量）向上攀登，完成各种蹲跃、腾挪等高难度动作，这就要求参与者具有良好的腰腹、背部力量，并要求参与者具有良好的耐力、柔韧性和平衡能力。

（1）力量训练的方法。

攀岩运动力量素质主要有以下3种表现形式：最大力量，是指肌肉在进行最大随意收缩情况下机体能够发挥的最大值；速度力量（即爆发力），是指肌肉尽快和尽可能高地发挥力量的能力；力量耐力，是指肌肉长时间对抗疲劳的能力。但与其他运动所不同的是，攀岩运动在要求攀岩者力量素质不断提高的同时，还要求其体重不会因此明显增加，也就是力求避免力量增加的同时肌肉的横截面积随之增大。

①发展最大力量的方法：根据影响最大力量发展的生理学因素，发展最大力量训练的途径主要有通过增大肌肉生理横截面积增加肌肉收缩的力量；依靠改善肌间和肌内协调性来增加力量。攀岩运动的最大力量练习是通过改善肌肉间和肌肉内协调性来实现的。

②发展快速力量素质的方法：快速力量（爆发力）是力量和速度的综合表现，它是一种复合型身体素质，其公式是：爆发力＝速度×力量。速度力量训练的负荷体现出较大跨度，从40%~85%，负荷下重复的次数从1~10次也有较大跨度。用小负荷、多次数、快速度的负荷结构来训练肌肉的收缩速度，这种负荷结构偏重于速度的发展，而大负荷、少次数和相对较慢的速度则偏重于力量的发展，训练中可以不断调整负荷结构，使速度和力量平衡发展。

③发展力量耐力素质的方法：力量耐力是指肌肉神经系统在动力性的工作性质中，在中、小负荷条件下抵抗疲劳的能力，它是攀岩参与者必须具备的重要力量素质。根据攀岩运动的特征，其力量耐力训练应遵循以有氧耐力为主、无氧耐力为辅的原则。

（2）力量训练的手段。

①上、下肢的力量训练：攀岩者在攀爬过程中主要依靠上、下肢的"三点固定"来平衡身体，因此，上、下肢力量是攀岩者首先要提高的。对于上肢的力量练习，主要是运用双

杠支撑屈身和正反握引体向上等发展上臂肌，用正反缠重锤、正反握负重腕屈伸等发展前臂肌。对于下肢的力量练习，以增加下肢各关节灵活性和主要肌群为主，如负重下蹲、蛙跳、单足跳等。

②手指、脚趾的力量训练：有效提高手指、脚趾力量的训练手段有手指悬垂、指挂引体向上、握力器、提捏重物、负重提踵（脚掌前侧垫以高物，尽量达到脚趾最后着地支撑；或负重提踵的耐久性支撑）增加手指脚趾的力量。

③肩、背、腰、腹的力量训练：攀岩运动中肩、背、腰、腹的力量主要用于保持三点固定，维持身体平衡以及协调衔接上、下肢动作，所以不能忽视对肩、背、腰、腹的力量训练。可以采用近端支撑条件下的克服身体自身体重的抗阻练习（以外加负荷增加阻力），其方法很多，如发展肩带肌用负重直臂侧举、拉力器等；背肌用提拉杠铃耸肩、引体向上、负重体屈伸等；腹肌用仰卧直角起、负重转体、仰卧举腿等；盆带肌用负重高抬腿、正踢腿和俯卧后踢腿等。

2. 装备

准备攀岩装备应是攀岩运动中的一部分，因为它直接关系到攀岩者的生命安全，因此攀岩者平时就应该注重攀岩装备的维护和保养，到攀登前更不可忽视对攀岩装备的认真安装与细心检查，以确保攀岩运动的万无一失。攀岩装备分为个人装备和攀登装备两部分。

（1）个人装备。

①安全带：攀岩者多使用登山安全带。

②下降器：普遍使用的是"8"字环下降器。

③安全铁锁和绳套：是攀登过程中休息或进行其他操作时作自我保护之用的。

④安全头盔：用来防备下落石块，以免头部受伤。

⑤攀岩鞋：是一种摩擦力很大的专用鞋，可以节省体力。

⑥镁粉和粉袋：攀岩中擦一点镁粉可以避免因手出汗而滑手。

（2）攀登装备。

①绳子：攀岩一般使用直径为9~11毫米的绳子，最好是11毫米的主绳。

②铁锁和绳套：作为连接保护点，尤其采用下方保护攀登法时更是必备器材。

③岩石锥：固定于岩壁上的、由金属材料制成的各种锥状、钉状、板状的保护器材。

④岩石锤：钉岩石锥时使用的工具。

⑤岩石楔：与岩石锥作用的同时，可以随时放取的起固定作用的保护工具。

（三）技术与方法

1. 徒手攀登法

徒手攀登岩石峭壁技术的难度，主要体现在第1人的攀登过程中。第1人攀登峭壁的基本方法是利用自然支点和人为支点（打人的岩石钢锥）进行徒手攀登，基本要领是"三点固定"，即在双手、双脚握（或蹬）牢3个支点的情况下才能移动第4点。

攀登者要设专门的保护装置，要携带足够的岩石钢锥，沿路打人作为人为支点。各支点间距不宜过密，以0.5米为宜。这种人为支点的作用，不仅在于防止攀登者滑脱，而且通过保护装置可使胸部（或腹部）多一个支点，借此便可腾出双手安全地进行打锥等操作。为了省时、省力、减轻劳动强度，可携带一些小挂梯（脚蹬）交替挂于相应的人为支点上，从而可减少人为支点的数量。第1人登上峭壁顶部后，根据要求从上方固定好绳索，采取上方保护的方法，使后继者能较安全地迅速上攀。

第1个人攀登时可设下方保护，分段设置保护点，一旦失手，也不会脱落滑下。在某些情况下也可不设下方保护。"三点固定法"是攀岩的基本方法，对身体各部位的姿势和动作都有一定的要求。

（1）身体姿势。

攀登岩石峭壁时身体要自然放松，以3个支点来稳定身体重心，而重心要随攀登动作的转换而移动，这是攀岩能否稳定、平衡、省力的关键。要想使身体放松就要根据岩壁陡缓程度，使身体和岩壁保持一定的距离，靠得太近会影响观察攀岩路线和选择支点。但在攀登人工岩壁时要贴得很近。在自然岩壁攀登时，上、下肢要协调舒展，攀岩要有节奏，上拉、下蹬要同时用力，身体重心一定要落在脚上，保持面向岩壁、三点固定支撑、直立于岩壁上的攀登姿势。

（2）手臂的动作。

手在攀登中是抓住支点、维持身体平衡的关键，手臂力量的大小直接影响攀登的质量和效果。对初学者来说，在不善于充分利用下肢力量的情况下，手臂的动作就显得更为重要。手臂如何用力，在人工岩壁攀登和自然岩壁攀登时情况不同，前者要求第一指关节用力抠紧支点的同时，手腕要紧张，手掌要贴在岩壁上，小臂也要随手掌贴岩壁而下垂，在引体时，手指（握点）有下压抬臂动作，其动作规律是，重心活动轨迹变化不大，节奏更为明显。但攀登自然岩壁时其动作变化很大，要根据支点不同采用各种用力方法，如抓、握、抠、扒、捏、推压、撑等。

（3）脚的动作。

脚的动作要领是两腿外旋，大脚趾内侧贴近岩面，两腿微屈，以脚踩支点维持身体重心，在自然岩壁支点大小不一和方向不同的情况下，要灵活运用。但要切记，膝部不要接触岩石面，否则会影响到脚的支撑和身体平衡，甚至会造成滑脱而使膝部受伤。另外，在用脚踩支点时，要掌握用力的方向，切忌用力过猛。

（4）手脚配合。

对初学者或技术还不熟练的攀岩者来说，上肢力量显得更为重要，攀登时往往是上肢引体，下肢蹬压抬腿而移动身体。如果上肢力量差，攀登时就容易疲劳，表现为手臂无力、酸疼麻木，以至逐渐失去抓握能力。失去抓握能力后，即使有好的下肢力量，也难以继续维持身体平衡。所以学习攀岩，首先要练好上肢力量，再配合脚腕、脚趾以及腿部的力量，使身体重心随着用力方向的不同而协调地移动，使手脚动作配合自如。

2. 利用器械的攀登法

（1）上升器攀登法。

第1个人登到峭壁顶部后，在上方将主绳一端固定好，将另一端扔至峭壁下方，下方固定拉紧。后继攀登者双手各握一只分别与双脚相连接的上升器，并将它们卡于主绳上，与双脚协调配合，不断沿主绳上攀；也可利用双主绳，将上升器分别卡于两根主绳上向上攀登。还可利用一根主绳，将分别连接身体和双脚的两个上升器卡于主绳上，利用腿部的屈伸动作，沿主绳向上攀登。

（2）抓结攀登法。

抓结攀登是在没有上升器的情况下采用的攀登方法。其连接方法是用两根辅助绳在主绳上打成抓结（手握端），另一端打成双套结（连脚端），不断向上攀登。其攀登的方法要领与上升器攀登法的攀登动作及要领相同，都是抬腿提膝使拉紧了的辅助绳松弛，将上升器沿主绳向上推进到不能再推为止，脚随之下蹬，身体重心移到上升一侧，另一侧也如此动作，反复进行，直到登顶。操作过程中，需维持好身体平衡，可利用岩壁的摩擦力向上抬腿，始终保持面朝岩壁姿势。动作要协调、有节奏。

（3）挂梯攀登法。

遇到岩壁陡峭光滑，无任何可利用的自然支点，或岩壁成屋檐状时，就必须利用挂梯攀登（或称人工攀登）方法。这种方法就是将准备好的挂梯交替向上挂于相应的人为支点上，攀登者利用挂梯作支点向上攀登。

3. 缘绳攀登法

在攀登小于90度的岩壁和陡坡时，在第1人攀上以后，在上方固定好主绳一端，将另一端扔至下方，后继攀登者可双手抓绳脚蹬岩壁而上。为了安全，攀登者还可在主绳上打抓结与身体连接，手握抓结向上攀登。其动作要领是拉紧主绳后，屈臂引体，一手迅速上移，另一手进位紧握勿松。向上引体时，身体后仰的角度不宜过大，两脚随着屈臂引体，及时有力地向上蹬踏。蹬踏时以前脚掌为主，手脚要协调配合。为了防止滑脱，可打抓结或另增加一条主绳与攀登者连接，采取在上方保护的方式。

4. 双人结组攀登法

遇到攀登路段过长，一次登上有困难时，可采取两人结组交替保护的攀登方法。第1个攀登者要带足所需器材和装备，按双人结组装置联结。其方法是，先将小绳套两端挂上铁锁，一端的铁锁挂于主绳上，另一端铁锁连接在攀登者所系的安全带上，连接小绳套的铁锁都要有次序地平行排列，不能交叉。准备好后，在同伴下方保护下，第1个人开始攀登。第1个人攀登到适当位置时，要做好自我保护，安装好保护装置，挂好保护绳，然后方可通知同伴攀登。后攀登者先在上方保护下攀登，并要依次收回挂在支点上的铁锁。待攀登到保护者位置时，可不停留，继续按下方保护方法上攀。上攀时仍要逐次打好钢锥，挂上保护铁锁。取挂在身上的铁锁时，必须从前向后摘取，否则攀登者就会因绳套倒置而受阻。如此持续，两人交替保护攀登，直到登顶。

5. 攀登岩石裂缝的技术

攀登岩石裂缝技术只适用于宽度不超过1米的裂缝。如果裂缝过宽，攀登时只能采取其他相应的技术。

（1）攀登裂缝。

根据裂缝的宽度分别采用不同的攀登方法。按攀登者的姿势可分为立式攀登、剪式攀登、坐式攀登和跪式攀登。

这4种攀登法的身体姿势和接触岩石壁的身体姿势不同，但其动作的基本要领都是利用"三点固定"攀登法。

有些过窄的裂缝及具有特殊地形的地段，可根据具体情况，采取相应的攀登法。如遇到4～10厘米宽的裂缝，可用双手垂直攀登法。有些裂缝只能将手或脚插入裂缝，可用双手作观音打开式攀登。

攀登时脚不能插入过深，身体不要太靠近岩面，以便双脚交替插入岩石裂缝作为支点向上攀登。

当裂缝稍宽、刚好能挤进身体时，可将身体的一半塞进裂缝，利用身体和岩面的摩擦，逐渐向上攀登。

（2）攀登棱脊。

脚蹬岩面顺脊而上。如棱脊无法用手抓握，就只有骑在岩脊上，充分利用双手向里挤压之力和两脚脚底或脚内侧与岩面的摩擦力向上攀登。

攀登岩石裂缝时手脚的用力应是根据裂缝的宽窄，将手和脚塞进裂缝，采取变换手法和脚法取得暂时的固定，以逐渐向上攀登。

三、定向运动

（一）定向越野运动概述

1. 定向越野运动的概念

定向越野运动就是利用一张详细、精确的地图和一个指北针，按顺序造访地图上所批示的各个点标，以在最短的时间内到达所有点标者为胜利者。定向越野运动通常在森林、郊外和城市公园里进行，也可在大学校园里进行。

一个标准的定向路线包括一个起点（用三角表示）、一个终点（用双圆圈表示）和一系列的点标（用单圆圈表示），这些点标已在图上用数字标明。在实际地形中，一个橘黄色和白色相间的点标旗标志着运动员应该寻找的点的位置。为了证实自己造访了这些点，运动员必须在到达的每一个点标处使用打卡器在卡上打卡，电子打卡系统能准确证实运动员的造访，同时记录运动员造访的时间。

点标与点标之间的路线并不指定或固定，相反，运动员应自己做出选择。这种路线选择的能力以及借助地图和指北针在森林或公园里辨明方向并以最快速度按顺序到达目的地的能力，便是定向越野运动的精髓所在。

2. 定向越野运动的历史

定向越野运动源于瑞典，最初只是一项军事体育活动。

定向越野运动作为一种体育项目开始于20世纪的北欧。当时，瑞典一位名叫吉兰特的童子军领袖组织了一项名叫"寻宝游戏的活动，以训练童子军的野外技能与体质。这次活动引起了参加者的极大兴趣，这便是定向越野运动的雏形。到20世纪30年代，它已在芬兰、挪威、瑞典、丹麦立足。1932年举行了第一次世界定向越野运动比赛。1961年国际定向联合会（IOF）在丹麦哥本哈根成立，现有成员国60多个。国际定联是世界定向越野运动的行政实体，是国际体育联合会之一。定向越野运动是国际承认的奥林匹克体育项目。

3. 中国的定向越野运动

在我国，开展定向越野运动最早的是香港特别行政区。1979年3月，香港定向越野运动爱好者在各界人士的支持下成立了"香港野外定向会"。1982年，香港野外定向会与驻港英军及皇家警察定向会联合发起成立了"香港野外定向总会"，该会规定每年的12月都要举行"香港野外定向锦标大赛"。

定向越野运动传入我国内地是在1983年。在当年3月，解放军体育学院在广州白云山组织了"定向野外试验比赛"。自此，全国很多地区都组织了类似的比赛。

1998年世界公园定向组织（PWT）来到了指南针的发明地——中国，受到了各界的热烈欢迎，并在全国掀起了对定向越野运动空前的热情与兴趣，被这份热情所打动，PWT在全国各大城市举行定向知识讲座，并制作定向地图和组织定向比赛。

1999年PWT共带12名中国大学生运动员免费参加了PWT在世界各地举行的循环赛事及其他主要国际定向赛事，使中国运动员有机会与世界精英学习、比赛和交流。

4. 定向越野运动的益处

（1）定向越野运动可根据不同性别、年龄编组，赛程可远可近，难度可大可小，因此是一项男女老少皆宜的群众性体育运动项目。

（2）定向越野运动具有浓厚的趣味性、娱乐性。参赛者是根据地图标明的运动方向，进行地图与实地对照，选择运动路线，寻找全部检查点，比单纯的赛跑更能提高参赛者的兴趣，整个运动具有旅游特点。

（3）这项比赛与其他比赛一样，具有激烈的竞争性。定向越野运动不仅是体力方面的竞争，而且更是智力和技巧方面的竞争。

（4）定向越野运动还具有一定的知识性和军事意义，对于普及全民识图和用图的知识，加强国防建设大有好处。在青少年中开展这一项目，对于调节他们的学习、工作情绪，增强体质，丰富地理知识，尤其对培养他们的自我生存能力，启发智力有独特的好处。

（二）体能与装备

1. 体能训练

定向越野运动的专项体能特指野外跑的能力。在公路、乡间小道上跑时，采用基本上与中长跑相同的技术。但由于路面比较坚硬，所以着地时要注意做好缓冲动作。

上坡跑时，上体前倾，步幅要小，用前脚掌在距离身体投影较近的地方着地，适当加大后蹬用力和大腿高抬的程度。下坡跑时，上体直立或稍后仰，步幅适当放大，步频减慢，用全脚掌或脚跟先着地。

在树林或灌木丛中跑时，一方面要防止被树枝擦伤、刺伤，另一方面要防止草丛中的杂物绊脚或陷入坑洼。因此，跑速要慢，用全脚掌着地。遇到沟渠、栅栏障碍物时，不要降低跑速，而应适当增加跑速，用大步跨越。

（1）专项耐力素质。

定向越野运动的专项耐力不同于中长跑运动员在整个跑程中保持始终如一的高速跑。它一般有长、中、短距离的比赛，各种距离的比赛线路检查点的间距也各不相同，在检查点停下打卡后又得迅速接着跑，这就要求运动员具有高速跑一段距离停下几秒钟，接着快速跑进的能力。训练中可采用在校园内规定路线跑够500～800米后签名再跑，跑4次为一组，训练强度为80%～90%。

（2）专项速度素质。

速度有3种表现形式：绝对速度、基础速度和相对速度。相对速度对定向越野运动员来说很关键，相对速度是建立在基础速度和速度耐力基础上的，基础速度又建立在绝对速度和速度耐力的基础上。因此，绝对速度在某种意义上对定向越野运动员起着重要的作用。

在中、短距离的定向越野运动竞赛中,各检查点之间的距离一般为 300~500 米,所以定向越野运动的速度素质相对于长跑来说要求更高,没有一定的速度,在比赛中就不能取得好的成绩。

(3) 有氧训练与无氧训练。

定向越野运动员与长跑运动员一样具有良好的耐乳酸能力。提高有氧与无氧训练是定向越野运动员的努力方向,定向越野运动项目的有氧训练与无氧训练的比重因各项赛事的不同而不同:野外定向距离较长,有氧训练的比例就较大,无氧训练则相反。公园定向一般是中短距离,有氧与无氧训练同等重要,忽视无氧训练肯定会影响到比赛成绩。

2. 器材设备

(1) 定向地图。

地图是定向越野运动的重要器材,它包括比例尺(通常为 1∶15000 或 1∶20000)、等高距(通常为 5 米精度,至少要使以正常速度奔跑的运动员没有不准确的感觉)和内容(能详细地表示与定向和越野直接相关的地物、地貌)。

(2) 指北针。

目前国际上的定向越野比赛常使用由透明有机玻璃制成的指北针。

(3) 点标旗。

运动员根据定向地图所提供的信息,利用指北针快速定向,在实地中寻找一个橘黄色和白色相间的点标旗,该点标旗的位置准确放置在地图所标示的地点圆圈的中心。

(4) 打卡器。

为了证实运动员通过了比赛中各个检查点,运动员必须在到达每一个检查点时,使用打卡器在卡纸上打卡,以此证明其确实到达此点。

(5) 检查卡片。

主要用于判定运动员的成绩,用厚纸片制成,分为主卡和副卡两部分。

(6) 运动员的服装。

定向越野运动比赛对运动员的服装没有特殊的要求,只要求服装轻便、舒适、易于活动。

(7) 号码布。

尺寸一般不超过 24 厘米×20 厘米,号码数字高不小于 12 厘米。比赛中要求将号码布佩戴于前胸及后背两处。

(三) 技术与方法

1. 标定地图的方法

(1) 概略标定。

定向地图上的方位是上北、下南、左西、右东。当在站立地正确地判别了方向之后,只要将定向地图的上方对向站立地的北方,地图即已标定。

(2) 指北针标定。

先使指北针的红色箭头朝向地图上方,并使箭头与定向地图上的指北线重合,然后转动地图,使指北针的北端对正磁北方向,地图即已标定。

(3) 直长地物标定。

首先应在图上找到这些直长地物,对照两侧地形,使图与现各地形点的地物方向一致,地图即已标定。

(4) 明显地形点标定。

从地图上找到本人明显地形点的位置时，可以利用明显地形点标定地图。先选择一个图上与现地都有的远方明显地形点，然后转动地图，使图上的站立点至目标的连线与现在的站立点至目标的连线相重合，此时地图即已标定。

2. 确定站立点

(1) 直接确定。

当自己所在的位置是明显地形点时，只要从图上找到该地形点，站立点即可确定。

(2) 综合分析确定。

利用位置关系法确定站立点，主要依照两个要素：一是站立点至明显点的方向；二是站立点至明显点的距离。

(3) 交会法确定。

当站立点附近无明显地形点时，可以利用 90 度法、截线法、后方交会法。90 度法是当待测点位于线状地形上时，如果在与运动方向相垂直的方向上能找出一个明显的地形点，线状地形符号与垂直方向线的交点即为站立点。截线法是当测点位于线状地形上，但在其与运动方向相垂直的方向上没有明显的地形点时，可以采用此法。后交会法是测点上无线状地形，而且地图与现地相应地都有两个以上的明显地形点时，可采用此法。

3. 确定前进方向

定向越野运动每次出发时，首先必须判明出发点的图上位置，明确前进方向和目标点，然后标定地图选准前进方向，向目标点进发。

4. 定向越野跑的技术

定向越野跑是一种长距离的间歇式赛跑，要求能够尽可能地减少人体能量的消耗，又要根据比赛的情况具有加速的能力。定向越野跑的姿势主要采用身体微向前倾或正直的姿势；呼吸最好用鼻子与半张开的嘴共同呼吸；体力分配根据选择的路线状况、比赛的阶段和自身体能状况不同来确定；速度一般来讲不宜过快。

第四节　毽球运动

一、毽球运动简介

毽球又称为"网毽"，是我国一种具有民族特色的体育活动。踢毽子起源于汉代，盛行于隋、唐，至明清时期则更为普及。清末，北京的民间踢毽艺人发展成为四个流派。他们各有绝活，风格不一；他们广收门徒，还经常摆下擂台较量技艺。新中国成立后，我国第一次正式踢毽子比赛是原广州市体委于 1956 年举办的，并制定了简单的规则。1984 年《毽球竞赛规则》诞生。它是根据踢毽子的特点，吸收了几种球类比赛的形式综合而成的。1984 年 3 月，原国家体委正式把毽球列为比赛项目。1985 年，我国首次举办全国毽球锦标赛，此后每年举办一届。

毽球的基本动作有盘、磕、拐、绷四种。盘主要指用两脚内侧交替踢；磕主要指用膝盖将毽子弹起；拐主要指用脚外侧反踢；绷主要指用脚尖踢。踢毽子的花样繁多，例如，旋转踢、脚尖和膝盖交替踢、前踢和后勾，还可以用头、肩、背、胸、腹代替脚接毽或毽绕身不落等。

经常参加毽球运动，能发展弹跳力、速度、灵敏、耐力等身体素质，提高人体中枢神经系统和内脏各器官的功能，增强体质，培养勇敢顽强、机智灵敏、遵守纪律和团结友爱的集体主义精神。

二、毽球基本技术

毽球有许多踢毽子的动作。其基本动作如下（以下动作要领均以右脚为例）：脚内侧踢毽、脚外侧踢毽、提膝脚背踢毽和交叉踢毽，以上四种踢毽的基本技术动作这里不再赘述。下面仅介绍八种踢毽技术。

（一）脚背直踢毽

动作要领：右手持毽，两脚自然开立，右手将毽向前上方抛起，左腿支撑，右膝伸直，右脚脚面上踢，等毽下落至膝盖前方时，再以同样的踢法连续向上踢。踢毽时，两眼注视毽子的起落，右脚每踢一次脚尖轻轻点地一次，以维持身体的平衡（图12-4-1）。

脚正背踢毽（发球）动作要领是大腿带动小腿，用脚正背向前上方踢毽。

图 12-4-1

（二）倒勾踢毽

动作要领：两腿前后开立，左腿在前，右腿在后，右手持毽子于胸前。将毽子向前上方抛起，右脚先向前跨一步，膝部弯曲，上体后仰，然后右腿蹬地起跳，以髋关节为轴尽力向上摆动，当球落在前上方时，用右脚背向后倒勾踢球，踢后重心下降，支撑腿与踢球腿依次落地，不能倒地。

（三）快摆高压踢毽

动作要领：练习者向右侧身，两腿分开站立，右手持毽将毽向前上方抛起（高于头部），等毽下落至头部高度时，左腿支撑，右腿向上快速摆动，用脚内侧前部向左击球（由上向下击球）。

（四）膝触毽

动作要领：右手持毽，两腿自然分开。右手将毽向上抛起，左腿支撑，右腿屈膝向上抬起（与地平行即可）触及毽子，注意毽子由上方向下落至膝部将近0.2米时，再用大腿向上发力触及毽子（图12-4-2）。

（五）胸触毽

动作要领：右手持毽，两脚自然分开，右手将毽向上抛起，等毽子下落至胸前上方时，两脚蹬地，身体伸展，用胸触毽，使毽子落到胸前下方0.3米处，便于用脚内侧、脚正背接踢毽子（图12-4-3）。

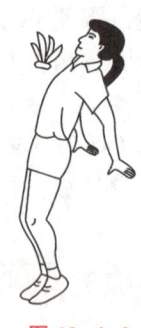
图 12-4-2

图 12-4-3

(六) 头触毽

动作要领：右手持毽，两腿自然分开站立。用手将毽子向上抛起，等毽子下落至头上方与身体垂直部位前的一刹那，后腿用力蹬地，收腹，迅速向前上方摆体，身体重心由后脚移向前脚，用前额向前上方顶毽（图 12-4-4）。

(七) 头攻毽

动作要领：与同伴相对而立，间隔 2~4 米，同伴两脚前后开立，右手持毽，自己两脚前后开立，两臂自然下垂，眼看同伴抛毽。同伴向自己将毽往前上方抛起，自己上步跳起，同时两臂上摆，在起跳上升过程中，上体挺胸展腹至最高点时，身体成背弓形，用前额正面由下至上用力将球顶在身体前方 0.5~0.6 米的地方。顶球后两腿自然屈膝落地，以维持身体平衡。

(八) 外脚背踢毽

动作要领：两腿前后开立，左腿在前，右腿在后。右手持毽向右侧上方抛毽，待毽落至右侧前方 0.4~0.6 米处，右腿大小腿折叠迅速向右侧前方摆出，以大腿带动小腿，用外脚背向前上方踢毽。右脚踢毽后，向前方自然落下，维持身体平衡（图 12-4-5）。

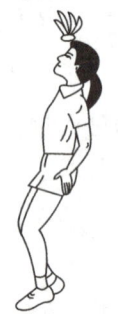
图 12-4-4

图 12-4-5

三、毽球比赛规则

(一) 比赛通则

(1) 比赛毽子自备，各种材料的毽子均可，羽毛长短、毽托轻重、大小不限。

(2) 比赛进行中间不准换人。

(3) 比赛开始、结束一律听哨音为准。

（4）发令员口令（哨声）。裁判员注意比赛队员是否准备好。

（5）比赛队员有抢哨提前开始比赛者，发令员有权鸣哨停止比赛，对犯规者提出警告，然后重新鸣哨比赛。如果比赛队员两次犯规，则取消其比赛资格。

（6）比赛途中毽子出现故障，由比赛队员自行负责，用备用毽子重新比赛。

（7）比赛队员在比赛进行中，不得接受任何形式的场外指导，违者取消比赛资格。

（二）裁判方法

（1）脚内侧踢毽耐久赛。计运动中所踢次数时，如果比赛队员脚出了场地，即宣布失误，比赛结束。如果比赛队员脚踩比赛场地边线，不算失误，应继续进行比赛。

（2）3分钟脚内侧踢毽赛。计所踢次数，如果中途失误则不计数。

（3）规定动作花样比赛。

①比赛评分采用10分制。

②比赛队员必须按规定的花样连贯完成，少做一个花样扣1分。

③中途失败1次扣0.5分。

④动作不够优美扣0.5~1.0分。

⑤比赛队员在比赛中，出场地1次扣0.5分。

⑥全部动作完成后，没有用手将毽子接住，扣0.5分。

（4）3分钟花样踢毽子比赛。

①比赛评分采用10分制。

②比赛队员必须按要求的花样动作连贯踢出，少做1个扣1分。

③中途失误扣0.5分。

④动作难度不够扣2分。

⑤优美程度总印象不佳扣0.5~1.0分。

⑥比赛队员在比赛中，出场地1次扣0.5分。

（三）裁判员注意事项

（1）裁判小组设组长1人，领导裁判小组工作。比赛时同裁判员一样记录成绩，并记录失误次数，以备成绩相等时参考。

（2）3位裁判打分不相等时，以两人相同的成绩为准；如果3人成绩均不同，则以中间成绩为准。在任何情况下，不能以3人平均成绩或以裁判组长成绩为最后的决定成绩。

（3）同一组别项目的比赛队员成绩相等，以失误次数少者名次列前，如果都相等，取并列名次。

思考题

1. 简述休闲体育的分类及功能。
2. 结合实际，谈谈学习休闲体育项目的心得体会。
3. 任选一个项目，制定一份符合自身特点的锻炼计划。

参考文献

[1] 贾书申，刘海元. 高职体育立体化教程［M］. 北京：北京体育大学出版社，2018.
[2] 王崇喜. 球类运动——足球［M］. 北京：高等教育出版社，2014.
[3] 周爱光，刘丰德. 乒乓球运动［M］. 北京：高等教育出版社，2014.
[4] 张林. 篮球训练教程［M］. 北京：高等教育出版社，2017.
[5] 刘青. 网球运动教程［M］. 北京：人民体育出版社，2012.
[6] 王洪. 健美操教程［M］. 北京：人民体育出版社，2001.